Lehr- und Handbücher der Politikwissenschaft
Herausgegeben von Dr. Arno Mohr

Bisher erschienene Titel:

Barrios, Stefes: Einführung in die Comparative Politics
Bellers, Benner, Gerke: Handbuch der Außenpolitik
Bellers, Frey, Rosenthal: Einführung in die Kommunalpolitik
Bellers, Kipke: Einführung in die Politikwissenschaft
Bellers: Politische Kultur und Außenpolitik im Vergleich
Benz: Der moderne Staat
Bierling: Die Außenpolitik der Bundesrepublik Deutschland
Braun, Fuchs, Lemke, Toens: Feministische Perspektiven der Politikwissenschaft
Croissant, Kühn: Militär und zivile Politik
Czerwick: Politik als System
Deichmann: Lehrbuch Politikdidaktik
Detjen: Politische Bildung
Detterbeck, Renzsch, Schieren: Föderalismus in Deutschland
Freistein, Leiniger: Handbuch Internationale Organisationen
Gabriel, Holtmann: Handbuch Politisches System der Bundesrepublik Deutschland
Glöckler-Fuchs: Institutionalisierung der europäischen Außenpolitik
Gu: Theorien der internationalen Beziehungen
Jäger, Haas, Welz: Regierungssystem der USA
Kempf: Chinas Außenpolitik
Krumm, Noetzel: Das Regierungssystem Großbritanniens
Lehmkuhl: Theorien internationaler Politik
Lemke: Internationale Beziehungen
Lenz, Ruchlak: Kleines Politik-Lexikon
Lietzmann, Bleek: Politikwissenschaft
Llanque: Politische Ideengeschichte – Ein Gewebe politischer Diskurse
Maier, Rattinger: Methoden der sozialwissenschaftlichen Datenanalyse
Mohr: Grundzüge der Politikwissenschaft
Naßmacher: Politikwissenschaft
Pilz, Ortwein: Das politische System Deutschlands
Rattinger: Einführung in die Politische Soziologie
Reese-Schäfer: Klassiker der politischen Ideengeschichte
Reese-Schäfer: Politisches Denken heute
Reese-Schäfer: Politische Theorie der Gegenwart in fünfzehn Modellen
Riescher, Ruß, Haas: Zweite Kammern
Rupp: Politische Geschichte der Bundesrepublik Deutschland
Schmid: Verbände – Interessensvermittlung und Interessensorganisation
Schubert, Bandelow: Lehrbuch der Politikfeldanalyse 2.0
Schumann: Persönlichkeitsbedingte Einstellungen zu Parteien
Schumann: Repräsentative Umfrage
Schwinger: Angewandte Ethik
Sommer: Institutionelle Verantwortung
Stockmann, Menzel, Nuscheler: Entwicklungspolitik
Tömmel: Das politische System der EU
Waschkuhn: Demokratietheorien
Waschkuhn: Kritischer Rationalismus

Internationale Beziehungen

Grundkonzepte, Theorien und Problemfelder

von
Prof. Dr. Christiane Lemke

3., überarbeitete und ergänzte Auflage

Oldenbourg Verlag München

Bibliografische Information der Deutschen Nationalbibliothek

Die Deutsche Nationalbibliothek verzeichnet diese Publikation in der Deutschen Nationalbibliografie; detaillierte bibliografische Daten sind im Internet über http://dnb.d-nb.de abrufbar.

© 2012 Oldenbourg Wissenschaftsverlag GmbH
Rosenheimer Straße 145, D-81671 München
Telefon: (089) 45051-0
www.oldenbourg-verlag.de

Das Werk einschließlich aller Abbildungen ist urheberrechtlich geschützt. Jede Verwertung außerhalb der Grenzen des Urheberrechtsgesetzes ist ohne Zustimmung des Verlages unzulässig und strafbar. Das gilt insbesondere für Vervielfältigungen, Übersetzungen, Mikroverfilmungen und die Einspeicherung und Bearbeitung in elektronischen Systemen.

Lektorat: Anne Lennartz
Herstellung: Constanze Müller
Titelbild: iStockphoto
Einbandgestaltung: hauser lacour
Gesamtherstellung: Grafik + Druck GmbH, München

Dieses Papier ist alterungsbeständig nach DIN/ISO 9706.

ISBN 978-3-486-71234-6
eISBN 978-3-486-71124-0

Vorwort zur dritten Auflage

Wer heute internationale Beziehungen studiert, steht vor einer großen Herausforderung. Zwanzig Jahre nach dem Ende des Ost-West-Konflikts ist zwar die weltumspannende, ideologisch ausgetragene Rivalität zwischen den beiden großen Mächten, den Vereinigten Staaten und der ehemaligen Sowjetunion, zu einem Ende gekommen, aber die Problem- und Konfliktlage in der internationalen Politik ist nicht einfacher geworden. Während die wechselseitige Abhängigkeit von Ländern und Regionen global betrachtet zunimmt, haben die Konflikte zwischen und innerhalb von Staaten nicht nachgelassen. Im Gegenteil: Staatszerfall und Staatenbildungen sind in vielen Regionen der Welt mit gewaltsamen Konflikten verbunden, die internationales Eingreifen und Vermitteln erfordern. Das internationale System ist mit „neuen Kriegen", die gravierende Verletzungen der Menschenrechte zur Folge haben, mit wachsenden Migrationsbewegungen sowie mit neuen Formen privatisierter Gewalt konfrontiert. Wie kann internationale Politik gestaltet werden, damit die Beziehungen zwischen Staaten und die Situation innerhalb der Länder für die Bevölkerung friedlicher und menschenwürdiger werden? Welche Rolle können internationale Organisationen und Einrichtungen, die die Außenbeziehungen von Ländern gestalten, spielen? Was leistet die Wissenschaft zur Erklärung der neuen globalen Konstellation nach dem Ende des Ost-West-Konflikts?

Das klassische Verständnis der internationalen Politik beruhte auf der Analyse der Beziehungen zwischen souveränen Staaten, die, von nationalen Interessen geleitet, das Feld der internationalen Politik prägten. Im Gegensatz zur Innenpolitik eines Staates existiert in den internationalen Beziehungen jedoch kein allgemein anerkanntes Gewaltmonopol. Herkömmliche Theorien gehen daher von einer „Anarchie" der Staatenwelt aus. Machterhalt und Machtsicherung im nationalen Interesse, gepaart mit der wechselseitigen Anerkennung des Prinzips der staatlichen Souveränität und der Nichteinmischung bildeten die Grundlagen der internationalen Beziehungen. Heute hat sich diese Welt grundlegend gewandelt. Neben die klassische Außenpolitik und die diplomatischen Beziehungen zwischen Staaten sind nichtstaatliche Organisationen, soziale Netzwerke und internationale Organisationen getreten, so dass ein vielschichtiges Akteursfeld entstanden ist und Kommunikationsprozesse auf unterschiedlichen Ebenen stattfinden. Die Staatenwelt der internationalen Beziehungen wird ergänzt durch eine globale Gesellschaftswelt, die von einer Reihe transnationaler Prozesse und internationaler Organisationen geprägt ist. Die internationale Politik wird in dieser Situation immer mehr durch allgemeine Regeln und rechtliche Vorgaben geprägt, die, wie z. B. die Menschenrechtsnorm, universale Gültigkeit beanspruchen.

Internationale Beziehungen werden darüber hinaus durch die Entwicklung globaler Verflechtungen im Wirtschaftsbereich beeinflusst. Obgleich diese Verflechtung bislang weniger als ein Viertel der Weltwirtschaft betrifft, haben sich durch die Globalisierungsdynamik zwei einander ergänzende und verstärkende Tendenzen herausgebildet. Einerseits werden die Länder der Welt durch die zunehmende Verflechtung über den Weltmarkt immer stärker voneinander abhängig, sei es in der Energie- und Rohstoffpolitik, bei den Arbeitsmärkten oder in der Forschung und Entwicklung. Auch Kommunikation und Kultur sind einem vielschichtigen Wandlungsprozessen unterworfen. Das „kulturelle Kapital" (Pierre Bourdieu), basierend auf Wissen, Bildungsstand und Kommunikationskompetenz, wird immer mehr zu einer zentralen Ressource für die Gesellschaften. Die Tendenz zur weltweiten Abhängigkeit und Verflechtung wird teilweise gezielt durchbrochen und ergänzt von einer Regionalisierung politischer Handlungsräume. Während Staaten durch den Prozess der Globalisierung an Einfluss verlieren, gewinnen trans- und supranationale Zusammenschlüsse, wie beispielsweise die Europäische Union, an Bedeutung. Auch in anderen Weltregionen, in Afrika, Asien und Nordamerika, wächst die Rolle regionaler Zusammenschlüsse, um den Handel zu erleichtern und wirtschaftliche Beziehungen zu festigen. Globalisierung und Regionalisierung sind daher zwei sich gleichzeitig ergänzende und verstärkende Entwicklungen.

Obwohl sich der Austausch zwischen Ländern und Regionen verdichtet, hat die Entwicklung der zunehmenden Abhängigkeiten nicht zu einer Einebnung von wirtschaftlichen und sozialen Unterschieden geführt. Regionale, historische und kulturelle Entwicklungen führen zu Unterschieden und Ungleichzeitigkeiten, die von der Weltöffentlichkeit zunehmend kritisch wahrgenommen werden. Beispielsweise wächst heute weltweit das Bewusstsein für die Bedeutung der Menschenrechte und das „Recht, Rechte zu haben" (Hannah Arendt). Verletzungen der Menschenrechte als Folge von Kultur- und Religionskämpfen, sexuelle Gewalt, sowie gewalttätige innerstaatliche Machtauseinandersetzungen werden heute aufgrund der größeren internationalen Aufmerksamkeit schärfer wahrgenommen und eine Reihe von internationalen Organisationen setzen sich für die Rechte bedrängter und in ihrer Existenz gefährdeter Menschen ein. Zugleich wehren sich Staaten gegen ein Eingreifen der internationalen Gemeinschaft in die „inneren" Angelegenheiten, so dass der Durchsetzung universaler Menschenrechte enge Grenzen gesetzt sind.

Internationale Organisationen sehen sich daher nicht nur mit einer zunehmend komplexer werdenden Welt konfrontiert. Auch der Erwartungsdruck der internationalen Gemeinschaft nimmt zu, nicht nur nationalen Interessen zu folgen, sondern auch globale Verantwortung zu übernehmen und allgemein verbindliche Normen zu entwickeln und umzusetzen. Diese neue globale Konstellation ist nicht zuletzt auf ein sich wandelndes Akteursfeld zurückzuführen. So haben die Zahl und der Einfluss neuer Akteure in der internationalen Politik stetig zugenommen. Bei Menschenrechtsfragen, in der Entwicklungspolitik oder beim internationalen Klimaschutz sind inzwischen nicht mehr nur staatliche Vertreter und internationale Organisationen unter dem Dach der Vereinten Nationen tätig. Vielmehr ist eine Vielzahl zivilgesellschaftlich verankerter Akteure entstanden, die soziale Veränderungen herbeiführen wollen. Sie nutzen neue Foren globaler Kommunikation und soziale Netzwerke und beschleunigen damit die Transformation von klassischen Formen der internationalen Beziehungen. Die wachsende Bedeutung von nicht-staatlichen Organisationen, die sich als Teil einer *global civil society* verstehen, ist einerseits eine ermutigende Entwicklung für eine stärker „von unten", d. h. von den Adressaten, beeinflusste Politik. Andererseits stellt sich die Frage, wie die zivilgesellschaftlichen Gruppen legitimiert und begründet sind.

Diese neue globale Konstellation und die Veränderungen in der internationalen Politik finden ihren Niederschlag in der wissenschaftlichen Beschäftigung mit den internationalen Beziehungen. Während ältere Theorien der internationalen Beziehungen noch von einem relativ klar umrissenen Begriff der internationalen Politik ausgehen konnten, der auf der Basis von Staaten- und Bündnissystemen entwickelt wurde, erfordern die heutigen Transformationen internationaler Beziehungen neue Theorieansätze und Betrachtungsweisen. Die wissenschaftliche Debatte zwischen „Rationalisten" und „Konstruktivisten", Kontroversen über machtpolitisch geleitete Interessen und Normen gestaltende Ideen, über Akteure und Institutionen, Regeln und Werte, zeigen, dass die Konzentration auf die klassische Staatenwelt abgelöst wird durch wissenschaftlich differenziertere Analysen und Problemstellungen.

Die vorliegende Einführung geht von einem Begriff internationaler Politik aus, in dem die internationalen Beziehungen ein vielschichtiges Interaktionsmuster bilden, in das politisch-kulturelle und geschichtlich gewachsene Zusammenhänge einfließen und das von einer Vielzahl internationaler Akteure auf verschiedenen Ebenen gestaltet wird. Im ersten Teil der Einführungen werden die wichtigsten Begriffe, Theorieansätze und Deutungsmuster internationaler Beziehungen dargestellt. Daran anschließend werden drei große Problemfelder behandelt, die internationalen Wirtschafts- und Handelsbeziehungen, die internationale Umweltpolitik und die Sicherheitspolitik. Das klassische Feld der Außenpolitik als Teilgebiet der internationalen Beziehungen wird am Beispiel der Bundesrepublik Deutschland und der Vereinigten Staaten dargestellt. Zwei gesonderte Kapitel behandeln dann die Veränderungen in Europa im Zuge der Demokratisierung nach dem Ende des Ost-West-Konflikts und die Entwicklung in der Europäischen Union. Schließlich werden die Vereinten Nationen und nicht-staatliche Organisationen behandelt, die in der internationalen Politik eine zentrale Rolle spielen. Dieser Aufbau folgt einer Logik, die internationale Beziehungen als Geflecht von Aktionen und Akteuren begreift und dem Staat als klassischem Akteur auf der internationalen Bühne eine wichtige, aber zugleich veränderte Rolle zuschreibt.

Die Überarbeitungen zur dritten Auflage wurden ermöglicht durch die Einladung, als Max Weber Chair for German and European Politics 2010–2012 an der New York University tätig zu sein. An dieser Stelle sei daher den Kolleginnen und Kollegen am Center for European and Mediterranean Studies der New York University ausdrücklich für die fachliche Unterstützung und die großzügige Gastfreundschaft während des Aufenthaltes gedankt. Die dritte Auflage des Buches ist gründlich überarbeitet und ergänzt worden. Dabei sind neuere Entwicklungen aufgenommen und aktuelle Forschungsergebnisse über die internationalen Beziehungen berücksichtigt worden, die auf die neuen Entwicklungstendenzen in der Weltpolitik Bezug nehmen. Ziel ist es, eine Einführung in die wichtigsten Grundkonzepte, Theorien und Problemfelder der internationalen Beziehungen zu bieten. Konzeptionell wird dabei ein global orientierter Ansatz zugrunde gelegt, d. h. die Themen werden nicht aus der Perspektive eines einzelnen Landes heraus, sondern von einem globalen Standpunkt aus betrachtet. Das Konzept für diese Einführung wurde in Seminaren und Vorlesungen erprobt, die an der Leibniz Universität Hannover und an verschiedenen Universitäten in den Vereinigten Staaten abgehalten wurden. Für die Unterstützung bei der Überarbeitung der dritten Auflage danke ich Silvia Degelmann/New York University und Svea Burmester/Leibniz Universität Hannover. Die wissenschaftliche Gesamtverantwortung liegt selbstverständlich allein bei der Verfasserin.

Hannover/New York im August 2011

Inhaltsverzeichnis

Vorwort zur dritten Auflage		**V**
1	**Wissenschaft und Theorien Internationaler Beziehungen**	**1**
1.1	Zur Geschichte der Wissenschaft	1
1.2	Was heißt Theorie der Internationalen Beziehungen?	4
1.3	Grundbegriffe: Akteur und internationales System	5
1.4	Der Machtbegriff in den Internationalen Beziehungen	9
1.5	Theorierichtungen in der Analyse der Internationalen Beziehungen	13
1.5.1	Theoretische Vorläufer	13
1.5.2	Realismus, Neo-Realismus und Englische Schule	15
1.5.3	Interdependenztheorie und Regimeforschung	21
1.5.4	Liberaler Institutionalismus	24
1.5.5	Weltsystemtheorien und Globalisierung	28
1.5.6	Postmoderne und Konstruktivismus	34
1.5.7	Gender-Ansätze in Internationalen Beziehungen	38
1.6	Zusammenfassender Überblick über die Theorien	47
2	**Problemfelder der internationalen Politik**	**49**
2.1	Globalisierung und Weltwirtschaftssystem	49
2.1.1	Weltmarkt und Handelssystem	50
2.1.2	Weltwirtschaft und Weltarmut: Probleme der Entwicklungspolitik	58
2.1.3	Grenzen des Wachstums: Internationale Umweltpolitik	68
2.1.4	Problembeispiel Klimawandel: Tuvalu – eine versinkende Nation	77
2.2	Konflikte, Krisen, Kriege: Internationale Politik als Sicherheitspolitik	82
2.2.1	Krieg und Frieden in der internationalen Politik	82
2.2.2	Enger und weiter Sicherheitsbegriff	89
2.2.3	Internationaler Terrorismus	93
2.2.4	Problembeispiel 1: Ethnische Konflikte und Staatszerfall	96
2.2.5	Problembeispiel 2: Migration, Flucht und Vertreibung	100
3	**Außenpolitik als Handlungsfeld**	**105**
3.1	Grundkonzepte: Der Zusammenhang zwischen Innen- und Außenpolitik	105
3.2	Die Außenpolitik der Bundesrepublik	110
3.2.1	Historische und institutionelle Rahmenbedingungen	110

3.2.2	Der Zusammenhang zwischen Innen- und Außenpolitik: Beispiel Ostpolitik	114
3.2.3	Neue deutsche Außenpolitik: Kontinuität und Wandel seit der Vereinigung	117
3.3	Zwischen Hegemonie und Multilateralismus: Die Außenpolitik der USA	122
3.3.1	Historische Besonderheiten, Leitbilder und nationales Interesse	124
3.3.2	Außenpolitische Entscheidungsprozesse	129
3.3.3	Außenpolitische Orientierungen nach dem Ende des Ost-West-Konflikts	135
3.3.4	Neuorientierung nach den Terror-Anschlägen vom 11. September 2001	138
3.3.5	Präsidentschaft Barack Obama: Neuer Internationalismus	143

4	**Europa nach dem Ende des Ost-West-Konflikts**	**157**
4.1	Die Transformation Mittel- und Osteuropas	157
4.1.1	Der Umbruch 1989/90	159
4.1.2	Besonderheiten der mittel- und osteuropäischen Demokratisierung: Transformation, nicht Transition	163
4.2	Demokratisierung als Prozess	168

5	**Europäische Integration: Entwicklung, Leitbilder und Theorien der Integration**	**173**
5.1	Entwicklung der europäischen Integration	175
5.2	Die Institutionen der EU	181
5.3	Die Europäische Union als politischer Raum	185
5.3.1	Regieren in der EU	185
5.3.2	Problembeispiel European Citizenship und europäische Identität	193
5.4	Probleme und Perspektiven der EU	196
5.5	Theorien und Leitbilder der europäischen Integration	197
5.5.1	Integrationstheorien: Europa als Supranationale Organisation	198
5.5.2	Intergouvernementalisten: Europa als „Staatenbund"	199
5.5.3	Integration als dynamischer Mehrebenen-Prozess: Neuere Erklärungsansätze	200

6	***Global Governance*: Die Vereinten Nationen und die nicht-staatlichen Organisationen**	**205**
6.1	Die Vereinten Nationen	206
6.1.1	Geschichte und Bedeutung der Vereinten Nationen	208
6.1.2	Reformbedarf der Vereinten Nationen	212
6.1.3	Mittel der regionalen Friedenssicherung durch die UN	215
6.2	Nicht-Regierungsorganisationen (NGOs)	221
6.3	Problembeispiel: Menschenrechte	225

Anhang: Studienpraktische Hinweise und Hilfen zu Recherchen	**233**
Abkürzungsverzeichnis	**239**
Personen- und Sachregister	**241**

1 Wissenschaft und Theorien Internationaler Beziehungen

1.1 Zur Geschichte der Wissenschaft

Die wissenschaftliche Beschäftigung mit den Internationalen Beziehungen wird meist als recht junger Zweig der Politikwissenschaft bezeichnet. In der Bundesrepublik etablierte sich die politikwissenschaftliche Forschung und Lehre über die Internationalen Beziehungen erst Ende der 1960er Jahre. Die wissenschaftliche Beschäftigung mit dem Themenbereich der internationalen Politik reicht allerdings weiter zurück. Als akademisches Feld ist die Auseinandersetzung mit Grundfragen Internationaler Beziehungen bereits zu Beginn des 20. Jahrhunderts entstanden und, vor dem Hintergrund der verheerenden Zerstörungen und traumatischen Erfahrungen des Ersten Weltkriegs, vor allem als Friedenserforschung verstanden worden. Bereits während der Pariser Friedenskonferenz im Jahr 1919 vereinbarten die Teilnehmer die Gründung wissenschaftlicher Institute zur genaueren Erforschung von Kriegsursachen. An mehreren Universitäten, vor allem in den USA und Großbritannien, wurden in der Folgezeit Forschungseinheiten für internationale Politik eingerichtet, die sich, oft als Teilgebiet von oder in Überschneidung mit historischer und rechtswissenschaftlicher Forschung, der genaueren Analyse von Themen wie Friedenserhaltung und Sicherheitspolitik widmen sollten. Deshalb wird das Lehrgebiet der internationalen Beziehungen auch als „ein Kind des 1. Weltkriegs" bezeichnet (vgl. Meyers 1994: 230). Dabei basierte die Forschung im Kern auf zwei Traditionen, dem Völkerrecht und der Diplomatiegeschichte. Noch heute stellt an vielen europäischen Universitäten das Völkerrecht bzw. das internationale Recht (International Law) einen Schwerpunkt der Forschung und Lehre im Bereich der Internationalen Beziehungen dar. Die Diplomatiegeschichte besitzt vor allem in Großbritannien mit einigen herausragenden Forschungsarbeiten zur Geschichte von Kriegen eine lange Tradition.

Die sprunghafte Zunahme neuer Forschungsinstitute und universitärer Einrichtungen nach 1945 sowohl in europäischen Ländern als auch in den Vereinigten Staaten und anderen Ländern lassen sich vor allem auf die veränderten weltpolitischen Rahmenbedingungen zurückführen. Die Ausbildung von außenpolitischen Fach- und Führungskräften wurde professionalisiert und hier übernahmen die Hochschulen eine wichtige Funktion. Dies gilt besonders für den angelsächsischen Raum, aber auch für andere westeuropäische Länder, wie z. B. Frankreich und Schweden. Die Verwissenschaftlichung der Ausbildung führte dazu, dass herkömmliche völkerrechtliche, staatswissenschaftliche oder diplomatiegeschichtliche Erklärungsansätze durch sozialwissenschaftlich fundierte Theorien ergänzt wurden, um die komplexer werdenden Strukturen und Probleme der Weltpolitik adäquater analysieren zu können. Internationale Politik profilierte sich als ein Schwerpunkt der akademischen Ausbildung und sie wurde nunmehr vor allem in der Politikwissenschaft verortet.

In Deutschland erfolgte diese Entwicklung mit erheblicher Zeitverzögerung. Eine erste, allerdings nur kurze Phase wissenschaftlicher Auseinandersetzung mit Problemen der internationalen Politik hatte bereits in der Weimarer Republik stattgefunden. Die während der 1920er Jahre gegründete Deutsche Hochschule für Politik (DHfP) übernahm dabei eine Leitfunktion. Die nationalsozialistische Machtübernahme 1933 unterbrach diese erste Phase wissenschaftlicher Auseinandersetzung mit internationaler Politik, da Hochschulen „gleichgeschaltet", kritische Forscher ausgeschlossen und die Ausbildung der nationalsozialistischen Ideologie untergeordnet wurden. Durch die erzwungene Emigration oder Ermordung jüdischer Wissenschaftler entstand ein intellektuelles Vakuum, das von der jähen Unterbrechung intellektueller Traditionen und forschender Diskurse gekennzeichnet war. Nach dem 2. Weltkrieg konnte sich Deutschland erst langsam als Mitglied der internationalen Staatengemeinschaft wieder restituieren und musste seine akademische Forschungstradition erst wieder neu entwickeln.

Internationale Politik besaß zum einen als Politik- und Handlungsfeld während der Nachkriegszeit nur eine untergeordnete Bedeutung, denn die Bundesrepublik war aufgrund der zunächst eingeschränkten staatlichen Souveränität durch Alliiertenvorbehalt und die internationale Diskreditierung durch die nationalsozialistische Herrschaft nur ein marginaler Akteur in der internationalen Politik. Hinzu kam die Teilung Deutschlands mit der Polarisierung von West und Ost im Zuge der Systemauseinandersetzung zwischen den beiden Supermächten, den Vereinigten Staaten und der Sowjetunion, die für die deutsche Außenpolitik einen engen Handlungsrahmen setzte. Zum anderen musste das Fach einer modernen Politikwissenschaft überhaupt erst aufgebaut werden, da die Staats- und Völkerrechtslehre, sofern sie in den 1930er Jahren fortgeführt wurde, in den Dienst der nationalsozialistischen Ideologie gestellt und dadurch diskreditiert worden war. Die verbliebenen, rudimentären Wissensgebiete wurden in der sich erneuernden, sozialwissenschaftlich ausgerichteten Politischen Wissenschaft verankert. Nachhaltig durch englischsprachige Forschungsarbeiten beeinflusst, kann dann von einem eigenständigen Aufbau des Lehr- und Forschungsbereichs der Internationalen Beziehungen in der Politikwissenschaft erst seit Ende der 1960er Jahre gesprochen werden. Institutionell etablierte sich dieser Bereich als integraler Bestandteil der Politikwissenschaft; eine eigenständige fachliche und institutionelle Verankerung, wie sie teilweise in den USA gepflegt wird, hat sich an den Universitäten der Bundesrepublik nicht durchsetzen können.

Seit Anfang der 1970er Jahre fächerte sich das Feld der Internationalen Beziehungen unter dem Einfluss pluraler wissenschaftlicher Ansätze stark auf. In dieser Zeit wurden auch eine Reihe von Instituten und Organisationen ins Leben gerufen, wie beispielsweise die Stiftung Wissenschaft und Politik in Ebenhausen (heute in Berlin), die Deutsche Gesellschaft für Auswärtige Politik, und die Hessische Stiftung für Friedens- und Konfliktforschung. Innerhalb der Deutschen Vereinigung für Politische Wissenschaft (DVPW) bildete sich schließlich auch eine Sektion Internationale Politik, die sich dem Wissenschaftsdiskurs und der Nachwuchsförderung widmete (vgl. z. B. Meyers 1994). Noch bis in die 1970er Jahre hinein blieb die Disziplin der Internationalen Beziehungen nach einem Wort des in Harvard lehrenden Politologen Stanley Hoffmann allerdings „eine amerikanische Sozialwissenschaft" (Hoffmann 1975: 39). Dies hat sich jedoch grundlegend gewandelt. Der in Berlin lehrende Politikwissenschaftler Michael Zürn (2003) hebt beispielsweise hervor, dass die deutsche Forschung in den Jahren nach dem Ende des Ost-West-Konflikts deutliche Fortschritte gemacht habe. Sie habe innerhalb der Politik- und Sozialwissenschaft insgesamt an Bedeutung gewonnen und sich durch eigene Beiträge zur theoretischen Entwicklung der Disziplin gegenüber der angelsächsischen Forschung emanzipiert. Zwar spielt der englischsprachige Wissenschaftsdiskurs gerade in diesem Teilbereich der Politischen Wissenschaft eine herausragende Rolle. In der Theorieentwicklung sowie in der empirischen Forschung bildeten sich in der Bundesrepublik aber eigenständige Forschungsansätze heraus, teilweise gefördert von neuen Forschungszentren, die dem Feld im internationalen Vergleich ein eigenes Profil verleihen. Dies gilt beispielsweise für die Friedens- und Konfliktforschung, die EU-Forschung oder die Forschung über internationale Organisationen und transnationale Politik (vgl. Schimmelfennig 2010).

Die „großen Debatten" über theoretische Orientierungen wurden in der Bundesrepublik zunächst von der angelsächsischen Literatur angestoßen (Schmidt 2002). Die wesentlich breiter gefächerte Forschungslandschaft in Großbritannien oder den USA fungierte als Referenzrahmen sowie als kritisches Korrektiv und Impulsgeber für Neuerungen im Feld, wie beispielsweise die Diskussion um die Bedeutung von „gender" (Geschlechterverhältnisse) in der internationalen Politik zeigt. Diese wurde zuerst in Großbritannien, den USA und Kanada geführt, bis sie schließlich auch in Deutschland aufgenommen wurde. Auch der inzwischen breit aufgefächerte Konstruktivismus in der Analyse Internationaler Beziehungen hatte zunächst seinen Ursprung im angelsächsischen Raum, bevor er in Deutschland, vor allem unter dem Eindruck der Kommunikations- und Diskurstheorie der politischen Philosophie von Jürgen Habermas, weiterentwickelt wurde. Konstruktivistische Ansätze gehören inzwischen auch in Deutschland zu den einflussreichsten neueren Theoriekonzepten.

Konzeptionell ist es sinnvoll davon auszugehen, dass die internationalen Beziehungen auf *Interaktionen von verschiedenen Akteuren* beruhen, die mit sozialwissenschaftlichen Theorien und Methoden analysiert werden können. Die Begriffe „internationale Beziehungen" und „internationale Politik", die von einigen Autoren sinngleich verwendet werden, sollten als Charakterisierung für den Forschungsgegenstand zunächst differenziert werden. „Der Begriff der internationalen Politik bezieht sich auf die Interaktionsprozesse, die zwischen mindestens zwei (i. d. R. staatlichen, gelegentlich auch sonstigen den Status eines Völkerrechtssubjekts beanspruchenden) Akteuren in deren internationaler Umgebung stattfinden. Die Untersuchung der internationalen Politik begreift die einzelnen Handlungen jeder dieser Akteure allein als (Teil-)Aspekte eines größeren Aktionsmusters, das über den definierbaren Zeitraum hinweg durch regelmäßig sich wiederholende oder zumindest den Grundzügen nach vergleichbare Akteurshandlungen konstituiert wird und häufig durch ein Aktions-Reaktions-Schema geprägt ist. Entscheidendes Kriterium für die Subsumtion von Akteurshandlungen unter dem Begriff der internationalen Politik ist deren Orientierung auf einen wie auch immer definierten politischen Gehalt." (Meyers 1994: 227) Der Begriff „internationale Politik" bezeichnet daher meist intentionales, von Interessen und Identitäten gesteuertes politisches Handeln, etwa im Rahmen der Außenpolitik eines Landes gegenüber einem anderen Staat oder gegenüber internationalen Organisationen. Der Begriff „internationale Beziehungen" ist demgegenüber im Allgemeinen meist weiter gefasst: „Er bezieht sich auf alle grenzüberschreitenden Aktionen und Interaktionen, die zwischen unterschiedlichen internationalen Akteuren, seien es nun internationale Organisationen, Staaten, gesellschaftliche Gruppierungen, Individuen oder juristische Personen, stattfinden können. Außerdem erstreckt er sich auf die Interaktionsmuster, die aus derartigen Interaktionen über einen bestimmten Zeitraum hinweg entstehen." (Meyers 1994: 228)

Internationale Beziehungen stellen nach dieser Begriffsdefinition also ein *Beziehungsgeflecht aller grenzüberschreitenden Interaktionen* dar. Dabei werden sowohl staatliche als auch nichtstaatliche Akteure einbezogen, was angesichts der rasch zunehmenden Bedeutung von nichtstaatlichen Organisationen im internationalen Rahmen eine sinnvolle Erweiterung des

Gegenstandsbereichs darstellt. Der weiter gefasste Begriff der Internationalen Beziehungen nimmt also nicht nur das zwischenstaatliche Handeln in den Blick, sondern eröffnet ein breiteres Spektrum von Untersuchungsfeldern für die Analyse. Dazu gehören beispielsweise auch gesellschaftliche Akteure, die keinen völkerrechtlichen Status besitzen und solche, die innerhalb, zwischen oder über nationalstaatliche Grenzen hinweg tätig sind, wie die in jüngerer Zeit wichtiger gewordenen nichtstaatlichen, internationalen Organisationen (NGOs oder Non-Governmental Organizations). In Anlehnung an den im englischsprachigen Raum verbreiteten Terminus „International Relations" ist es daher auch in der deutschsprachigen Literatur üblich geworden, den Begriff „internationale Beziehungen" für die Analyse internationaler politischer Probleme, Strukturen und Interaktionsformen zu verwenden.

Literatur

Hoffmann, Stanley: „Probleme der Theoriebildung", in: H. Haftendorn (Hg.): Theorien der internationalen Politik, Hamburg 1975, S. 39–49

Knapp, Manfred/Gert Krell: Einführung in die internationale Politik, München/Wien 2004

Krell, Gert: Weltbilder und Weltordnung. Einführung in die Theorie der internationalen Beziehungen, Baden-Baden 2009

Meyers, Reinhard: „Internationale Beziehungen als akademische Disziplin", in: Andreas Boeckh (Hg.): Internationale Beziehungen, Lexikon der Politik, Bd. 6, München 1994, S. 231–241

Schimmelfennig, Frank: Internationale Politik, 2. Aufl. Stuttgart 2010

Schmidt, Brian C.: „On the History and Historiography of International Relations", in: Carlsnaes, Walter/Thomas Risse/Beth A. Simmons (Hg.): Handbook of International Relations, London 2002, S. 3–22

Zürn, Michael: „Die Entwicklung der Internationalen Beziehungen im deutschsprachigen Raum nach 1989", in: Gunther Hellmann/Klaus Dieter Wolf/Michael Zürn (Hg): Die neuen Internationalen Beziehungen. Forschungsstand und Perspektiven in Deutschland, Baden-Baden 2003, S. 21–46

1.2 Was heißt Theorie der Internationalen Beziehungen?

Theorien dienen in der Regel als analytischer Bezugsrahmen für wissenschaftliche Untersuchungen. Sie folgen bestimmten Erkenntnisinteressen, die nach dem aktuellen Wissenschaftsverständnis reflektiert und dargelegt werden sollen. Wird keine geschlossene Theorie verwendet, so können theoretische Ansätze und Modelle herangezogen werden, um eine Untersuchung oder Analyse durchzuführen. Allgemein wird in den Sozialwissenschaften davon ausgegangen, dass wissenschaftliche Untersuchungen, die von Theorien geleitet werden, nicht nur neue wissenschaftliche Erkenntnisse produzieren, sondern auch eine Orientierung in der Welt ermöglichen, Handlungsalternativen aufzeigen und gegebenenfalls eine Grundlage für politisches Handeln bilden. Hierfür ist es entscheidend, dass Fragestellung und Politikbegriff präzise entwickelt und kritisch reflektiert werden. Gegenüber „großen Theorien" oder so genannten Meta-Erzählungen ist in der Sozialwissenschaft dabei oft eine größere Zurückhaltung festzustellen. Viele Wissenschaftlerinnen und Wissenschaftler bevorzugen Theorien mittlerer Reichweite, die ein bestimmtes Problem, einen Teilausschnitt internationaler Beziehungen oder eine spezifische Fragestellung erfassen sollen, und nicht versuchen, das System als ganzes zu beschreiben oder zu erklären.

Die Theoriebildung im Feld der Internationalen Beziehungen erfüllt meist mehrere Funktionen, wie in der Sozialwissenschaft generell üblich. Zu ihrer *heuristischen* Funktion gehört, dass die Komplexität der Realität reduziert und die Vielfalt der Evidenz nach Relevanzkriterien hierarchisiert wird. Dies geschieht in der Regel dadurch, dass die Bedeutung einer zentralen Forschungsfragestellung entwickelt und daraus verschiedene Teilfragen abgeleitet werden. Eine weitere Aufgabe der Theoriebildung ist die *operative* Funktion, d. h. sie soll forschungsanleitend und in einen Forschungsprozess umsetzbar sein. Je komplexer die Theorie, desto schwieriger kann es werden, die einzelnen Forschungsschritte zu operationalisieren. Die Eingangsqualifikationen für den Nachvollzug der Theoriebildung werden durch sehr komplexe Theorieansätze oder spezialisierte Forschungsmethoden relativ hoch angesetzt; für diesen Fall ist eine entsprechende Qualifizierungs- bzw. Ausbildungsphase vorzusehen. Eine weitere Funktion kann im *legitimatorischen* Charakter von Theorie bestehen, indem mit der Theoriebildung politisches Handeln begründet wird. Dabei ist der Kontext entscheidend, in dem diese Funktion ausgeübt wird, und gutes wissenschaftliches Arbeiten hängt nicht zuletzt davon ab, inwieweit Forschung unabhängig von politischer Einflussnahme durchgeführt werden kann und der legitimatorische Aspekt von Theoriebildung reflektiert wird. Gerade in den Internationalen Beziehungen wird häufig angestrebt, politische Entscheidungen vorzubereiten, zu beeinflussen oder kritisch zu begleiten. Daher sollte abschließend die *kritische* Funktion von Theoriebildung erwähnt werden. Im Unterschied zum Alltagsgeschäft der Politik sollen Theorien dazu beitragen, Zusammenhänge aufzuzeigen, Hintergründe zu analysieren und alternative Entscheidungsoptionen zu erörtern. Insofern können Theorien im Schnittbereich zur Praxis auch Perspektiven zur Veränderung gesellschaftlicher Zustände aufzeigen.

Als Teilbereich der Politischen Wissenschaft arbeiten Studien über Internationale Beziehungen in der Regel mit *sozialwissenschaftlichen Methoden*. Welche Methoden angewandt werden, hängt zum einen vom theoretischen Rahmen ab, der zugrunde gelegt wird, und zum anderen von der Fragestellung der Untersuchung. So kann eine Untersuchung beispielsweise methodisch komparativ angelegt sein oder auf einer Einzelfallstudie beruhen. Jedes Forschungsverfahren setzt ein bestimmtes Erkenntnisinteresse voraus, das auf Basis der Fragestellung über das Forschungsdesign und die Auswahl der Methoden, einschließlich der Anlage von empirischen Untersuchungen, entscheidet. Das Erkenntnisinteresse sollte ebenso offen gelegt werden, wie der größere theoretische Zusammenhang, in dem das Problem steht.

Empirische Forschungsmethoden in der internationalen Politik unterscheiden sich grob in quantitative und qualitative Methoden. Soll ein größerer Datensatz zur Analyse eines Problems herangezogen werden, oder sind sozialstatistische Analysen erforderlich, so werden in der Regel quantitative Methoden verwandt. Unter den qualitativen Methoden haben sich im Bereich der Analyse Internationaler Beziehungen vor allem Interviews, Diskurs- und Inhaltsanalysen sowie Fallstudien sehr bewährt, die auch mit quantitativen Methoden kombiniert werden können.

1.3   Grundbegriffe: Akteur und internationales System

Für die Analyse der Internationalen Beziehungen hat sich der *Dualismus von Akteur und System* als außerordentlich fruchtbar erwiesen. Diese Unterscheidung bildet einen analytischen Bezugsrahmen neuerer Theorien Internationaler Beziehungen (Kegley/Blanton 2012).

Auf Basis dieser Unterscheidung lassen sich zwei große Denkschulen unterscheiden, nach denen Akteure entweder Interessen geleitet sind und nach Nutzenmaximierungsgesichtspunkten entscheiden, oder indem ihre Aktionen von Werten und Normen geleitet werden.

Der Begriff *Akteur* kann sich in der internationalen Politik auf Nationalstaaten, gesellschaftliche und nichtstaatliche Gruppen und auf Entscheidungsträger, also Individuen beziehen, die im internationalen Raum agieren. Werden internationale Beziehungen als soziale Interaktion verstanden, dann können sie, ähnlich wie soziales Handeln in anderen Bereichen, als Beziehungsverhältnis mit konkret handelnden Akteuren analysiert werden. Mit der Fokussierung von Akteuren wird dem sozialwissenschaftlichen Erkenntnisinteresse im Feld der Internationalen Beziehungen Rechnung getragen, Handlungen, Interessen und Normen in der internationalen Politik analysieren zu können.

Die Frage, welcher Akteur bzw. welche Akteure als analytisch relevant gelten, wird von theoretischen Vorannahmen bestimmt. So betrachten neo-realistische oder intergouvernmentalistische Theorieansätze die Nationalstaaten als zentrale Akteure, während der liberale Institutionalismus darüber hinaus greift und von einer Pluralität der Akteure ausgeht. Diesem Herangehen kann die Auffassung zugrunde liegen, dass internationales Handeln und Verhalten im internationalen System als wert- und normorientiertes Handeln zu begreifen ist. So wird beispielsweise bei der Frage von Menschenrechten eine Vielzahl von Akteuren einbezogen und die Umsetzung und Einhaltung von Normen (*compliance*) als norm- und wertgeleitet begriffen. In anderen Theorien herrscht die Annahme vor, dass Akteure rational, zweckgebunden handeln, wobei als Zweck der eigene Nutzen, etwa bei der Gewährleistung von Sicherheit eines Landes oder einer Gruppe, angenommen wird. Diese rationalistische, auf Kosten-Nutzen-Erwägungen beruhende Annahme wird insbesondere von *„rational choice"*-Ansätzen vertreten. In der Sozialkonstruktivismus-Rationalismus-Debatte werden diese beiden Ansätze oft als sich gegenseitig ausschließende Modelle begriffen. Mit dem Wandel des Menschenbildes und unter dem Einfluss sozialwissenschaftlicher Theorien und Methoden wird allerdings in der Regel eine differenziertere, kontextbezogene Sicht auf die Akteurs-Ebene der internationalen Politik präferiert und neuere Untersuchungen sind bestrebt, diese beiden Sichtweisen miteinander zu verbinden (Risse 2003). Politisches Handeln kann danach sowohl auf Werte basiertem Handeln beruhen, als auch rationales Kalkül beinhalten.

Akteure sind als soziale Einheiten, Gruppen oder Organisationen in eine konkrete Umgebung eingebunden und damit Teil eines größeren politischen Umweltsystems. Generalisierende Aussagen über die allgemeine Natur von Akteuren, die jenseits von Raum, Zeit, kulturellem und regionalem Kontext gültig sein sollen, gelten heute als fragwürdig und sollten wissenschaftlich hinterfragt werden. Neuere Ansätze legen bei der Analyse von Akteuren mehr Gewicht auf differenzierende Identitätskategorien wie etwa Klasse, Geschlecht oder ethnische Zugehörigkeit, sowie Diskurse, in denen Ziele, Intentionen, Werte und Normen transportiert werden.

Theoriegeschichtlich betrachtet galten lange *Staaten* als die zentrale Analyseeinheit für die internationale Politik, weil sie die einzigen völkerrechtlich legitimierten Akteure darstellten. Nationalstaaten hatten daher eine vorrangige Bedeutung in den Internationalen Beziehungen, die lange Zeit unbestritten war. In staatszentrierten Theorien wird nach dem nationalen Interesse eines Staates, dem wirtschaftlichen und technologischen Entwicklungsstand, militärischen Kapazitäten und politischer Verfasstheit gefragt. In der neueren Literatur wird allerdings die

1.3 Grundbegriffe: Akteur und internationales System

Frage, ob und inwiefern Staaten auch zukünftig die zentralen Akteure in der internationalen Politik sein werden, kontrovers diskutiert. Während für die einen Staaten aufgrund ihres völkerrechtlichen Status und ihrer Ressourcen, vor allem im wirtschaftlichen und militärischen Bereich, ihre Rolle als wichtigste Akteure in der Weltpolitik weiter spielen werden, heben andere Autoren hervor, dass internationale Organisationen, transnationale sowie nichtstaatliche, gesellschaftliche Akteure inzwischen so wichtig geworden sind, dass Nationalstaaten künftig lediglich eine Variable unter mehreren bilden.

Tatsächlich hat sich die Rolle und Funktion von Staaten in der sich rapide verändernden Umwelt stark gewandelt, so dass eine Fixierung auf Staaten in der Theoriebildung nicht mehr sinnvoll ist. Die insgesamt fast 200 Staaten der Welt werden weiterhin dominierende Akteure in der internationalen Politik bleiben. Um jedoch den eingangs beschriebenen Veränderungen in den Internationalen Beziehungen gerecht zu werden, ist es notwendig, Formen transnationaler Politik stärker zu berücksichtigen. Der Bedeutungszuwachs transnationaler Akteure im internationalen Normbildungsprozess und in politischen Entscheidungsfindungen, die Zunahme nicht-staatlicher Organisationen sowie die Entstehung supranationaler politischer Organisationen und regionaler Zusammenschlüsse unterlaufen den Anspruch von Staaten auf alleinige Souveränität in der Gestaltung ihrer auswärtigen Beziehungen als auch ihrer internen Angelegenheiten.

So wird beispielsweise die Umweltpolitik in den Mitgliedstaaten der Europäischen Union nicht nur von den Regierungen der Mitgliedsländer bestimmt, sondern ebenso von den Organen der EU, transnationalen Interessen- und Lobbygruppen sowie überregionalen Experten- und Bürgergruppen.

Auch unterhalb der Ebene des Nationalstaats muss mit Blick auf die Binnengesellschaft differenziert werden. Mit dem Begriff des *National*staates wird oft eine irreführende Gleichsetzung zwischen Staat und Nation nahe gelegt. Tatsächlich sind Staaten, die nur von einer Nation gebildet werden, die Ausnahme. Fast alle 193 Mitgliedstaaten der Vereinten Nationen bestehen aus multiethnischen Gesellschaften, und es wird von den VN geschätzt, dass weltweit rund 170 Ethnien ohne eigenen Staat existieren, die einen Anspruch auf größere Selbstbestimmung und Autonomie erheben. Der Begriff des Nationalstaates erweist sich daher nicht nur als analytisch unscharf, sondern er entspricht auch nicht der politischen Realität. Viele Konflikte resultieren gerade aus dem Spannungsverhältnis zwischen dem Selbstbestimmungsrecht von Minderheitengruppen und dem staatlichen Anspruch auf nationale Einheit. Mit dem Staatsbegriff verändert sich daher auch der *Souveränitätsbegriff*. Er ist ein Grundbegriff des Völkerrechts, aber staatliche Macht und Unabhängigkeit hat sich durch die Einflussnahme von nicht-staatlichen Organisationen und die Weiterentwicklung des Völkergewohnheitsrechtes verändert. Zugespitzt formuliert: „Der Souveränitätsbegriff ist also durch ein in sich differenziertes und gradualistisches Konzept von Einflussmöglichkeiten im und auf das internationale System abgelöst worden." (Seidelmann 1994: 494f.) So kann die internationale Gemeinschaft heute im extremsten Fall Minderheiten vor staatlicher Willkür durch äußere Intervention schützen.

Der *Wandel von Staatlichkeit* im internationalen System ist eines der wichtigsten neueren Forschungsgebiete in der internationalen Politik. Studien zeigen, dass sich die Funktion des Staates als zentraler Adressat und Fokus politischer Aktivitäten zu wandeln beginnt; zumindest in Fragen wie dem Klimawandel oder bei Migrationsprozessen ist der innenpolitische Willensbildungs- und Entscheidungsprozess nicht mehr ausschließlich in der Souveränität und Entscheidungskompetenz von Staaten angesiedelt (vgl. Jachtenfuchs 2003; Zürn u. a. 2007). Regieren „jenseits der Staatlichkeit" (Zürn 2005) ist heute daher ein wichtiges und aufschlussreiches Forschungsfeld, in dem *grenzüberschreitendes Regieren* mit Fragen nach der demokratischen Legitimität der sich im Raum jenseits des Staates herausbildenden neuen politischen Ordnungen verknüpft und – nach der Analyse der Friedensproblematik und der Erforschung von effektiven Steuerungskonzepten in internationalen Organisationen – nun als „dritte Phase" in der Analyse von internationaler Politik bezeichnet wird (Wolf 2003: 412f.).

Mit der zunehmenden Verflechtung der Staaten in der Welt gewinnt der Begriff des *internationalen Systems* an Bedeutung. Er charakterisiert die Gesamtheit der Internationalen Beziehungen im sicherheitspolitischen, wirtschaftlichen und allgemein politischen Bereich. Daher lassen sich drei große Bereiche in der internationalen Politik unterscheiden: Sicherheit, Wohlfahrt und Herrschaft. Letzterer Bereich beinhaltet dabei Menschenrechte und Freiheit.

Das internationale System umgreift nicht nur die Nationalstaaten in ihrer Beziehung zueinander, sondern auch die internationalen Organisationen sowie transnationale Akteure, wie z. B. multinationale Konzerne und internationale nicht-staatliche Organisationen. Je nach theoretischer Ausrichtung wird das internationale System entweder als vorausgesetzter Handlungsrahmen für Staaten und Akteure angesehen, oder es wird selbst als Variable der Verflechtung von Staaten betrachtet, also unterschieden zwischen dem internationalen System als unabhängige oder als abhängige Variable. Eine wichtige analytische Unterscheidung auf der Systemebene besteht darüber hinaus in der Frage, ob sich die Struktur des internationalen Systems ständig selbst reproduziert und darum relativ dauerhaft und fest gefügt ist (struktureller Ansatz), oder ob das System ein veränderbares Resultat politischer Interaktionen ist (akteursbezogener, pluralistischer Ansatz). Für die Analyse des internationalen Systems ist zudem relevant, welche Zusammenhänge als strukturbildend angesehen werden. Grob betrachtet können zwei Richtungen unterschieden werden. Während die eine Denkschule vom Primat der Ökonomie ausgeht (z. B. Dependenztheorien; Globalisierung), betrachtet die andere politische Prozesse als primär entscheidend (Interdependenztheorien; Konstruktivismus).

Ein Grundproblem der Beziehung zwischen Akteur und internationalem System besteht darin, dass das internationale System kein allgemein anerkanntes, politisch legitimiertes Machtzentrum aufweist. Damit unterscheidet es sich vom politischen Gemeinwesen innerhalb eines Landes, in dem der Staat über das „Monopol legitimer Gewaltsamkeit" (Max Weber) verfügt und damit in der Lage ist, Gesetze und andere Regeln mit Autorität durchzusetzen. Auch wenn die Vereinten Nationen über eine begrenzte Autorität zur Durchsetzung von Grundnormen wie Frieden und Sicherheit verfügen, existiert auf globaler Ebene weder ein Weltstaat noch eine Weltregierung. Durch die Entwicklung internationaler Normen und Regeln wurden daher schrittweise Regelwerke etabliert, die die Grenzen zwischenstaatlicher Gewaltausübung festlegen und der internationalen Gemeinschaft Gestaltungsmöglichkeiten in bestimmten Politikbereichen, wie etwa im Klimaschutz oder im Menschenrechtsbereich, geben sollen. Beispielsweise enthält die Charta der Vereinten Nationen ausdrücklich den Gedanken einer kollektiven, weltgesellschaftlichen Verantwortung für den Weltfrieden. Verschiedene Instrumente wie präventive Diplomatie, humanitäre Intervention, oder Schutztruppen (Blauhelme) sind diesem Ziel zugeordnet. In der wissenschaftlichen Forschung wird diese Spezifik der Internationalen Beziehungen auch mit dem Begriff *Governance* umschrieben. Governance bezeichnet in einer weiten Fassung die Gesamtheit der vielfältigen Regelungsformen gesellschaftlicher Sachverhalte bzw. die Herstellung oder Aufrechterhaltung politischer oder sozialer Ordnung (vgl. Benz 2010). In der internationalen Politik beinhaltet der Begriff Governance Regelungsstrukturen, die ein „Regieren ohne Regierung" meinen und nichthierarchische Steuerungsformen in verschiedenen globalen Politikbereichen umfassen. Angesichts der zunehmenden Verregelung und Verrechtlichung internationaler Beziehungen schlägt der Politikwissenschaftler Thomas Risse daher vor, staatliche und nichtstaatliche Steuerungs- und Regelungsformen zusammenzufassen. Die neuen Formen von Governance („new governance") lassen sich a) über die Einbeziehung nicht-staatlicher Akteure, wie etwa Unternehmer, private Interessengruppen oder Nichtregierungsorganisationen (NGOs) in Governance-Strukturen; und b) die Betonung nichthierarchischer Formen der Steuerung charakterisieren (Risse 2007). So lassen sich sowohl Internationale Organisationen, als auch öffentlich-private oder nicht-staatliche Partnerschaften und allgemeine Regelungswerke in der internationalen Politik analysieren.

Literatur

Benz, Arthur (Hg.): Governance – Regieren in komplexen Regelsystemen, 2. Aufl., Wiesbaden 2010

Jachtenfuchs, Markus: „Regieren jenseits der Staatlichkeit", in: Hellmann, Gunther/Klaus Dieter Wolf/Michael Zürn (Hg.): Die neuen internationalen Beziehungen. Forschungsstand und Perspektiven in Deutschland, Baden-Baden 2003, S. 495–518

Kegley, Charles W./Shannon L. Blanton: World Politics. Trends and Transformations 2011–12, 13. Aufl., Belmont 2012

Risse, Thomas: „Global Governance und kommunikatives Handeln", in: Peter Niesen/Benjamin Herborth: Anarchie der kommunikativen Freiheit. Jürgen Habermas und die Theorie der internationalen Politik, Frankfurt a. M. 2007, S. 57–86.

Seidelmann, Reimund: „Souveränität", in: Andreas Boeckh (Hg.): Internationale Beziehungen, Lexikon der Politik, hrsg. v. Dieter Nohlen, Bd. 6, München 1994, S. 493–495

Wolf, Klaus Dieter: „Internationale Organisationen und grenzüberschreitendes Regieren", in: Herfried Münkler (Hg.): Politikwissenschaft. Ein Grundkurs, Reinbek bei Hamburg 2003, S. 412–446

Zürn, Michael: Regieren jenseits des Nationalstaats. Globalisierung und Denationalisierung als Chance, 2. Auflage, Frankfurt a. M. 2005

Zürn, Michael/Andreas Hasenclever/Klaus Dieter Wolf (Hg.): Macht und Ohnmacht Internationaler Organisationen, Frankfurt/New York 2007

1.4 Der Machtbegriff in den Internationalen Beziehungen

Internationale Beziehungen sind in vielfältiger Weise durch Machtverhältnisse geprägt. Bereits in der Verwendung von Begrifflichkeiten, wie beispielsweise „Militärmacht", „Supermacht", „Wirtschaftsmacht" oder „Zivilmacht", kommt zum Ausdruck, wie sehr die internationalen Beziehungen durch die *Ubiquität von Macht* charakterisiert werden. Eine Schwierigkeit für die Analyse internationaler Politik besteht dabei in einer widersprüchlichen Struktur: Einerseits werden die Länder der Welt durch Machtbeziehungen beeinflusst bzw. sie beeinflussen sie selber, andererseits existiert kein legitimes Machtzentrum, so dass die Internationalen Beziehungen „chaotisch" oder anarchisch, d. h. ohne Herrschaft, erscheinen. Die Anarchie in den internationalen Beziehungen unterscheidet diese von den politischen Verhältnissen in der Innenpolitik. Regelungsverfahren für politische Prozesse oder Probleme sind in der internationalen Politik daher auf zwischenstaatliche Übereinkünfte, wie völkerrechtliche

Verträge, angewiesen. Aufgrund der faktisch gegebenen ungleichen Machtverteilung zwischen Staaten und weltpolitischen Regionen, die ein Ergebnis historischer, ökonomischer und geopolitischer Entwicklungen ist, ist die Positionierung von Staaten bzw. Akteuren im weltpolitischen Machtgefüge daher eine wichtige politische und theoretische Frage. Daher nimmt der *Machtbegriff* eine zentrale Bedeutung in der Theoriebildung ein.

Das *klassische* sozialwissenschaftliche Machtkonzept geht auf Max Weber zurück. Weber bezeichnete Macht als „jede Chance, innerhalb einer sozialen Beziehung den eigenen Willen auch gegen Widerstreben durchzusetzen, gleichviel, worauf diese Chance beruht." (Weber 1956: 38) Weber verstand Macht als Bestandteil aller sozialen Beziehungen, wobei sie stets ein Verhältnis zwischen Ungleichen voraussetzt. Der Machtbegriff erscheint bei Weber allerdings als eine amorphe Kategorie, weshalb er selbst ihn als systematisch nicht zureichend begreift: „Der Begriff Macht ist soziologisch amorph. Alle denkbaren Qualitäten eines Menschen und alle denkbaren Konstellationen können jemanden in die Lage versetzen, seinen Willen in einer gegebenen Situation durchzusetzen", und Weber folgerte hieraus: „Der soziologische Begriff der ‚Herrschaft' muss daher ein präziserer sein und kann nur die Chance bedeuten: für einen Befehl Fügsamkeit zu finden." (Weber 1956: 38) Ausgehend von diesem Machtbegriff unterschied Weber drei Formen legitimer Herrschaft: legale, traditionale und charismatische Herrschaft, denen verschiedene Ausprägungen von Befehlsgewalt und Gehorsamspflicht zugrunde liegen. Der Webersche Machtbegriff blieb damit offen für weitere theoretische Interpretationen.

Dem von Weber geprägten Ansatz, Macht als Willensdurchsetzung, bzw. Macht „über andere" zu definieren, setzte beispielsweise Hannah Arendt einen kontextbezogenen, *interaktiven Machtbegriff* entgegen, der in jüngerer Zeit in der sozialwissenschaftlichen Literatur über internationale Beziehungen rezipiert wird. Macht ist nach Arendt zu verstehen als Fähigkeit, „mit anderen" zu agieren. Auch für Arendt setzt Macht soziale Beziehungen voraus, aber sie beinhaltet nicht einfach Willensdurchsetzung, sondern soziale Prozesse der Kohäsion. „Macht entspricht der menschlichen Fähigkeit, nicht nur zu handeln oder etwas zu tun, sondern sich mit anderen zusammenzuschließen und im Einvernehmen mit ihnen zu handeln. Über Macht verfügt niemals ein einzelner; sie ist im Besitz einer Gruppe und bleibt nur solange existent, als die Gruppe zusammenhält." (Arendt 1970: 45) Macht gehört nach Arendt zum Kern aller staatlichen Gemeinwesen. Sie bedarf jedoch der Legitimität; das bedeutet, dass diejenigen, die Macht ausüben, sich ihrer Autorität ständig vergewissern müssen. Macht, die nicht autorisiert ist, wird zur Gewalt. Gewalt kann zwar, als letzter Ausweg, im politischen Handeln mit einkalkuliert sein, so dass es so aussehen kann, als sei die Machtstruktur eine Vorbedingung für Gewaltausübung; dies ist jedoch nicht der Fall. Bei Arendt ist der Machtbegriff eher weit gefasst, während Gewalt auf einer engen, spezifischen Definition beruht. Arendts Begriff der Macht, der sich aus dem Verständnis des Politischen als Handlungsfähigkeit herleitet, wird auch als Alternative zu einem engen, strukturalistischen Machtbegriff betrachtet. Vor allem in der Debatte über die Universalität der Menschenrechte ist dieser Machtbegriff wieder aufgenommen worden (Isaac 1996).

Für *empirisch orientierte Machtanalysen* muss der Machtbegriff differenziert und operationalisiert werden, um ihn für Untersuchungen fruchtbar zu machen. Die Willensdurchsetzung, z. B. einer Regierung oder eines Staates, in der internationalen Politik kann als Ergebnis von Machtausübung interpretiert werden, die auf verschiedenen Machtmitteln oder -ressourcen beruht. Als ein zentrales Ergebnis empirischer Analysen lässt sich eine Ausdifferenzierung von Indikatoren der Macht notieren. Neben militärischer Macht sind weitere Parameter, wie etwa technisch-wissenschaftliche Grundlagen, industrielle und finanzielle Leistungen einer Volkswirtschaft, Währung und Humankapital, die über den Einfluss von politischen Akteuren mitbestimmen. Auch Fähigkeiten der Diplomatie und des Verhandlungsgeschicks gelten inzwischen als Machtressource („soft power").

Macht wird in der wissenschaftlichen Literatur als ein Oberbegriff für eine differenzierte Typologie unterschiedlicher Formen von Einfluss in der internationalen Politik verwendet. Eine heuristische *Kategorisierung* von Macht bietet eine amerikanische Studie an, die mindestens drei große Formen von Macht unterscheidet (vgl. Boulding 1989):

- Macht als *Drohung* („threat power"), die einen Einfluss auf andere ausübt, indem sie Überlegenheit ausdrückt und anderen gegenüber Zwangs- oder Drohmittel einsetzen kann. Diese Form der Macht kann in einer Unterordnung resultieren, sie kann aber auch zur Flucht aus der Machtbeziehung oder zu einer Gegendrohung führen;
- *Wirtschaftliche Macht* („economic power"), die aufgrund längerfristiger historischer Prozesse global oder regional zu ungleichen Machtverteilungen geführt hat, bzw. aufgrund von Ressourcen eine Gruppe oder ein Land begünstigt;
- *Integrative Macht* („integrative power"), die als legitim anerkannt ist und Loyalität beinhaltet. Diese Form der Macht ist relativ dauerhaft, wenn sie auf Kommunikation beruht und sich ihrer Legitimität versichert.

In der neueren Literatur bezeichnet der Machtbegriff also einen komplexen sozialen Zusammenhang, der auch empirisch überprüfbar sein soll. Michael Barnett und Raymond Duval (2005), die sich von einem einseitigen dominanten Machtbegriff abgrenzen, entwickeln beispielsweise ein vierdimensionales Machtkonzept für die Analyse Internationaler Beziehungen und unterscheiden: zwingende Macht, institutionelle Macht, strukturelle Macht und produktive Macht. Die Berücksichtigung dieser verschiedenen Formen der Machtausübung soll zum differenzierten Verständnis der internationalen Beziehungen beitragen und auch das Feld für empirische Untersuchungen öffnen.

Joseph S. Nye bringt den Begriff der Macht in einen Zusammenhang mit der Fähigkeit im internationalen Kontext eine führende Rolle zu übernehmen („leadership"). Er unterscheidet zunächst zwei Formen von Macht, die zwingende Macht („hard power") und die auf Überzeugen beruhende, weiche Macht („soft power") (Nye 2008). Während sich erstere vor allem auf militärische oder wirtschaftliche Überlegenheit und Strategien der Abschreckung, Drohungen oder auf harte Sanktionen stützt, beruht die weiche Macht auf der Fähigkeit, andere durch Vorbild oder Argumentation zu überzeugen; Informationsnetzwerke, Kulturaustausch und Sozialisation sind wichtige Grundlagen dieser Form der Macht. Am wirksamsten in der internationalen Politik, so Nye, sind jedoch Kombinationen von beiden Herangehensweisen. Diese Form der Macht, die situationsabhängig und flexibel eingesetzt wird, bezeichnet Nye als kluge Macht („smart power"). Der Begriff von „smart power" wurde beispielsweise von der Obama Administration aufgegriffen, um einen Richtungswechsel in der Außenpolitik einzuleiten, in dem die Diplomatie wieder einen höheren Stellenwert erhalten sollte. So betonte die neu ins Amt gerufene US-amerikanische Außenministerin Hillary Clinton bei ihrem Amtsantritt, dass Überzeugen und diplomatische Verhandlungen in Kombination mit konsequenter Durchsetzungspolitik als Strategie der neuen Außenpolitik umgesetzt werden solle.

Die Verwendung des Machtbegriffs in der Analyse Internationaler Beziehungen ist immer wieder kritisch kommentiert und bearbeitet worden. Daher sollen schließlich zwei Theorieansätze vorgestellt werden, die den Machtbegriff an sich in Frage stellen. Ob Macht überhaupt eine grundlegende Strukturkategorie ist, wird beispielsweise in *poststrukturalistischen* Arbeiten bezweifelt. Die britische Autorin Cynthia Weber (1995) geht beispielsweise davon aus, dass staatliche Macht im historischen Prozess durch soziale Praktiken konstruiert worden sei, um Herrschaft zu begründen. Sie argumentiert, dass Staatlichkeit mit ihrer klassischen Konzeption von Souveränität durch spezifische Konfigurationen von Macht und Wissen entstanden sei, um eben diese Machtverhältnisse aufrechtzuerhalten (vgl. auch Burchill/ Linklater 2009). Daher kann Macht nicht als „objektive" wissenschaftliche Kategorie fungieren. Macht ist keine analytische Strukturkategorie der internationalen Politik, sondern entspringt einer diskursiven Praxis.

Auch *feministische* Forschungsansätze problematisieren den Machtbegriff. Die Politikwissenschaftlerin J. Ann Tickner (1992) zeigt beispielsweise auf, dass der in neorealistischen Arbeiten verwandte Macht- und Sicherheitsbegriff eine männlich geprägte Konstruktion darstellt, indem traditionelle männliche Attribute wie das rationale, strategische Kalkül und das Streben nach Macht als allgemeingültige Verhaltensmuster angenommen und unhinterfragt auf das Agieren von Staaten übertragen wurden. Für Tickner ist das Streben nach Macht kein Grundprinzip menschlicher Ordnung, sondern es stellt nach ihrer Auffassung vielmehr eine Ursache für viele Probleme der Internationalen Beziehungen dar. Erst Machtstreben habe zu einer ernsthaften Sicherheitsbedrohung in der Welt geführt, so Tickner, welche sich in militärischer Aufrüstung und sicherheitsgefährdenden Dominanzkulturen niederschlagen. Tickner plädiert für einen neuen Sicherheitsbegriff, bei dem andere, „weiblich" geprägte Verhaltensmuster und Werte, wie das Bedürfnis nach Schutz, die Fähigkeit zur Verständigung und kollektive Sicherheit im Mittelpunkt stehen. Macht sollte als „shared power" verstanden werden, die zur Lösung von globalen Problemen beiträgt.

Literatur

Albrecht, Ulrich: Internationale Politik. Eine Einführung in das System internationaler Herrschaft, 5. Aufl., München, Wien 1998

Arendt, Hannah: Macht und Gewalt, dt. München 1970

Barnett, Michael/Raymond Duvall: „Power in International Politics", in: International Organization, Winter 2005, S. 39–75

Boulding, Kenneth: Three Faces of Power, Newbury Park Calif. 1989

Burchill, Scott/Andrew Linklater (Hg.): Theories of International Relations, 4. Aufl., London: 2009

Isaac, Jeffrey: „A New Guarantee on Earth. Hannah Arendt on Human Dignity and the Politics of Human Rights", in: American Political Science Review, Nr. 1/1996, S. 61–73

Nye, Joseph S.: The Powers to Lead, Oxford 2008

Tickner, J. Ann: Gender and International Relations. Feminist Perspectives on Achieving Global Security, New York 1992

Weber, Cynthia: Simulating Sovereignty. Intervention, the State and Symbolic Exchange, Cambridge 1995

Weber, Max: Wirtschaft und Gesellschaft, Tübingen 1956

1.5 Theorierichtungen in der Analyse der Internationalen Beziehungen

Im Feld der Internationalen Beziehungen gibt es keine „große", einheitliche Theorie; vielmehr unterscheidet man unterschiedliche Denkschulen und Theorierichtungen. In der angelsächsischen Literatur, die in Deutschland zunächst führend war, wird dabei häufig zwischen den zwei älteren Denkschulen des Realismus und Idealismus differenziert; neuere Theorierichtungen werden in der Regel in die zwei Grundrichtungen des Neo-Realismus und des liberalen Institutionalismus unterteilt; letzterem werden die Interdependenztheorie und die Regimetheorie zugeordnet. Neben diesen Grundströmungen werden eine Reihe weiterer, meist neuerer Ansätze genannt, wie konstruktivistische, postmoderne, „rational choice", oder feministische Theorieansätze. Für Deutschland stellte die Berliner Politikwissenschaftlerin Helga Haftendorn bereits Ende der 1980er Jahre fest, dass es zwanzig verschiedene theoretische Konzepte in der Auseinandersetzung mit den Internationalen Beziehungen gäbe (Haftendorn 1990: 448). Als Hauptströmungen gelten in der deutschen Diskussion Realismus, Institutionalismus, Liberalismus, Feminismus und Konstruktivismus (Spindler/Schieder 2006). Manche Autoren fügen Transnationalismus hinzu (z. B. Schimmelfennig 2010), andere den Marxismus (z. B. Krell 2009).

In der theoretischen Diskussion wird dabei zwischen rationalistischen und norm- bzw. wertorientierten Ansätzen unterschieden. Rationalistische Theorien befassen sich mit den Interessen und Präferenzen von Akteuren, mit Kosten-Nutzen-Analysen und strategischen Überlegungen von Akteuren gegenüber dem internationalen System, während konstruktivistische Theorieansätze sich mit Normen und Werten, Identität und der Sozialisation durch Internationale Organisationen beschäftigen und somit zu den norm- und wertortientierten Ansätzen zählen. Verschiedentlich wird in der Forschung auch für eine Verbindung dieser beiden erkenntnistheoretisch differierenden Herangehensweisen plädiert.

Die Klassifizierung unterschiedlicher Theorieansätze verdeutlicht, wie weit sich das Feld der Internationalen Beziehungen theoretisch, und in der Konsequenz auch methodisch, ausdifferenziert hat. Grundsätzlich kann also von einem *Theorienpluralismus* ausgegangen werden.

1.5.1 Theoretische Vorläufer

Will man den Beginn einer systematischeren Reflexion über die Beziehungen zwischen Staaten oder größeren politischen Gemeinschaften historisch verorten, so reichen die Ursprünge bis in die frühe Neuzeit und die Entstehung moderner Nationalstaaten zurück. Geistesgeschichtliche Wurzeln gehen bereits zurück auf die *staatstheoretischen* Abhandlungen des englischen Philosophen Thomas Hobbes (1588–1679) sowie auf die Philosophie des Liberalismus. Hobbes entwickelte in seiner Schrift „Leviathan" den absolutistisch-aufgeklärten Gedanken eines „Sozialvertrags", in dem der Staat seinen Untertanen im Gegenzug zur ihrer „Unterwerfung" unter die staatliche Autorität ein sicheres Leben gewährleisten sollte. Sicherheit bestand vor allem im Schutz gegen äußere Feinde. Hierzu mussten die entstehenden modernen Staaten auch Ordnungs- und Verteidigungssysteme, wie z. B. Armeen, entwickeln. Diese Gedanken werden vor allem von Realisten und Neorealisten aufgegriffen, da sie bei Hobbes grundlegende Überlegungen zu der Frage entwickelt finden, wie moderne Staaten die Sicherheit ihrer Bürger nach außen durch das Souveränitätsprinzip gewährleisten können. John Locke (1632–1704), einer der Hauptbegründer des politischen *Liberalismus*, gilt dagegen als Wegbereiter für die liberale Denkschule in den internationalen Beziehungen. Der Liberalismus entwarf das Bild von Gesellschaften selbstbestimmter Individuen, die im freien Austausch miteinander in Beziehung treten; souveräne Staaten, die in erster Linie an allgemeiner Wohlfahrt und Handel interessiert sind, tendieren dazu, ihre Konflikte friedlich und zum Wohle aller zu lösen. Der *Naturrechtsgedanke* der Aufklärung begründete darüber hinaus die Auffassung, dass Handel und Austausch zwischen Staaten frei und gleichberechtigt stattfinden solle und entsprechende rechtliche Vereinbarungen markieren den Beginn der Neuzeit. Im Völker- und Handelsrecht wird dabei auch auf Hugo Grotius (1583–1645) sowie Samuel Pufendorf (1632–1694) als zwei der wichtigsten theoretischen Vorläufer Bezug genommen.

In der deutschsprachigen Literatur über internationale Politik wird häufig auch Bezug genommen auf Immanuel Kant (1724–1804), der in seiner Schrift „Zum ewigen Frieden" (1795) bereits Überlegungen zur Überwindung der anarchischen Beziehungen zwischen Staaten durch vertragliche, *konstitutionelle Regelungen* und die Schaffung supranationaler Institutionen anstellte. Kant schlug beispielsweise die Errichtung eines Friedensbundes vor, eine Konzeption, die in jüngerer Zeit u. a. in der Menschenrechtsdiskussion sowie in der Friedensforschung wieder aufgegriffen wurde. Beeinflusst durch den politischen Liberalismus sowie Jean Jacques Rousseaus Konzept der politischen Gemeinschaft konzipierte Kant die Idee eines „Weltbürgerrechts", das nicht national, sondern kosmopolitisch begründet war. „Das Weltbürgerrecht soll auf Bedingungen der allgemeinen Hospitalität eingeschränkt sein", schrieb Kant in seinem „3. Definitivartikel zum ewigen Frieden". Unter den klassischen Theorien ist schließlich auch die Arbeit von Karl Marx (1818–1883) zu nennen, der mit seiner monumentalen *Kapitalismusanalyse* und der These von der globalen Wertschöpfung des Kapitals von Weltsystem- und Dependenztheoretikern herangezogen wird.

Während der Zeit nach dem Ersten Weltkrieg bestand weitgehend Einigkeit darüber, dass die internationale Politik primär auf das Ziel der Friedenssicherung ausgerichtet sein sollte. Diese Frühphase der Theoriebildung wird heute unter dem Begriff des *Idealismus* zusammengefasst (vgl. Meyers 1994). Der Idealismus bestand im Kern darin, über die Einrichtung internationaler Organisationen sowie die Weiterentwicklung des internationalen Rechts und der Diplomatie den Weltfrieden zu sichern. Der ehemalige amerikanische Präsident Woodrow Wilson, der mit der Beendigung des Ersten Weltkriegs die Idee der Gründung eines Völkerbundes förderte, vertrat beispielsweise die Auffassung, dass die Welt durch eine globale demokratische Politik, die auch den kleineren Ländern das Selbstbestimmungsrecht einräumt, friedlicher gestaltet werden könne. Die Einrichtung einer internationalen Organisation, die nicht mehr primär an nationalen Interessen, sondern am übergeordneten Gedanken der Friedenssicherung ausgerichtet sein würde und in der alle Völker vertreten sein sollten, könne nach Wilson dazu beitragen, den Friedensgedanken zu stärken und abzusichern. Analog zum Gesellschaftsvertrag im politischen Gemeinwesen sollte sich auch die internationale Gemeinschaft an gemeinsamen Zielen orientieren und dementsprechend Strukturen kollektiver Sicherheit entwickeln.

Mit dem Friedensziel korrespondierte ein Menschenbild, das den Menschen in der Tradition der Aufklärung als vernunftbegabtes Wesen ansah. Individuelle Verantwortung zum Wohle des Ganzen sowie an den Idealen von Fortschritt, Gerechtigkeit und Frieden orientiertes Handeln galten als Grundbedingungen für die Schaffung einer friedlichen Weltgesellschaft. Befürwortet wurden zudem der freie Handel und der Austausch zwischen Staaten sowie die

Abschaffung von Geheimdiplomatie zugunsten einer offenen Politik gegenüber anderen Ländern. Mit dem Scheitern des Völkerbundes, dem Aufkommen faschistischer und nationalsozialistischer Regime in Italien, Spanien und Deutschland und dem Ausbruch des Zweiten Weltkrieges verlor die idealistische Schule jedoch an Einfluss.

Die in der Bundesrepublik entwickelten theoretischen Ansätze greifen in vielfältiger Weise auf die klassischen philosophisch-theoretischen Vorläufer zurück, wie etwa der von Ernst-Otto Czempiel und Mitarbeitern entwickelte liberale Institutionalismus oder die Berliner Friedensforschung um Ulrich Albrecht, welche sich auf die Schriften Immanuel Kants beziehen, oder aktuelle machttheoretisch-realistische Arbeiten über neue Kriege, etwa von Herfried Münkler, welche auf Ideen von Thomas Hobbes zurückgreifen.

Literatur

Brown, Chris: Understanding International Relations, 4. Aufl., Houndmills 2009

Gu, Xuewu: Theorien der Internationalen Beziehungen, München 2000

Haftendorn, Helga: „Zur Theorie außenpolitischer Entscheidungsprozesse", in: Volker Rittberger (Hg.): Theorien der Internationalen Beziehungen, PVS-Sonderheft 21/1990, S. 448–493

Krell, Gert: Weltbilder und Weltordnungen: Einführung in die Theorie der internationalen Beziehungen, Baden-Baden 2009

Meyers, Reinhard: „Internationale Beziehungen als akademische Disziplin", in: Boeckh, Internationale Beziehungen, 1994, S. 231–241

Schimmelfennig, Frank: Internationale Politik, Paderborn 2010

Spindler, Manuela/Siegfried Schieder (Hg.): Theorien der internationalen Beziehungen, Opladen 2006

1.5.2 Realismus, Neo-Realismus und Englische Schule

Die Theorie des *Realismus* der Internationalen Beziehungen löste nach dem Zweiten Weltkrieg die optimistische Sicht auf die Gestaltbarkeit des internationalen Systems ab, welche noch in der Zwischenkriegszeit dominierend war. Während die idealistische Denkschule danach fragte, wie die internationale Politik beschaffen sein sollte (normative Zukunftsorientierung), analysiert die realistische Denkschule die internationale Politik so, wie sie beschaffen ist (pragmatische Gegenwartsorientierung). Mit diesem Paradigmenwechsel einher ging eine intensivere Auseinandersetzung mit Machtbeziehungen in der internationalen Politik.

Einer der Hauptbegründer der „Realistischen Schule" der Internationalen Beziehungen war der aus Deutschland emigrierte amerikanische Wissenschaftler Hans J. Morgenthau, der in den Vereinigten Staaten in der Nachkriegszeit zu einem ihrer einflussreichsten Theoretiker aufstieg. Morgenthau ging davon aus, dass sich die Welt in einem Zustand der Anarchie befinde, d. h. dass weder eine Zentralmacht noch eine allgemein akzeptierte politische Autorität existierten, die die Beziehungen zwischen Staaten regeln kann. Analog zum vorgesellschaftsvertraglichen Naturzustand – der „Krieg aller gegen alle", nach Hobbes – folgerte Morgenthau hieraus, dass das nationale Interesse der Staaten primär darin bestehen müsse, ihre eigene Sicherheit zu gewährleisten. Dabei ging Morgenthau von einem Politikbegriff aus, der Macht als interessengeleitetes Handeln in den Mittelpunkt politischer Prozesse stellte.

Für Morgenthau ist internationale Politik „wie alle Politik, ein Kampf um die Macht. Wo immer die letzten Ziele der internationalen Politik liegen mögen, das unmittelbare Ziel ist stets die Macht." (Morgenthau 1963: 60) Der Webersche Machtbegriff hat daher in seinen Arbeiten einen zentralen Stellenwert. Morgenthau schreibt hierzu: „Wenn von Macht gesprochen wird, ist die Herrschaft von Menschen über das Denken und Handeln anderer Menschen gemeint. Unter politischer Macht verstehen wir die wechselseitigen Machtbeziehungen zwischen den Inhabern öffentlicher Gewalt und zwischen diesen einerseits und dem Volk andererseits." (Morgenthau 1963: 61) Im Kern ist der Begriff der internationalen Politik durch Machtbeziehungen gekennzeichnet. Daraus folgert Morgenthau: „Da Machtstreben das Merkmal internationaler Politik wie aller Politik ist, muss internationale Politik zwangsläufig Machtpolitik sein... Der Kampf um Macht hat universellen Charakter in Zeit und Raum und stellt eine unwiderlegliche Erfahrungstatsache dar." (Morgenthau 1963: 65) Die existenzielle Unsicherheit im menschlichen Daseinsempfinden erfordere den Machttrieb, so Morgenthau, schon aus Selbsterhaltungsgründen. Auf das Staatensystem übertragen bedeutet dies, dass jeder Staat ein maximales Interesse daran haben muss, die eigene Macht zu sichern und zu vergrößern, um die Existenz des Staates und damit die eigene Sicherheit zu gewährleisten.

Morgenthaus Arbeiten beruhen auf einem pessimistischen Menschenbild, das sich vor allem in seiner Machtdefinition widerspiegelt. Dabei erscheinen die Annahme der Ubiquität von Machtkämpfen sowie das pessimistische Menschenbild auch zeithistorisch beeinflusst. Im Kontext der Erfahrung mit dem Nationalsozialismus, dem Holocaust und der aggressiven nationalsozialistischen Expansionspolitik sowie dem Versagen der großen Mächte, Nazi-Deutschland in seine Schranken zu weisen, ist Politik als Macht- und Überlebenskampf als „realistische" Sichtweise nachvollziehbar. Ihre herausragende Popularität in den Vereinigten Staaten erlangten Morgenthaus Schriften allerdings vor dem Hintergrund des sich rasch verschärfenden Ost-Welt-Konflikts. Die Vereinigten Staaten traten erst mit dem Ende des Zweiten Weltkriegs in die Weltpolitik ein und suchten ihre durch den Kriegsausgang ergebene Position zu behaupten. Auch militärisch waren die Vereinigten Staaten zum „global player" aufgestiegen – so verfügten sie unter anderem nun über Atomwaffen – und sowohl die militärischen als auch die geostrategischen Interessen erforderten eine gezielte Machtpolitik, um zur Sowjetunion und ihrer, vor allem von Stalin verfolgten, Politik der Machtausdehnung in Europa ein Gegengewicht entgegenzusetzen. Mit dem Machtansatz Morgenthaus bot sich die Möglichkeit, ein Konzept aufzugreifen, das dieses Potential theoretisch reflektierte und in der Polarisierung mit der Sowjetunion „realistische" Einschätzungen zu liefern vermochte. Die Suche nach neuen, tragfähigen politischen Konzepten in der Außenpolitik während der Zeit des Kalten Krieges verlieh den Arbeiten von Morgenthau daher im amerikanischen Diskurs eine hegemoniale theoretische Position. Macht konnte nach Auffassung der Realisten vor allem durch militärische Mittel erhalten und vergrößert werden und nicht, wie die idealistische Schule annahm, primär durch den freien Handel und internationale Kooperation. Den internationalen Organisationen standen die Realisten grundsätzlich skeptisch bis ablehnend gegenüber. Das Scheitern des Völkerbundes und die Schwäche der jüngst erst errichteten Vereinten Nationen schienen ihnen hierin Recht zu geben.

Die Grundauffassungen Morgenthaus gewannen immer mehr Anhänger und die realistische Denkschule in den Internationalen Beziehungen avancierte in den Vereinigten Staaten zur einflussreichsten Theorieströmung. Sie arbeitete mit dem von Morgenthau entwickelten Machtbegriff, der Macht als interessengeleitete Durchsetzung eines allgemeinen, menschlichen Machtstrebens verstand. In der Praxis wurde dieses Konzept auf die Beziehungen zur

1.5 Theorierichtungen in der Analyse der Internationalen Beziehungen 17

Sowjetunion angewandt, die man durch weltpolitisches Machtstreben charakterisiert und daher als gefährlich ansah. Die Rivalität zwischen den beiden Supermächten war zugleich Grundlage und Ergebnis des Realismus als beherrschendem Paradigma, welches über mehrere Jahrzehnte als Legitimationsbasis der amerikanischen Außenpolitik diente.

Prominenter Anhänger der „realistischen" Denkschule in der praktischen Politik war beispielsweise George F. Kennan, Historiker und amerikanischer Diplomat, der unter anderem als Botschafter in der Sowjetunion tätig war, und der in einem berühmten Aufsatz in der Zeitschrift „Foreign Affairs" im Jahr 1947 die *Containment*-Politik (Eindämmungspolitik) begründete. Kennan ging davon aus, dass die Sowjetunion danach streben würde, den Machteinfluss in Europa und anderen Regionen der Welt auszudehnen. Deshalb sollte die Außenpolitik der Vereinigten Staaten darauf ausgerichtet sein, den Einfluss der Sowjetunion mit allen Mitteln einzudämmen, eine Position die zum Grunddogma amerikanischer Außenpolitik in der Nachkriegszeit wurde. Bedeutende Persönlichkeiten, wie der von 1973 bis 1977 amtierende Außenminister Henry Kissinger, waren ebenfalls von der realistischen Denkschule in der Außenpolitik geprägt.

In der heutigen Theoriebildung üben Grundkonzepte der realistischen Denkschule immer noch einen bedeutenden Einfluss aus. Dies gilt besonders für die angelsächsischen Länder. Unter dem Begriff des *Neo-Realismus* werden verschiedene neuere Theorieansätze zusammengefasst, die sich ähnlich wie der Realismus als „große", umfassende Theorie der Internationalen Beziehungen verstehen. Der Neo-Realismus knüpft an die realistische Vorstellung der zentralen Rolle von Nationalstaaten an. Er teilt auch die Annahme, dass internationale Beziehungen nicht primär durch Kooperation sondern vielmehr durch Anarchie, Konflikte und Konkurrenz geprägt werden. Anders als der klassische Realismus sieht der Neo-Realismus allerdings wirtschaftliche Interessen als gleichrangig neben militärischen Sicherheitsinteressen an. In der Außenwirtschaftspolitik befürworten Neorealisten eine primär an der nationalen Volkswirtschaft orientierte Politik, die, falls notwendig, Protektionismus und Regierungsintervention einschließen kann. Die von Morgenthau zugrunde gelegten anthropologischen Annahmen über die Natur des Menschen werden dabei jedoch nicht mehr geteilt; vielmehr setzt der Neo-Realismus auf der Ebene des internationalen Systems an. Daher kann der Neo-Realismus auch als „struktureller Realismus" bezeichnet werden. Die Nationalstaaten streben nach Machtzuwachs, jedoch im Rahmen der Möglichkeiten, die das internationale System zulässt. Da dieses als Begrenzung der Handlungsoptionen aufgefasst wird, kann die Macht eines Staates nur relativ zu anderen ausgebaut werden. Kenneth Waltz, der wohl prominenteste Vertreter des Neo-Realismus, schreibt dazu: „International structure emerges from the interaction of states and then constrains them from taking certain actions while propelling them towards others." (Waltz 1979) Während der Realismus davon ausging, dass das staatliche Machtstreben den Machtpotentialen entsprechend ausgestaltet werden müsse, betonen Neo-Realisten den Rahmen, der für die Handlungsoptionen durch das internationale System gesetzt werde.

Das Bild der Internationalen Beziehungen im Neo-Realismus entspricht dem *Billardkugel-Modell,* in dem alle Staaten unabhängig voneinander agieren und sich gegenseitig behindern oder ausstechen können. Aufgrund der anarchischen Struktur der Weltpolitik und der daraus resultierenden Unsicherheit ist kooperatives politisches Verhalten nicht selbstverständlich. Nach Auffassung der Neo-Realisten handeln Staaten vielmehr nach dem Kosten-Nutzen-Prinzip. „When faced with the possibility of cooperating for mutual gains, states that feel insecure must ask how the gain will be divided. They are compelled to ask not 'Will both of us gain?' but 'Who will gain more?' If an expected gain is to be divided, say, in the ratio of two to one, one state may use its disproportionate gain to implement a policy intended to damage or destroy the other. Even the prospect of large absolute gains for both parties does not elicit their cooperation so long as each fears how the other will use its increased capabilities." (Waltz 1979) Die Internationalen Beziehungen stellen sich demnach als ein Nullsummenspiel dar, denn was eine Partei gewinnt, verliert eine andere. Vor diesem Hintergrund werden die Möglichkeiten zur internationalen Kooperation eher als gering eingeschätzt.

Spätestens seit Ende der 1960er Jahre begannen sich einige Ansätze der Internationalen Beziehungen bewusst vom realistischen Paradigma abzugrenzen. Kritisiert wurde beispielsweise, dass die realistische Denkschule nicht erklären könne, warum Staaten partiell zur Aufgabe von Souveränität zugunsten einer institutionell verankerten Kooperation bereit seien. So ließen sich beispielsweise die Entstehung der Europäischen Gemeinschaft für Kohle und Stahl (EGKS) 1951 und die Bildung der Europäischen Gemeinschaft im Jahr 1957 (Römische Verträge) nicht mit dem realistischen Ansatz erklären. Wenn Staaten von einem quasi naturgegebenen Machttrieb geleitet werden, warum und unter welchen Bedingungen sind sie bereit, freiwillig nationalstaatliche Macht zu transferieren? Verfügen gemeinschaftliche Institutionen über Problemlösungskapazitäten, die im nationalstaatlichen Kontext nicht erzielt werden können? Unter bestimmten Voraussetzungen war daher der Transfer von Souveränität denkbar.

Zudem war die realistische Theorie nicht geeignet, um sich widersprechende außenpolitische Prioritäten zu analysieren. Solange sicherheitspolitische Interessen im Vordergrund standen, griffen die realistischen Paradigmen, während die zunehmende Bedeutung wirtschaftlicher Beziehungen zwischen Staaten, die mit den sicherheitspolitischen Dogmen in einem Spannungsverhältnis standen, nicht angemessen erfasst werden konnten. So argumentierten Kritiker, dass der Rüstungswettlauf mit der Sowjetunion den wirtschaftlichen Interessen der Vereinigten Staaten und denen der westlichen Länder zuwiderlief. Diente das Wettrüsten tatsächlich dem nationalen Interesse oder schadete es nicht vielmehr den langfristigen Interessen der USA und der Entwicklung von globalen Wirtschaftsbeziehungen? Führten die Kosten der Aufrüstung nicht gerade zu einer Vernachlässigung ziviler Wirtschaftsbereiche und der Vernachlässigung gemeinschaftlicher Aufgaben in den Bereichen Bildung und Infrastruktur? Vor dem Hintergrund zunehmender Wirtschaftsverflechtungen und schärferer Konkurrenz auf dem Weltmarkt wurde die handlungsanleitende Funktion des Realismus daher zunehmend in Zweifel gezogen. Auch die Niederlage im Vietnamkrieg Anfang der 1970er Jahre führte zu Brüchen im realistischen Paradigma; die machtpolitische Begründung des „nationalen Interesses" war nun selbst unter Realisten umstritten.

In seinem 1988 zuerst erschienen Artikel erklärte der an der Harvard University lehrende Politikwissenschaftler Stanley Hoffmann, dass die realistische Denkschule den neuen internationalen Verhältnissen nicht mehr angemessen sei. *Ethische Grundsätze* in der internationalen Politik würden grundsätzlich ausgeklammert, ja moralisches Handeln von Politikern überhaupt als schädlich erachtet. Diese Position sei aus mehreren Gründen nicht haltbar. Zum einen habe sich der Zustand des internationalen Systems durch die Entwicklung von Massenvernichtungswaffen so grundlegend gewandelt, dass kein Staat nur im eigenen Interesse handeln kann. Vielmehr sei nach dem weltpolitischen Zusammenhang der Staaten untereinander und nach den langfristigen Zielen von politischem Handeln zu fragen, wie dem Überleben der Menschheit an sich. „The nuclear revolution and economic interdependence amount to a huge change in the significance of sovereignty." (Hoffmann 1995: 27) Hoffmann war daher bestrebt, eine argumentative Brücke zwischen dem klassischen Realismus, den er sehr achtete – in seinen Worten: „Reflecting upon Hans Morgenthau's remarkable work, I wrote recently that we are all realists now" (ebenda) – und den sich neu entwickelnden liberalen und institutionalistischen Theorien zu schlagen. Ansatzpunkt war für ihn die Unzulänglichkeit der herkömmlichen realistischen Theorie bei der Berücksichtigung ethisch-philosophischer Fragen. Während der Realismus, dem Hobbes'schen Weltbild folgend, Politiker ausschließlich auf das eigene nationale Interesse und auf interessengeleitetes „pragmatisches" Handeln festlegte, sei es angesichts weltpolitischer Veränderungen notwendig, übergeordnete politische Grundsätze im Interesse einer Weltgemeinschaft zu berücksichtigen, um die Ziele der nationalen Sicherheits- und Außenpolitik zu erreichen. Auch das ungelöste Problem der Weltarmut und die wirtschaftlichen Ungleichheiten forderten zur Berücksichtigung ethischer Grundsätze auf. Hoffmann plädierte daher für die Übernahme einer globalen Verantwortung für den Zustand der Weltpolitik. Da in der Politik stets verschiedene Handlungs- und Entscheidungsalternativen geprüft werden und diese nicht voraussetzungslos sind, sollte Ethik eine Basis der Entscheidungsfindung bilden. Auf dieser Basis könnten nationale Interessen mit übergeordneten globalen Anliegen in Einklang gebracht werden. „Thus there is a need for a moral vision in the statesman and the citizen. Morality is not reducible to cost-benefit analyses (in most issues, evaluating what is a cost and what is a benefit is highly subjective and indeed dependent on one's values) ... nor does it mean accommodating all claims (one has to listen to them, of course, but a final judgment is still necessary on which claims are right and which are wrong; political strategy may require prudence in dealing with the claims that are wrong, but a moral strategy requires such judgment.) ... The strategy I have recommended before and continue to believe in is a transformist strategy – one that aims at building a satisfactory world order while defending the interests of one's state." (Hoffmann 1995: 35) Diese neue Weltordnung sollte, so Hoffmann, auf einem kosmopolitischen Denken beruhen und eine längerfristig angelegte Vision beinhalten.

Ein zentraler Kritikpunkt am Neo-Realismus ergab sich dann mit dem Ende des Ost-West-Konflikts. Die Unfähigkeit des Neo-Realismus, *Wandel* in den internationalen Beziehungen zu erklären, führte dazu, dass seine Grundannahmen und Erklärungskraft grundsätzlich in Frage gestellt und neue Ansätze, wie der Sozialkonstruktivismus, entwickelt wurden und zunehmend an Bedeutung gewannen. Der „ideational turn", d. h. die stärkere Betonung von ideellen Faktoren in den Internationalen Beziehungen, forderte die neorealistischen Ansätze grundsätzlich heraus, wobei vielfach ein „Brückenschlag" zwischen den beiden konkurrierenden Ansätzen favorisiert wurde. In Verteidigung der realistischen Denkschule wurde beispielsweise die Arbeit Morgenthaus neu interpretiert, um ihre ideellen Implikationen herauszustellen (z. B. Williams 2004). Die Debatte über (neo-) realistische Theorien und ihre rationalistischen Grundannahmen ist bis heute nicht beendet und sie gewinnt im Zuge der Terrorismus-Diskussion in den Vereinigten Staaten erneut an Bedeutung.

Die *Englische Schule*, zu der Autoren wie E. H. Carr, Martin White, Herbert Butterfield und Hedley Bull zählen, bezeichnet eine weitere Denkströmung in der internationalen Politik, die in Großbritannien ähnlich wie der Neo-Realismus in den Vereinigten Staaten von einer anarchischen Staatenwelt ausgeht. Im Mittelpunkt ihrer Analyse steht die Bedeutung von Nationalstaaten in der *Staatenwelt* der internationalen Politik. Hedley Bull, Professor an der Oxford University, der die Theoriedebatte über die internationale Staatenwelt nachhaltig beeinflusste, beschreibt die Rahmenbedingungen internationaler Beziehungen folgendermaßen: „Während der einzelne Mensch in der Regel ordnenden staatlichen Hoheitsinstanzen untergeordnet ist, bewegen sich souveräne Staaten in ihren gegenseitigen Beziehungen, in Abwesenheit einer Weltregierung, in einem anarchischen oder regierungslosen Zustand. Daraus resultiert jedoch nicht, dass es keine ordnenden Elemente in den internationalen Beziehungen oder in der Weltpolitik gäbe. In der Tat bilden die souveränen Staaten der heutigen Zeit, so sehr sie vielfach untereinander uneins sein mögen, eine internationale Gesellschaft mit anarchischem bzw. regierungslosem Charakter. Diese anarchische Gesellschaft, die sich seit der frühen Neuzeit in Europa ausgeformt hat und nun die ganze Welt umfasst, sorgt zumindest ansatzweise für eine internationale Ordnung." (Bull 1985: 31) Kennzeichen der internationalen Politik ist nach Bull also der *anarchische Charakter der internationalen Gesellschaft*. Da nur die Staaten, die auf ihrem Territorium über eine interne Souveränität verfügen, auch extern Souveränität besitzen, bilden sie die einzigen legitimen Akteure in den internationalen Beziehungen. Damit sind sie „Ordnungsträger" in dem ansonsten regierungslosen Zustand der Weltpolitik. Bull geht davon aus, dass die Staaten nach einem *Gleichgewicht der Mächte* streben sollen. „Der Begriff Gleichgewicht sagt, dass Macht derart verteilt sein sollte, dass kein Staat dominiert." (Bull 1985: 38)

Das Ziel besteht darin, die Staatenwelt als rechtlich verfasste internationale Staatengemeinschaft zu konstituieren. Die Einrichtung des Völkerrechts erfüllt hier eine wichtige Funktion. Sie besteht darin, den Gedanken einer Gesellschaft von souveränen Staaten als oberstes normatives Prinzip der politischen Organisation der Menschheit festzulegen. Daneben dient das Völkerrecht dazu, die Grundregeln des Zusammenlebens zwischen Staaten und anderen Akteuren der internationalen Gesellschaft festzuschreiben. Internationale Prozesse, wie die Diplomatie, erleichtern die Kommunikation zwischen den politischen Regierungen. Großmächte erfüllen nach Bull eine Sonderfunktion und ihre militärische und wirtschaftliche Stärke gibt ihnen das Recht, eine Rolle bei der Entscheidung von Streitfragen zu spielen. In diesem Kontext führt Bull auch den Krieg als legitimes politisches Mittel an, eine Position, die nicht theoretisch, sondern empirisch-machtpolitisch begründet wird und nicht unumstritten ist. „Da aber der Krieg ein allgemein akzeptiertes Verhaltensmuster bildet, das auf die Förderung gemeinsamer Ziele ausgerichtet ist, kann gar kein Zweifel daran bestehen, dass er bisher eine solche Institution war und auch heute noch ist." (Bull 1985: 46)

Literatur

Bull, Hedley: „Die anarchische Gesellschaft", in: Karl Kaiser/Hans-Peter Schwarz (Hg.): Weltpolitik. Strukturen – Akteure – Perspektiven, Stuttgart 1985, S. 31–49

Carr, E. H.: The Twenty Years' Crisis, 1919–1939. An Introduction to the Study of International Relations, Neuauflage, Houndmills 2001

Dunne, Tim: Inventing International Society: A History of the English School, New York: St. Martin's Press 1998

Hoffmann, Stanley: „The Political Ethics of International Relations", in: Joel H. Rosenthal (Hg.): Ethics and International Affairs, Washington D. C. 1995, S. 22–38 (3. Aufl. 2009)

Krell, Gert: Weltbilder und Weltordnung. Einführung in die Theorie der internationalen Beziehungen, Baden-Baden 2009

Morgenthau, Hans J.: Macht und Frieden. Grundlegung einer Theorie der internationalen Politik, dt. Gütersloh 1963

Waltz, Kenneth N.: Theory of International Politics, Reading: Mass 1979 (Neuauflage: Long Grove Il. 2010)

Waltz, Kenneth N.: „Realist Thought and Neorealist Theory", in: Charles W. Kegley (Hg.): Controversies in International Relations Theory: Realism and the Neoliberal Challenge, New York 1995, S. 67–83

Williams, Michael C.: „Why Ideas Matter in International Relations: Hans Morgenthau, Classical Realism, and the Moral Construction of Power Politics", in: International Organization, Fall 2004, S. 633–665.

1.5.3 Interdependenztheorie und Regimeforschung

Die Interdependenztheorie und die Regimeforschung sind in der Auseinandersetzung mit den theoretischen und konzeptionellen Unzulänglichkeiten der neo-realistischen Denkschule entstanden. Im Kontext veränderter Beziehungen zwischen den beiden Supermächten USA und Sowjetunion seit den ersten Abrüstungsvereinbarungen zu Beginn der 1970er Jahre suchte auch die Forschung nach neuen Theoremen, die anstelle der Rivalitätspolitik des Kalten Krieges kooperative Verhandlungsstrategien in den Mittelpunkt stellte. Auch auf dem Weltmarkt zeigten sich immer deutlicher wechselseitige Abhängigkeiten, in die die industrialisierten westlichen Länder, aber auch die Erdöl produzierenden Schwellenländer eingebunden waren. Wirtschaftspolitische Probleme und globale Sicherheitsfragen beförderten einen politikwissenschaftlichen Diskurs, der sich deutlich von neo-realistischen Paradigmen distanzierte.

Die *Interdependenzforschung* gründete ihre Analyse auf die Beobachtung der zunehmenden internationalen Verflechtung von Staaten. Robert O. Keohane und Joseph S. Nye kritisieren in ihrer einflussreichen Studie „Power and Interdependence" (1977) den mangelnden Realitätsbezug der „realistischen Schule". Mit dem Begriff der „*komplexen Interdependenz*" charakterisieren sie die Beziehungen zwischen den westlichen Industriestaaten folgendermaßen: Militärische Macht ist im Instrumentarium staatlicher Außenpolitik dieser Länder von untergeordneter Bedeutung. Die außenpolitischen Ziele folgen keiner vorgegebenen Hierarchie, vielmehr besteht die Agenda auswärtiger Politik in einer Vielzahl unterschiedlicher Problembereiche, deren Priorität nicht vorbestimmt ist. Die Beziehungen bestehen in einem weit verzweigten Netz grenzüberschreitender Akteure, die sowohl staatliche als auch nicht-staatliche Akteure sein können (Keohane/Nye 1977). *Macht* wird in erster Linie als Kompetenz zur Steuerung sozialer Beziehungen verstanden. Es geht nicht mehr um die bedingungslose Verfestigung von Macht zur Selbsterhaltung von Staaten, sondern um eine effektive, am Nutzen der Beteiligten ausgerichtete Machtausübung innerhalb eines multipolaren, pluralistischen Weltsystems. Keohane und Nye entwickelten im Rahmen ihrer Interdependenztheorie eine Arbeitsdefinition von Macht, die sich an das Webersche Machtverständnis anlehnt und zugleich den multipolaren Strukturen der internationalen Beziehungen Rechnung tragen soll. „Macht kann man sich denken als Fähigkeit eines Akteurs, andere dazu zu bewegen, etwas zu tun, was sie ansonsten nicht tun würden (zu hinnehmbaren Kosten für den Akteur)." (Keohane/Nye 1977: 11) Sie vertreten die Auffassung, dass die Machtanalyse zweigeteilt sein soll. Auf der einen Seite gehe es um die Machtressourcen, über die ein Akteur im internationalen System verfügt („power over resources"). Davon zu unterscheiden sei der tatsächliche Einfluss, den ein Akteur in konkreten politischen Konstellationen ausübt, und die das Ergebnis der Machtdurchsetzung beeinflusst („power over outcomes").

Mit ihrer Studie wurde der Weg für eine differenziertere Analyse internationaler Machtstrukturen und außenpolitischer Entscheidungsprozesse geebnet. Macht wurde im Rahmen der Möglichkeiten des internationalen Systems definiert und die Analyse auch auf *nicht-militärische Themen* ausgeweitet. Dieser machtanalytische Ansatz ermöglichte es, der zunehmenden Interdependenz von Staaten gerecht zu werden und zudem Veränderungen im internationalen System besser zu erklären, als mit dem primär am nationalen Interesse ausgerichteten realistischen Machtbegriff. Im Kern geht es dabei der Interdependenztheorie darum, unterschiedliche Grade von Betroffenheit durch die wechselseitige Verflechtung von Staaten aufzuzeigen. Angesichts von Weltmarktabhängigkeit in der Energieversorgung wird in der amerikanischen Literatur beispielsweise unterschieden zwischen einer „vulnerability"-Interdependenz und „sensitivity"-Interdependenz; wechselseitige Verflechtungen in existentiell erforderlichen Bereichen machen Staaten eher verletzbar (z. B. die für die Wirtschaft zentrale Abhängigkeit von Rohstoff-Ressourcen), während letztere Bindungen charakterisiert, die zwar wichtig sind, aber Wirtschaft und Gesellschaft nicht in ihren existenziellen Grundlagen angreifbar werden lassen.

In der Bundesrepublik wurde die Interdependenzforschung breit rezipiert. Beate Kohler-Koch nimmt diesen Ansatz beispielsweise positiv auf, indem sie schreibt, dass das Konzept der Interdependenz zum Verständnis wichtiger Aspekte der internationalen Beziehungen geeignet sei. Vor allem im Bereich der transnationalen Beziehungen, die zu einer wachsenden Verknüpfung von Gesellschaften geführt habe, aber auch zu einer Einschränkung des außenpolitischen Handlungsspielraums, sei dieses Konzept hilfreich (Kohler-Koch 1990: 110). Allerdings konnte die Interdependenzforschung die in sie gesetzten Erwartungen nicht vollends erfüllen. So erwiesen sich die Unterscheidungen zwischen den Dimensionen der Interdependenz („sensitivity" und „vulnerability") für empirische Untersuchungen als zu unscharf, u. a. weil nicht präzise bestimmt werden konnte, ob es sich dabei um objektive, situative, oder subjektiv empfundene Abhängigkeiten handelte. Ein wesentlicher Schwachpunkt bestand auch in der Vernachlässigung von historisch und strukturell gewachsenen Machtverhältnissen, die beispielsweise die hegemoniale Position der USA bzw. der westlichen Länder gegenüber den peripheren Regionen begründete und eine Abhängigkeit aufgrund der ungleichen Ausgangslage bedingte, während die westlichen Länder schon aus strukturellen Gründen ihre Abhängigkeit durch größere Ressourcen ausgleichen konnten. Der Begriff der Interdependenz geht heute in vielfältiger Weise in die wissenschaftliche Literatur ein, ohne dass die Autoren sich zwingend einem kohärenten Theoriegebäude verpflichtet sehen.

Die *internationale Regimeforschung* entstammt zunächst dem Anliegen, die zunehmende weltwirtschaftliche Verflechtung und die Entstehung von internationalen Institutionen in den Handels- und Wirtschaftsbeziehungen theoretisch zu erschließen. Regimeforschung versteht internationale Politik dabei vor allem als *Steuerung* von Handlungsalternativen und -kompetenzen (vgl. Kohler-Koch 1989; Rittberger 1995). Heute wird von Regimen in verschiedenen Politikbereichen überall dort gesprochen, wo sich internationale Vereinbarungen und Regeln über einen längeren Zeitraum hinweg etabliert und durchgesetzt haben, z. B. in der internationalen Umwelt- und der Menschenrechtspolitik („Umweltregime"; „Menschenrechtsregime"). *Regime* sind institutionalisierte, regelhafte Kooperationsbeziehungen in einem bestimmten Politikbereich. Ihr heutiges Verständnis geht zurück auf die Standarddefinition des Regimebegriffs von Stephen Krasner: „Regime können definiert werden als Zusammenhänge von impliziten oder expliziten Prinzipien, Normen, Regeln und Entscheidungsverfahren, an denen sich die Erwartungen von Akteuren in einem gegebenen Problemfeld der internationalen Beziehungen ausrichten. Prinzipien umfassen empirische, kausale und normative Grundsätze. Normen sind Verhaltensstandards, die sich in Rechten und Pflichten ausdrücken. Regeln sind spezifische Verhaltensvorschriften, die Verbote und Sanktionen enthalten können. Entscheidungsverfahren sind die maßgeblichen Praktiken beim Treffen und bei der Implementation kollektiver Entscheidungen." (Krasner 1983: 2) Nach einem Bild der amerikanischen Politikwissenschaftler Robert Keohane und Joseph Nye können Regime in der internationalen Politik als „Inseln der Ordnung in einem Meer von Anarchie" verstanden werden (Keohane/Nye 2000).

Während die herkömmliche Interdependenzforschung mit ihrem Anliegen der Regulierung von Politik im Kontext des Ost-West-Konflikts heute eher randständig geworden ist, erlebt die Regimeforschung einen bezeichnenden Wandlungs- und Erneuerungsprozess. Nach dem Umbruch von 1989/90 hat sich die Regimeforschung zum einen der wachsenden Bedeutung von internationalen Institutionen gewidmet (institutionalistischer Ansatz) und zum anderen Wert- und Normsetzungsprozesse in der internationalen Politik fokussiert. Empirische Untersuchungen und die Prüfung von Hypothesen haben die Regimeforschung ausdifferenziert, ebenso wie die Ausweitung des Untersuchungsgegenstandes auf verschiedene Politikfelder der Internationalen Beziehungen, etwa im Umweltbereich, bei der Umsetzung von Menschenrechten und in der Analyse der Regulierung regionaler Konflikte. Auch in der Debatte um „*Global Governance*" fließen Grundannahmen der Regime- und Interdependenztheorie mit der These vom Verlust staatlicher Steuerungsfähigkeit und der Bedeutungszunahme „globalen Regierens" ein (vgl. z. B. Keohane/Milner 1996; Kohler-Koch/Jachtenfuchs 2003). Internationale Politik wird hier vor dem Hintergrund zunehmender Interdependenz und Globalisierung als ein internationales oder transnationales „Verhandlungssystem" betrachtet, in dem verschiedene politische und soziale Akteure, wie z. B. Organisationen der Vereinten Nationen, Staaten und nichtstaatliche Organisationen interagieren und allgemeinverbindliche Entscheidungen treffen.

Festgehalten werden kann, dass die Regimeanalyse, wie der Politikwissenschaftler Michael Zürn schreibt, „Teil eines neo-institutionalistischen Forschungsprogramms (ist), welches auf der Überzeugung beruht, dass die Weltpolitik von einem zunehmend dichter werdenden Netz trans- und internationaler Institutionen geprägt wird. Weltpolitik ist demnach mehr als nur die grenzenlose Verfolgung des Eigeninteresses macht- und wohlfahrtshungriger Nationalstaaten. Weltpolitik ist vielmehr nur unter Berücksichtigung der heute weit über 300 internationalen Organisationen und etwa ebenso vielen internationalen Regimen zu verstehen." (Zürn 1997: 435) Ausgehend von der Thematik „Frieden durch Institutionen" geht der Friedens- und Konfliktforscher Harald Müller (2002) im Bereich der Sicherheit beispielsweise davon aus, dass „Sicherheitsregime", d.h. verschiedene Formen institutionalisierter Konfliktregulierungen, dazu beitragen können, friedenserhaltend zu wirken. In der Analyse der transnationalen Politik werden Regime als eine Möglichkeit angesehen, Konflikte zu zivilisieren. „Regime sind kooperative Institutionen zwischen Partnern mit teils gemeinsamen, teils widerstrebenden Interessen. Sie bestehen aus Prinzipien, Normen, Regeln und Entscheidungsverfahren, die einen höheren Grad von Gewissheit über das künftige Verhalten der Beteiligten schaffen … Sie beenden keine Konflikte, sie zivilisieren sie." (Müller 2002: 87)

Die institutionelle Reichweite des Regimebegriffs wird durchaus unterschiedlich gefasst. Umstritten ist z. B. die Frage, inwieweit formalisierte Verfahren institutionalisiert und rechtlich festgelegt sein müssen, oder ob bereits habituelle Praktiken ein Regime konstituieren.

Ebenso wird unterschiedlich beurteilt, wie die Frage, ob Normeinhaltung (*compliance*), beispielsweise durch die Aufnahme von internationalen Regeln in nationales Recht, für die Regimebildung entscheidend ist, oder ob nicht verschiedene Strategien der Umsetzung (*implementation*) und die Effizienz der Normeinhaltung untersucht werden müssten. Vor allem in der Diskussion über Global Governance werden diese Fragen weiter untersucht. „Global Governance" oder „globales Regieren" beruht – zumindest in der deutschen Debatte – auf einem normativen Ansatz der Politikanalyse. Dieser fragt vor allem nach der Legitimierung internationaler Politik im Kontext der zunehmend unübersichtlich werdenden Welt und nach den Möglichkeiten des „guten Regierens" im Sinne der Entwicklung und Einhaltung internationaler Normen, der Konfliktbearbeitung und der Effizienz von Regel- und Vertragswerken. Im Unterschied zur traditionellen Regimeforschung, die sich noch im zwischenstaatlichen Paradigma bewegte, geht die neuere Forschung über Global Governance dagegen verstärkt auf zivilgesellschaftliche Akteure ein und untersucht kooperative Problembearbeitungen auch jenseits des Staates. In der Regimeforschung gehört die Einbeziehung von NGOs heute zum Forschungsprogramm. Dabei werden auch Fragen der Legitimität immer wichtiger (vgl. Wolf 2003).

Literatur

Keohane, Robert O./Joseph S. Nye: Power and Interdependence. World Politics in Transition, Boston/Toronto 1977 (3. Aufl. New York 2000)

Keohane, Robert O./Helen Milner (Hg.): Internationalization and Domestic Politics, New York 1996

Kohler-Koch, Beate (Hg.): Regime in internationalen Beziehungen, Baden-Baden 1989

Kohler-Koch, Beate: „Interdependenz", in: Volker Rittberger (Hg.): Theorien internationaler Beziehungen, PVS-Sonderheft 1990

Kohler-Koch, Beate/Markus Jachtenfuchs (Hg.): Europäische Integration, 2. Auflage. Opladen 2003

Krasner, Stephen D. (Hg.): International Regimes, Ithaca 1983

Müller, Harald: „Internationale Ressourcen- und Umweltpolitik", in: Manfred Knapp/Gert Krell: Einführung in die internationale Politik, 4. Aufl., München 2003

Müller, Harald: „Institutionalismus und Regime", in: Ferdowski, Mir A. (Hg.): Internationale Politik im 21. Jahrhundert, München 2002, S. 87–104

Rittberger, Volker (unter Mitarbeit v. P. Mayer): Regime Theory and International Relations, Oxford 1995

Sprinz, Detlef F.: „Internationale Regime und Institutionen", in: Gunther Hellmann/Klaus Dieter Wolf/Michael Zürn (Hg.): Die neuen Internationalen Beziehungen. Forschungsstand und Perspektiven in Deutschland, Baden-Baden 2003, S. 251–274

Wolf, Klaus Dieter: „Internationale Organisationen und grenzüberschreitendes Regieren", in: Herfried Münkler (Hg.): Politikwissenschaft. Ein Grundkurs, Reinbek bei Hamburg 2003, S. 412–446

Zürn, Michael: „Regimeanalyse", in: Ulrich Albrecht/Helmut Vogeler (Hg.): Lexikon der Internationalen Politik, München/Wien 1997, S. 434–436

1.5.4 Liberaler Institutionalismus

Während der Realismus und der Neo-Realismus sowie die Englische Schule internationale Politik vom Paradigma der dominanten Nationalstaaten, der staatlichen Souveränität und des nationalen Interesses aus analysieren, nehmen andere Theorieansätze eine globale Perspek-

1.5 Theorierichtungen in der Analyse der Internationalen Beziehungen

tive der internationalen Beziehungen ein und stellen die institutionellen Verflechtungen der Akteure in den Mittelpunkt der Analyse. Hierzu gehören die Interdependenz- und Regimeforschung sowie der liberale Institutionalismus. Im *liberalen Institutionalismus* wird eine Pluralität von Akteuren in der internationalen Politik angenommen, die über internationale Organisationen miteinander verflochten sind und auf das internationale System einwirken. Das internationale System wird nicht als Begrenzung des Handlungsspielraums der Staaten konzeptualisiert, sondern als Forum für unterschiedliche Handlungs- und Entscheidungsalternativen, welches unter dem Einfluss politischen Handelns verändert werden kann. Die Welt erscheint in diesen Theorieansätzen als *Spinnengewebe von Assoziationen und Individuen*, die wechselseitig voneinander abhängig sind; internationale Organisationen bilden die Kettfäden in diesem Gewebe. Staaten sind über internationale Institutionen miteinander verflochten, wobei sich der liberale Institutionalismus vor allem mit wirtschaftlichen und sicherheitspolitischen Institutionen befasst hat. In der englischsprachigen Literatur werden diese Theorieansätze, die von einer pluralen Struktur der internationalen Politik ausgehen, als „Neoliberalismus" bezeichnet, manchmal auch als „neo-liberaler Institutionalismus" oder als „liberaler Internationalismus" (Burchill/Linklater 2009).

Die Grundannahme des global orientierten, liberalen Institutionalismus beruht auf der Auffassung, dass es im internationalen System eine Reihe von Akteuren gibt, die unterschiedliche Präferenzen haben und internationale Institutionen, wie z. B. die Weltbank oder den Internationalen Währungsfond, in ihren Handlungsoptionen berücksichtigen. Dabei nimmt die wechselseitige Abhängigkeit und Verflechtung von Staaten zu, denn die Entwicklung neuer Kommunikationsmittel und Technologien in Verbindung mit der Globalisierung ergibt ein höheres Maß an Regelungsdichte und Kooperationserfordernis. Dabei sind die Staaten nicht mehr die alleinigen Akteure auf der internationalen Bühne, sondern internationale Institutionen nehmen einen zentralen Platz in der internationalen Politik ein. Macht ist nach Auffassung des Institutionalismus im internationalen System verteilt, die Interessen sind vielschichtig und neben die Staaten treten internationale Organisationen mit Steuerungs- und Regelungskompetenz. Im liberalen Institutionalismus geht es dabei um die Frage, welche Präferenzen Staaten verfolgen, welche Interessen und Motive kooperativen, komplementären oder konfrontativen Strategien zugrunde liegen, und welche Ergebnisse aus der Interaktion zwischen Staaten und Internationalen Organisationen resultieren. Internationale Beziehungen sind für den Institutionalismus in der Regel kein Nullsummenspiel, sondern können ein positives Gewinnspiel ergeben („win-win-situation"). Die Themen, mit denen sich die Autoren dieser Denkrichtung befassen, umgreifen Probleme der kollektiven Sicherheit und der Abrüstung, internationale Wirtschaftsbeziehungen sowie auch Fragen internationaler Normen, z. B. im Umweltschutz oder bei den Menschenrechten.

Bereits frühzeitig wurde der Institutionalismus zur Analyse der neuen sicherheitspolitischen Strukturen nach dem Ende des Ost-West-Konflikts eingesetzt (z. B. Katzenstein 1996; Risse-Kappen 1997). Thomas Risse-Kappen (1997) untersucht beispielsweise die Entwicklung der transatlantischen Beziehungen zwischen den USA und den europäischen Staaten im Rahmen der NATO, um den Einfluss der Akteure in der Organisation herauszufinden. Seine Kernthese besteht darin, dass sich eine kollektive Identität („collective identity") herausgebildet habe, die eine sicherheitspolitische Allianz („alliance community") begründet, die auch bei veränderten globalen Bedingungen Bestand hat. In der Wechselwirkung der Akteure mit den Institutionen kooperieren die Akteure zum größten gemeinsamen Gewinn, der gemeinschaftlichen Sicherheit und Verteidigungsbereitschaft. Kooperative Sicherheitsstrukturen bilden schließlich eine höhere Präferenz, als nationalstaatlich verfasste Sicherheitspolitik. Im Rahmen dieser routinisierten und dauerhaften Kommunikationsstrukturen bietet das Verteidigungsbündnis selbst militärisch schwächeren Staaten wie der Bundesrepublik die Möglichkeit, außen- und sicherheitspolitische Entscheidungen zu beeinflussen. Bereits hier zeigt sich, dass der liberale Institutionalismus mit der Analyse der Herausbildung von Kooperationsformen und kommunikativen Handlungsstrukturen zwischen Staaten eine Brücke bildet zur Untersuchung verbindlicher Normen im Kontext internationaler Organisationen. Insofern besteht eine enge Beziehung des Institutionalismus zu neueren sozialkonstruktivistischen Ansätzen.

Zunächst vor allem auf wirtschaftliche Kooperationen bezogen war dagegen der liberal institutionalistische Ansatz des amerikanischen Politikwissenschaftlers Andrew Moravcsik. Am Beispiel der Europäischen Union entwickelt er mit Blick auf wirtschaftliche Einfluss- und Interessengruppen seine Vorstellung der Pluralität gesellschaftlicher Akteure, die die Positionierung von Regierungen bei internationalen Verhandlungen beeinflussen (Moravcsik 1998). Seine Analyse *internationaler Präferenzpositionen* bezieht sich auf ein Set von grundlegenden Annahmen über die zentralen Akteure in der internationalen Politik, deren Motive sowie die Ergebnisse des zwischenstaatlichen Interaktions- und Aushandlungsprozesses. Staaten, so Moravcsik, bilden bestimmte Präferenzen aus, die auf innerstaatlichen Machtverhältnissen beruhen und bringen diese Präferenzen auf rationale Weise in internationale Verhandlungen und Prozesse ein. Sind die Präferenzen verschiedener Staaten kompatibel, dann bestehen starke Anreize für die Aufnahme von Verhandlungen und zwischenstaatliche Kooperationen. Divergierende staatliche Präferenzen hingegen bewirken Konflikte zwischen Staaten, die wenig Raum lassen für wechselseitige Kooperation, da dominante Gruppen eines Landes versuchen, ihre Präferenzen über staatliche Politik durchzusetzen, die dann notwendigerweise Kosten für andere Länder verursachen. Bestehen hingegen komplementäre nationale Präferenzordnungen, dann sind ausreichende Anreize für zwischenstaatliche Verhandlungen, Konzessionen und Formen der internationalen Politikkoordination gegeben. Moravcsik entwickelt diesen zunächst am Beispiel der europäischen Integration empirisch dargestellten Ansatz in anderen Arbeiten auf allgemein-theoretischer Ebene weiter. Seine Arbeiten zeigen, wie der Institutionalismus auch mit Annahmen der Theorie rationaler Entscheidungen („rational choice") kompatibel ist.

Institutionalistische Ansätze werden auch in der *komparativen politischen Ökonomie* verwandt, die besonders im englischsprachigen Raum vertreten ist. Diese Ansätze gehen von der Grundannahme aus, dass die weltwirtschaftliche Verflechtung zunimmt, die wechselseitige Abhängigkeit aber unterschiedliche Auswirkungen auf die Länder hat. Sie betrachten diese Entwicklung nicht unter dem Blickwinkel der Gewinnmaximierung des Kapitals wie Weltsystemtheorien, sondern fragen nach der politischen Verarbeitung der Globalisierung in verschiedenen Ländern ähnlicher wirtschaftlicher Verfasstheit. Studien zeigen, dass institutionelle und politisch-kulturelle Voraussetzungen der untersuchten Länder dazu führen, dass diese auf ähnliche Herausforderungen unterschiedlich reagieren, d. h. die institutionellen Rahmenbedingungen bewirken durchaus verschiedene Muster der Verarbeitung globaler Wirtschaftsprozesse (vgl. Hall/Soskice 2001). Anders als der klassische Wirtschaftsliberalismus nimmt der neue Institutionalismus dabei Bezug auf die innergesellschaftlichen historischen und institutionellen Voraussetzungen und schließt die regulativen Mechanismen und Politikpräferenzen ein.

Nach dem Ende des weltumspannenden Ost-West-Konflikts thematisiert der liberale Institutionalismus darüber hinaus Grundwerte der internationalen Gemeinschaft, wie universale Menschenrechte und die Bedeutung globaler öffentlicher Güter. So vertritt Stanley Hoffmann die Auffassung, dass die internationale Politik mehr denn je eine globalistische Perspektive einnehmen muss, um die Probleme der Weltpolitik nach dem Ende des großen ideologischen Konflikts zu bearbeiten (Hoffmann 1999). Nur wenn internationale Organisationen diese Herausforderung annehmen und sich – jenseits ideologischer Polarisierungen – öffentlich-politisch mit den großen globalen Problemen befassen, kann die „Weltunordnung" abgebaut werden. Internationale Organisationen können in diesem Prozess eine wichtige Funktion übernehmen.

Der liberale Institutionalismus ist als Gegenposition zum Neo-Realismus entwickelt worden. Er ersetzt die auf das nationale Interesse, staatliche Macht und Souveränität fixierte Paradigma des neo-realistischen Ansatzes durch die Einbeziehung der Gesellschaftswelt in die Analyse internationaler Politik. Der liberale Institutionalismus ist heute sowohl mit Theorien des rationalen Handelns in der internationalen Politik, als auch mit sozialkonstruktivistischen Analysen der Normbildung und Normdurchsetzung durch internationale Organisationen vereinbar.

Der Institutionalismus behandelt dabei nicht nur die „großen" Internationalen Organisationen, sondern auch internationale nicht-staatliche Organisationen. Sie werden als Bedeutungsverschiebung in der transnationalen Politik verstanden, denn die These vom Verlust staatlicher Steuerungsfähigkeit in der globalen Welt geht mit einer Aufwertung von transnationalen Akteuren einher. Internationale Beziehungen sind daher nicht auf Staaten bzw. Regierungen, internationale Organisationen oder den Weltmarkt beschränkt, sondern sie werden als Ergebnis von transnationalen Prozessen begriffen, an denen sowohl transnationale Unternehmen, transnationale politische Netzwerke als auch nicht-staatliche Organisationen unterschiedlichen Typs beteiligt sind. Diese pluralistische Sichtweise auf die Globalisierung meint, „…that events in any area of global policy-making have to be understood in terms of complex systems, containing governments, companies, and NGOs interacting in a variety of international organizations." (Willetts 2001: 356) Ob und inwiefern diese nicht-staatlichen Organisationen, die nicht auf völkerrechtlichen Verträgen beruhen, legitimiert werden, muss nach Auffassung des liberalen Institutionalismus daher genauer geprüft werden.

Literatur

Burchill, Scott/Andrew Linklater (Hg.): Theories of International Relations, 4. Aufl., New York 2009

Hall, Peter/David Soskice (Hg.): Varieties of Capitalism. The Institutional Foundations of Comparative Advantage, Oxford: Oxford University Press 2001

Hoffmann, Stanley: World Disorders. Troubled Peace in the Post-Cold War Era, Lanham: Rowman and Littlefield 1999

Katzenstein, Peter J. (Hg.): The Culture of National Security. Norms and Identity in World Politics, New York 1996

Kegley, Charles W./Shannon L. Blanton: World Politics. Trends and Transformations 2011–12, 13. Aufl., Belmont 2012

Moravcsik, Andrew: The Choice for Europe. Social Purpose and State Power from Messina to Maastricht, Ithaca, N.Y.1998

Risse-Kappen, Thomas: Cooperation among Democracies. The European Influence on U. S. Foreign Policy, Princeton N. J. 1997

Willetts, Peter: „Transnational Actors and International Organizations in Global Politics", in: J. B. Baylis/S. Smith (Hg.): The Globalisation of World Politics, 5. Aufl., Oxford University Press 2001, S. 356–38

1.5.5 Weltsystemtheorien und Globalisierung

Die bisher vorgestellten Theorieansätze betrachten das System der internationalen Beziehungen als komplexes Interaktionsmuster, bei denen Staaten oder Internationale Organisationen im Mittelpunkt stehen. Anders sieht die internationale Politik aus der Perspektive derjenigen Theorien aus, die den kapitalistisch organisierten Weltmarkt als strukturierendes Prinzip der internationalen Beziehungen in den Mittelpunkt stellen. Hierzu gehören Weltsystemtheorien, die etwas älteren Dependenztheorien und weitere neo-marxistische Ansätze, sowie neuere Globalisierungstheorien.

Nach Immanuel Wallerstein, der als wichtigster Vertreter der *Weltsystemtheorie* gilt, beruht die Entwicklung des Weltsystems auf einem historischen Prozess, dessen Wurzeln im 15. Jahrhundert zu verorten sind und der schließlich zur Entstehung eines einzigen kapitalistischen Weltsystems geführt hat, „das wir ganz schlicht als eine Einheit mit einer einzigen Arbeitsteilung und mannigfaltigen Kultursystemen definieren." (Wallerstein 1979: 35) Wallersteins Kernaussage besteht darin, dass die alles umgreifende Struktur internationaler Beziehungen durch den Weltmarkt gebildet wird, der kapitalistisch organisiert ist. Klassen, ethnische Gruppen und Staaten sind Ausprägungen der Entfaltungen des kapitalistischen Weltsystems. Dieses Weltsystem ist die prägende Institution der Moderne.

In seinen monumentalen Studien zur Geschichte des Kapitalismus zeigt Wallerstein die strukturellen Bedingungen dieser phasenförmigen Herausbildung des kapitalistischen Weltsystems auf. Seine Entwicklung erfolgte in größeren Wellen. Im „langen Jahrhundert" zwischen 1450 und 1640 entstand das System der Arbeitsteilung, das bis heute durch die drei Hierarchie-Ebenen: Peripherie, Semi-Peripherie und Zentrum charakterisiert wird. „Bis 1640 war es den Staaten im Nordwesten Europas gelungen, sich als Staaten des Zentrums zu etablieren; Spanien und die norditalienischen Stadtstaaten sanken zur Semiperipherie herab; Nordosteuropa und Iberoamerika waren zur Peripherie geworden." (Wallerstein 1979: 54) Bis zur Mitte des 18. Jahrhunderts konsolidierte sich dieses System und mit der Industrialisierung (etwa seit 1760) setzte das dritte Stadium der kapitalistischen Weltwirtschaft ein: der Industriekapitalismus, der sich vom Agrarkapitalismus absetzte. Durch die geographische Expansion wurde dann Russland Teil der Semiperipherie und Afrika mit der Beendigung des Sklavenhandels Bestandteil der Peripherie im Weltsystem. Mit der russischen Revolution von 1917 sieht Wallerstein den Beginn einer vierten Periode einsetzen, in der sich die industriekapitalistische Weltwirtschaft nun endgültig konsolidierte. Mit seiner Weltsystemtheorie widerspricht Wallerstein daher einer Einteilung der Welt im 20. Jahrhundert in einen sozialistischen und kapitalistischen Teil. Vielmehr strukturiert das Primat der kapitalistischen Weltwirtschaft die Beziehungen zwischen allen Ländern. Eine eigenständige sozialistische Entwicklung wird somit nach Wallerstein aufgrund der Abhängigkeit aller Länder von den Strukturen des Weltmarkts ausgeschlossen.

1.5 Theorierichtungen in der Analyse der Internationalen Beziehungen

Das Weltsystem enthält nach Wallerstein durch die Dreischichtung in sich viele strukturelle Ungleichheiten, wobei das Zentrum klar privilegiert ist und die Semiperipherie eine Zwischenstellung einnimmt. Sie verhindert funktional, dass Peripherie und Zentrum unmittelbar aufeinanderprallen. Aufgrund der weltweiten Arbeitsteilung zwischen den Ländern der Peripherie und denen im Zentrum ist das Weltsystem ein dezentrales, aber hierarchisches Gebilde, dessen ungleiche Entwicklung Folge eben der hierarchischen Gliederung bleibt. Für Wallerstein können die Ungleichheiten nur durch eine radikale Umwälzung des Weltsystems beseitigt werden. Er weist auf zwei „Hauptwidersprüche" hin, die das Überleben des kapitalistischen Weltsystems zweifelhaft erscheinen lassen: zum einen die periodisch auftretenden Krisen, produziert durch den Widerspruch zwischen maximaler kapitalistischer Wertschöpfung und der Notwendigkeit einer Massennachfrage, die eine zumindest partielle Umverteilung des Surplus erfordert. Zum anderen geht Wallerstein davon aus, dass die Kooptation von oppositionellen Bewegungen (Arbeiterbewegung) einen immer größeren Aufwand erforderlich werden lässt, so dass sich die Widersprüche verschärfen.

Die Weltsystemtheorie strebt eine Analyse der Totalität internationaler Beziehungen an, wobei sie von der Dominanz des Weltmarktes ausgeht, der die Position aller Länder festlegt. Das historisch-strukturelle Konzept der Weltsystemtheorie weist damit der Politik eine untergeordnete Bedeutung zu. Politische Gestaltungsmöglichkeiten und Handlungsoptionen sind dem Diktat des Weltmarktes untergeordnet. Die Weltsystemtheorie vermag so einerseits alle Länder in ein analytisches System einzubeziehen. Andererseits kann mit der Weltsystemtheorie die Variabilität von Entwicklungswegen in verschiedenen Ländern nicht erklärt werden, denn nach Wallerstein können die Staaten die Strukturen des Systems nicht durchbrechen. Auch die historischen Zäsuren des 20. Jahrhunderts mit dem Zusammenbruch des Staatssozialismus bleiben ein offenes Problem für diesen theoretischen Ansatz, der Politik in Makrostrukturen des kapitalistischen Weltmarktes fasst. Trotz seiner nachhaltigen Bedeutung in der Diskussion globaler Politik, vor allem im Nord-Süd-Konflikt, hat sich die von Wallerstein vorgelegte Theorie für empirische Forschungen als wenig tragfähig erwiesen.

Die unter dem Begriff der *Dependenztheorien* („dependencia") zusammengefassten Ansätze gehen davon aus, dass die historisch entstandenen Strukturen von Handel und Austausch die Länder der Peripherie systematisch benachteiligt haben. Das durch Imperialismus und Kolonialisierung etablierte System der internationalen Arbeitsteilung, in dem die Länder der Dritten Welt Rohstoffe und billige Arbeitskräfte liefern, während die entwickelten Länder („erste Welt") industriell gefertigte Waren exportieren und die Gewinnabschöpfung in die reichen Industrieländer zurückfließt, hält die Länder der Dritten Welt in permanenter Abhängigkeit. Vor allem in Lateinamerika wurde dieses Problem früh thematisiert. Aus der Perspektive lateinamerikanischer Autoren besteht das Problem der internationalen Beziehungen darin, dass die Länder in den Wirtschaftszentren permanent bestrebt seien, das Abhängigkeitsverhältnis der Peripherie-Nationen aufrechtzuerhalten (Neokolonialismus). Die immense Verschuldung Lateinamerikas wird dabei als Kernproblem der Entwicklung fokussiert und die Abhängigkeiten als systembedingt beschrieben.

Ein Kernbegriff der Weltsystemtheorien ist der Begriff der *strukturellen Gewalt*, der die komplexen Abhängigkeitsstrukturen charakterisieren soll, die zwischen den Ländern des Zentrums und der Peripherie bzw. zwischen den wirtschaftlich reicheren und den ärmeren Ländern bestehen. Dieser Begriff geht zurück auf die Arbeiten des norwegischen Friedens- und Konfliktforschers Johan Galtung und ist ursprünglich in der Auseinandersetzung mit Imperialismustheorien entstanden (Galtung 1982). Er schlägt vor, damit die Formen indirekter Gewalt zu bezeichnen, die Strukturen der Abhängigkeit in der internationalen Politik konstituieren. Galtung unterscheidet drei Formen der Gewalt: die direkte, aktiv gesteuerte personale Gewalt, die durch Repression willkürlich die Handlungs- und Entscheidungsfreiheit einzelner beschränkt, die kulturelle Gewalt, die langfristig angelegt ist und Strukturen der Abhängigkeit legitimiert, z. B. in Form von Rassismus, und die strukturelle Gewalt, die durch ungleiche Machtverhältnisse und daraus folgenden ungleichen Lebenschancen („Ausbeutung") entsteht. Je stärker die vertikalen im Unterschied zu horizontalen Beziehungen zwischen Ländern ausgeprägt sind, desto größer ist das Problem der Dominanz, d. h. die Gewalt, die ein Staat (oder eine Staatengruppe) über andere ausüben kann. Das Problem bestehe nach Galtung nun darin, dass diese Gewaltverhältnisse nicht offen zutage liegen, sondern in subtilen, häufig von den Akteuren selbst nicht durchschauten Strukturen verankert sind. „So überschreitet schon der Ansatz ‚strukturelle Gewalt' Strukturelles und nimmt Gewalt als in Kultur eingebettet wahr." (Galtung 1997: 476) Die Menschen selbst würden in den Strukturen einen „Mangel an Bewusstsein" über ihre Situation entwickeln, da die zugrunde liegenden Abhängigkeiten nicht personal, sondern im globalen Zusammenhang wirken. Dennoch ist strukturelle Gewalt nach Galtung in die Interaktionsmuster der internationalen Politik eingebettet und wirkt als kulturell wirksames Perzeptions- und Handlungsmuster. Dabei unterscheidet Galtung zwei „Archetypen" der strukturellen Gewalt, die pyramidale (oder „Alpha"-) Struktur sowie die radförmige (oder „Beta"-) Struktur. Zugleich versucht er, die individuelle und die systemische Ebene miteinander zu verknüpfen. Alpha ist vertikal und beinhaltet eine Vielzahl von interagierenden Einheiten, während Beta horizontal angelegt ist. In der Alpha-Struktur sind den Individuen als Akteure Ränge in Bürokratien, Unternehmen und anderen größeren Organisationen zugewiesen; in der Beta-Struktur dieselben in eher horizontalen Strukturen von Verwandtschaft, Nachbarschaftsgruppen etc. Im Weltsystem entspricht die pyramidale Struktur umfassenden Allianzen, angeführt von mächtigen Organisationen (z. B. World Trade Organization, International Monetary Fund), die horizontale entspricht konföderativen, regional organisierten Systemen (z. B. Europäische Union). Die Frage spitzt sich für Galtung darauf zu, wie viel Strukturierung „zuviel" und wie viel „zuwenig" ist. Geht man davon aus, wie Galtung dies vorschlägt, dass sich strukturelle Gewalt in vier Dimensionen aufspaltet: vertikal, horizontal, beides zugleich oder keines von beiden, dann ergibt sich als Resultat: „Eine zu präferierende mentale, personale, soziale oder inter-soziale Konfiguration ist eine, die alle vier Fälle vermeidet." (Galtung 1997: 479)

Galtungs These, dass sich in den internationalen Beziehungen subtile Formen der Gewalt vorfinden lassen, die nicht immer offen zutage treten, hat, vor allem in der *Friedens- und Konfliktforschung* und bei Vertretern des *Human Security*-Ansatzes, viel Zustimmung erfahren. Besonders in der Problematisierung von kulturell vermittelten Formen der Abhängigkeit und daraus resultierenden Konfliktkonstellationen hat das Konzept Erklärungskraft, ohne allerdings den Anspruch einer Universaltheorie erfüllen zu können. Wie die von Galtung vorgestellte Matrix verdeutlicht, geht er zudem von einer Ubiquität von Gewaltverhältnissen aus. Ob sich die komplexen Zusammenhänge der internationalen Politik, beispielsweise auch die Rolle von internationalen Organisationen, tatsächlich auf das Konzept der strukturellen Gewalt reduzieren lassen, ist fraglich. Politische Prozesse wie Verhandlungen, Normbildung oder Normeinhaltung *(compliance)* werden dabei ebenso vernachlässigt, wie historische Prozesse des Wandels mit der Variabilität von gesellschaftlichen Abhängigkeiten. Kritisch kann auch eingewandt werden, dass sich Galtungs Theoretisierung im Rahmen strukturalistischer Gewaltdefinitionen bewegt. Neuere, post-strukturalistische und konstruktivistische

Ansätze halten dem entgegen, dass Gewalt nicht primär aufgrund objektiver, strukturell bestimmter Verhältnisse ausgeübt, sondern erst durch vielfältige kulturelle Praktiken erzeugt und fortgesetzt wird.

Das Ende des Ost-West-Konflikts, die politischen Umbrüche in Ost- und Ostmitteleuropa und das Aufsteigen neuer Mächte in Asien haben die Strukturen der Weltpolitik grundlegend verändert. Diese Veränderungen spiegeln sich auch in der theoretischen Auseinandersetzung um die Entwicklung des Weltsystems und in Theorieansätzen wider. Zu den einflussreichen und viel diskutierten neueren Interpretationen zählt dabei zunächst die These vom „Kampf der Kulturen". Dabei geht es um die Frage von kulturell bestimmten Prozessen der *Inklusion und Exklusion* und daraus resultierenden Konfliktkonstellationen im Weltsystem. In den 1990er Jahren entwickelte der an der Harvard University lehrende Politikwissenschaftler Samuel P. Huntington die Vorstellung, auf die Konfrontation der gesellschaftspolitischen Ideologien des Kalten Krieges folge der „clash of civilizations" (Huntington 1997). Das Weltsystem sei durch einen globalen „Kulturkampf" bestimmt, der von mehreren großen, global konkurrierenden Kulturen ausgetragen würde. Die acht großen Kulturen („civilizations") der Welt stünden in Konkurrenz zueinander und trügen mehr oder weniger gravierende Grundsatzkonflikte aus; im Kampf um Hegemonie könnten sie Bündnisse eingehen, aber auch unversöhnlich aufeinanderprallen. Dabei unterscheidet Huntington acht große Kulturkreise: hinduistische, buddhistische, chinesische bzw. konfuzianische, muslimische, afrikanische, lateinamerikanische, orthodoxe und abendländische Kultur. Huntington betrachtet dabei vor allem den Aufstieg Chinas und den wachsenden Einfluss des islamischen Fundamentalismus als zentrale Herausforderung für „den Westen". Seine größte Befürchtung ist, dass sich die „antiwestliche Hauptachse", d. h. nach Huntington die „konfuzianisch-islamistische" mit der „orthodox-hinduistischen" Achse verbünden und damit das Gleichgewicht in „Eurasien" gegen den Westen kippen könnte. Er hypostasiert eine Verschärfung der Konflikte zwischen den großen Kulturen („Bruchlinienkriege") und fordert den Westen, und hier insbesondere die USA, zu einer aktiven Machtpolitik auf. „Ein weltweiter Kampf der Kulturen kann nur vermieden werden, wenn die Mächtigen dieser Welt eine globale Politik akzeptieren und aufrechterhalten, die unterschiedliche kulturelle Wertvorstellungen berücksichtigt." (Huntington 1997: 20)

Durch die terroristischen Anschläge auf New York und Washington im September 2001 schien sich die These vom Zusammenprall der westlichen, „christlichen Welt" auf der einen mit der „muslimischen Welt" auf der anderen Seite zu bestätigen. In ihrer popularisierten Version wurde die Interpretation eines auch mit Gewalt ausgetragenen „Kulturkampfes" nicht nur in westlichen Ländern geteilt; vielmehr fand sie paradoxerweise auch unter islamistischen Fundamentalisten Widerhall, die mit ihrer antiwestlichen Rhetorik wiederum in westlichen Ländern die Befürchtung vor einem „gewalttätigen Islam" und seine Ablehnung nährten.

Die Bedeutung von Kultur und Religion in den internationalen Beziehungen, auf die Huntington mit Nachdruck hinweist, kann nicht unterschätzt werden. Allerdings zeigt das Interpretationsschema von Huntington auch gravierende Schwächen. So bleibt die Einteilung in die großen Kulturkreise unscharf; der Begriff der „Kultur" ist vage und wird teilweise religiös, teilweise geographisch und teilweise politisch verwendet. Auch der konfliktzentrierte Ansatzpunkt („Kampf", engl. „clash") stieß auf Widerspruch, denn der Austausch und die gegenseitige Befruchtung von Kulturen wird in diesem Modell ebenso unterschlagen, wie die Tatsache, dass die meisten westlichen Gesellschaften heute multikulturelle Gesellschaften sind. Die eher pessimistische Sicht des Weltsystems bleibt außerdem dem staatszentrierten realistischen Paradigma verhaftet; internationale Organisationen und regionale Kooperationen sind von nachrangiger Bedeutung und bleiben den machtpolitischen Interessen der großen Mächte (und hier besonders den Interessen der USA) untergeordnet. Weder die Herausforderung der „westlichen" Welt durch die BRICS-Länder (Brasilien, Russland, Indien, China und Südafrika) passen in dieses Interpretationsschema, noch die Veränderungen in der arabischen Welt im Frühjahr 2011.

Im Gegensatz zu kulturalistisch fundierten Weltsystemansätzen gehen *Globalisierungstheorien* davon aus, dass die Strukturen der internationalen Beziehungen durch die Weltmarktentwicklung des Kapitals auf einer neuen Stufe bestimmt werden. Politik und Ökonomie stehen im Mittelpunkt dieser Theorieansätze. Neue Formen von Produktion, Handel und Kommunikation regulieren dabei nicht nur die weltwirtschaftlichen Verhältnisse, sondern sie strukturieren auch die politischen Beziehungen zwischen Staaten. Im Zentrum der internationalen Beziehungen stehen daher bei den Globalisierungstheorien Weltmarkt- und Kapitalbeziehungen; gekoppelt ist diese Sichtweise mit der Annahme, dass die Bedeutung des klassischen Nationalstaates ohnehin ständig abnimmt. Elmar Altvater und Birgit Mahnkopf (1996) beschreiben diesen Prozess der Globalisierung als „Entbettung" („disembedding") von Politik und Ökonomie. Internationale Beziehungen sind in dieser Denkrichtung primär als Ergebnis der Globalisierung des Kapitalismus zu betrachten. Die politischen Ökonomen Altvater und Mahnkopf beschreiben Globalisierung „als Beschleunigung in der Zeit und indem Räume erobert werden, die vor gar nicht langer Zeit dem menschlichem Zugriff verborgen waren." (Altvater/Mahnkopf 1996: 11) Der Begriff umschreibe „die tendenzielle ‚reductio' der vielen Gesellschaften in der Welt *ad unum*, zu einer sich globalisierenden Gesellschaft … Wenn Gesellschaften sich nämlich durch Grenzen auszeichnen, die sie gegenüber einer Umwelt absetzen, dann sind diese im Zuge der Globalisierung durchlässiger geworden oder gar verschwunden" (Altvater/Mahnkopf 1996: 12). Wie die Studie feststellt: „Aus der Perspektive des Weltsystems erscheint der Prozess der Globalisierung als zunehmende Integration von Regionen und Nationen in den Weltmarkt." (Altvater/Mahnkopf 1996: 21) Dieser Prozess verläuft auf mehreren Ebenen: „Drei Ebenen, auf denen ökonomische und politische Artikulationsmuster entstehen, können unterschieden werden: (1) Zwischen Nationen und Nationalstaaten bilden sich selbstverständliche *transnationale Beziehungen* (und Gegensätze) heraus. Die Gesamtheit der Nationalstaaten bildet (2) das *internationale System*, reguliert durch hegemoniale Mächte und internationale Normen, Regeln, Institutionen, Verträge. Erst wenn (3) globale Interdependenz entstanden, eine Geoökonomie entwickelt ist, erlangt die Perspektive des *globalen Systems* gegenüber der Sichtweise des Nationalstaates (im Singular) und der Nationalstaaten (im Plural des internationalen Systems) Bedeutung" (Altvater/Mahnkopf 1996: 37). Eine Kernfrage in der Diskussion um die Globalisierung betrifft die Rolle, die Staaten für die Volkswirtschaft spielen. Nach Altvater und Mahnkopf nimmt die Bedeutung des Staates durch den Verlust von Steuerungs- und Kontrollmöglichkeiten im ökonomischen Prozess ab. Politisch führe dies zur Durchsetzung der „Autorität des Marktes" und zum Verlust von demokratischen Einflussmöglichkeiten. „Globalisierung heißt ja nichts anderes, als dass Entscheidungen aus der politischen Verantwortung entlassen und privaten Mächten überantwortet werden, die sich nicht gegenüber einem ‚Wahlvolk' zu verantworten haben." (Altvater/Mahnkopf 1996: 543) Ökologisch führe die Globalisierung zur Übernutzung von Gemeingütern, wie Wasser, Luft und Boden, ein Prozess, dem nur durch wirksame Rahmenabkommen bzw. die Einrichtung von Umweltschutz-Regimen und eine internationale politische Steuerung („*global governance*") begegnet werden könne. Altvater und Mahnkopf, die sich auch kritisch mit Korruption und Wirtschaftskrise auseinandergesetzt haben, fordern, den Prozess der Globalisierung durch aktives politisches Handeln im globalen Kontext einzuhegen und wenden sich damit explizit gegen neoliberale Strategien, die eine politische Steuerung ablehnen.

Dabei verfolgten die westlich-kapitalistischen Länder eine Politik der Macht-Sicherung und Gewinn-Maximierung gegenüber den Dritte-Welt-Ländern, und zwar nicht nur in wirtschaftlicher, sondern auch in militärischer und politischer Hinsicht. Wolf-Dieter Narr und Alexander Schubert beschreiben das mit der Globalisierung verknüpfte Problem der *ungleichen Machtverteilung* in der Welt folgendermaßen: „Mächtige transnationale Produktionsstrukturen haben sich herausgebildet. Kein wichtiger Industriezweig der Gegenwart kann sich ausschließlich auf nationaler Grundlage entwickeln und durchsetzen. Mächtige Konzerne, ‚Systemführer'; stehen an der Spitze der transnationalen Hierarchie. Sie ordnen weltweit die in unterschiedlichen Nationen angesiedelten vor- und nachgelagerten Tätigkeiten, die notwendig geworden sind, um komplexere Güter oder Dienstleistungen herzustellen. Es handelt sich um Güter, die für den heutigen Massenkonsum unentbehrlich sind, wie Flugzeuge, Autos, Satelliten, Trägerraketen, Informations- und Unterhaltungsgeräte u. ä. m. Diese neue Hierarchie legt die gesellschaftliche Stellung und das Einkommen derjenigen fest, die an transnationalen Produktionsprozessen beteiligt sind, und bestimmt, wer aus ihnen herausfällt ... Schließlich führt diese Hierarchie zu einer Rangfolge von Nationen. Der Platz in dieser Hierarchie bestimmt, ob die Nationen reiche oder arme, aufsteigenden oder absteigende, industrielle oder ‚unterentwickelte' Nationen werden." (Narr/Schubert 1994: 12) Kein Staat der Welt und kein Staatenverbund vermag eine ordnende Funktion nach dem Ende des Ost-West-Konflikts zu übernehmen; auch den Vereinten Nationen stehen die Autoren kritisch gegenüber. „Die Globalität verstärkt die Gefahren einer weiteren ‚systematischen Brutalisierung'." (Narr/Schubert 1994: 13) Problematisch an den Weltsystem-Ansätzen bleibt aber das Primat der Ökonomie, denn politische Gestaltungsmöglichkeiten, die Rolle von politischen Akteure oder kulturelle Deutungsmuster weltpolitischer Entwicklungen werden vernachlässigt.

Schließlich werden auch im Zuge der Globalisierung nationale und regionale politisch-kulturelle *Besonderheiten der Entwicklungswege* zu berücksichtigen sein. Diese Perspektive wird vor allem in den Ländern Asiens, die in der Weltökonomie eine immer größere Bedeutung erlangen, intensiv diskutiert. In China entwickelte der chinesische Wissenschaftler Yu Keping, Leiter des *Center for Chinese Government Innovation* und Regierungsberater, beispielsweise die Vorstellung eines autonomen Weges zu Demokratie und Erneuerung in China. In einem vielbeachteten Essay „Democracy is a Good Thing" erläutert er Vorteile, aber auch die Schwierigkeiten einer demokratischen Staatsform und betont zugleich, dass die Umsetzung von demokratischen Idealen von den landesspezifischen Besonderheiten ausgehen müsse, die die politischen und kulturellen Voraussetzungen des Landes berücksichtigt. „Democracy is a good thing, but that is not to say that democracy comes unconditionally. Implementing democracy requires the corresponding economic, cultural and political conditions; to promote democracy unconditionally will bring disastrous consequences to the nation and its people. Political democracy is the wave of history; it is the inevitable trend for all nations of the world to move toward democracy. But the timing and speed of the development of democracy and the choice of the form and system of democracy are conditional. An ideal democratic system must not only be related to the economic state and level of development of society, the regional politics and international environment, it must also be intimately related to the national tradition of political culture, the quality of politicians and the people, and the daily customs of the people… Our construction of political democracy must be closely integrated with the history, culture, tradition and existing social conditions of our nation." (Yu Keping, 2006) China ist insofern ein interessantes Beispiel für den Einfluss von kulturellen und historischen Besonderheiten in Modernisierungspfaden, da das Land seine ökonomischen Potenzen sehr rasch und mit marktwirtschaftlichen Prinzipien im Rahmen eines autoritären Staatssystems entwickelt. China hat damit einen eigenen Pfad auf dem Weg in die Moderne eingeschlagen.

Literatur

Altvater, Elmar/Birgit Mahnkopf: Grenzen der Globalisierung. Ökonomie, Ökologie und Politik in der Weltgesellschaft, Münster 1996 (7. Aufl., Münster 2007)

Galtung, Johan: Strukturelle Gewalt. Beiträge zur Friedens- und Konfliktforschung, Reinbek bei Hamburg 1982

Galtung, Johan: „Strukturelle Gewalt", in: Albrecht/Volger: Lexikon der Internationalen Politik, München 1997, S.475–480

Huntington, Samuel P.: Kampf der Kulturen. Die Neugestaltung der Weltpolitik im 21. Jahrhundert, München/Wien 1997 (engl. The Clash of Civilizations, New York 1996)

Narr, Wolf-Dieter/Alexander Schubert: Weltökonomie. Die Misere der Politik, Frankfurt a. M. 1994

Scherrer, Christoph: „Internationale Politische Ökonomie als Systemkritik", in: Gunther Hellmann/ Klaus Dieter Wolf/Michael Zürn (Hg.): Die neuen Internationalen Beziehungen. Forschungsstand und Perspektiven in Deutschland, Baden-Baden 2003, S. 465–494

Wallerstein, Immanuel: „Aufstieg und künftiger Niedergang des kapitalistischen Weltsystems. Zur Grundlegung vergleichender Analyse", in: Dieter Senghaas (Hg.): Kapitalistische Weltökonomie, Frankfurt a. M. 1979, S. 31–67

Yu Keping: „Democracy is a Good Thing", Beijing Daily News, 23. Oktober 2006 (online: http://www.zonaeuropa.com/20070109_1.htm (aufgerufen am 11. September 2007)

1.5.6 Postmoderne und Konstruktivismus

Während die bisher vorgestellten Theorien und Ansätze kausale Zusammenhänge und große Strukturen in der Weltpolitik fokussieren, geht es den unter dem Begriff der postmodernen Theorieansätze zusammengefassten Autoren in erster Linie um eine Kritik und Dekonstruktion dieser Sichtweise auf die Disziplin der Internationalen Beziehungen. „Critical international relations" als *kritische Theorieströmungen* gewannen zunächst im englischsprachigen Raum, zunehmend dann auch in Deutschland, an Bedeutung, wobei hierzu die postmodernen, poststrukturalistischen und feministischen Ansätze gerechnet werden (vgl. auch Scherrer 1994). *Postmoderne Ansätze* entwickelten sich zunächst in anderen Disziplinen wie der Literaturwissenschaft, der Philosophie, der Linguistik und der Kulturgeschichte, bevor sie auch in der Politischen Wissenschaft Beachtung fanden. Im Jahr 1989 erschien der erste explizit postmodern ausgerichtete Sammelband „International/Intertextual Relations. Postmodern Readings of World Politics", der von James Der Derian und Michael J. Shapiro herausgegeben wurde. Kurz darauf, im Jahr 1990 widmete sich ein Sonderheft der Zeitschrift „International Studies Quarterly" der Postmoderne in den Internationalen Beziehungen unter dem Titel „Speaking the Language of Exile: Dissidence in International Studies", herausgegeben von einem der bekanntesten amerikanischen Theoretikern der postmodernen Analyse internationaler Politik, Richard K. Ashley (vgl. Burchill/Linklater 1996). Ashley hatte sich in seinen Arbeiten zunächst auf die kritische Theorie von Jürgen Habermas bezogen, sich dann aber zunehmend auf französische Poststrukturalisten gestützt; sein Theorieansatz knüpft unter anderem an die Arbeiten von Pierre Bourdieu und Michel Foucault an. Inzwischen ist das Spektrum postmoderner Ansätze breit gefächert. Diese Theorieansätze sind als „kritische Theorie", vereinzelt auch als subversive Theorie zu verstehen, welche von der Peripherie der Welt her und quer zu ihr gebildet wird; eine große, umfassende „Meta-Erzählung", d. h. eine Großtheorie, ist aus dieser Perspektive nicht erstrebenswert.

Der Anspruch der postmodernen Ansätze besteht darin, Begrifflichkeiten zu *dekonstruieren* und zu versuchen, Kontexte von Macht durch Diskursanalyse zu hinterfragen, um eine neue Sicht auf die internationale Politik zu eröffnen. Insofern zielt die postmoderne Diskussion zunächst auf die Entwicklung einer anderen Herangehensweise an die Analyse internationaler Beziehungen, wie dies Der Derian erläutert, indem er schreibt: „international relations is undergoing an epistemological critique which calls into question the very language, concepts, methods, and history (that is the dominant discourse) which constitutes and governs a 'tradition' of thought." (Der Derian, hier zitiert nach Burchill/Linklater 1996: 180) Postmoderne Theorien betrachten die Begriffe selbst als Teil des durch Machtverhältnisse konstituierten Wissens. Weder Theorien und Diskurse noch Institutionen sind „objektiv" oder für sich zu analysieren, sondern sie sind eingebettet in die vorherrschenden Machtverhältnisse. Daher tragen herkömmliche Theorien zum Erhalt des *status quo* bei. Postmoderne Theoriebildung wird dagegen nicht als Entwicklung eines Gefüges von intersubjektiv überprüfbaren Aussagen verstanden, sondern als ein Prozess, der die Entstehung von „Texten" hinterfragt und nach ihren verborgenen Bedeutungen („Spuren") sucht.

Anstelle der Entwicklung einer großen, kohärenten postmodernen Theorie geht es den Autoren vielmehr darum, durch Dekonstruktion von Begriffen sowie durch „double reading" die Vieldeutigkeit von Konzepten und Kategorien aufzuzeigen und damit Widersprüche deutlich zu machen. Daher bilden *Texte* den Stoff ihrer wissenschaftlichen Auseinandersetzung, nicht politische Strukturen oder soziale Prozesse. Wie Robert Ashley ausführt, wird das zentrale Konzept der anarchischen Struktur der Staatenwelt in der internationalen Politik von politischen Eliten behauptet, um die Idee der Souveränität von Staaten abzusichern. Nach seiner Auffassung beruht das Souveränitätsmodell darauf, innere Opposition und Differenz auszugrenzen, zu unterdrücken. Es kann also nicht Ausgangspunkt der Analyse internationaler Politik sein, sondern muss als Gegenstand einer wissenschaftlichen Dekonstruktion gelten. Eine weitere Grundannahme ist die der historischen Kontingenz. Der Staat ist ein Konstrukt, das niemals vollständig gegeben, sondern relativ in Raum und Zeit ist. „This leads to an interpretation of the state as always in the process of being constituted, but never quite achieving that final moment of completion. The state is never constituted once and for all time; it is an ongoing political task." (Burchill/Linklater 1996: 200)

Das Erkenntnisinteresse postmoderner Analytiker besteht primär darin, die Pluralität und Differenziertheit der Welt theoretisch zu konzeptualisieren und diese Sichtweise zu radikalisieren. In einem einschlägigen Lehrbuch über Theorien internationaler Politik werden als Forschungsthemen exemplarisch die Problematik von Gewalt als ein den internationalen Beziehungen inhärentes Moment, die Konstruktion von Grenzen und Entgrenzungen und die Konstruktion von Identitäten durch Diskurse und Praktiken genannt (Burchill/Linklater 1996: 179f.).

Zu den neueren Theorieströmungen zählt heute schließlich der *Konstruktivismus*, der in verschiedenen Varianten in der Theoriebildung vorkommt. So lässt sich in der theoretischen Positionierung ein „sozialer Konstruktivismus" (Peter Katzenstein) und ein „radikaler Konstruktivismus" (Thomas Diez) unterscheiden. Eine andere Differenzierung in der internationalen Politik benennt eine „realistische Variante" (Alexander Wendt) und eine „institutionalistische Variante" (Peter Katzenstein, Thomas Risse, Harald Müller). Dabei hat sich in Deutschland vor allem der Sozialkonstruktivismus als richtungweisender theoretischer Ansatz durchsetzen können.

Konstruktivistische Ansätze nehmen an, dass die politische Welt sozial konstruiert ist. Daher stehen Akteure sowie deren Normen und Werte, und die Logik sozialen Handelns im Mittelpunkt des Erkenntnisinteresses. Zugespitzt formuliert entsteht und entwickelt sich die politische Welt im Bewusstsein und durch das Handeln der Akteure (Onuf 1989). Alle Erkenntnis ist für die Konstruktivisten daher relationaler Natur, d. h. abhängig von Raum und Zeit. Deshalb wird grundsätzlich von einer Historizität sozialer und politischer Realitäten ausgegangen, welche als kontextabhängig, historisch kontingent und variabel verstanden wird. Die Strukturen der internationalen Politik sind daher von sozialen Handlungen der Akteure, den normativen Regeln, auf die sich Akteure einigen, und den Diskursen, in denen sie sich über Inhalte und Begriffe verständigen, bestimmt. Selbst politische Institutionen folgen dieser konzeptionellen Logik. Sie sind „geronnene" Resultate diskursiver Prozesse.

Das konstruktivistische Forschungsprogramm geht davon aus, dass internationale Organisationen durch die Praktiken von Akteuren existieren, die sich Regeln und Normen geben. Ideen, Interaktionen und Intersubjektivität sind institutionelle Grundlagen der Konstruktion von Realität. Das Handeln der politischen Akteure ist durch spezifische Werte und Normen geprägt, welche im Kontext der gegebenen sozialen und institutionellen Bedingungen entstehen und von ihnen abhängig sind. Sie stellen eine intersubjektive Bedeutung in politischen Zusammenhängen her. Verändern sich diese grundlegenden Normen, kann sich auch das Handeln der Akteure verändern. Alexander Wendt (1992) fasst diesen Gedanken zusammen, indem er schreibt, dass die „Anarchie" der internationalen Beziehungen erst von Staaten „konstruiert" wird. „A world in which identities and interests are learned and sustained by intersubjectively grounded practices, by what states think and do, is one in which 'anarchy is what states make of it'. States may have made that system a competitive, self-help one in the past, but by the same token they might 'unmake' those dynamics in the future." (Wendt 1992: 183) Zentrale Themen des Konstruktivismus sind soziale Identitätsbildungen, insbesondere von politischen Eliten, die Bedeutung von kollektiven Normen und Regeln, Sprache und, in Anlehnung an die analytische Sprachphilosophie Ludwig Wittgensteins, „Sprachspiele". Der Begriff des „Sprachspiels" bedeutet, dass das Sprechen ein Teil einer Tätigkeit oder Lebensform ist. Wittgenstein unterscheidet dabei verschiedene Sprachspiele: „Bitten, Danken, Fluchen, Grüßen, Beten". Wie im Schachspiel die Bewegung der Figuren, so werden in der Sprache die Wörter durch Regeln festgelegt. Worte erhalten ihre Bedeutung zugleich nur im Kontext von Sprecher und Umgebung.

Indem die Normen, die sich in Diskursen vorfinden, analysiert werden, können der Prozess der intersubjektiven Realitätsbildung nachvollzogen und kommunikative Praktiken aufgezeigt werden. „Norms not only establish certain games and enable the players to pursue their goals within them, they also establish inter-subjective meanings that allow the actors to direct their actions towards each other, communicate with each other, appraise the quality of their actions, criticize claims and justify choices." (Kratochwil 1993: 75) In einer ihrer Arbeiten argumentieren Friedrich Kratochwil und Ray Koslowski, ebenfalls Vertreter des Konstruktivismus, dass Veränderungen von Werten und von Praktiken („beliefs and practices") einen Wandel in der internationalen Politik hervorrufen könnten (Koslowski/Kratochwil 1995). Konzeptionell bedeutet dies, dass ein Wertewandel *vor* historischen Veränderungen in der Politik herausgefunden und untersucht werden muss. Konstruktivistische Ansätze sind daher dann besonders aussagefähig, wenn sich die Analyse auf bereits abgelaufene Entwicklungen oder Zusammenhänge bezieht. Sie sind dagegen weniger in der Lage, prospektiv Handlungsalternativen aufzuzeigen und verzichten darauf, politisch handlungsanleitend oder steuernd in den politischen Prozess einzugreifen.

Der Konstruktivismus stellt nach seinem Selbstverständnis keine eigenständige Theorie der internationalen Beziehungen dar. Er wird sowohl mit dem Neo-Realismus kombiniert (z. B. Wendt), als auch mit dem liberalen Institutionalismus (z. B. Katzenstein). Zugleich betont der Konstruktivismus in der Debatte um *„structure"* und *„agency"*, Struktur und Handlung, die ideellen Bewegungsmomente der internationalen Politik, d. h. er richtet sich gegen funktionalistische und strukturalistische Erklärungsansätze. Ein zentrales Forschungsfeld der Konstruktivisten sind auch internationale Organisationen (Ruggie 1998; Risse 2003; Risse 2009). Als Forschungsprogramm – und nicht als Theorie konzipiert – überschneidet sich der Konstruktivismus mit anderen neueren Strömungen, vor allem der feministischen Analyse Internationaler Beziehungen. Die Übergänge zwischen diesen Forschungsschwerpunkten sind teilweise fließend.

Der Einfluss konstruktivistischer Theorieansätze in der *deutschen Forschung* über Internationale Beziehungen ergibt sich zum einen daraus, dass sie mit anderen sozialwissenschaftlichen Theorien kompatibel sind, die gerade in Deutschland breite Rezeption gefunden haben; dies gilt besonders für die Theorie des kommunikativen Handelns von Jürgen Habermas. Zum anderen haben sie im Schnittfeld zwischen theoretischer Konzeptionalisierung und empirischer Forschung besonders fruchtbar eingesetzt werden und tragfähige Ergebnisse erzielen können (z. B. Fehl 2009; Schimmelfennig 2001). Dabei positionieren sich Konstruktivisten durchaus offen gegenüber anderen Theoremen und Paradigmen. Der Berliner Politikwissenschaftler Thomas Risse (2009) hebt in einer Auseinandersetzung mit den Unterschieden zwischen Rationalismus und Konstruktivismus dementsprechend hervor, dass es sich bei beiden nicht um „Theorien" der Internationalen Beziehungen handelt, sondern um die Thematisierung unterschiedlicher Logiken des sozialen Handelns. Das heißt, die Auseinandersetzung zwischen beiden Ansätzen hat nicht die Beschaffenheit der Welt an sich zum Inhalt – wie etwa die Auseinandersetzung zwischen Realisten und Idealisten – sondern fokussiert unterschiedliche Handlungslogiken in der Politik. Eine theoretische Polarisierung zwischen den beiden Ansätzen liefe Gefahr, an der empirischen Wirklichkeit und an der eigentlichen Aufgabe der Forschung über Internationale Beziehungen, der Erklärung konkreter Phänomene, vorbeizulaufen. Auf der empirischen Ebene habe sich herausgestellt, so Risse, dass beide Handlungslogiken oftmals nicht voneinander zu trennen sind, bzw. ineinander verschränkt vorkommen; beide Konzepte könnten sich so ergänzen. Exemplarisch zeigt Risse dies in den Themenfeldern „Wirkung und Normen", „Sozialisation" und „kollektive Identitäten" auf. Dadurch ergeben sich theoretische „Brückenschläge" zwischen Konstruktivismus und Rationalismus (Risse 2003).

Literatur

Ashley, Richard K./R. B. Walker: „Speaking the Language of Exile: Dissidence in International Studies", in: International Studies Quarterly, 34. Jg./1990, H. 3, S. 259–417

Burchill, Scott/Andrew Linklater (Hg.): Theories of International Relations, New York 1996 (4. Aufl., New York 2009)

Der Derian, James/M. J. Shapiro (Hg.): International/Intertextual Relations. Postmodern Readings of World Politics, Lanham, MD 1998

Fehl, Caroline: „Explaining the International Criminal Court: A 'Practice Test' for Rationalist and Constructivist Approaches", in: Roach, Steven C. (Hg.): Constructivism, Ethics, and the International Criminal Court: Between Realpolitik and the Global Rule of Law, Oxford University Press 2009

Koslowski, Ray/Friedrich V. Kratochwil: „Understanding Change in International Politics", in: Richard Ned Lebow/Thomas Risse-Kappen (Hg.): International Relations Theory and the End of the Cold War, New York 1995, S. 127–166

Kratochwil, Friedrich V.: Rules, Norms, and Decisions. On the Conditions of Practical and Legal Reasoning in International Relations and Domestic Affairs, Cambridge 1991

Kratochwil, Friedrich V.: „The Embarassement of Changes: Neo-Realism as the Science of Realpolitik without Politics", in: Review of International Studies 19/1993, S. 75f.

Kratochwil, Friedrich V./John Ruggie: „International Organization. The State of the Art", in: Paul F. Diehl (Hg.): The Politics of Global Governance. International Organizations in an Interdependent World, Boulder 2010, S. 29–39

Onuf, Nicholas Greenwood: World of Our Making. Rules and Rule in Social Theory and International Relations, Columbia: University of South Carolina Press 1989

Risse, Thomas: „Konstruktivismus, Rationalismus und Theorien internationaler Beziehungen – warum empirisch nichts so heiß gegessen wird, wie es theoretisch gekocht wurde", in: Gunther Hellmann/Klaus Dieter Wolf/Michael Zürn (Hg.): Die neuen internationalen Beziehungen, Baden-Baden 2003, S. 99–132

Risse, Thomas: „Social Constructivism and European Integration", in: Antje Wiener/Thomas Diez (Hg.): European Integration Theory, Oxford 2009, S. 144–162

Ruggie, John: Constructing the World Polity, London 1998

Scherrer, Christoph: „Critical International Relations. Kritik am neorealistischen Paradigma der internationalen Beziehungen", in: Prokla, H. 95/1994, S. 303–323

Schimmelfennig, Frank: „The Community Trap. Liberal Norms, Rhetorical Action and the Eastern Enlargement of the EU", in: International Organization 55(1), 2001, S. 47–80

Tickner, J. Ann: „Identity in International Relations Theory: Feminist Perspectives", in: Josef Lapid/ Friedrich Kratochwil: The Return of Culture and Identity in IR Theory, Boulder Col./London 1996, S. 147–162

Wendt, Alexander: „Anarchy is What States Make of it. The Social Construction of Power Politics", in: International Organization, No.45/1992, S. 391–426

1.5.7 Gender-Ansätze in Internationalen Beziehungen

Mit dem Begriff *Gender*-Ansätze sind Forschungsarbeiten gemeint, die eine geschlechtersensible Perspektive einnehmen und diese als zentrale Dimension der Analyse internationaler Politik entwickeln. Der aus der englischsprachigen Literatur übernommene Begriff *Gender* bezeichnet die soziale Konstruktion von Geschlechterverhältnissen, die im sozialen Handeln

1.5 Theorierichtungen in der Analyse der Internationalen Beziehungen

und in politischen Institutionen eingeschrieben sind. Regina Becker-Schmidt gibt für den *Gender*-Ansatz folgende Definition: „Der Begriff ‚gender' zielt auf die soziale Konstruktion von Rollen und Attributen ab, die als geschlechtsspezifisch normiert werden. ‚Gender' soll ausdrücken, dass sowohl die Dichotomisierung als auch die inhaltliche Festlegung von ‚Weiblichkeit' und ‚Männlichkeit' durch gesellschaftliche Mechanismen – genauer Machtmechanismen – zustande kommen." (Becker-Schmidt 1993: 38) Geschlechterbeziehungen sind nach dieser Definition nicht „natürlich" gegeben, sondern in einem historisch und kulturell vermittelten Prozess über Erziehung, Bildung und andere sozialen Institutionen konstruiert. *Gender*-Forschungsansätze befassen sich daher nicht nur mit individuellen Geschlechterverhältnissen, sondern auch mit Institutionen, Werten und Normen sowie kulturell vermittelten Deutungsmustern.

Es hat sich gezeigt, dass die Geschlechterperspektive heute für das Verständnis vieler globaler Probleme und Konflikte zentral ist. In den internationalen Organisationen, wie den Vereinten Nationen, und in internationalen NGOs (*non-governmental organizations*) ist *Gender* inzwischen ein Schlüsselbegriff für globale Programme und Projekte, auch durch die Strategie des *gender-mainstreaming,* welche darauf abzielt, alle Maßnahmen unter dem Aspekt ihrer Auswirkungen auf die Geschlechterbeziehungen zu prüfen. Mit ihren Aktionen und Erklärungen haben die Vereinten Nationen dazu beigetragen, sexuelle Gewalt zu ahnden, Maßnahmen gegen Menschenrechtsverletzungen zu ergreifen und geschlechtsbedingte soziale Ungleichheiten abzubauen.

Die *Gender*-Forschung nimmt an, dass Geschlechterverhältnisse kein Sonder- oder Randproblem der internationalen Politik darstellen, sondern als konstitutives Element globaler Prozesse und Zusammenhänge aufgefasst werden müssen. „Eine solche These geht davon aus, dass *gender* nicht nur individuelle Geschlechtsidentität bestimmt, sondern als strukturelles Konzept in alle Bereiche gesellschaftlichen, politischen und damit auch internationalen Handelns hineinwirkt." (Locher 1997: 1) Da Geschlechterverhältnisse in der Regel auch Machtverhältnisse konstituieren, ist es für die meisten Arbeiten dieser Forschungsrichtung darüber hinaus charakteristisch, nicht nur nach den Ursachen ungleicher Machtverhältnisse zu fragen, sondern im normativen Sinne Möglichkeiten der Beseitigung von diskriminierenden Praktiken, sozialen Ungleichheiten oder Menschenrechtsverletzungen aufzuzeigen.

Konzeptionell ist *Gender* in der Analyse internationaler Beziehungen auf drei Ebenen bezogen: die Mikroebene von sozialen Geschlechterverhältnissen, die nationale Ebene mit der Außen- und Sicherheitspolitik von Staaten, und schließlich die globale Ebene der internationalen Organisationen, transnationalen Akteure, Bewegungen und Netzwerke.

Die dominanten Denkschulen und Ansätze der internationalen Politikanalyse, wie Neo-Realismus, liberaler Institutionalismus oder Weltsystemtheorie hatten Probleme der Geschlechterverhältnisse zunächst weitgehend unberücksichtigt gelassen. Die Kategorien und Grundannahmen waren scheinbar „geschlechtsneutral" gewählt. Dies entsprach einer politischen Realität, in der die internationalen Beziehungen als „high politics" verstanden und die „Haupt- und Staatsaktionen" der internationalen Politik mehrheitlich von (Staats-) Männern gestaltet wurden. Traditionell waren Diplomatie und Außenbeziehungen, Militär- und Sicherheitspolitik sowie die Außenwirtschafts- und Finanzpolitik Bereiche, in denen Frauen kaum eine Rolle spielten. Mit der Globalisierung, in deren Kontext scheinbar unumstößliche Kategorien, wie Macht und nationales Interesse, Staat und Souveränität, Wirtschaft und

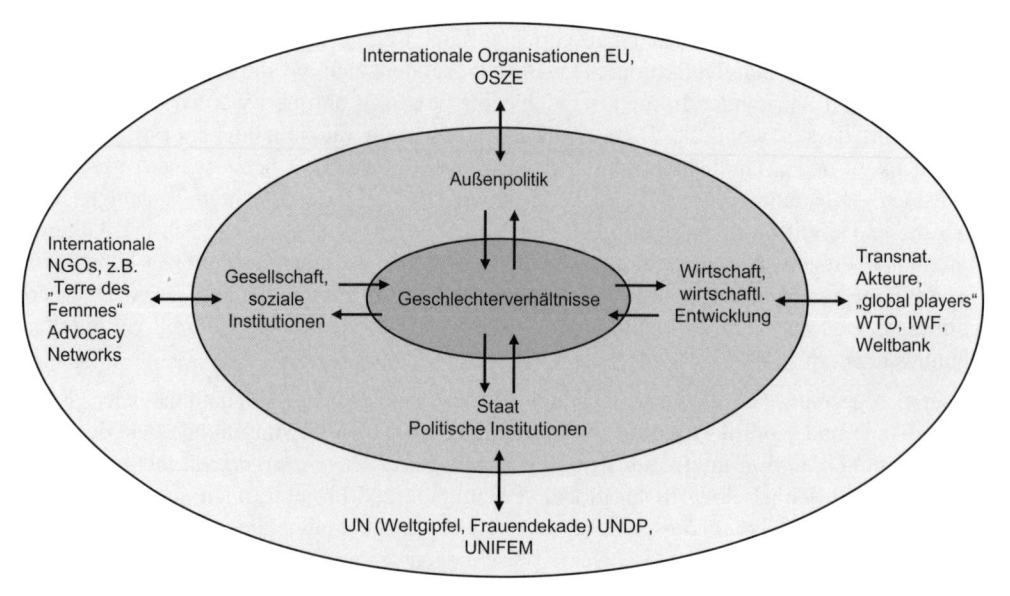

```
                    Internationale Organisationen EU,
                              OSZE
                               ↕
                          Außenpolitik
                               ↕
 Internationale
 NGOs, z.B.
 „Terre des      Gesellschaft,                    Wirtschaft,      Transnat.
 Femmes"    ↔    soziale      Geschlechter-  ↔   wirtschaftl. ↔   Akteure,
 Advocacy        Institutionen verhältnisse       Entwicklung      „global players"
 Networks                                                          WTO, IWF,
                                                                   Weltbank
                               ↕
                            Staat
                    Politische Institutionen
                               ↕
                    UN (Weltgipfel, Frauendekade) UNDP,
                              UNIFEM
```

Abb. 1.1: Geschlechterverhältnisse und globale Politik
Quelle: Christiane Lemke, Gender und Globalisierung, gender politik online 2003
(http://web.fu-berlin.de/gpo/globalisierung)

Wohlstand, zunehmend unscharf wurden und transnationale Prozesse an Bedeutung gewannen, gerieten traditionelle Ansätze der Analyse internationaler Beziehungen in die Kritik. Jenseits von Nationalstaatlichkeit und Weltsystem bot sich neben den rationalistisch-strukturellen Ansätzen an, nach neuen Kategorien und Ansätzen zu fragen. In der Verbindung mit konstruktivistischen und sozialwissenschaftlichen Theoremen gewann dabei auch die kritische *Gender*-Forschung an Profil.

Die Theoriebildung im Bereich *Gender* und Internationale Beziehungen geht auf Forschungsarbeiten zurück, die als kritisches Korrektiv zu herkömmlichen Theorieansätzen der Internationalen Beziehungen konzipiert und bereits Mitte der 1980er Jahre zunächst im angelsächsischen Raum entwickelt wurden. Im Jahr 1988 veröffentlichte die britische Zeitschrift für internationale Politik „Millennium" ein Sonderheft, in dem Wissenschaftlerinnen und Wissenschaftler diese Ansätze erstmals breiter wissenschaftlich diskutierten, und leitete damit eine kontroverse Diskussion über *„Gender and International Relations"* ein. Der kritische Ansatzpunkt bestand darin, Leerstellen in den dominanten Denkschulen der internationalen Politik aufzudecken und auch erkenntnistheoretisch neue Wege zu beschreiten. „Dabei wird deutlich, dass die überlieferte IB-Theorie (Theorie Internationaler Beziehungen – CL) keineswegs so geschlechtsneutral ist, wie sie sich gibt, sie hat weibliche Lebensrealität und Sichtweisen vernachlässigt. Schaut man auf die Frauen oder auf die Geschlechterverhältnisse, dann entsteht in der Tat ein differenziertes, ein anderes Bild … Auch der Staat und die für die Außenpolitik relevanten Institutionen repräsentieren Asymmetrien im Geschlechterverhältnis, nicht nur quantitativ, sondern auch qualitativ. Mit der Dominanz der Männer verbindet sich ein Übergewicht des jeweils vorherrschenden Verständnisses von Männlichkeit, insbesondere im Bereich der Sicherheitspolitik." (Krell 2009: 213).

1.5 Theorierichtungen in der Analyse der Internationalen Beziehungen

Theoretisch knüpft die *Gender*-Analyse Internationaler Beziehungen an die feministische Kritik der in der westlichen Welt vorherrschenden Unterscheidung binärer Gegensätze wie öffentlich-privat, rational-emotional, Selbst-Anderer, Vernunft-Gefühl an, die in der Gesellschaft kulturell als „männlich" oder „weiblich" kodiert werden. Im breit aufgefächerten Spektrum feministischer Theorien kann dabei unterschieden werden zwischen liberalem, radikalem, poststrukturalistischem und kritischem Feminismus (vgl. D'Amico 1994). Aus der Perspektive der Geschlechterforschung ergibt sich: „Through a feminist lens, the traditional generic actors and units of analysis in IR (International Relations – C.L.), statesmen and national states in the context of an international system are revealed as gendered social constructions which take specifically masculine ways of being and knowing in the world as universal." (True 1998: 227) Dementsprechend war der öffentliche Raum als politische Sphäre in der Staatstheorie mit der aufkommenden Moderne zunächst als „männlich" konzipiert und dem privaten, familiären Bereich entgegengesetzt worden, und selbst heute wird die Gegenüberstellung des Politischen und des Privaten mit Stereotypen von „Männlichkeit" und „Weiblichkeit" überzogen. Diese Gegensätze werden als *soziale Konstrukte* verstanden, die dazu beitragen, dass Geschlechterunterschiede aufrechterhalten und Ungleichheiten verfestigt werden. Deshalb legen Gender-Ansätze Wert darauf, dass theoretische Begriffe und Konzepte zunächst kritisch hinterfragt und dekonstruiert werden, um das „unsichtbare Geschlecht" zu enthüllen. Die Beziehung zwischen feministischer Theorie und der *Gender*-Forschung im Bereich Internationale Beziehungen erläutert die amerikanische Politikwissenschaftlerin J. Ann Tickner folgendermaßen: „Die Bezugnahme auf feministische Theorien ... könnte uns helfen, diese Konzepte in einer Form neu zu formulieren, die uns andere Perspektiven eröffnet, um unsere gegenwärtigen Sicherheitsprobleme zu lösen. Mit der Behauptung, dass das Persönliche politisch ist, haben uns feministische Wissenschaftler/-innen auf die Unterscheidung zwischen öffentlich und privat in der Innenpolitik aufmerksam gemacht: Diese künstliche Grenzunterscheidung auch in der Außenpolitik zu untersuchen, könnte ein neues Licht auf Unterscheidungen in der internationalen Politik werfen, wie die zwischen Anarchie und Ordnung, die ein wesentlicher Bestandteil des konzeptionellen Ansatzes des realistischen Diskurses sind." (Tickner 2000: 381)

In den *Gender*-Analysen ging es konzeptionell zunächst darum, die Erfahrungswelt von Frauen in der internationalen Politik sichtbar werden zu lassen. „*To read women in*", Frauen in die Internationalen Beziehungen „einzulesen", bildete einen wichtigen ersten Schritt, wobei herkömmliche Theorien und Paradigmen hinterfragt und das Ausblenden von Frauen aus Theorien und Modellen Internationaler Beziehungen problematisiert wurden. Cynthia Enloe zeigte in ihrem viel beachteten Buch „Bananas, Beaches, Bases" (1989) beispielsweise auf, wie die Männerwelt der „großen Politik" abhängig ist von weiblicher „Zuarbeit", von der Mitarbeit der Diplomaten-Gattinnen in der stillen Diplomatie, über die Arbeit von Landarbeiterinnen auf den Bananen-Plantagen internationaler Konzerne, bis hin zu den sexuellen Diensten von Prostituierten am Rande von Militärbasen. Mit ihren ungewöhnlichen Fallbeispielen legte Enloe Wert auf einen Zugang zur internationalen Politik, der sich von herkömmlichen Studien abhob, indem sie das gewöhnliche Leben der Frauen „von unten" schilderte, um damit die in der internationalen Politik übliche und vor allem vom Neo-Realismus theoretisierte Unterscheidung zwischen „high politics" (Außen- und Sicherheitspolitik) und „low politics" (Sozial- und Gesellschaftspolitik) in Frage zu stellen.

Das Ausblenden der Lebensrealität von Frauen ist nach feministischem Verständnis nicht nur durch die verschwindend geringe Zahl von Forscherinnen im Bereich der Internationalen

Beziehungen zu erklären. Vielmehr argumentierten die Wissenschaftlerinnen, dass es durch die *Definition des Gegenstandsbereichs* bereits zu einer Ausgrenzung von Frauen und der Thematisierung von Geschlechterbeziehungen kommt. Wie Rebecca Grant und Kathleen Newland (1991) beispielsweise argumentieren, konzentrieren sich Theorien Internationaler Beziehungen zu stark auf die „Anarchie" in der internationalen Politik. Durch die Unterscheidung von „high politics" und „low politics" werde bereits eine theoretische Vorannahme getroffen, indem der Sicherheits- und Verteidigungspolitik ein höherer Rang zugewiesen wird, als beispielsweise den globalen sozialen oder ökologischen Problemen. Die Lebenszusammenhänge, die vor allem für Frauen und die Reproduktion von Gesellschaften wichtig sind, würden in der internationalen Politik somit marginalisiert oder gänzlich ausgeblendet. Auch würden herkömmliche Theorien solche strategischen Entscheidungen in der Sicherheits- und Verteidigungspolitik in den Mittelpunkt stellen, die auf Konkurrenz-Modellen beruhen und die permanente Furcht hypostasieren. Theorien Internationaler Beziehungen seien „excessively focused on conflict and anarchy and a way of practicing statecraft and formulating strategy that is excessively focused on competition and fear." (Grant/Newland 1991: 5) Damit würden die hierarchischen Beziehungen zwischen den Geschlechtern perpetuiert, in denen Männer in der Regel „schützende", öffentlich-politische Funktionen einnehmen, während Frauen auf den privaten, „abhängigen" Bereich verwiesen werden, und Potentiale kooperativer Problembearbeitung unausgeschöpft bleiben.

Dem Anspruch nach geht es den *Gender*-Ansätzen über die Sichtbarmachung bislang vernachlässigter Zusammenhänge auch um die Kritik von *Grundbegriffen* der internationalen Politik. In diesem Sinne können *Gender*-Ansätze als ideologiekritische Ansätze bezeichnet werden, wobei sie mit ihrem konstruktivistischen Anspruch zugleich über Ideologiekritik hinausgehen. J. Ann Tickner argumentiert in ihrem Buch „Gender in International Relations" (1992), dass Begriffe wie Macht, Souveränität von Staaten, Sicherheit und internationale Herrschaft bereits im Kern „männliche Konstrukte" darstellen, die die historisch überlieferten Machtverhältnisse reproduzieren. In ihrer Kritik am neorealistischen Machtbegriff zeigt sie auf, dass der Begriff der Macht traditionelle männliche Attribute des rationalen, strategischen Kalküls, des Machtstrebens und der Konkurrenz, die schon bei Hobbes und Machiavelli begründet wurden, auf Staaten projiziert. Die Annahme, dass Staaten in der anarchischen Welt Sicherheit erhöhen könnten, sei irreführend, da sie zum einen die Gewalt ignoriere, die innerhalb eines Staates ausgeübt wird, wie häusliche Gewalt gegen Frauen oder Vergewaltigung, und zum anderen ein „rationales" Verhalten von Staaten nach außen hypostasiert.

Wie Tickner (1992) argumentiert, folgt aus diesem Machtbegriff in der Analyse der Außenbeziehungen von Staaten ein zu eng gefasster Sicherheitsbegriff. Realisten und Neorealisten, mit denen sich Tickner befasst, seien nahezu ausschließlich auf militärische und wirtschaftliche Probleme fixiert, während sie andere wichtige Bereiche, wie Umweltprobleme und Weltarmut, ausklammern. Weltpolitisch bedrohliche Konflikte können nach Tickner jedoch nicht bewältigt werden, wenn soziale Hierarchien bestehen bleiben. Konzepte von Macht sollten vielmehr auf einem neuen, *kooperativen Machtverständnis* aufbauen, das den Weg zu einer Neuverteilung von Macht zugunsten einer größeren Gleichheit und Gerechtigkeit zwischen den Geschlechtern ebnet (redistributiver Machtbegriff). Vor diesem Hintergrund entwickelt Tickner einen erweiterten Sicherheitsbegriff, der den Schutz vor äußerer Bedrohung mit innerer Sicherheit zusammenführt, denn sie bezweifelt, dass internationale Politik langfristig friedlich gestaltet werden kann, ohne die hierarchischen Beziehungen in der Gesellschaft, die auf geschlechtlich bedingter Über- und Unterordnung basieren, abzubauen („shared power",

1.5 Theorierichtungen in der Analyse der Internationalen Beziehungen

im Gegensatz zur „assertive power"). Der erweiterte Sicherheitsbegriff ist vor allem an globalen Zielen der Friedenserhaltung und der gerechteren, ökologisch verträglichen Weltordnung orientiert. Konzeptionell schließt er neben kollektiven Systemen der Sicherheit wirtschaftliche und ökologische Sicherheit mit ein, sowie eine gerechtere Verteilung der Ressourcen zwischen dem Süden und den nördlichen OECD-Staaten.

Mit der Kritik am Grundparadigma der Macht wird das Feld für eine Reihe weiterer Nachfragen an die Theoriebildung geöffnet. Dazu gehört vor allem die kritische Auseinandersetzung mit dem *Begriff des Staates*. Wie J. Ann Tickner (1996) in einer anderen Studie ausführt, beruht die Souveränität, die der moderne Staat nach außen verkörpert, historisch auf Hierarchisierungs- und Ausgrenzungsmechanismen, insbesondere gegenüber Frauen in der Gesellschaft. Der „Souverän" war ursprünglich der kaiserliche oder königliche Herrscher. Selbst mit der Einführung der „Volkssouveränität" als konstitutionalistischem Konzept und der Errichtung moderner Republiken waren Frauen zunächst ausgegrenzt, da ihre politischen Rechte mit der Einführung des allgemeinen Wahlrechts zeitverzögert erst im 20. Jahrhundert gewährt wurden. Bis heute wirke der Ausschluss von Frauen aus Kernbereichen der Macht nach, so Tickner, denn in außenpolitischen Entscheidungsgremien in den westlichen Demokratien wie in der übrigen Welt stellen Frauen immer noch eine verschwindend kleine Gruppe dar. In den Vereinigten Staaten waren nach Angaben von Tickner im Jahr 1987 beispielsweise weniger als fünf Prozent der im Auswärtigen Amt (*Foreign Service*) Beschäftigten Frauen, im Verteidigungsministerium weniger als vier Prozent; auch in anderen westlichen Ländern ist der Frauenanteil im außenpolitischen Entscheidungsprozess kaum höher.

Die *Gender*-Forschung hat inzwischen viele zentrale *Problemfelder der Internationalen Beziehungen* bearbeitet. Sicherheits- und entwicklungspolitische Themen, Gewalt gegen Frauen, vor allem in innerstaatlichen „neuen Kriegen", Migration, Asyl- und Menschenrechte sowie die Auswirkungen der veränderten globalen Wirtschaftsverflechtungen auf Geschlechterbeziehungen sind Gegenstand neuerer Forschungsarbeiten der kritischen *Gender*-Forschung. Angesichts der nach wie vor bestehenden Frauendiskriminierung sind diese Arbeiten häufig auch daran interessiert, globale Konzepte für das *Empowerment* zu entwickeln und sich an der Diskussion um die Verbesserung der Frauensituation zu beteiligen, etwa indem sie die Einhaltung von Menschenrechten genauer untersuchen (vgl. Brabandt/Locher/Prügl 2002).

Bereits in den 1980er Jahren stellte *Krieg und Gewalt* ein vieldiskutiertes Thema in der neu entstehenden Frauen- und Geschlechterforschung dar. Unter zu Hilfenahme von Sozialisationstheorien wurde das „System des Unfriedens", das durch eine patriarchale Dominanzkultur gekennzeichnet war, als Problem der Militarisierung von Gesellschaften ausgemacht. Hieraus ergab sich, vor allem im Kontext der Friedens- und Abrüstungsbewegungen, eine feministisch begründete pazifistische bzw. Anti-Kriegs- Position. Allerdings ließ sich weder die zunächst vertretene These aufrechterhalten, dass Frauen aufgrund ihrer sozialen Rolle als Mütter generell friedfertiger seien, noch konnten empirische Forschungen die These vom Patriarchat als primärer Kriegsursache stützen. Die Friedensforscherin Ruth Seifert hebt in diesem Zusammenhang die Erkenntnis hervor, „dass Frau zu sein nicht alles ist, was frau ist. Geschlechtsidentität wird in verschiedenen geschichtlichen Kontexten nicht übereinstimmend und einheitlich gebildet, sondern überschneidet sich mit rassisch-ethnischen, sexuellen, regionalen und klassenspezifischen Identitäten, die in Fragen kollektiver Gewaltanwendung *auch* eine Rolle spielen." (Seifert 2004: 56) Die neuere *Gender*-Forschung geht davon aus, dass sich kriegerische Konflikte aus multiplen Ursachen ergeben, in denen geschlechtlich begründete Differenzierungen einen zentralen Platz einnehmen. Damit stellen sich eine Reihe theoretisch und empirisch interessanter Fragen. Inwieweit sind ausgeprägte Geschlechterhierarchien in der Gesellschaft als Kriegsursache anzusehen und inwieweit sind sie Folge von kriegerischen Auseinandersetzungen? Sind Gesellschaften, in denen stark ausgeprägte Geschlechterhierarchisierungen bestehen, eher für kriegerische Konflikte anfällig? Führen egalitäre Gesellschaften seltener Kriege? Welchen Stellenwert haben Menschenrechtsverletzungen gegen Frauen in „humanitären Interventionen" und wo haben die Friedensmissionen anzusetzen?

In den innerstaatlich ausgetragenen *Kriegen* und bei globalen militärischen Konflikten sind Frauen weder nur (obwohl immer häufiger) Opfer, noch sind ihre Probleme und Leiden ausschließlich auf das Frau-sein zurückzuführen. Sie sind vielmehr eingebunden in eine komplexe Matrix von Herrschaft und Gewalt, basierend auf gesellschaftlichen, religiösen, wirtschaftlichen und machtpolitischen Voraussetzungen, in denen die Geschlechterdimension eine wesentliche Problemebene darstellt. Neuere Rechtssprechungen im Völkerrecht stellen daher Gewalt gegen Frauen (Massenvergewaltigungen) explizit unter Strafe, wie das Beispiel des Kriegsverbrechertribunals in Den Haag gegen die Verantwortlichen im Bosnienkrieg zeigt; dieser Straftatbestand ist erst seit wenigen Jahren im internationalen Recht verankert. Allerdings kann militante Gewalt durchaus auch von Frauen ausgeübt werden (z. B. im Tschetschenienkonflikt, im Nahen Osten, oder bei Befreiungsbewegungen). Schließlich sind auch Männer Opfer von Gewalt- und Gräueltaten im Krieg; hierzu gibt es genügend Bespiele aus jüngeren ethno-nationalen Kriegen (Bosnien) und militanten Konflikten (Kongo, Sudan). Allerdings findet diese sexuelle Gewalt seltener öffentliche Aufmerksamkeit, nicht zuletzt deswegen, weil dadurch das starke Männlichkeitsbild in Kriegssituationen in Zweifel gezogen wird.

Die Friedens- und Konfliktforscherinnen Ruth Stanley und Anja Fest (2007) zeigen in einer neueren Arbeit, wie die Repräsentation von Geschlechtlichkeit auch in den entscheidenden Debatten zur *Legitimierung von Kriegseinsätzen* eine Rolle spielt. Sie wenden sich in ihrem Beitrag zunächst explizit gegen die von einigen feministischen Autorinnen erhobene Behauptung, dass es wesentliches Verdienst der feministischen Forschung sei, Gender-Gewalt gegen Frauen überhaupt erst sichtbar gemacht zu haben. Sie zeigen am Beispiel des Ersten Weltkriegs, dass sexualisierte Gewalt gegen Frauen im Krieg von jeher ein gängiger Topos in der Kriegspropaganda und der Konstruktion des Feindes war, dessen symbolische Bedeutung vor allem in der Legitimation des Krieges zu sehen ist (Stanley/Fest 2007). Geschlechterstereotype haben, wie die Autorinnen zeigen, auch im Afghanistan-Einsatz der Bundeswehr eine zentrale Rolle gespielt, indem das Argument, dort Frauenrechte gegen die Taliban-Herrschaft zu verteidigen, in der Bundestagsdebatte vom 22. Dezember 2001 zum Afghanistan-Einsatz der Bundeswehr von den politischen Parteien als Begründung für den umstrittenen Militäreinsatz herangezogen wurde. Die symbolische Repräsentation dieses Topos habe jedoch Frauenrechte zur Legitimierung von Kriegshandlungen instrumentalisiert, ein Vorgehen, das die neuere *Gender*-Forschung als politisch problematisch kritisiert. Im Fall von Afghanistan zumindest bleibt die Situation von Frauen auch nach der Beseitigung des Frauen verachtenden Taliban-Regimes weiterhin prekär.

Internationale Organisationen, und hier vor allem die Vereinten Nationen, haben für die Entwicklung der *Gender*-Forschung eine wichtige Rolle gespielt. Mit der ersten großen Frauenkonferenz in Nairobi 1985, die zum Abschluss der Dekade über „Gleichheit -Entwicklung – Frieden" veranstaltet wurde, erhielten Frauenorganisationen ein neues globales Forum, und

UN-Sonderorganisationen und -programme (z. B. UNIFEM; UNDP) widmeten sich nicht nur der Verbesserung der sozialen und politischen Situation von Frauen, sondern unterstützten auch neue Forschungsmethoden und -ansätze. Der jährlich veröffentliche „Human Development Report" enthält seit 1995 Erhebungen von geschlechtsspezifisch differenzierten Daten, zum einen durch die Einführung eines „Gender-related Development Index" (GDI), der geschlechtsspezifische Entwicklungsindikatoren für die Länder der Welt ausweist (Lebenserwartung, Alphabetisierung; Schulbildung, Einkommen), sowie ein „Gender Empowerment Measurement" (GEM), welches politische Partizipation und wirtschaftlichen Einfluss von Frauen und Männern misst.[1] Auch der Kampf gegen elementare Menschenrechtsverletzungen, wie die Genitalverstümmelung von Frauen, wurde nun auf internationaler Ebene bekämpft. Im Jahr 1993 verabschiedeten die Vereinten Nationen eine „Declaration on the Elimination of All Forms of Violence Against Women", und die Weltfrauenkonferenz in Peking im Jahr 1995 stellte eine wichtige Plattform für den politischen Dialog über Frauen- und Menschenrechte dar, die nach dem Ende der ideologischen Blockkonfrontation immer stärker ins Zentrum der internationalen Politik rückten.

Die politische Repräsentanz von Frauen in internationalen Organisationen ist immer noch schwächer als die der Männer. Eine erste, systematisch vergleichende internationale Untersuchung über die *politische Repräsentanz* von Frauen weltweit wurde im Rahmen der UN-Frauenkonferenz in Nairobi 1985 von Barbara Nelson/USA und Najma Chowdhury/ Bangladesh initiiert. Ihre Studie, in die 43 Länder aus verschiedenen Regionen der Welt einbezogen wurden, zeigt die schwächere institutionelle Vertretung von Frauen, aber auch ihr politisches Engagement in einer Vielzahl von Initiativen und Gruppen auf (Nelson/Chowdhury 1994). Dagegen hat die politische Organisierung von Frauen und die globale Vernetzung von Frauengruppen in NGOs, wie „Terre des Femmes", WIDE, „Human Rights Watch" oder „International Federation of University Women", in den vergangenen zwanzig Jahren deutlich zugenommen. Viele der Gruppen verstehen sich als „advocacy networks", d. h. Gruppe, die die Interessen von Frauen anwaltschaftlich vertreten (vgl. Anheier u.a. 2006). Ihr Einfluss auf Normsetzung und politische Veränderung im Rahmen Internationaler Organisationen können inzwischen gut nachgewiesen werden (vgl. Brabandt/Locher/Prügl 2002). Andere theoriegeleitete Untersuchungen analysieren die Handlungsmöglichkeiten von Frauen im Rahmen Internationaler Organisationen wie den VN, um zu zeigen, wie Frauenrechte in internationalen Organisationen durchgesetzt werden können (z. B. Joachim 2007). Die Verbindung der *Gender*-Forschung mit konstruktivistischen und institutionalistischen Ansätzen hat sich dabei für die Theorie der Internationalen Beziehungen als äußerst fruchtbar und richtungsweisend erwiesen.

---

[1] http://hdr.undp.org/statistics/data/pdf/hdr05_table_25.pdf (aufgerufen am 17. Juli 2011)

Übungsfragen zu Kapitel 1: Wissenschaft und Theorien Internationaler Beziehungen

1. Der Begriff der Macht spielt eine zentrale Rolle in Theorien der Internationalen Beziehungen. Wie unterscheiden sich die Machtbegriffe des Neo-Realismus und des Institutionalismus?
2. Die Menschenrechtsnorm ist heute in einer Vielzahl von internationalen Dokumenten verankert. Wie entstehen Normen und Werte in der internationalen Politik? Erläutern Sie diesen Prozess aus der Sicht des Konstruktivismus.
3. Was bedeutet der Begriff Gender? Warum sind Gender-Ansätze in der internationalen Politik wichtig? Zeigen Sie die Bedeutung von Gender am Beispiel von Krieg und Gewalt auf.

Literatur

Anheier, Helmut K./Mary H. Kaldor: Global Civil Society Yearbook 2006, Schwerpunkt *Gender and Global Civil Society,* London 2006

Becker-Schmidt, Regina: „Geschlechterdifferenz – Geschlechterverhältnisse. Soziale Dimensionen des Begriffs ‚Geschlecht'", in: Zeitschrift für Frauenforschung, H. 1 und 2 (1993), S. 38f.

Brabandt, Heike, Birgit Locher, Elisabeth Prügl (Hg.): Normen, Gender und Politikwandel: Internationale Beziehungen aus der Geschlechterperspektive, in: WeltTrends, Nr. 36, 2002

D'Amico, Francine: „Pluralist and Critical Perspectives", in: Peter Beckmann/Francine D'Amico (Hg.): Women, Gender, and World Politics, Westport and London 1994, S. 57f.

Enloe, Cynthia: Bananas, Beaches, and Bases. Making Feminist Sense of International Politics, London 1989

Grant, Rebecca/Kathleen Newland (Hg.): Gender and International Relations, London 1991.

Joachim, Jutta M.: Agenda Setting, the UN, and NGOs. Gender, Violence and Reproductive Rights, Georgetown University Press, Washington DC 2007

Krell, Gert: Weltbilder und Weltordnung. Einführung in die Theorie internationaler Beziehungen, Baden-Baden 2009

Locher, Birgit: „Internationale Beziehungen aus der Geschlechterperspektive", in: Internationale Politik und Gesellschaft, hrsg. v. Friedrich-Ebert Stiftung, H. 1/1997, S. 86–95

Locher, Birgit: „Internationale Normen und regionaler Policy-Wandel: Frauenhandel in der Europäischen Union", in: WeltTrends, Nr. 36/2002, S. 59–80

Nelson, Barbara/Najma Chowdhury (Hg.): Women and Politics World Wide, Yale University Press 1994

Seifert, Ruth (Hg.): Gender, Identität und kriegerischer Konflikt. Das Beispiel des ehemaligen Jugoslawiens, Münster 2004

Stanley, Ruth/Anja Fest: „Die Repräsentation von sexualisierter und Gender-Gewalt im Krieg: Geschlechterordnung und Militärgewalt", in: Susanne Krasmann/Jürgen Martschukat (Hg.): Rationalitäten der Gewalt. Staatliche Neuordnungen vom 19. bis zum 21. Jahrhundert, Bielefeld 2007

Stanley, Ruth/Cornelia Ulbert (Hg.): Frauenrechte gegen organisierte Gewalt, Leverkusen 2011

Tickner, J. Ann: Gender in International Relations. Feminist Perspectives on Achieving Global Security, New York 1992

Tickner, J. Ann: „Identity in International Relations Theory: Feminist Perspectives", in: Josef Lapid/ Friedrich Kratochwil: The Return of Culture and Identity in IR Theory, Boulder Col./London 1996, S. 147–162

Tickner, J. Ann: „Vergeschlechtliche Unsicherheiten. Feministische Perspektiven der Internationalen Beziehungen", in: Kathrin Braun/Gesine Fuchs/Christiane Lemke/Katrin Töns (Hg.): Feministische Perspektiven der Politikwissenschaft, München, Wien 2000, S. 368–387

Tickner, J. Ann: „Feminist Perspectives on International Relations", in: Walter Carlsneas et. al, Handbook of International Relations, London 2002, Kap. 14

True, Jacqui: „Feminism", in: Scott Burchill/Andrew Linklater (Hg.): Theories of International Relations, New York: St. Martins Press 1998, S. 210–251

Young, Brigitte: „Globalization und Gender", in: Gender and Work in Transition, hrgs. von Regina Becker-Schmidt, Opladen 2002, S. 49–82

1.6 Zusammenfassender Überblick über die Theorien

Die unterschiedlichen Theorieströmungen und Ansätze lassen sich wie folgt in einem differenzierten Schema zusammenfassen:

Tab. 1.1: Theorien Internationaler Beziehungen

Theorien/ Theoretischer Ansatz	Akteure	Strukturkonzept/ Weltbild	Thematischer Fokus
Realismus **Neo-Realismus**	Nationalstaaten	Anarchische Struktur der Staatenwelt, Billardkugelmodell	Macht, nationales Interesse, „high politics": Sicherheit, Krieg, Wirtschaftsinteressen
Liberaler Institutionalismus a) Interdependenz b) Regimetheorie	Institutionen Nationalstaaten, Internationale Organisationen, NGOs	Plurale Struktur, Interdependenz, „Spinnengewebe von Assoziationen"	„High" u. „low" politics: Sicherheit, wirtschaftliche Kooperation, Wohlfahrt, Umwelt, Menschenrechte
Globalismus a) Weltsystemtheorie b) Globalisierung	Transnationale Akteure, Multinationale Unternehmen, Global players	Kapitalistischer Weltmarkt, Zentrum – Peripherie	Strukturelle Abhängigkeiten, Konflikte Peripherie – Zentrum, Inklusion und Exklusion
Postmoderne	Individuen, Staaten	Fragmentierte, unstrukturierte Welt	Texte, Dekonstruktion, Gewalt, Macht, Entgrenzung, Exklusion
Konstruktivismus	Politische Eliten, Vielzahl von Akteuren	Welt als soziales Konstrukt	Normen und Regeln, Diskurse, Identitäten, Internat. Organisationen
Gender-Ansätze	Gesellschaftliche und individuelle Akteure, Soziale Bewegungen, NGOs	Vernetzung, Global Governance	Geschlechterbeziehungen, Gender und Gewalt, „low politics": soziale Verhältnisse; Frauenrechte als Menschenrechte

2 Problemfelder der internationalen Politik

2.1 Globalisierung und Weltwirtschaftssystem

Die wirtschaftlichen Beziehungen zwischen Staaten sowie zwischen den unterschiedlichen Regionen der Welt spielen auf vielfältige Weise für die internationale Politik eine Rolle. Vor dem Hintergrund unterschiedlicher Lebensverhältnisse in den Ländern der Welt geht es dabei zum einen um die Positionierung, die Staaten im Handels- und Wirtschaftssystem einnehmen, und die ihre Interessen im internationalen System strukturieren. Hochentwickelte OECD-Länder, deren Ökonomien auf die Erweiterung von Export- und Marktbeziehungen ausgelegt sind, können ihre Interessen am besten in einem liberalisierten Handelssystem realisieren, während Entwicklungsländer überhaupt erst um den Zugang zum Markt kämpfen müssen. Daher geht es im Bereich der Weltwirtschaftspolitik zweitens auch um Fragen der Verteilungsgerechtigkeit, der Entwicklung von wirtschaftlichen Ressourcen und die Bekämpfung von Armut und Unterentwicklung. Drittens schließlich haben sich durch die Globalisierung enge Verflechtungen der Handels- und Finanzbeziehungen entwickelt, die die Steuerungsfähigkeit von Staaten verringern und die Bedeutung Internationaler Organisationen und transnationaler Netzwerke aufgewertet haben. Die wichtigsten Internationalen Organisationen (IO), die weltwirtschaftliche Prozesse regulieren und steuern, sind die Weltbank, der Internationale Währungsfond IWF und die Welthandelsorganisation WTO.

Aus der Sicht der politischen Wissenschaft geht es bei der Untersuchung von Wirtschafts- und Handelsbeziehungen um das Spannungsverhältnis zwischen ökonomischen Strukturen und politischem Handeln, zwischen Markt und Politik, Weltmarkt und Staatenwelt. Die internationale *politische Ökonomie (international political economy)* – ein Begriff, der aus der englischsprachigen Literatur übernommen ist – behandelt den Zusammenhang von Wirtschaft und Politik und legt dabei Wert auf die Rolle von Staaten, transnationale Wirtschaftsprozesse, internationale Organisationen und andere politische Zusammenhänge, die für die Weltwirtschaft von Bedeutung sind.

Das Weltwirtschaftssystem wird durch zwei gegensätzliche Entwicklungen charakterisiert. Zum einen kommt es im Zuge einer rasch wachsenden globalen Interdependenz von Staaten und Volkswirtschaften zu einer *Globalisierung* des Weltmarkts, in welche auch Internationale Organisationen einbezogen sind. In die Globalisierung eingeschlossen sind der volle Produktionszyklus, einschließlich der Forschung und Entwicklung, Bereiche der Vermarktung, wie Handel und Vertrieb, sowie die Finanzmärkte. Zum anderen haben sich institutionell verankerte regionale Wirtschaftszusammenhänge herausgebildet, die als *Regionalisierung* beschrieben werden. So entwickelten sich nach dem Zweiten Weltkrieg drei globale Handelszentren oder Wirtschaftsblöcke, die in ihrer Region eine Freihandelszone vereinbarten: die EG bzw. die Europäische Union, Nordamerika mit dem NAFTA-Abkommen, sowie der asiatisch-pazifische Raum mit den ASEAN-Ländern. Rund die Hälfte des Welthandels erfolgte innerhalb der drei großen Wirtschaftsregionen und nur etwa ein Viertel zwischen Industrieländern und Entwicklungsländern. Aus dieser Entwicklung leiteten Forscher die Folgerung ab, dass sich die Wirtschaftsbeziehungen nicht in Form einer allgemeinen Globalisierung, sondern als Regionalisierung bzw. „Triadisierung" etablieren würden. Die These der *Triadisierung* besagt, dass sich der Handel innerhalb der drei Wirtschaftszentren viel stärker intensivieren werde, als der Handel zwischen den drei Blöcken. Gegenüber diesen drei Zentren bildeten die übrigen Länder der Welt, insbesondere in Afrika, Asien und Lateinamerika eine Peripherie, die auf verschiedene Weise von den Handelszentren abhängig ist.

Vor dem Hintergrund des wirtschaftlichen Aufstiegs von China und anderen sogenannten Schwellenländern muss die These von der Triadisierung heute modifiziert werden. Die Wirtschafts-Landkarte der Welt hat sich neue aufsteigende Mächte verändert. China mit einer Bevölkerung von 1,34 Milliarden ist nicht nur das bevölkerungsreichste Land der Welt und hat daher einen riesigen Absatzmarkt, sondern es hat, auch aufgrund seines hohen Handelsbilanzüberschusses, eine der am schnellsten wachsenden Volkswirtschaften der Welt. Die fünf unter dem Begriff der BRICS-Staaten zusammengefassten Länder Brasilien, Russland, Indien, China und Südafrika, von denen vier sogenannten Schwellenländern angehören, zeigen überdurchschnittliche Wachstumsraten und relativ stabile Wirtschaftsdaten. Sie umfassen 40 Prozent der Weltbevölkerung und haben einen Anteil am weltweiten BIP von 22 Prozent. Obwohl der Begriff der BRICS-Staaten nicht immer klar ist – Russland wird von einigen Kritikern beispielsweise nicht als aufstrebende, sondern eher absteigende Wirtschaftsmacht klassifiziert – haben die fünf Länder 2010 jährliche Treffen vereinbart, um ihre Interessen im globalen Handels- und Wirtschaftssystem besser zu koordinieren. Alle BRICS-Länder nehmen zudem an den Konsultationen der G-20 Länder teil.

Nach Angaben des Internationalen Währungsfond ergaben sich folgende Rankings für die wichtigsten Volkswirtschaften der Welt (Auszug):

Tab. 2.1: Länder der Welt nach Bruttoinlandsprodukt (PPP) 2009

Rang	Land	BIP (PPP) Mio. $ (2009) (Veränderungen gegenüber Vorjahr in%)
	Welt	69.808.807 (+0,34%)
	Europäische Union	14.793.979 (–2,99%)
1	Vereinigte Staaten (USA)	14.256.275 (–1,28%)
2	China	8.765.240 (+10,03%)
3	Japan	4.159.432 (–4,07%)
4	Indien	3.526.124 (–6,92%)
5	Deutschland	2.806.266 (–3,79%)

Quelle: http://www.imf.org/external/pubs/ft/weo/2010/01/weodata/weorept.aspx (aufgerufen am 15. Juli 2011)

2.1.1 Weltmarkt und Handelssystem

Unter dem Begriff der *Globalisierung* wird eine Reihe von weltwirtschaftlichen Entwicklungen zusammengefasst, die den veränderten Charakter der Weltwirtschaft seit dem Ende des Ost-West-Konflikts bezeichnen. Globalisierung meint zunächst einmal die zunehmende weltweite Verflechtung von Handel und Produktion. Dies ist an sich kein neues Phänomen, denn dichtere weltwirtschaftliche Verflechtungen gab es auch in früheren Phasen wirtschaft-

2.1 Globalisierung und Weltwirtschaftssystem

licher Entwicklung. So kam es Ende des 19./Anfang des 20. Jahrhunderts zu einer deutlichen Verdichtung der Wirtschaftsbeziehungen zwischen den europäischen Wirtschafts- und Handelsmächten und ihren Kolonien, eine Phase, die auch als Imperialismus bezeichnet wird. Der gegenwärtig verwendete Begriff der Globalisierung beschreibt ebenfalls eine enge Verflechtung von Ländern über den Weltmarkt, aber es ist aufgrund der Vielschichtigkeit des Begriffs Globalisierung notwendig, zwischen den zugrunde liegenden ökonomischen Entwicklungszusammenhängen einerseits und dem breit und kontrovers geführten Diskurs über die damit verbundenen Auswirkungen andererseits zu unterscheiden. Welche Kriterien gelten als Kennzeichen der Globalisierung und worin besteht die neue Qualität einer globalen Ökonomie? Welche Konsequenzen hat die Verflechtung des Wirtschaftssystems und welche Rolle spielen Internationale Organisationen und andere Akteure in der Globalisierung?

In der Literatur wird der Begriff Globalisierung verwendet, um neuere Tendenzen der Weltwirtschaft zu beschreiben, die in der Zunahme transnationaler Wirtschaftsbeziehungen und einem Zusammenwachsen von Märkten für Güter und Dienstleistungen über die Grenzen einzelner Staaten hinaus bestehen. Indikatoren einer zunehmenden Verflechtung nationaler Volkswirtschaften mit dem Weltmarkt sind zunehmende Handelsverflechtungen, Produktionsverflechtungen und die Internationalisierung der Finanzmärkte. Der Anteil der Weltproduktion, der grenzüberschreitend gehandelt wird, ist von sieben Prozent im Jahr 1950 über 12 Prozent 1973 auf 17 Prozent 1993 gestiegen. In den OECD-Ländern insgesamt wuchs der Anteil des Außenhandels im Durchschnitt von 12,5 im Jahr 1960 auf 18,6 Prozent 1990; in den USA von 4,7 Prozent auf 11,4 Prozent (Krugman 1995; zitiert nach Altvater/Mahnkopf 1996). Das bedeutet, dass der Trend zum grenzüberschreitenden Handel im Zeitverlauf deutlich zugenommen hat, aber keinesfalls alle Länder und Wirtschaftssektoren umfasst.

Die zunehmende Verflechtung nationaler Wirtschaften mit dem Weltmarkt hat seit den 1990er Jahren eine neue Dynamik entfaltet. Die Globalisierung wird vor diesem Hintergrund daher von einigen Autoren als Chance, von anderen aber auch als problematische Entwicklung verstanden. Ansatzpunkt für die Forderung einer politischen Gestaltung ist die Stärkung der internationalen Zivilgesellschaft, um die Weltgesellschaft vor einer ungebremsten Globalisierung zu schützen. Verkürzt wäre es allerdings, argumentativ Nationalstaat und demokratische Legitimierung einerseits und Weltmarkt und ökonomisches Diktat andrerseits gegenüberzustellen, denn im Rahmen von Global Governance entwickeln sich neue Foren der Regulierung und politischen Steuerung globaler Prozesse. Bei übertriebenen Szenarien einer vollständigen Globalisierung ist zugleich Skepsis angebracht. Wie der in Indien geborene Ökonom Pankaj Ghemawat meint, liegt der „Globalisierungsgrad" heute bei höchstens 20 Prozent. Daher könnten nationale Regulierung und Semi-Globalisierung nebeneinander stehen. „Die nationalen Regierungen haben weiterhin die Möglichkeit, mit eigenen Regeln und Politiken möglichen negativen Nebeneffekten der Globalisierung zu begegnen oder andere nationale Prioritäten zu verfolgen." (Ghemawat 2011) Noch ist allerdings offen, welche Formen von Global Governance am besten geeignet sind, um eine politisch legitimierte Steuerung der globalen Prozesse zu gewährleisten.

Die Globalisierung mit den Tendenzen einer zunehmenden weltwirtschaftlichen Verflechtung, insbesondere im Bereich Handel und Finanzen, ist auf die *Liberalisierung des Welthandels- und Währungssystems* zurückzuführen. Nach dem Zweiten Weltkrieg wurde eine neue Welthandels- und Währungsordnung angestrebt, um eine erneute Weltwirtschaftskrise wie im Jahr 1929 zu vermeiden, welche letztlich autoritären und diktatorischen Regimen (Nationalsozialismus; Faschismus) Vorschub geleistet hat. Im *Welthandelssystem* setzte sich unter amerikanischer Hegemonie bereits frühzeitig der Gedanke des Freihandels durch, der heute als Leitmotiv der Weltwirtschaft gilt, auch wenn in allen Ländern weiterhin ein gewisser Protektionismus zum Schutz eigener Produktionen praktiziert wird. Grundlage der Liberalisierung wurde das 1947 geschlossene Allgemeine Zoll- und Handelsabkommen (General Agreement on Tariffs and Trade, GATT) mit Sitz in Genf, dessen Ziel im Abbau von Handelshemmnissen sowie der Schlichtung von Handelskonflikten bestand. Das GATT verfolgte im wesentlichen drei Prinzipien: erstens den Grundsatz des Abbaus von Handelshemmnissen, zweitens das Prinzip der Meistbegünstigung und Nichtdiskriminierung, die eine Ungleichbehandlung der Anbieter in verschiedenen Ländern verbietet und drittens den Grundsatz der „Inländerbehandlung", welcher fordert, dass ausländische Anbieter keinem Wettbewerbsnachteilen gegenüber inländischen Produzenten ausgesetzt werden dürfen. Im April 1994 nahmen die 134 Mitglieder nach siebenjährigen Verhandlungen die Abkommen der so genannten Uruguay-Runde an und beschlossen die Einrichtung einer Welthandelsorganisation (World Trade Organisation, WTO), die den weltweiten Handel erleichtern soll. Gegenwärtig finden im Rahmen der so genannten „Doha-Runde" – benannt nach dem Beschluss 2001 in Doha, Katar – weitere Verhandlungen zur Handelsliberalisierung statt. Dabei stehen einerseits Agrarsubventionen in der Landwirtschaft (vor allem in den OECD-Ländern), und zum anderen Industriezölle (vor allem in den Entwicklungs- und Schwellenländern) im Mittelpunkt. Die geringen Fortschritte in Vereinbarungen über weitere Liberalisierungen im Rahmen der WTO werden dabei immer mehr überschattet von bilateralen Abkommen zwischen Ländern als Ersatz für die „Doha"-Verhandlungen. Ein international gültiges Handelssystem mit allgemeinen Normen wird dadurch ebenso unterlaufen, wie Versuche, das Handelssystem strukturell umzugestalten. Dabei fordern die Entwicklungs- und Schwellenländer eine bessere Berücksichtigung ihrer Interessen und Bedürfnisse und ein gerechteres Handelssystem („fair trade"). Kritisiert wird von ihnen beispielsweise, dass durch die Agrarsubventionen in den EU-Ländern teilweise grobe Verzerrungen auf dem Weltmarkt entstehen, die die ärmeren Entwicklungsländer benachteiligen. So werden die durch Subventionen preisgünstigeren EU-Produkte in afrikanische Länder exportiert, deren einheimische agrarische Produkte nicht mehr konkurrenzfähig sind. Die gegensätzlichen Interessen zeigen sich gerade im Handel der Industrieländer mit den Entwicklungsländern. Wie Kritiker der Agrarsubventionen in europäischen Ländern monieren, führen diese zu Benachteiligungen der Entwicklungsländer: „Warum fliegt das Huhn nach Kamerun? Weil wir nur noch die besten Teile im Supermarktregal haben und das Hühnerklein exportieren. Und der arme Bauer in Kamerun kann mit seinem ganzen Huhn nicht gegen das subventionierte Hühnerklein konkurrieren. Ist das marktwirtschaftlich, ökologisch, sozial?" („Warum fliegt das Huhn nach Kamerun?" Interview mit Bärbel Höhn, in: Der Tagesspiegel, 5. August 2007, S. 5.) Die Doha-Runde ist bis heute nicht abgeschlossen, da die Interessen der Länder so stark voneinander abweichen, dass kein neues Handelsregime vereinbart werden konnte.

Die WTO hat, im Unterschied zum alten GATT-System, den Status einer Internationalen Organisation mit einem erweiterten Aufgabenspektrum. Im Vergleich zur Weltbank oder zum Internationalen Währungsfond (IWF) ist das WTO-Sekretariat mit seinen 650 Mitgliedern personell zwar eher bescheiden ausgestattet, verfügt aber durch seine Entscheidungskompetenz bei der Beseitigung von Handelshemmnissen über ein deutliches Machtpotential. Mit dem eingerichteten „Streitbeilegungsorgan" (Dispute Settlement Body) sollen Handelskonflikte beigelegt und das Konzept des uneingeschränkten Freihandels international durchgesetzt werden. Umstritten ist dabei in der Öffentlichkeit die Problematik einer möglichen

Aushöhlung ökologischer und sozialer Standards, die besonders von den entwickelten Industrieländern und der Europäischen Union eingefordert werden. Das WTO-Prinzip der Inländerbehandlung untersagt jede Diskriminierung ausländischer Erzeugnisse, auch wenn das Empfängerland nicht mit den menschlichen oder ökologischen Bedingungen der Herstellung einverstanden ist (Beispiel: *Genfood*). Einzige Ausnahme bilden für die WTO Erzeugnisse, die von Gefangenen hergestellt werden. Kriterien wie nachhaltige ökologische Entwicklung oder Einhaltung der Menschenrechte bei der Produktion von Gütern und Dienstleistungen werden hingegen als handelshemmend und rechtswidrig eingestuft. Aufgrund ihrer geschlossenen, nichtöffentlichen Entscheidungsprozesse kritisieren internationale Bürgerrechts- und Basisgruppen die WTO als undemokratische Institution. Sie fordern eine Beteiligung von Bürgern an Konfliktentscheidungen, um der Globalisierung eine soziale und gerechte Dimension abzuringen. Eine „global justice movement", die sich inzwischen formiert hat, fordert daher eine grundlegende Umgestaltung des Handelssystems.

Zum Beispiel Zucker (Problembeispiel)

„Eigentlich hätte die teure Rübe keine Chance gegen das billige Zuckerrohr. Aber die EU-Zuckermarktordnung und hohe Zölle machen es möglich, dass kaum Rohrzucker nach Europa kommt. Rund 1,6 Milliarden Euro zahlen die Konsumenten jährlich dafür, dass Zuckerbauern und -fabriken garantierte Preise bekommen. Die EU ist durch diese Subventionen zum größten Zuckerexporteur der Welt geworden. Sie beherrscht 40 Prozent des gesamten Marktes."

Quelle: Der Tagesspiegel, 7.9.2003, S. 24

Im Bereich der *Währungs- und Finanzpolitik* wurden in der zweiten Hälfte des 20. Jahrhunderts ebenfalls einschneidende Veränderungen vorgenommen. Mit dem Abkommen von Bretton Woods 1944 strebte die internationale Gemeinschaft an, eine *internationale Währungsordnung* einzurichten, die auf der Anerkennung des Dollars als Leitwährung, festen Wechselkursen und der Einführung eines Goldstandards beruhen sollte. Dieses System wurde allerdings zu Beginn der 1970er Jahre abgelöst durch flexible Wechselkurse mit mehreren Reservewährungen. Der Zusammenbruch des Systems fester Wechselkurse von Bretton Woods im Jahr 1973, der u. a. unter dem Eindruck der Ölkrise sowie der Dollar-Schwäche (als Folge der Finanzierung des Vietnam-Kriegs) erfolgte, legte den Grundstein für eines der wichtigsten Merkmale der Globalisierung – die Internationalisierung der Finanzmärkte, denn durch diese Entscheidung wurde der Handel mit Währungen zur Gewinnerzielung möglich. Der Versuch, eine internationale Währungsordnung einzurichten, wird durch die „Unordnung" der Finanzmärkte mit ihren periodischen Krisen unterminiert; Beispiele sind die Asien-Krise 1997 und der währungspolitisch nicht korrigierbare Fall des Dollars Anfang der 1990er Jahre. Die Einführung der gemeinsamen europäischen Währung „Euro" 1999 sollte innerhalb Europas eine größere Verlässlichkeit im Austausch der Mitgliedsländer herstellen und Transaktionskosten verringern. Wie sich in der Euro-Krise 2010/11 jedoch zeigte, machte die Währungsunion die EU nicht unabhängig von globalen Wirtschafts- und Finanzkrisen.

Die Grundmerkmale der zunehmenden Verflechtung der Weltwirtschaft im Zuge der Globalisierung lassen sich wie folgt zusammenfassen: *Erstens* kommt es zu einer zunehmenden *Internationalisierung der Finanzmärkte*. Finanztransaktionen, Kreditnahme bzw. -vergabe und Risikoversicherungen mit Hilfe ausländischer Geschäftspartner haben deutlich zugenommen. Bereits Mitte der 1980er Jahre brachte die britische Politökonomin Susan Strange

(1986) die neuen Tendenzen auf den Begriff: *Casino Capitalism*. Mit der Entwicklung des durch neue Technologien weltweit auf neuer Stufe agierenden Finanzkapitals ist das Geld selbst zur Ware geworden, dessen Einsatz aufgrund einer erhöhten Empfindlichkeit (*volatility*) und Unberechenbarkeit (*uncertainty*) eine neue Phase der kapitalistischen Weltwirtschaft einleite, so Strange. Zehn Jahre später spitzte sie ihre These zu, indem sie schreibt: „Money has indeed gone mad." (Strange 1998: 3) Während die Welt zur Zeit des Ost-West-Konflikts durch die Polarisierung zwischen den Supermächten dominiert wurde, hat sich die Situation nach Strange grundlegend gewandelt. Die Abhängigkeit der Volkswirtschaften von globalen Finanzmärkten bildet für sie eine Art „Schicksalsgemeinschaft" in der globalen Ökonomie. „Now, as 1997 amply showed us, we are all in the same boat. One financial system dominates from Moscow to Manila, from Tokyo to Texas." (Strange 1998: 4) Das Problem, das sich vor diesem Hintergrund stellt, besteht darin, dass sich die Ökonomie internationalisiert, während die Politik weitgehend nationalstaatlich verfasst bleibt. Die daraus resultierende Herausforderung für die Menschheit sei, so Strange, ähnlich gravierend wie die ökologische Krise, nur sehr viel unmittelbarer. Globalisiert wird dabei vor allem das von Susan Strange beschriebene Phänomen des „mad money", d. h. eine erhöhte Anfälligkeit und Unkalkulierbarkeit der Finanzmärkte, die durch Spekulationen und den weltweiten Handel mit Währungen verursacht werden. Strange warnt in ihrer Veröffentlichung „Mad Money" (1998) zudem vor einer ungeregelten, neoliberalen Entwicklung der Globalisierung, die sie neben der ökologischen Problematik als eine zweite große Bedrohung der Menschheit betrachtet. „But though the ecological threats to humanity are certainly the most serious, they are a comparatively long-term threat. Whereas if confidence in the financial system were to collapse, causing credit to shrink and world economy growth to slow to zero, that is a much more immediate threat." (Strange 1998: 2)

Ein *zweites* Merkmal ist die Bedeutung der *neuen Technologien* im Finanz- und Handelsbereich. Weltweite Telefon- und Fax-Verbindungen sowie die Vernetzungen von Kommunikation durch die „dritte Revolution" im Computersektor haben die Entwicklungen auf den Finanzmärkten und im weltweiten Handel überhaupt erst möglich werden lassen. Sie erleichtern und befördern die Kommunikation in transnationalen Unternehmen und Wirtschaftsprozessen und führen zu immer größeren Verdichtungen des Wirtschaftens. Ohne sie wäre die Globalisierung in der heutigen Form nicht möglich gewesen. Diese Entwicklung hat allerdings auch zu einer immer größeren Unübersichtlichkeit geführt, eines der Probleme in der Wirtschafts- und Finanzkrise 2009/10.

Drittens unterliegen die *Produktions- und Handelsstrukturen* einem Wandlungsprozess. Steigende Direktinvestitionen von Firmen im Ausland, die Auslagerung von Produktionszweigen in andere, kostengünstige Länder, sowie verstärkte Rationalisierung, wie die „Verschlankung" der Produktion („lean production") und veränderte Qualifikationsanforderungen sind ebenso Kennzeichen neuer Formen der Herstellung von Waren und Dienstleistungen, wie die Dynamik, die durch die Einbeziehung immer mehr Länder in den Weltmarkt entstehen. Durch weltweite Kostenvergleichsmöglichkeiten verschärft sich die Konkurrenz zwischen standortnahen und fernen Zulieferern („global sourcing"); im Interesse einer kostengünstigen Produktion werden Betriebe und Produktionsstätten in Länder verlagert, in denen Arbeitskräfte billiger, Umweltschutzbestimmungen kaum vorhanden und gewerkschaftliche Organisationen und Regulierungen schwächer sind („global outsourcing"). Ein zentraler Aspekt bei der Anlage von Kapital im Ausland ist auch die steuerliche Belastung für die Unternehmen. So sind neue profitable Produktionsanlagen im Grenzgebiet zu den USA in Mexiko entstanden, in den osteuropäischen Ländern in der EU-Peripherie sowie in Billiglohnländern in Asien. Umstritten ist unter Ökonomen allerdings, in welchem Umfang es tatsächlich zur Bildung „globaler Unternehmen" (global players) kommt, die ihre Standorte auf mehrere Länder gleichzeitig verteilen. Offenbar bilden Infrastruktur, Kommunikation und lokale Bedingungen eines Landes wesentliche Voraussetzungen für eine tatsächliche globale Ausdehnung der Standorte von Unternehmen. Auch die Frage, wie Länder auf die Prozesse der Globalisierung reagieren, die vor allem von der komparativen politischen Ökonomie untersucht wird, ergibt unterschiedliche Antworten. Studien über den Prozess der Globalisierung zeigen, dass es keinesfalls zu einer global einheitlichen Anpassung der nationalen Ökonomien kommt. Ein Globalisierungsbegriff, der eine allgemeine Tendenz zur Konvergenz nationaler Volkswirtschaften im „Würgegriff" des Weltmarkts annimmt, wäre daher ebenso zu kurz gegriffen, wie die Annahme einer Gleichverteilung von Lasten der Globalisierung zwischen den Standorten. Länder reagieren auf die Globalisierungstendenzen durchaus unterschiedlich. Daraus ergibt sich, wie Suzanne Berger es formuliert, ein Raum für politische Konzepte und Entscheidungsalternativen: „the space of political vision and choice – and for a diversity of choices – is open and wide" (Berger/Dore 1996: 25).

Die Veränderungen der Produktionsstrukturen haben darüber hinaus einschneidende Konsequenzen für die *nationalen Arbeitsmärkte*. Dabei verändern sich nicht nur die Qualifikationsanforderungen; auch die Struktur des Arbeitsmarktes, das Lohngefüge und die Zeitregime sind Veränderungen unterworfen (z. B. Flexibilisierung; Informalität; Zunahme prekärer Beschäftigungsverhältnisse). So wird in der Literatur bezüglich der Beschäftigten beispielsweise auf die Erosion im „Normalarbeitsverhältnis" und die Veränderungen von Einkommensstrukturen verwiesen. Selbst Geschlechterarrangements, d. h. die Arbeitsteilung zwischen den Geschlechtern und die Auswirkungen auf Familien werden in der kritischen Literatur herausgearbeitet (z. B. Young 1998). In den ärmeren Ländern beinhaltet die Ansiedlung von Produktionsstätten oft einen gravierenden Wandel im Geschlechterverhältnis, da Frauen als billige Arbeitskräfte rekrutiert werden und ihre Erwerbsarbeit eine andere Stellung im Familienverband einnehmen. Aber auch in den entwickelten Ländern verändert sich das Familienernährermodell indem die Löhne der Männer in den neuen Informationsindustrien oft niedriger sind, als in traditionellen Industriebereichen und sie damit nicht mehr zum Unterhalt von Frauen und Kindern ausreichen. Nur für eine kleine Schicht von hoch qualifizierten Frauen bedeute die Globalisierung, so Young, einen Gewinn. Zudem werden die Sphären von Privatheit und Öffentlichkeit, Produktion und Reproduktion durch die neuen Technologien verändert. Arbeitsplatz und Haushalt sind nicht mehr strikt getrennt. Neue Formen von Heimarbeit greifen um sich und die Rekrutierung von jungen weiblichen Arbeitskräften bedingt teilweise, dass diese ihre Kinder in den Arbeitsalltag einbeziehen. Young geht davon aus, dass die Globalisierung die ohnehin schon vorhandenen Ungleichheiten *zwischen* Frauen weltweit noch vertiefen wird.

Vom Standpunkt der Internationalen Beziehungen betrachtet hat die Globalisierung die Unterschiede zwischen den Ländern nicht eingeebnet. Vielmehr hat sich die Kluft zwischen den reicheren und ärmeren Ländern der Welt in diesem Prozess vielfach vertieft; aber auch innerhalb der Länder tun sich *neue soziale Differenzierungen* auf, wie das Beispiel der Geschlechterverhältnisse zeigt. Eine weitere Folge der Globalisierung sind transnationale *Migrationsbewegungen*. So hat sich die Zahl der Migranten, die meist neue Beschäftigungsmöglichkeiten im Ausland suchen, allein zwischen 1975 und 2000 verdreifacht (von 85 Millionen 1975, auf 175 Millionen im Jahr 2000) (Vgl. Uchatius 2004: 17). Die engere Verflechtung von Finanz- und Wirtschaftssystemen spiegelt sich selbst in der Architektur der Städte. Neue *global cities* entstehen, d. h. Weltstädte, die zu Finanzzentren und Produktionsstätten spezialisierter Dienstleistungen sowie zu transnationalen Marktplätzen auf Basis einer neu entstandenen städtischen Hierarchie im Weltmaßstab aufsteigen. Die Soziologin Saskia Sassen argumentiert, dass *global cities* nicht nur die internationalen Kapital- und Finanzströme lenken, sondern auch eine Anziehungskraft auf internationale Migrationsbewegungen ausüben. Neben den tertiären „Zitadellen" des Finanzkapitals bilden sich typische „Gettos", bzw. arme Stadtteile, in denen sich entsprechend billige Arbeitskräfte für die neuen Dienstleistungen ansiedeln. Die Folgekosten, die im Zuge der Anpassung an die veränderten Weltmarktbedingungen entstehen, wie erhöhte Sozialausgaben, Arbeitslosigkeit, ökologische und infrastrukturelle Versorgung etc., müssten dabei von den jeweiligen Staaten getragen werden, so Sassen. Diese Entwicklung verdeutlicht das zentrale Problem der Globalisierung: Während sich die Ökonomie international vernetzt, bleibt die Politik vorwiegend national organisiert.

Über das Verhältnis von Markt und Politik und die Gestaltungsmöglichkeiten der Globalisierung liegen in der Literatur kontroverse Einschätzungen vor. Kernstreitpunkt ist in diesem Zusammenhang die Frage, inwieweit die Globalisierung die *Möglichkeit politischer Handlungsfähigkeit* einschränkt. Wie bereits Susan Strange zeigt, sind wirtschaftliche und politische Entwicklungen durch die Globalisierung nicht mehr an die Grenzen des Nationalstaates gebunden (Strange 1995). Als transnationale Prozesse sind sie aber schwerer steuerbar. Daher ist zu fragen, ob durch die zunehmende Bedeutung von weltweiten Wirtschaftsbeziehungen das „Ende von Politik", die sich derzeit primär im nationalstaatlichen Rahmen formiert, eingeleitet wird, oder ob lediglich eine neue Stufe transnationaler Politik eingeleitet wird. Oder ist Globalisierung eine „große Ausrede", auf eine gestaltende, sozial ausgleichende und gerechte Politik zu verzichten? Bezeichnet Globalisierung einen Prozess, der zur weltweiten Globalität („global village") führt, oder wird der Begriff als neue Ideologie verwandt, um die Vertiefung weltweiter Ungleichheiten durch einen „Globalismus" zu überdecken?

Eine Folge der Globalisierung ist die zunehmende Mobilisierung von *Protestbewegungen*, die international vernetzt und über Internet-Foren und soziale Netzwerke verbunden, gegen die großen Internationalen Organisationen und die Auswirkungen der Globalisierung protestieren (vgl. Della Porta 2007). Zu den globalisierungskritischen Netzwerken gehört beispielsweise die im Jahr 1997 in Frankreich gegründete internationale NGO Attac, die inzwischen in vielen Ländern, so auch in Deutschland, über Mitgliederorganisationen verfügt, sowie eine aus verschiedenen Gruppen gebildete Dachorganisation „*Global Justice Movement*".[2] Nach eigenen Angaben hatte Attac allein in Deutschland 2010 insgesamt 22 402 Einzelmitglieder und 160 Mitgliedsorganisationen und einen Jahresetat von 1,3 Millionen Euro. Der Forderungskatalog von Attac umfasst ein breites Spektrum, neben der Kritik an der Globalisierung auch Kampagnen gegen Privatisierung, Klimapolitik und Anti-Kriegsthemen. Kernforderung ist die Besteuerung von Finanztransaktionen.[3]

Während der WTO-Konferenz in Seattle im Dezember 1999 kam es erstmals zu massiven Globalisierungsprotesten von nichtstaatlichen Organisationen. Veranstaltungsbeobachter berichteten: „Mehr als 1200 Organisationen aus 85 Ländern fordern, die Rechtssprechungsbefugnisse der WTO nicht auf neue Bereiche auszudehnen und die laufenden Verhandlungen so lange einzufrieren, bis Arbeitsergebnisse und Funktionsweise der Organisation untersucht

---

[2] Vgl. www.globaljusticemovement.org (aufgerufen am 09. Juni 2011).
[3] http://www.attac.de (aufgerufen am 22. Juli 2011).

und offen gelegt sind – und zwar unter gleichberechtigter Beteiligung der Bürger." (George 1999). Streitpunkte bilden beispielsweise die Einhaltung von sozialen Normen (Bekämpfung der Kinderarbeit, z. B. durch Handelssanktionen) und ökologischen Normen (z. B. Verhinderung des Raubbaus an Tropenwäldern), für die sich verschiedene Aktivisten einsetzten, sowie eine Mitsprache in den Internationalen Organisationen. Im globalisierungskritischen Milieu regt sich dabei auch Widerspruch gegen die großen Internationalen Organisationen, wie die Vereinten Nationen, da ihre auf dem Souveränitätsprinzip von Mitgliedstaaten basierende Organisationsstruktur und ihre dadurch oft schwerfälligen Verhandlungsstrukturen als ineffektiv beurteilt werden. Befürwortet werden demgegenüber basisorientierte, dezentrale Bewegungen „von unten", in denen Bürger und Experten problemorientiert arbeiten.

Der an der London School of Economics lehrende Philosoph David Held, der die Globalisierung im Kontext eines *demokratietheoretischen Ansatzes* analysiert, betrachtet sie trotz der negativen Dimensionen auch als Entwicklungschance (Held 2007). Dazu müsse die Globalisierung auf den Weg des Völkerrechts zurückgeführt werden, um so eine neue, auf den Prinzipien des Rechts, der Demokratie und der Gerechtigkeit basierende multilaterale Weltordnung zu begründen. Das bedeutet beispielsweise, dass die wohlhabenden OECD-Länder Subventionen in der Agrarpolitik abbauen müssten, um Entwicklungsländern faire Chancen im Welthandel zu geben. Kritik übt Held auch an der hegemonialen Rolle der Vereinigten Staaten, die sich aufgrund einer „kurzsichtigen Sicherheitsstrategie" auf eine unilaterale und präventive Kriegsführung stützen würden und so das Völkerrecht ausgehöhlt haben. Gestaltung der Globalisierung bedeute vor allem eine Stärkung der internationalen Organisationen, um die Staaten zu koordiniertem Handeln zu veranlassen. Allerdings erfülle die UNO ihre weltpolitische Aufgabe nicht vollständig, weshalb Held für einen neuen Weltvertragsentwurf („global covenant") eintritt, der auf globaler sozialer Demokratie beruht und den menschenrechtlichen Gedanken universalisiert. Der Institutionalisierungsprozess globaler Steuerung sollte dabei auf den Prinzipien der Gleichberechtigung basieren.

Im Kontext der zunehmenden Verflechtungen der Weltwirtschaft ist die Frage der ungleichen Verteilung von Lebenschancen und Ressourcen ein vordringliches politisches Problem. Vorliegende Untersuchungen zeigen, dass die Globalisierung zu neuen Prozessen der Inklusion und Exklusion in den Gesellschaften führt und die Gefahr einer „Gesellschaftsspaltung" beinhaltet. Globalität als Ziel wird es unter diesen Voraussetzungen kaum geben. Das Bild des „global village" spiegelt daher nicht die Realität der Weltpolitik wider. Zutreffender ist es, von fragmentierter Globalität, d. h. einer fortschreitenden weltweiten Ungleichheit bei gleichzeitig zunehmender wechselseitiger Abhängigkeit auszugehen.

Literatur

Altvater, Elmar/Birgit Mahnkopf: Grenzen der Globalisierung. Ökonomie, Ökologie und Politik in der Weltgesellschaft, Münster 1996 (7. Auflage 2007)

Altvater, Elmar/Noam Chomsky (Hg.): Der Sound des Sachzwangs. Der Globalisierungs-Reader, hrsg. von Blätter für deutsche und internationale Politik, Berlin 2006

Atlas der Globalisierung. Die neuen Daten und Fakten zur Lage der Welt, hrsg. von „Le Monde Diplomatique", dt. Ausgabe Berlin 2009

Berger, Suzanne/Ronald Dore (Hg.): National Diversity and Global Capitalism, Ithaca/London ²1996

Della Porta, Donatella: The Global Justice Movement: Cross-national And Transnational Perspectives, New York: Paradigm 2007

George, Susan: „WTO-Konferenz von Seattle. Liberalismus versus Freiheit", Le Monde Diplomatique, (dt. Ausgabe) November 1999, S. 5

Ghemawat, Pankaj: „Mythos und Realität der Globalisierung", in: Frankfurter Allgemeine Zeitung, 18.07.2011, S. 10

Held, David: Soziale Demokratie im globalen Zeitalter, Frankfurt a. M. 2007 (engl. Global Covenant. The Social Democratic Alternative to the Washington Consensus)

Kygne, James: China. Aufstieg einer hungrigen Nation, Hamburg 2006

Mayer, Margit: „Global Cities", in: Ulrich Albrecht/Helmut Volger (Hg.): Lexikon der internationalen Politik, München/Wien 1997, S. 185f.

Narr, Wolf-Dieter/Alexander Schubert: Weltökonomie. Die Misere der Politik, Frankfurt a. M. 1994

Sassen, Saskia: The Global City. New York, London, Tokyo, Princeton 1991

Sassen, Saskia: Losing Control? Sovereignty in an Age of Globalization, New York 1996

Strange, Susan: Casino Capitalism, Manchester 1986

Strange, Susan: „The Limits of Politics", in: Government and Opposition, Nr. 3/1995, S. 291–311

Strange, Susan: Mad Money, Ann Arbor, MI 1998

Uchatius, Wolfgang: „Das globalisierte Dienstmädchen", in: Die Zeit, Nr. 35, 19. August 2004, S. 17–19

Young, Brigitte: „Genderregime und Staat in der globalen Netzwerkökonomie", in: Globalisierung und Gender, Prokla 111, 28. Jg. 1998, S. 175–198

2.1.2 Weltwirtschaft und Weltarmut: Probleme der Entwicklungspolitik

Unter *Entwicklungspolitik* versteht man in der Regel ein Bündel von Maßnahmen, die „von Entwicklungsländern und Industrieländern eingesetzt und ergriffen werden, um die wirtschaftliche und soziale Entwicklung der Entwicklungsländer zu fördern, d. h. die Lebensbedingungen der Bevölkerung in den Entwicklungsländern zu verbessern." (Nohlen 2002: 235) Hierzu zählt nicht nur die humanitäre Hilfe zur Linderung von Not, um das unmittelbare Überleben zu sichern, wie z. B. bei Hungerkatastrophen in Folge von Dürre, Flucht und Bürgerkriegen, sondern auch die auf langfristige Veränderungen angelegte Unterstützung zur Verbesserung von Lebenschancen durch *Entwicklungszusammenarbeit*. Diese beinhaltet nicht-kommerzielle Transferleistungen mit dem Ziel der Verbesserung der politischen, sozialen, ökologischen und wirtschaftlichen Verhältnisse in den Partnerländern. Sowohl staatliche als auch nichtstaatliche Organisationen, wie z. B. Kirchen oder internationale NGOs, können daran beteiligt sein. Als internationales Politikfeld nimmt die Entwicklungspolitik in internationalen Organisationen, und hier vor allem in den Vereinten Nationen mit ihren Unterabteilungen und Sonderorganisationen, eine zentrale Stellung ein.

Bei ihrer Entwicklungszusammenarbeit verfolgen die Vereinten Nationen das Konzept von *„Good Governance"*, d. h. es soll nicht nur humanitäre und wirtschaftliche Hilfe geleistet, sondern der Aufbau guter Regierungsführung unterstützt werden. Dieses Konzept liegt auch dem Cotonou-Abkommen (2000) zugrunde, das die Entwicklungszusammenarbeit der Europäischen Union mit Entwicklungsländern regelt. Alle fünf Jahre soll hier über einen Zeitraum von 20 Jahren über den Fortschritt im Bereich einer guten Regierungsführung in den Entwicklungsländern berichtet werden. Dabei legt die EU Wert darauf, dass nicht nur die Regierungen der Entwicklungsländer, sondern auch NGOs vor Ort in die Entwicklungszusammenarbeit einbezogen sind. Dieser Grundsatz findet nicht nur deshalb Anwendung, weil die Effizienz der Mittelvergabe an politische Eliten als problematisch angesehen wurde, sondern auch weil es in vielen Entwicklungsländern an funktionierenden staatlichen Strukturen mangelt.

In den Internationalen Organisationen wird Entwicklungszusammenarbeit heute als eine Politik verstanden, die zur zivilen Krisenprävention beitragen kann. Kriegerische Konflikte und der Zerfall von Staaten, steigender Migrationsdruck aufgrund von Klimaveränderungen, Korruption und Ausbeutung sowie die Ausbreitung von schwer einzudämmenden Krankheiten, wie AIDS und Malaria, sind nur einige Charakteristika, die die nach wie vor problematische Situation der Entwicklungsländer prägen. In der neueren Literatur wird daher dem Phänomen der zerfallenden bzw. versagenden post-kolonialen Staaten (*failing states* und *failed states*) besondere Aufmerksamkeit gewidmet, denn ohne leistungsfähige staatliche Institutionen wird langfristig auch Entwicklungspolitik erfolglos bleiben.

Aufgrund geopolitischer, historischer und regionaler Entwicklungen bestehen global gesehen große Unterschiede in der Verteilung von Wohlstand und Wohlergehen der Weltbevölkerung. Während der 55. UN-Generalversammlung im September 2000 („Millenniums-Gipfel") veröffentlichten die *Vereinten Nationen* einen erschreckenden Bericht zur Weltarmut: Zu diesem Zeitpunkt lebten über eine Milliarde Menschen in absoluter Armut. Damit musste jeder fünfte Mensch auf der Welt mit weniger als einem Dollar am Tag auskommen. Vor diesem Hintergrund verabschiedeten die Staaten der Vereinten Nationen eine *Milleniumserklärung* mit dem Ziel, Armut und Unterentwicklung zu verringern. Aber zehn Jahre später stellte der Bericht zu den Milleniumszielen 2010 fest, dass die Armutsquote zwischen 1990 und 2005 zwar von 46 auf 27 Prozent gesunken sei, aber immer noch 1,4 Milliarden Menschen in absoluter Armut lebten. 42 Millionen Menschen seien durch Konflikte und Vertreibungen auf der Flucht, vier Fünftel davon in den Entwicklungsländern. Die Zahl der Unterernährten steige weiter und ein Viertel aller Kinder weltweit seien unterernährt. Schleppende Fortschritte seien im Bereich der Gleichstellung von Frauen zu verzeichnen, einem Kernbereich der Entwicklungspolitik. Der Bericht gibt auch an, dass über eine Milliarde Menschen keinen Zugang zu sauberem Trinkwasser haben und mehr als zwei Milliarden keine Möglichkeit, sanitäre Anlagen zu nutzen. Zugleich sind die Chancen, sich an gesellschaftlichen, ökonomischen und politischen Prozessen zu beteiligen für diese Menschen besonders gering. Zwar seien, so der Bericht, einige Fortschritte in der Bekämpfung von AIDS und Malaria zu verzeichnen, doch „unerfüllte Zusagen, unzureichende Ressourcen, mangelnde Zielorientierung und Rechenschaftslegung sowie ungenügender Einsatz für eine nachhaltige Entwicklung haben vielfach zu Rückschlägen geführt. Einige davon wurden durch die weltweite Nahrungsmittel-, Wirtschafts- und Finanzkrise noch verschlimmert."[4] Dabei ist Afrika der Kontinent mit den meisten Entwicklungsländern, gefolgt von Asien und Ozeanien.

Die von den Vereinten Nationen verabschiedete Millenniumserklärung (2000) enthält einen Katalog grundsätzlicher, verpflichtender Zielsetzungen für alle UN-Mitgliedsstaaten.[5] Bis 2015 wurden acht *Milleniumsziele* gesteckt:

1. Armut und Hunger: Die Zahl der Menschen, die an Hunger leiden, und die Zahl der Menschen, die von weniger als einem US-Dollar am Tag leben, soll halbiert werden.

---

[4] http://www.bmz.de/de/publikationen/reihen/sonderpublikationen/Millenniums_Entwicklungsziele_Bericht_2010.pdf (aufgerufen am 17.07. 2011).

[5] http://www.un.org/millenniumgoals/(aufgerufen am 08.06.2011).

2. Bildung: Alle Kinder auf der Welt sollen die Möglichkeit haben, eine Grundschule zu besuchen.
3. Geschlechtergerechtigkeit: Das Geschlechtergefälle zwischen Jungen und Mädchen auf Grund- und Sekundarschulen soll ausgeglichen werden.
4. Kindersterblichkeit: Die Anzahl der Kinder, die vor ihrem 5. Lebensjahr sterben, soll um zwei Drittel gesenkt werden.
5. Müttersterblichkeit: Die Müttersterblichkeit soll um 3/4 gesenkt werden.
6. Krankheiten: Die Ausbreitung von HIV, Malaria und anderen schweren Erkrankungen soll gestoppt und allmählich umgekehrt werden.
7. Nachhaltigkeit: Der Verlust von Umweltressourcen soll umgekehrt werden, die Anzahl der Menschen, die keinen Zugang zu sauberem Trinkwasser und sanitären Einrichtungen haben, halbiert werden. Die Lebensbedingungen von 100 Millionen SlumbewohnerInnen sollen deutlich verbessert werden.
8. Aufbau einer Entwicklungspartnerschaft: Unter anderem soll ein diskriminierungsfreies Handels- und Finanzsystem eingerichtet werden und gute Regierungsführung durchgesetzt werden.

Vor allem der Bekämpfung extremer Armut, die nicht mehr nur allein als Einkommensarmut verstanden wurde, sondern umfassender als Mangel an Chancen und Möglichkeiten, wurde höchste Priorität gegeben. Doch auch zehn Jahre später sind Armut und Unterentwicklung noch immer gravierend. Erschwert hat sich die Problemlagen zudem aufgrund der Wirtschafts- und Finanzkrise 2008/09, die dazu geführt hat, dass sich die Milleniumsziele nur sehr schwer umsetzen lassen. Ein weiteres Problem, das die Entwicklungsperspektiven der Länder einschränkt, ist die Ausbreitung von HIV/AIDS. Wie der UN-Entwicklungsbericht 2008 feststellt, leben 22 Millionen HIV-positive Menschen, d. h. 67 Prozent aller Menschen mit HIV/AIDS in Sub-Sahara-Afrika. Hier hat sich durch die Immunschwäche die Lebenserwartung um mehr als zehn Jahre verkürzt.[6]

Die steigende Bedürftigkeit und Abhängigkeit der ärmsten Länder ist von den Vereinten Nationen auf ihren Konferenzen wiederholt thematisiert worden. Seit 1970 koordiniert das Entwicklungsprogramm der Vereinten Nationen (UNDP) die Programme und Aktivitäten der VN. Nach ihren Angaben hat sich die Kluft zwischen dem reichsten und dem ärmsten Fünftel der Weltbevölkerung in den letzten 30 Jahren verdoppelt. Während des UN-Gipfels in Rio de Janeiro 1993 erklärten die Industrieländer als Ziel, 0,7 Prozent des jeweiligen Bruttosozialprodukts (BSP) für die Entwicklungshilfe ausgeben zu wollen. Dennoch sind die öffentlichen Ausgaben für die Entwicklungshilfe kontinuierlich gesunken, trotz gegenteiliger Versicherungen von Politikern. Statt der avisierten 0,7 Prozent beträgt sie im Durchschnitt 0,4 Prozent am BSP der OECD-Länder. Sie ist am höchsten in Norwegen mit 1 Prozent und am niedrigsten in den USA mit rund 0,1 Prozent (Deutschland 0,3 Prozent). Der geringe Anteil der Entwicklungshilfe ist allerdings nur ein Problem der weltweiten Bemühungen, Armut abzubauen. Viele Länder und Hilfsorganisationen sehen vielmehr die Notwendigkeit, *Good Governance* zu unterstützen und damit einen Kapazitätsaufbau politischer und sozialer Infrastruktur zu unterstützen als vordringlich an. Von einigen marktkritischen Theoretikern wird inzwischen die Entwicklungshilfe auch völlig abgelehnt, da sie die Abhängigkeit der Entwicklungsländer von den Industrieländern vertieft statt sie abzubauen.

---

[6] http://www.unaids.org:80/en/media/unaids/contentassets/dataimport/pub/globalreport/2008/jc1511_gr08_executive summary_en.pdf (aufgerufen am 18.07. 2011).

2.1 Globalisierung und Weltwirtschaftssystem

Die *Entwicklungsländer* sind in wirtschaftlicher, kultureller und sozialer Hinsicht keine einheitliche Staatengruppe. Oft werden sie in Bezug auf wirtschaftliche, infrastrukturelle, soziale und/oder kulturelle „Rückstände" im Vergleich zu den entwickelten Industrieländern definiert, unterscheiden sich jedoch erheblich voneinander. Der Begriff „Dritte Welt" umfasste ursprünglich die rund 130, meist in der südlichen Hemisphäre gelegenen blockfreien Entwicklungsländer, aber seit es keine „zweite Welt" (Sowjetunion bzw. Ostblock) mehr gibt, und sich die „Dritte Welt" immer mehr ausdifferenziert hat, ist der Begriff analytisch immer weniger aussagekräftig. Eine andere in der entwicklungspolitischen Diskussion übliche Unterscheidung differenziert Länder des „Nordens" und Länder des „Südens" und hebt damit auf postkoloniale Abhängigkeiten ab. Die ärmsten Länder mit hoher Armut und rückläufiger wirtschaftlicher Entwicklung werden als „least developed countries", oder „vierte Welt" bezeichnet. Zu dieser Gruppe gehören etwa 40 Länder der Welt. Als „newly industrialized" oder „Schwellenländer" werden dagegen Länder wie Brasilien, China oder Singapur bezeichnet, die zwar Entwicklungsprobleme haben, aber zugleich steigenden Export und hohe Wachstumsraten aufweisen. Für empirische Untersuchungen und die Analyse von entwicklungspolitischen Strategien ist es sinnvoll, Typen von Entwicklungsländern zu unterscheiden.

Eine Übersicht über die Länder nach rein wirtschaftlichen Kriterien bietet der jährlich erscheinende „Weltentwicklungsbericht" der Weltbank, der eine Klassifizierung der Länder auf Basis der Angaben für das Bruttosozialprodukt/pro Kopf vornimmt.[7]

Die reichsten Staaten der Welt liegen nahezu alle im industrialisierten Norden, während die ärmsten Staaten vor allem in der südlichen Hemisphäre zu finden sind, wobei Afrika der Kontinent mit der größten Konzentration armer Staaten ist.

Makroökonomische Wirtschaftsdaten ermöglichen eine erste, allgemeine Klassifizierung der Länder der Welt. Um ein genaueres Bild über die *soziale Lage der Bevölkerung* zu erhalten, welches gerade für die Entwicklungspolitik wichtig ist, wird in der entwicklungspolitischen Analyse heute auf weitere Indikatoren und Sozialdaten zurückgegriffen. Für ihren jährlich veröffentlichten Bericht über die menschliche Entwicklung „Human Development Report" haben die Vereinten Nationen den „Human Development Index" (HDI) entwickelt, um die soziale Verfügbarkeit von gemeinschaftlichen Gütern für einen angemessenen Lebensstandard messbar zu machen. Der HDI beinhaltet neben der realen Kaufkraft pro Kopf auch Angaben über die Lebenserwartung bei der Geburt, die Alphabetisierungsquote bei Erwachsenen und die durchschnittliche Dauer des Schulbesuchs. Nach der Definition des Entwicklungsprogramms der Vereinten Nationen soll der HDI angeben, inwieweit Menschen die Möglichkeit haben, ein langes, gesundes Leben zu führen, Bildung zu erhalten und Zugang zu haben zu Arbeit, Einkommen und weiteren wichtigen Faktoren, die einen menschenwürdigen Lebensstandard bedingen. Darüber hinaus versucht der „Gender Development Index" (GDI), soziale Ungleichheiten zu erfassen, die auf der Geschlechterzugehörigkeit beruhen.[8] Aus der Perspektive der Entwicklungsländer lässt er sich allerdings auch als „Deprivationsindex" bezeichnen, da er zum Ausdruck bringt, wie groß im internationalen Vergleich die Abweichung eines Landes von einem Maximalwert 1 ist.

---

[7] Vgl. http://www.econ.worldbank.org (aufgerufen am 02.02.2011).

[8] Vgl. zum „Human Development Report" den „Bericht über die menschliche Entwicklung 2010" http://hdr.undp.org/en/reports/global/hdr2010/chapters/de// (aufgerufen am 08.06.2011).

Tab. 2.2: Die 20 reichsten Staaten (Atlas Methode)

Rang	Land	Bruttonational-Einkommen pro Kopf in US-$ 2009 Atlas Methode
1	Monaco	203.900 [a]
2	Liechtenstein	113.210 [a]
3	Norwegen	84.640
4	Luxemburg	76.710
5	Kanalinseln	68.610 [a]
6	Katar	... [a]
7	Bermuda	... [a]
8	Schweiz	65.430
9	Dänemark	59.060
10	Kuwait	43.930 [a]
11	Isle of Man	49.310 [a]
12	San Marino	50.670 [a]
13	Ver. Arab. Emirate	... [a]
14	Schweden	48.840
15	Niederlande	48.460
16	Cayman Inseln	... [a]
17	Österreich	46.450
18	Vereinigte Staaten	46.360
19	Finnland	45.940
20	Macao SAR, China	35.360 [a]

Quelle: Weltbank 15. Dez. 2010 (World Development Indicators database); a. Daten aus 2009 nicht vorhanden, Ranking geschätzt

Tab. 2.3: Die 20 ärmsten Staaten (Atlas Methode)

Rang	Land	Bruttonational-Einkommen pro Kopf in US-$ 2009 Atlas Methode
1	Burundi	150
2	Liberia	160
3	Dem. Rep. Kongo	160
4	Malawi	280
5	Eritrea	270 [a]
6	Afghanistan	310 [a]
7	Äthiopien	330
8	Sierra Leone	340
9	Niger	340
10	Guinea	370
11	Madagaskar	420 [a]
12	Togo	440
13	Nepal	440
14	Mosambik	440
15	Gambia	440
16	Zentralafrik. Republik	450
17	Uganda	460
18	Ruanda	460
19	Tansania	500 [g]
20	Guinea-Bissau	510

Quelle: Weltbank 15. Dez. 2010 (World Development Indicators database); a. Daten aus 2009 nicht vorhanden, Ranking geschätzt g. Nur Festland

Über die *Ursachen* von Unterentwicklung liegen verschiedene theoretische Annahmen vor. Dementsprechend sind aus diesen Theorien unterschiedliche *Strategien* zur Überwindung der Entwicklungsprobleme abgeleitet worden. Die wichtigsten sind:

1. *Modernisierungs- und Industrialisierungsstrategien:* Sie basieren auf Modernisierungstheorien, die einen Gegensatz zwischen modernen (dynamischen) und traditionalen (statistischen) Gesellschaften hypostasieren (Vertreter z. B. Dankwart Rostow; Samuel Huntington). Modernisierungstheorien waren zunächst an einem klassischen Wachstumsbegriff orientiert, der eine rasche Entwicklung der industriellen Basis als Voraussetzung von Modernisierung und Fortschritt betrachtete. Armut und Unterentwicklung wurden als Entwicklungsrückstand im Vergleich zu den Industrieländern verstanden und damit auf endogene Ursachen, wie Korruption und Misswirtschaft in den Ländern, zurückgeführt. Zur Überwindung des Entwicklungsrückstands empfahl die Modernisierungstheorie eine Nachahmung des Entwicklungsweges der westlichen Industrieländer. Entwicklungshilfe sollte den Aufbau moderner Industrien befördern und dafür Kapital und „know how" zur Verfügung stellen, um dann durch den „trickle-down-effect" zur allgemeinen Verbesserung des Lebensstandards der Bevölkerung beizutragen. Diese Form der Entwicklungsstrategie erwies sich allerdings nur für wenige Länder als zielführend. Als Erfolgsbeispiele können die kleinen asiatischen „Tigerstaaten" (Singapur, Hongkong, Taiwan, Südkorea) gelten. Deren wirtschaftlicher Aufschwung fand allerdings unter den Bedingungen von autoritären politischen Regimen statt, eine Rahmenbedingung, deren Nachahmung als allgemeine politische Strategie inzwischen, vor allem in den westlichen Ländern, als problematisch gilt. Dagegen zeigt die prekäre Entwicklung vor allem in Afrika, aber auch in Teilen Süd- und Mittelamerikas, dass die universelle Anwendbarkeit der klassischen Modernisierungsstrategie wenig Erfolg versprechend ist. Bereits Ende der 1960er Jahre wurde von Experten und der Weltbank ein Scheitern des Konzepts „Entwicklung durch Wachstum" bilanziert, welches auf der Industrialisierungsstrategie aufbaute. Die Entwicklungspolitik ist heute von diesen linearen Wachstums- und Industrialisierungsstrategien abgerückt.

2. *Dependenz-Theorien und „Neokolonialismus"*: Als Ursache von Entwicklungsrückstand wird in den Dependenztheorien die strukturelle Abhängigkeit der Länder des Südens vom kapitalistischen Weltmarkt angegeben. Die Hauptursachen von Entwicklungsproblemen liegen damit nicht in den Ländern selbst, sondern in einem ungerechten Welthandels- und Wirtschaftssystem (exogene Ursachen). Die weltwirtschaftliche Arbeitsteilung (Zentrum-Peripherie) hat nach dieser Auffassung zum Entwicklungsrückstand und zur Bevormundung der Entwicklungsländer geführt, und die Unterentwicklung kann nur durch eine grundlegende Veränderung des Weltwirtschaftssystems, mittelfristig durch eine eigeninteressengeleitete („autozentrische") Entwicklung überwunden werden (Vertreter z. B. Johan Galtung; Hartmut Elsenhans; Dieter Senghaas). Der in der Literatur verwendete neuere Begriff des „Neokolonialismus" beschreibt die Bestrebungen von Unternehmen und Regierungen der wohlhabenden Industrieländer, Kontrolle über die Ressourcen und die Finanz- und Warenmärkte ärmerer Länder zum eigenen Vorteil zu sichern. Vor allem die für Handelsbeziehungen zuständige Welthandelsorganisation WTO, der Internationale Währungsfond IWF und die für Kreditvergabe zuständige Weltbank geraten hier in die Kritik (vgl. z. B. Chomsky). Die Vorwürfe an IWF und Weltbank beziehen sich auf die Behauptung, dass Länder von diesen Organisationen dazu gezwungen würden, Maßnahmen zu ergreifen, die vor allem den Interessen der reichen Staaten entsprechen, aber wenig Rücksicht auf die Entwicklung der

betroffenen Länder nehmen – oft mit dem Ergebnis, dass die Armut der Bevölkerung sogar noch zunimmt. Darüber hinaus würden international agierende Firmen die niedrigen Löhne und Sozialstandards ausnutzen und häufig auch großen ökologischen Schaden anrichten; als Beispiele gelten die einseitig profitorientierte Erdölförderung in Nigeria, die rücksichtslose Abholzung von tropischen Wäldern um Edelhölzer zu gewinnen, die rasante Förderung von Bodenschätzen ohne Rücksicht auf menschliche Sicherheit oder die Lagerung von Giftmüll in armen Ländern des Südens. Der „Neokolonialismus" bedeutet, dass die Entwicklungsländer als Reservoir für billige Arbeitskräfte und Rohmaterialien benutzt werden, während gleichzeitig eine nachhaltige Entwicklung und der Zugang zu modernen Technologien und Produktionsmethoden verhindert werden. Nur weit reichende strukturelle Veränderungen und letztlich die Ablösung des Profit orientierten kapitalistischen Wirtschaftssystems könnten die Entwicklungsprobleme beseitigen.

3. *Grundbedürfnisstrategie:* Kritik an überkommenen Wachstumsvorstellungen und am Fortschrittsbegriff der Industrieländer hat in den entwicklungspolitischen Institutionen wie der Weltbank bereits in den 1970er Jahren einen Paradigmenwechsel in der Entwicklungspolitik eingeleitet. Die Annahme war, dass eine Befriedigung von Grundbedürfnissen schließlich auch Wachstum zur Folge habe würde. Mit der Grundbedürfnisstrategie sollte zunächst die Sicherung des Überlebens im Vordergrund stehen, d. h. eine an materiellen Grundbedürfnissen („basic needs") orientierte Unterstützung, die neben physischem Überleben ein Mindestmaß an ärztlicher und sozialer Versorgung sicherstellt, sowie in einem zweiten Schritt immaterielle, qualitative Bedürfnisse wie Bildung, Arbeit und kulturelle Selbstbestimmung befriedigt. Die Grundbedürfnisstrategie, die sich in den 1980er Jahren als Entwicklungskonzept zunehmend durchsetzte, wurde beispielsweise von der Weltbank in verschiedenen Aktionsprogrammen, wie „Nahrung für alle" (Welternährungsprogramm), „Gesundheit für alle" (WHO) und „Bildung für alle" (UNESCO) in der internationalen Entwicklungszusammenarbeit eingesetzt. Sie ist vor allem an die ärmsten Länder bzw. Bevölkerungsgruppen gerichtet.

4. *Neues Leitbild – nachhaltige und zukunftssichernde Entwicklung:* Angesichts der immer noch prekären Situation in den ärmsten Ländern der Welt setzte sich in der Entwicklungspolitik der Internationalen Organisationen sowie unter dem Druck von Nicht-Regierungsorganisationen (NGOs) ein neues Leitbild durch, das dem Konzept der nachhaltigen Entwicklung („sustainable development") und Zukunftssicherung folgt. Das Leitbild einer nachhaltigen Entwicklung wurde erstmalig während der UN-Konferenz über Umwelt und Entwicklung in Rio de Janeiro 1992 vorgestellt. Entwicklung bedeutet demnach eine effiziente Nutzung vorhandener lokaler Potentiale unter Erhaltung des ökologischen Systems zur Befriedigung menschlicher Grundbedürfnisse. Durch eine *nachhaltige Entwicklungspolitik* soll die Bevölkerung in den Entwicklungsländern in die Lage versetzt werden, eigenständig die eigenen Lebensbedingungen zu verbessern, ohne sich an Standards in anderen Ländern zu messen; Projekte sollen dem Prinzip der Hilfe zur Selbsthilfe folgen und ökonomische und ökologische Aspekte in Einklang gebracht werden. Ein Beispiel solcher Konzepte bieten Vorschläge zur nachhaltigen Nutzung der Regenwälder: Ein neuartiges Nutzungs- und Vermarktungskonzept für Wald- und Holzprodukte (Teakholz, Nüsse etc.), welches sowohl ökologische Verträglichkeit als auch das wirtschaftliche Eigeninteresse der Waldanrainer berücksichtigt, sucht die Bodenrodung dieser Wälder zu verhindern. Damit soll es ermöglicht werden, das Grundbedürfnis der Einwohner dieser Regionen nach einem subsistenzsichernden Einkommen mit Umweltprinzipien zu vereinbaren. Allgemein formuliert geht es beim Leitbild der Nachhaltigkeit darum, Wirtschaften den räumlichen und wirtschaftlichen Strukturen und

den kulturellen Voraussetzungen anzupassen und dauerhaft und zukunftsträchtig auszurichten. Für das neue Leitbild wird *Good Governance*, d. h. eine in den Ländern zu unterstützende administrative Infrastruktur, als eine wesentliche Voraussetzung für eine effektive Entwicklungspolitik angesehen. Nach Auffassung der FAO (Food and Agriculture Organization of the United Nations; Welternährungsorganisation der UN) liegt das Problem von Hunger und Unterernährung weniger in *absolut* fehlenden Nahrungsmitteln, sondern ergibt sich aus den Folgen des fehlenden *Zugangs* zu den Nahrungsmitteln. Hauptaufgabe der internationalen Entwicklungspolitik wäre demnach, die *Verteilung* der lebensnotwendigen Güter auf verschiedenen Ebenen zu verbessern. Die Tendenz, Entwicklungshilfe den Handelsbeziehungen unterzuordnen und sie nicht am Bedarf, sondern an der wirtschaftspolitischen Bedeutung einer Region oder eines Landes zu orientieren, wird dabei als problematisch angesehen, insbesondere wenn Entwicklungshilfe und Kreditvergabe an rigide Auflagen geknüpft werden. Daher sind neben *Good Governance* auch Umschuldungen und gerechtere Handelsbeziehungen, beispielsweise durch den Abbau des Protektionismus und der Subventionspolitik der Industrieländer, wichtige Bausteine dieser Strategie.

5. *Gender-Strategien:* In der Entwicklungspolitik Internationaler Organisationen wird der Gleichstellung von Frauen eine Schlüsselrolle zugeschrieben. Bestandsaufnahmen wie der Bericht der Weltbank 2012 „Gender Equality and Development" gehen davon aus „gender equality matters for development."[9] Als Problem der Entwicklung werden dabei die geschlechtsspezifische Arbeitsteilung und die Benachteiligung von Frauen angesehen. Nach Angaben der Vereinten Nationen leisten Frauen weltweit zwei Drittel der Arbeit, verdienen jedoch insgesamt lediglich ein Zehntel des globalen Einkommens und besitzen nur ein Prozent des Grund und Bodens; darüber hinaus sind Frauen unter den Flüchtlingen und den von Armut Betroffenen weltweit eine Mehrheit. Besonders kritisch werden daher die strukturellen Anpassungsprogramme der Weltbank und eines von den westlichen Industrieländern geprägten Modernisierungskonzepts gesehen, die dazu führten, dass sich die Lage für Frauen in den verschuldeten, armen Ländern der Erde seit Mitte der 1980er Jahre weiter zugespitzt hat (vgl. Nelson/Chowdhury 1994: 6). Die Strukturanpassungen führten dazu, dass die meist hauswirtschaftlich organisierten Tätigkeiten der Frauen abgewertet und demgegenüber die marktgebundene, meist männlich dominierte Arbeit aufgewertet wurde. Modernisierungsstrategien verschlechterten die Stellung von Frauen und ihre Lebenschancen in diesen ärmeren Ländern deutlich. Auch die Tatsache, dass Geldgeber von internationalen Organisationen, wie dem Internationalen Währungsfond (IWF) zunächst von der Kategorie des „männlichen Haushaltungsvorstands" ausgingen, obwohl in den meisten Entwicklungsländern in der Regel Frauen die Haupternährerinnen der Familien sind, stellte ein Problem dar. Besonders in Subsistenzwirtschaften lastet die Verantwortung für die Beschaffung von Lebensmitteln und anderen für den Haushaltsbedarf notwendigen Gütern hauptsächlich auf den Frauen, wobei die ihnen zugeteilten Arbeiten, wie Wasser holen, oft viel zeitaufwendiger sind, als die der Männer. Die für die meisten Wirtschaftssysteme typische geschlechtsspezifische, komplementäre Arbeitsteilung stellt sich hier als wesentliche Problemursache für die Unterentwicklung dar. Wie Studien zeigen, bedeutet eine Erhöhung des Einkommens eines männlichen Haushaltsangehörigen zudem nicht unbedingt einen Anstieg im Gesamtverbrauch aller Familienmitglieder. Mit zunehmender Kommerzialisierung der Subsistenzwirtschaft verwenden Männer, deren Familien jenseits der Armutsgrenze leben, oftmals zusätzliche Einkünfte

---

[9] „Gender and Development. World Develoment Report 2012" http://www.econ.worldbank.org

zur Steigerung ihrer eigenen Erträge oder zu ganz persönlichen Konsumzwecken, so dass beispielsweise eine Mangelernährung von Kindern als Folge auftritt. Frauenrechtlerinnen und Aktivistinnen kritisierten diese vorherrschende „männliche" Sichtweise der Entwicklungspolitik und forderten geschlechtersensible nachhaltige Strategien ein.

Die Diskriminierung von Frauen stellt ein wichtiges *Entwicklungshemmnis* dar. So ist in einigen Regionen Asiens weiblicher Nachwuchs weniger „wert" als ein männlicher Nachkomme; Vernachlässigung, Mangelernährung oder gar Tötung von Mädchen sind die Folgen dieser Ungleichbewertung. Der Harvard-Ökonom und Nobelpreisträger Amartya Sen (1990) hat beispielsweise berechnet, dass in den Entwicklungsländern 100 Millionen Frauen „fehlen", die vorzeitig an den Folgen geschlechtsspezifischer Diskriminierungen gestorben sind. So hat sich der Anteil der Frauen an der indischen Bevölkerung seit Anfang des 20. Jahrhunderts ständig verringert. Im Jahr 1901 kamen auf 1000 Männer 972 Frauen; 1991 waren es nur noch 929. Mangelnde Ernährung und schlechtere Gesundheitsversorgung, die die Lebenserwartung von Mädchen und Frauen verringern, sowie gezielte „pränatale Selektionen" werden als Ursachen dieser Entwicklung angeführt. Damit werde, so Sen, ein Humankapital vernichtet, das die Entwicklung dieser Länder voranbringen und die Lebensqualität insgesamt verbessern könnte, da es in der Regel den Frauen obliegt, Sprach- und Bildungskompetenzen, Hygiene und andere wichtige Kulturtechniken an die nächste Generation weiterzugeben und das soziale Netz zu fördern, was für die wirtschaftliche Entwicklung von Bedeutung ist. Ähnliche Formen der Benachteiligung in der Verteilung von Haushaltsressourcen gibt es in Bangladesh, Nepal, Pakistan, im gesamten Nahen Osten sowie Nordafrika und in Gebieten südlich der Sahara.

In der Gender-Strategie können die arbeitsteiligen Strukturen und die daran geknüpften Machtverhältnisse, die einer gesamtgesellschaftlich nützlichen und ökonomischen Ressourcenverteilung entgegenstehen, auf Basis von geschlechtersensiblen Analysen offen gelegt und Maßnahmen zur Veränderung konzipiert werden. Entwicklungspolitische Konzepte, Frauen in die Modernisierung einzubeziehen, wie dies die Strategie von „Women In Development" zunächst vorsah, wurden durch neue, frauenspezifische Projekte abgelöst, die die ökonomische Unabhängigkeit von Frauen unterstützen, sowie ihren Zugang zur Bildung und ihre Gesundheitsversorgung verbessern sollten. Ein Kernbegriff dieser Strategien ist *„Empowerment"*, die Förderung von Selbständigkeit, die darauf abzielt, Frauen in die Lage zu versetzen, eigenständig die Lebensbedingungen zu sichern, wirtschaftlich erfolgreich Konzepte umzusetzen und gesellschaftlich mehr Einfluss zu erlangen. Im Bereich der Gender-Strategien ist daher beispielsweise die Mikrofinanzierung, d. h. die Vergabe von Kleinstkrediten an Frauen, wichtig, denn es mangelt nicht an Ideen oder dem Willen etwas zu verbessern, sondern es fehlen häufig Finanzierungsmöglichkeiten um Investitionen zu tätigen.

So wird heute in der Entwicklungspolitik auch auf die *Direkthilfe von Frauen* in den ärmsten Ländern gesetzt. Als Beispiel ist hier die „Grameen"- Bank in Asien zu nennen: Seit 1983 vergibt sie Klein- und Kleinstkredite vor allem an Frauen im ländlichen Bangladesh, um wirtschaftliche Selbständigkeit zu unterstützen. Rund 6,6 Millionen Menschen erhielten ein Darlehen für Projektfinanzierungen, oft nur in geringer Höhe von etwa 30 Euro, wobei die Rückzahlungsquote sehr hoch ist. Für sein Engagement bei der Vergabe von Mikrokrediten an Frauen erhielt der Gründer der „Grameen"-Bank, Muhammad Yunus, im Jahr 2006 den Nobelpreis. Die Idee des „social business", einer an den Bedürfnissen von Zielgruppen orientierten Kreditvergabe hat inzwischen auch in anderen Regionen, z. B. in Lateinamerika,

Unterstützer gefunden. Selbst in Europa hat diese Konzeption als Alternative zum gewinnorientierten Wirtschaften von Banken und Großunternehmen ihre Anhänger.

Im Rahmen der im Jahr 2000 von den Vereinten Nationen beschlossenen Milleniumsziele, die dazu beitragen sollen, bis zum Jahr 2015 weltweit die Zahl der Hungernden zu halbieren, die Ausbreitung von AIDS und Malaria zu stoppen und der Massenarmut Einhalt zu gebieten, werden Frauen in den Ländern des Südens als wichtigste Gruppe zur Realisierung dieser Ziele bezeichnet. Neben lokalen Initiativen werden dabei auch Großkonzepte vorgeschlagen. So hat beispielsweise eine Wissenschaftlerkommission unter Leitung des amerikanischen Ökonomen Jeffrey Sachs im Auftrag der Vereinten Nationen ein Konzept erarbeitet, welches auf der Theorie des „big push", d. h. einem großen Förderschub beruht. Danach soll der Bevölkerung in den ärmsten Ländern mit Hilfe milliardenschwerer Investitionen der reicheren Länder durch eine „grüne Revolution" binnen fünf Jahren aus der Armutsfalle von Hunger, Krankheit und mangelnder Bildung herausgeholfen werden. Dabei sollen gezielt Hilfen an Frauen gegeben werden, wie der folgende Bericht über eines dieser konkreten Projekte in Ruanda schildert, indem er unmittelbare Erfahrungen mit dieser Strategie vor Ort und die positive Wirkung dieser Form der Wirtschaftsförderung hervorhebt.

> „… Jacqueline Karenzo ist anzusehen, dass sie seit Jahrzehnten nichts anderes kennt als harte Arbeit. Jahr um Jahr hat die Bäuerin ihren anderthalb Hektar großen Acker mit der Hacke und dem Erntemesser bestellt, hat das Wasser für ihren kranken Mann und die fünf Kinder täglich mehr als vier Kilometer geschleppt. Nie erbrachte die Schufterei mehr als das bloße Überleben. …bis vor einem Jahr. Damals berief ein Beamter der Regierung im Kreis Mayange in Ruanda eine Versammlung ein, bei der den Dorfbewohnern ein Projekt der UNO zu neuen Landbautechniken und Gesundheitsmaßnahmen zur Malariabekämpfung vorgestellt wurde. .. Der Erfolg war durchschlagend. Erstmals hat Jacqueline weit mehr geerntet, als die Familie selbst verbraucht. 300 Kilo Mais konnte sie auf dem Markt verkaufen und mit dem Erlös die Sekundarschule ihres ältesten Sohnes bezahlen… Zum ersten Mal in ihrem Leben hat sie jetzt auch einen Kredit aufgenommen, um damit Saatgut und Dünger für die nächste Saison zu kaufen. Saatgut, Dünger, Moskitonetze, 12 neue Krankenschwestern im regionalen Gesundheitszentrum und zwei Dutzend einheimische Berater haben das Leben in dieser ärmsten Region des vom Völkermord gezeichneten Landes von Grund auf verändert."
>
> Quelle: Harald Schumann: „Die goldene Saat. Hunger beseitigt, Malaria verschwunden – ein Dorf in Ruanda zeigt, wie Afrika seine Probleme mit intelligenter Hilfe lösen konnte.", in: Der Tagesspiegel, 27./28. Mai 2007, S. 3

Erfahrene Entwicklungshelfer verweisen allerdings auf das Scheitern ähnlicher „großer" Konzepte, wie der „big push", in den 1970er Jahren. Entscheidend seien vielmehr gute Regierungsführung, *Good Governance*, und die Bekämpfung der Korruption. Als „technokratisch" geißelten auch die Nord-Süd-Aktivisten privater Hilfsorganisationen das Konzept. Armut rühre nicht aus Mangel an Geld, sondern aus Mangel an Macht, die aus der ungerechten Weltwirtschaftsordnung resultiere, halten Entwicklungsexperten dem Konzept von Sachs und anderen entgegen.

Die bislang vorliegenden Entwicklungsberichte zeigen ein eher problematisches Bild der Entwicklungsländer. Ob die Milleniumsziele der Vereinten Nationen erreicht werden können, ist daher offen.

Literatur

Behrens, Maria (Hg.): Globalisierung als politische Herausforderung: Global Governance zwischen Utopie und Realität, Wiesbaden 2005

List, Martin/Maria Behrens/Wolfgang Reichhardt/Georg Simonis: Internationale Politik. Probleme und Grundbegriffe, Opladen 1995, insbes. Kapitel 4, S. 127–230

Nelson, Barbara/Najma Chowdhury (Hg.): Women and Politics World Wide, New Haven 1994

Nohlen, Dieter (Hg.): Lexikon Dritte Welt, überarb. Neuausgabe, Reinbek 2002

Nuscheler, Franz: Lern- und Arbeitsbuch Entwicklungspolitik, 5. Aufl., Bonn 2004

Opitz, Peter J. (Hg.): Weltprobleme im 21. Jahrhundert, München 2001

Rott, Renate (Hg.): Entwicklungsprozesse und Geschlechterverhältnisse. Über die Arbeits- und Lebensräume von Frauen in Ländern der Dritten Welt, Saarbrücken/Fort Lauderdale 1992.

Sen, Amartya: „More than 100 Million Women are Missing", in: The New York Review of Books, 20. Dezember 1990, S. 61–64.

Sen, Amartya: Identity and Violence: The Illusion of Destiny (Issues of Our Time), New York 2007

Sen, Amartya: Inequality Reexamined, New York 2008

Weltbank: Jahresbericht 2010 (online)

Weltbank: Weltentwicklungsbericht 2012. Chancengerechtigkeit und Entwicklung (online)

2.1.3 Grenzen des Wachstums: Internationale Umweltpolitik

Eine grundlegende Herausforderung besteht im Bereich der internationalen Umwelt- und Klimaschutzpolitik. Es entspricht heute einem weitgehenden wissenschaftlichen Konsens, dass anthropogene, d. h. von Menschen erzeugt, Verhältnisse für die besorgniserregenden Veränderungen des Weltklimas verantwortlich sind. Energie- und Umweltpolitik werden daher heute immer mehr als grenzüberschreitende, globale Aufgabe begriffen. Klimawandel und Nutzung begrenzter Ressourcen, wie Wasser und Boden, Konflikte um Energieressourcen und Konkurrenz um Weltmarkteinfluss haben die internationale Gemeinschaft inzwischen zum Abschluss zwischenstaatlicher Abkommen und Übereinkünfte veranlasst, wobei die Länder durchaus unterschiedliche Vorstellungen über die politische Steuerung und Einflussnahme in diesen Fragen vertreten. Internationale Normbildung und Verrechtlichung haben aber gerade im Umweltbereich eine hohe Verdichtung erfahren.

Umwelt bezeichnet die Gesamtheit aller Räume und Prozesse, in denen sich die Wechselwirkungen zwischen Natur und Gesellschaft abspielen und umfasst damit alle natürlichen Faktoren des Lebensumfeldes, welche von Menschen beeinflusst werden oder diese beeinflussen. Vom Menschen verursachte Veränderungen (anthropogene Ursachen) zeichnen sich meist durch eine im Vergleich zu den meisten natürlichen Prozessen höhere Geschwindigkeit aus, d. h. ihre Auswirkungen werden in kürzerer Zeit sichtbar. Der Begriff „Ökologie" wurde Ende der 1960er Jahre von der neu entstehenden Umweltbewegung geprägt und bezeichnet die Wechselwirkung zwischen dem natürlichen und menschlichen Lebensraum im weiteren Sinne (Ökosystem) als auch die Umwelt im Besonderen (Ökologie).

Die Brisanz der Umwelt-Thematik ergibt sich daraus, dass die natürlichen Ressourcen der Erde, insbesondere Wasser, Boden und natürliche Rohstoffe, begrenzt sind, während die menschlichen Bedürfnisse, nicht zuletzt angesichts der weiter anwachsenden Weltbevölkerung, unbegrenzt erscheinen. Wissenschaftliche Erkenntnisse über die Begrenztheit der natürlichen Ressourcen haben inzwischen zu einem Paradigmenwechsel in Politik und Wissenschaft geführt. Klimawandel und wachsende Bedrohungen durch Naturkatastrophen, Energieknappheit und der Kampf um Wasser sind ernsthafte Herausforderungen für das 21. Jahrhundert, die nicht mehr im Rahmen von Nationalstaaten reguliert werden können. Auch das Wachstumsmodell der Industriegesellschaften wird immer stärker in Zweifel gezogen. Neben dem Konzept der *Nachhaltigkeit* wird die Sicherung der natürlichen Lebensgrundlagen in der internationalen Politik zunehmend als kollektives Gut angesehen. Wichtiges Ziel für einen wirksamen Klima- und Umweltschutz besteht heute dabei in einer globalen Umstellung von einer mit fossilen Brennstoffen betriebenen Industrialisierung auf eine nachhaltige Entwicklung. Diese *Dekarbonisierung* eines neuen Wachstumskonzepts beruht auf erneuerbaren Energien und einer erheblich effizienteren Nutzung von Rohstoffen.

Die heutige Umwelt- und Ökologiebewegung hat ihren Ursprung in den entwickelten Industrieländern, obwohl die Grundgedanken der Einheitlichkeit von natürlichen und menschlichen Lebensgrundlagen bereits in älteren Religionen und Kulturen bekannt waren. Weltweit verbraucht das in reichen Ländern lebende knappe Viertel der Menschheit drei Viertel der Ressourcen der Erde und verursacht drei Viertel aller festen Abfälle. Die *Umweltdiskussion* setzte vor dem Hintergrund einer sich immer rascher entwickelnden Massenproduktion und Massenkonsumtion („Wegwerfgesellschaft") dabei an, Veränderungen des Verhaltens der Menschen im Umgang mit den natürlichen Ressourcen zu erreichen. Vor dem Hintergrund neuerer alarmierender wissenschaftlicher Befunde – Umweltaktivisten sprechen von einem „Weltnotstand" (*„planetary emergency"*, Al Gore 2006) - zählen Erderwärmung, Klimawandel, Ozonloch, Zerstörung der biologischen Vielfalt und der Regenwälder und Bodendegradation zu den wichtigsten Themen in der internationalen Umweltpolitik. Die Entwicklung des internationalen Umweltschutzes wurde zum einen durch ein dichtes transnationales Netz von Experten, Klimaforschern und Umweltaktivisten befördert; zum anderen räumten immer mehr Länder dem Umweltschutz höchste politische Priorität ein. Daher kann die internationale Umweltpolitik als ein Politikfeld bezeichnet werden, in dem staatliche Interessen, nichtstaatliche Organisationen und transnationale Netzwerke von Experten auf die Internationalen Organisationen einwirken, um Vereinbarungen zu erzielen.

Die internationale Umweltpolitik hat inzwischen durch *internationale Abkommen*, Norm- und Regelsysteme im Rahmen der Vereinten Nationen, eine hohe Priorität erlangt. Interessen von Staaten, die die territoriale Hoheit über ihr jeweiliges Gebiet ausüben, stehen dabei im Spannungsverhältnis zum Regelungsbedarf der internationalen Politik, die Gemeinschaftsgüter („collective goods") wie Ressourcen, Wasser und Luft auch für zukünftige Generation sichern und schützen zu können. Gäbe es keine territorial abgegrenzten Staaten, so wären die Umweltprobleme zwar nicht gelöst, jedoch bedürfte es keiner internationalen Umweltpolitik, die die gegensätzlichen Interessen von Staaten zu vermitteln sucht. Die politischen Strategien, die für die Lösung des Begrenztheitsdilemmas angeboten werden, sind vielfältig, ihre Umsetzung hängt in hohem Maß vom politischen Willen und der Verhandlungsbereitschaft der Staaten im Rahmen internationaler Organisationen ab. Immer mehr zeigt sich dabei, dass ohne eine aktive und transnational organisierte Zivilgesellschaft keine wirksame Klima- und Umweltpolitik möglich ist, gerade dann, wenn Staaten aus kurzfristigen Eigen- oder Machtinteressen weltgemeinschaftlichen politischen Konzepten ablehnend gegenüberstehen und die Umsetzung von Konzepten der Nachhaltigkeit auf den Widerspruch von Staaten stößt.

Den verschiedenen Strategien in der internationalen Umweltpolitik liegt eine *Kritik von herkömmlichen Wachstums- und Fortschrittsauffassungen* zugrunde. Der „Club of Rome", eine Gruppe kritischer Wissenschaftler hatte bereits Anfang der 1970er Jahre mit der Studie „Die Grenzen des Wachstums" ein Umdenken gefordert. Sie hinterfragte den grenzenlosen Wachstumsbegriff und forderte im Interesse einer ausgewogenen Humanökologie zur Umkehr auf. Ein Wandel in Kerngebieten der Naturwissenschaft, besonders in der Biologie, sowie in Teilen der Wirtschaftswissenschaft, führte zu einer Umorientierung. Wachstum wurde nicht länger idealtypisch als linearer, prinzipiell unbegrenzter Prozess konzipiert, sondern der neue Begriff trug den komplexen Beziehungen zwischen Menschen und der Natur Rechnung und ging von einer an der Begrenztheit der Ressourcen orientierten Entwicklungslogik aus. Dabei wurde die Umweltproblematik zuerst im nationalen Rahmen von Bürgerinitiativen und Umweltgruppen auf die Agenda der Politik gebracht, um dann auch im Rahmen der internationalen Politik wirksam zu werden.

Globale ökologische Probleme, wie die besorgniserregende Erwärmung der Erdatmosphäre („Treibhauseffekt"), die Veränderungen im Ozon-Schutzmantel, die Verschmutzung der Weltmeere und die Versteppung von weiten Regionen in Sub-Sahara Afrika, haben der Umweltdiskussion in den vergangenen Jahren höchste Aktualität verliehen. War der Beginn der Ökologiebewegung zunächst regional angelegt und auf einzelne Länder beschränkt, so ist heute die Umweltfrage ein zentrales Thema internationaler politischer Abkommen, Normbildungen und grenzüberschreitender Forschung. „Es gibt kein anderes Politikthema, das im weltweiten Ausmaß binnen so kurzer Zeit eine so expansive und dauerhafte Karriere im politischen System, in Wirtschaft und Gesellschaft gemacht hat. Zahlreiche Umweltinstitutionen wurden gegründet und haben sich international ausgebreitet ... , etablierte Wissenschaftsdisziplinen und gesellschaftliche Institutionen wurden ‚ökologisiert'." (Jänicke/Weidner 1997b: 15) Konzepte die mit den Begriffen „nachhaltige", „alternative" oder „umweltverträgliche" ökonomisch-soziale Entwicklung („sustainable development") arbeiten, entsprechen dem Ziel, auf den neuen Erkenntnissen basierende Strategien auch in der politischen Praxis umzusetzen.

Die *Entwicklung der internationalen Umweltpolitik* ist ein relativ junges Politikfeld für die Internationalen Beziehungen. Erste Anfänge gehen auf die 1972 von den Vereinten Nationen durchgeführte Konferenz über die menschliche Umwelt und Entwicklung in Stockholm zurück. Ein Ergebnis dieser Konferenz war zum einen die Gründung des Umweltprogramms der Vereinten Nationen (UNEP), zum anderen die Berücksichtigung der Umweltproblematik auch in anderen UN-Organisationen. Politische Maßnahmen wurden auf Basis des „Verursacherprinzips" legitimiert, d. h. es sollten diejenigen, die Verantwortung für Umweltprobleme durch verursachte Verschmutzungen tragen, gemäß der Stockholmer Erklärung zur Rechenschaft gezogen werden können. In der Folgezeit wurde eine Reihe von Umweltabkommen geschlossen, etwa zur Reinhaltung von Gewässern und der Luft. Dabei lag das Gewicht zunächst auf der *regionalen Zusammenarbeit*. Zu den wichtigsten Abkommen gehören das Abkommen zum Schutz der Nordsee (1972) und des Mittelmeeres (1974) und das Genfer Übereinkommen zur Bekämpfung der grenzüberschreitenden Luftverschmutzung von 1979, welches auf hohe Zustimmung einer sensibilisierten Öffentlichkeit stieß („Waldsterben", „saurer Regen"). Vor allem in Europa besteht heute eine sehr hohe Dichte an regionalen Umweltabkommen, u. a. zum Gewässer- und Artenschutz, während in den Schwellen- und Entwicklungsländern noch große Defizite bestehen.

Seit der zweiten Hälfte der 1980er Jahre richtete sich die Umweltpolitik im Zuge der *Globalisierung* zunehmend international aus. Nach dem Abkommen zum Schutz der Ozonschicht

1985/87 stieg die Anzahl von globalen Umweltverträgen. Bei der Entwicklung der internationalen Umweltpolitik kam dabei den Vereinten Nationen eine wichtige Funktion zu. Sie haben in den vergangenen zwei Jahrzehnten als Forum für internationale Verhandlungen, als Forschungsumschlagsplatz für die Behandlung von Umweltproblemen und als internationaler Koordinator von Umweltpolitiken fungiert, die als internationale, nicht mehr nur nationale Politiken anerkannt wurden. Mit der UN-Konferenz Umwelt und Entwicklung (UNCED) 1992 in Rio de Janeiro erreichte die Umweltpolitik eine neue Stufe. Die 178 Teilnehmerstaaten verpflichteten sich dort auf die neue gemeinsame Leitidee der *Nachhaltigkeit* bzw. des „sustainable development". Mit diesem Leitbild soll gleichzeitig dem Entwicklungsziel der armen Länder und den Bedürfnissen zukünftiger Generationen in allen Ländern der Erde entsprochen werden. Mittlerweile definieren die Vereinten Nationen *vier globale Probleme* als internationale Herausforderung: die Ausdünnung der Ozonschicht, die globale Erwärmung aufgrund des Treibhauseffekts, den Rückgang der Artenvielfalt und die Verschmutzung der internationalen Gewässer.

Aufgrund der internationalen Regelwerke, die im Rahmen von Verhandlungen errichtet wurden, wird in der politikwissenschaftlichen Forschung inzwischen von einem *internationalen Umweltregime* ausgegangen. Ein Regime wird hier charakterisiert durch die Einführung rechtlicher Regelungen und verbindlicher Normen, internationale Berichts- und Überwachungssysteme sowie einen rascheren Technologietransfer. In der Regimetheorie gilt die Umweltpolitik als das herausragende Beispiel für den erfolgreichen Aufbau internationaler Regelwerke in einem neuen Problemfeld der internationalen Politik. Interessengegensätze zwischen Ländern, aber auch die Komplexität der Umweltprobleme lassen ein geregeltes „Regime" allerdings nur in Teilbereichen zu, wie etwa im Bereich des Artenschutzes oder im Klimaschutz. Außerdem spielen Staaten immer noch eine entscheidende Rolle, denn internationale Umweltpolitik kann nur in dem Maße umgesetzt werden, in dem die Staaten neuen Normen und Regeln zustimmen und diese aktiv umsetzen. Eine Grundvoraussetzung für internationale Umweltpolitik ist daher, dass Staaten selbst eine Umweltaußenpolitik betreiben. Deshalb werden in der Analyse internationaler Umweltpolitik Ansätze angewandt, die das Agieren von Staaten vergleichend untersuchen und die Normsetzung und Normeinhaltung (*compliance*) auch empirisch überprüfen.

Trotz der starken Verregelung und Verrechtlichung ist die Forderung, ein *Umweltvölkerrecht* zu entwickeln, das mit den internationalen Menschenrechtskonventionen vergleichbar wäre, bislang allerdings ebenso wenig realisiert worden, wie der Gedanke, eine *Weltumweltorganisation* zu bilden, die parallel zur Welthandelsorganisation (WTO) die Interessen des Gesundheits- und Umweltschutzes vertreten könnte.

Eines der erfolgreichsten internationalen Vertragssysteme im Umweltbereich mit 191 Vertragspartnern ist die 1992 in Rio de Janeiro vereinbarte „Übereinkunft über die biologische Vielfalt" (Biodiversitätskonvention). Diese im Rahmen des UN-Systems vereinbarte Übereinkunft umfasst Regelungen zur Identifizierung und Überwachung der Artenvielfalt, Schutz der Artenvielfalt, z. B. durch Speicherung von Saatgut in entsprechenden Einrichtungen (Genbanken), Forschung, Bildung und Öffentlichkeitsarbeit, Regelung des Zugangs zu genetischen Ressourcen und des gerechten Vorteilsausgleichs bei deren Nutzung (Access and Benefit Sharing, ABS), Regelungen zum Technologietransfer sowie zur wissenschaftlichen Zusammenarbeit und zum Informationsaustausch. Diese Regelungen sind verpflichtend, können jedoch nicht erzwungen werden.

Tab. 2.4: Emissionsreduktion von 19 Treibhausgasemittenten 1990 und Ist-Stand 2007

Staat	Emissionen 1990 in Mio. t CO_2 Äquivalent	Verpflichtete Emissionsreduktion	Ist-Stand 2007	Abweichung in Prozent
USA	6.084	keine (ursp. −7%)	+16,8%	
Russland	3.319	0%	−33,9%	−33,9
Japan	1.270	−6%	+8,2%	+14,2
Deutschland	1.215	−21%	−21,3%	−0,3
Ukraine	926	0%	−52,9%	−52,9
Vereinig. Königreich	774	−12,5%	−17,3%	−4,8
Kanada	592	−6%	+26,2%	+32,2
Frankreich	565	0%	−5,3%	−5,3
Polen	570	−6%	−30%	−24
Italien	516	−6,5%	+7,1%	+13,6
Australien	416	keine (ursp. +8%)	+30%	
Spanien	288	+15%	+53,5%	+38,5
Rumänien	276	−8%	−44,8%	−36,8
Niederlande	212	−6%	−2,1%	+3,9
Tschechien	195	−8%	−22,5%	−14,5
Türkei	170	keine	+119,1%	
Belgien	143	−7,5%	−8,3%	−0,8
Österreich	79	−13%	+11,3%	+24,3
Schweiz	53	−8%	−2,7%	+5,3

Quelle: UNFCCC/SB/2009/12/Seite 16, GHG Daten ohne LULUCF

Ein weiteres zentrales Abkommen ist die von den Vereinten Nationen verhandelte Klimarahmenkonvention (UN Framework Convention on Climate Change). Das 1992 in New York verabschiedete Abkommen verankert völkerrechtlich verbindlich das Ziel, gefährliche, menschlich verursachte Eingriffe in das Klimasystem der Erde zu verhindern. Es war bereits einige Monate vor dem UN-Gipfel in New York verhandelt, jedoch erst in Rio de Janeiro von den meisten Teilnehmerstaaten unterzeichnet worden. Die derzeit 192 Vertragsstaaten der Konvention treffen sich zu jährlichen Konferenzen, um über Maßnahmen des Klimaschutzes zu verhandeln. Die Konvention legte ein Vorsorgeprinzip fest, nach dem die Staatengemeinschaft bereits vorsorgend konkrete Klimaschutzmaßnahmen treffen kann, auch wenn noch keine absolute wissenschaftliche Sicherheit über den Klimawandel vorliegt. Zu diesem Zweck eröffnet die Konvention Möglichkeiten, ergänzende Protokolle zu beschließen. Beim 1. Klimagipfel 1995 in Berlin wurde dann die Erarbeitung eines Protokolls vereinbart, mit konkreten Verpflichtungen für die Industrieländer. Dieses wurde dann als *Kyoto-Protokoll* (1997) zum internationalen Klimaschutz als Zusatzprotokoll zur Ausgestaltung der Klimarahmenkonvention von 1992 verabschiedet und zur Ratifizierung den Mitgliedsländern vorgelegt. Es konnte im Jahr 2005 in Kraft treten nachdem die erforderlichen 136 Länder es ratifiziert hatten (2007: 170 Länder sind dem Kyoto-Protokoll beigetreten oder haben es ratifiziert). Das Kyoto-Protokoll, das eine Laufzeit bis 2012 festlegt, schreibt erstmals verbindliche Zielwerte für den Ausstoß von Treibhausgaben fest, welche die hauptsächliche Ursache der globalen Erwärmung sind. Die Zunahme dieser Treibhausgase ist überwiegend auf menschliche Aktivitäten zurückzuführen, insbesondere durch das Verbrennen fossiler Brennstoffe, Viehhaltung und Rodung von Wäldern. Das Protokoll sieht vor, den jährlichen

Treibhausgas-Ausstoß der Industrieländer bis zum Zeitraum 2008–2012 um durchschnittlich 5,2 Prozent gegenüber 1990 zu reduzieren (EU: 8 Prozent). Trotzdem konnte es bislang nur wenig am allgemeinen Wachstumstrend der wichtigsten Treibhausgase ändern. Die Emissionen von Kohlendioxid und Lachgas steigen weiter unvermindert an, und der Ausstoß von Methan und den verschiedenen Kohlenwasserstoffen hat sich aus anderen Gründen stabilisiert, darunter das den Schutz der Ozonschicht reglementierende Montreal Protokoll, welches als multilaterales Umweltschutzabkommen bereits 1989 in Kraft trat.

Um für die Zeit nach 2012 völkerrechtlich verbindliche Regelungen zur Reduzierung von Treibhausgasen zu treffen, fanden weitere *Weltklimakonferenzen* statt. Diese Konferenzen zeigten, dass die Notwendigkeit einer internationalen Umwelt- und Klimapolitik zwar weltweit akzeptiert wurde, die Interessen der Staaten und ihre konkreten Vorstellungen zur Umweltpolitik jedoch stark voneinander abwichen. So favorisierte die EU die Festlegung auf klare Obergrenzen für die Emission und führte bereits den Emissionshandel („cap and trade") ein, während die Vereinigten Staaten auf das Prinzip der Selbstverpflichtung setzten und Länder wie China und Indien eine Obergrenzenfestlegung ablehnen, weil sie sich wirtschaftlich nicht stark genug fühlen, diese Ziele umzusetzen.

Im Streit um das Kyoto-Protokoll hatten sich die Europäische Union, Kanada und Japan bereits im Jahr 2005 darauf geeinigt, die Emissionsreduktionen auch unabhängig vom Kyoto-Nachfolgeprotokoll zu erfüllen. Am 9. März 2007 einigten sich die EU-Staats- und Regierungschefs in Brüssel unter deutscher Ratspräsidentschaft auf neue Klimaschutzziele. Danach soll der Anteil erneuerbarer Energien wie Solar- und Windenergie und Nutzung von Biomasse bis 2020 auf etwa 20 Prozent steigen, Treibhausgase sollen gleichzeitig um ein Fünftel vermindert werden. Deutschland hat sich in Kyoto bzw. im Rahmen der EU-Lastenteilung verpflichtet, bis zum Zeitraum 2008 bis 2012 insgesamt 21 Prozent weniger klimaschädliche Gase zu produzieren als 1990. Strittig blieb im Rahmen der europäischen Klimapolitik jedoch bis zuletzt die Nutzung der Atomkraft. Im Abschlussdokument des Rats-Gipfels wird festgehalten, dass es in der Verantwortung jedes Mitgliedstaates selbst liegt, ob er Atomkraft nutzt. Insbesondere Frankreich und die ostmitteleuropäischen Länder hatten sich bis zuletzt vehement dafür eingesetzt, Atomkraft als klimafreundlichere Form der Energieerzeugung zu nutzen. Länder wie Österreich und Spanien setzten dagegen frühzeitig auf erneuerbare Energien und die deutsche Bundesregierung entschied nach der Katastrophe im Atomreaktor von Fukushima/Japan im März 2011, zukünftig auf Atomkraft verzichten zu wollen.

Mit den getroffenen Vereinbarungen folgt die EU einer Klimaschutz-Politik, die bereits mit der Unterzeichnung des Kyoto-Abkommens eingeleitet wurde, nämlich Umweltpolitik nicht nur als nationale Aufgabe zu begreifen, sondern sie vielmehr als internationales Politikfeld zu verankern und über internationale Abkommen abzusichern. Dabei setzen die Mitgliedsländer auf Zielvorgaben, zu deren Einhaltung sich die Unterzeichnerstaaten verpflichten, wobei die Mechanismen ähnlich flexibel sind, wie im Kyoto-Protokoll, das beispielsweise den Handel mit Emissionsrechten vorsieht. Ob die Vereinbarung verbindlicher Zielvorgaben der wirksamste Weg ist, internationalen Klimaschutz durchzusetzen, ist in der internationalen Gemeinschaft außerhalb Europas jedoch umstritten. Die Vereinigten Staaten als größter Emittent von Klima schädlichen Stoffen betonten anlässlich der Klimakonferenz 2007, dass sie eigene Wege im Bereich des Klimaschutzes gehen wollten. Erst die Obama-Administration erklärte sich nach dem Machtwechsel in Washington 2009 bereit, an den internationalen Verhandlungen zur Ausarbeitung eines Kyoto-Folgeabkommens teilzunehmen; auch China war daraufhin bereit, sich an den Verhandlungen zu beteiligen. Zugleich setzt die US-amerikanische Administration auf eine freiwillige Selbstverpflichtung, indirekt Steuerung über ein Anreizsystem sowie bilaterale Abkommen, etwa mit Brasilien, Indien oder China zur gezielten Förderung energieeffizienter Technologien.

Die Verhandlungen der im Dezember 2009 in Kopenhagen veranstalteten Nachfolgekonferenz der UN-Klimakonferenz von Kyoto gestalteten sich sehr zäh und endeten mit einer relativ schwachen Übereinkunft (*Copenhagen Accord*). Die vertretenen 192 Staaten verstrickten sich zunächst über mehrere Tage in Verfahrensfragen. Auch nachdem der Generalsekretär der Vereinten Nationen, Ban Ki-Moon, die Staaten zu größeren Anstrengungen aufgerufen und eine den zukünftigen Generationen gegenüber verantwortliche Klimapolitik eingefordert hatte, blieben die Ergebnisse weit hinter den erwarteten Vereinbarungen zurück. Für das Scheitern führen Beobachter verschiedene Gründe an: ein auf dem staatlichen Souveränitätsprinzip basierendes, veraltetes UN-System (Leggewie/Messner 2009), eine durch Multi-Multilateralismus unübersichtlich gewordene Verhandlungs- und Interessenstruktur (Kleine-Brockdorff 2009), sowie je nach politischer Sicht die sperrige Haltung einzelner Länder, wie China oder die Vereinigten Staaten. Ein Klimaabkommen über 2012 hinaus wurde nicht geschlossen; die Staaten erklärten lediglich ihre Bereitschaft weiter über globale Klimaschutzziele verhandeln zu wollen. Zwar wird die Bedrohung des Planeten Erde durch Klimawandel nun international anerkannt, und die 192 Staaten, welche auf der Konferenz vertreten waren, haben die von Klimaforschern begründete Begrenzung der globalen Erderwärmung auf maximal zwei Grad Celsius anerkannt, aber konkrete Schritte und Maßnahmen konnten nicht vereinbart werden. Insbesondere konnten sich die europäischen Länder mit ihrer Forderung nach verbindlichen Richtwerten und einer Ausweitung des „cap and trade"-Systems nicht durchsetzen. Entscheidend hierfür war u. a. die Verhandlungsstrategie der Vereinigten Staaten, die sich mit China, Indien und Brasilien auf bilaterale und regionale Abkommen und nicht auf ein globales Klimaschutzsystem einigten. Die Klimakonferenz in Kopenhagen 2009 kann mit ihrer Abschlusserklärung daher nicht als neue Stufe globaler Regeln und Normen, sondern lediglich als Zwischenschritt einer globalen Klimapolitik betrachtet werden.

Nach dem unbefriedigenden Ergebnis der Weltklimakonferenz in Kopenhagen 2009 wird vielfach *Kritik am UN-Prozess* geübt. So schreiben die Politikwissenschaftler Claus Leggewie und Dirk Messner: „Internationale Politik wird weiterhin als Suche nach dem kleinsten gemeinsamen Nenner begriffen. Das Gut, das in Kopenhagen am meisten verteidigt wurde, war die nationalstaatliche Souveränität und natürlich die von den Vereinigten Staaten und China reklamierte Handlungsfreiheit von Großmächten." (Leggewie/Messner 2009: 8) Grundsätzlich stelle sich die Frage, ob die UN mit einer Vielzahl von Verträgen und komplexen Verhandlungssystemen mit 192 Staaten überhaupt noch in der Lage ist, eine wirksame Klimapolitik zu entwickeln. So könnten sich im Sinne eines rechtlich stratifizierten Mehrebenensystems einzelne Ländergruppen zur Entwicklung einer wirksamen Umwelt- und Klimaschutzpolitik zusammen tun oder bilaterale Verhandlungen zwischen Industrie- und Schwellenländern etwa über Technologietransferabkommen zur Umweltpolitik beitragen. Doch die Umsetzungsbilanz von Gipfeltreffen ausgewählter Ländergruppen, wie den G 8-Staaten oder den G 20, in denen neben den wichtigsten Industrieländern auch die Schwellenländer vertreten sind, weist eine hohe Divergenz auf und scheint nicht besser als die der UN-Klimarahmenkonvention. Trotz der bereits 1997 von den damals noch G7-Staaten beschlossenen Richtwerte, die Konzentration des Kohlendioxids in der Atmosphäre auf dem damaligen Niveau zu halten, sind die Emissionen dieser Länder stetig weiter gewachsen. Eine Studie zur Umsetzung der Klimapolitikbeschlüsse der Universität Toronto zeigt, dass die G 7- bzw. G 8-Staaten seit der Verabschiedung der Klimarahmenkonvention Ende der neunziger Jahre immerhin rund die Hälfte von insgesamt 200 Klimabeschlüssen umgesetzt hätten; allerdings blieben die meisten G-8 Beschlüsse derart vage formuliert, dass ihre Umsetzung („compliance") qualitativ nicht wirklich überprüft werden könnte. In ihrem 2007 veröffentlichten Report kommt die unabhängige Forschergruppe zu dem Ergebnis, dass in der G-8 plus 5 Gruppe, die Schwellenländer wie Indien, Mexiko und China einschließt, lediglich die EU die vereinbarten Klimaziele voll umgesetzt hätten; dagegen haben Kanada und Russland diese nur teilweise umgesetzt und in den Plus-5-Ländern führte Mexiko mit einer partiellen Umsetzung, während China und Indien negative Werte aufweisen.[10] Interessanterweise hatten dagegen auch Länder wie Japan und die USA ihre Energiepolitik zugunsten einer Reduzierung von Emissionen geändert, ein Trend, der wie die Forscher vermuten, auf ein verändertes Verhalten von Konsumenten sowie der Industrie zurückzuführen ist.

Bislang ist es nicht gelungen, die Normen des internationalen Umweltschutzes global umzusetzen, und, wie die Kontroversen um das Kyoto-Protokoll und die Klimakonferenz in Kopenhagen zeigen, die Legitimität des „Kollektivguts Klima" universell anzuerkennen. *Begrenzte Erfolge* in der Umweltpolitik lassen sich vor allem in den entwickelten OECD-Ländern aufzeigen, und hier besonders in den Ländern, die aufgrund ihrer innenpolitischen Strukturen Umweltpolitik konsequent und kontinuierlich verfolgen und, wie die EU eine gemeinschaftliche Politik entwickelt haben. Zu diesem Schluss kommen die Autoren einer Mehrländerstudie, die für die UN-Universität über einen Zeitraum von 25 Jahren in 13 Ländern durchgeführt wurde (Jänicke/Weidner 1997a). Wie die Studie zeigte, spielen wirtschaftliche Faktoren bei der Umsetzung der internationalen Umweltpolitik eine wichtige Rolle. Besonders in den entwickelten Industrieländern werden große Hoffnungen in den kräftig wachsenden Umweltmarkt gesetzt. Weniger erfolgreich waren, wie zu erwarten, die Entwicklungsländer bei der Umsetzung von umweltpolitischen Zielen und Maßnahmen. Jedoch findet nach Ergebnissen derselben Studie auch hier ein *Kapazitätsaufbau* statt. Daran hat die Internationalisierung von Umweltpolitik einen wesentlichen Anteil, d. h. die gesetzten Normen und Richtlinien induzieren umweltpolitische Maßnahmen in weniger entwickelten Ländern. Wissenschaftler gehen dabei von einer globalen Verbreitung umweltpolitischer Normen und Strategien aus und sprechen von einer *Diffusion umweltpolitischer Innovation* (vgl. Tews/Jänicke 2005). Die politische Bedeutung internationaler Umweltpolitik besteht in diesem Kontext hauptsächlich darin, Normen festzulegen und die Handlungskompetenz in umweltpolitischen Fragen zu erweitern. Eine Annäherung von Institutionen, Gesetzen und Politikstilen können die Diffusion von Normen beschleunigen und die Kompetenzen für die Implementation erhöhen.

Komparative Untersuchungen zeigen, dass staatliche Politik in den entwickelten Ländern immer noch ein wichtiger Faktor bei der Entwicklung der Umweltpolitik ist. Drei Teilergebnisse einer komparativen Studie stellen die These von der „Globalisierungsfalle" im umweltpolitischen Bereich in Frage. Erstens lässt sich zeigen, dass die vier bedeutendsten Verursacherbereiche für die Belastung der Umwelt (Energiesektor, Straßenverkehr, Landwirtschaft und Bausektor) in starkem Maße von nationalen Politiken und weniger von Weltmarktentwicklungen abhängen. Zum zweiten zeigt sich, dass einzelne Länder trotz der Globalisierung

---

[10] http://www.g8.utoronto.ca/oxford/g8rg-lseox-final-2007-080720.pdf (aufgerufen am 29.12.2009).

eine „Vorreiterrolle" im Umweltschutz einnehmen können – in Europa etwa die Niederlande und Dänemark. Die Vorreiter sind meist kleine Länder, die in hohem Maße in den Weltmarkt integriert sind, sich dem Trend neoliberaler Deregulierung aber durchaus widersetzen können und zeigen, dass Umweltpolitik der nationalen Ökonomie mittelfristig durchaus förderlich sein kann. Drittens ergibt die komparative Untersuchung, dass die Schwächung des Nationalstaates durch die Globalisierung auch dazu führt, dass sich Länder immer weniger dem Umweltschutz widersetzen können. „Das Tempo bestimmen weniger die Nachzügler Osteuropas und der Entwicklungsländer als die hoch regulierten Märkte, denen sich Exportländer anpassen." (Jänicke/Weidner 1997b: 24; Tews/Jänicke 2005) Hinzu kommt, dass globale wirtschaftliche Interessen, wie die Bevorzugung von Standorten mit niedrigen Umweltauflagen durch internationale Konzerne und die Vernachlässigung von Grundsätzen der Nachhaltigkeit der Realisierung von internationalen Umweltstandards entgegenstehen. Erschwerend kommt hinzu, dass die Welthandelsorganisation (WTO) Standards von Nachhaltigkeit und ökologischer Verträglichkeit im Welthandel als „Handelshemmnis" verurteilt.

Eine wirksame Umweltpolitik ist gerade für die *Schwellen- und Entwicklungsländer* von nicht zu unterschätzender Bedeutung.[11] In vielen Ländern, wie etwa im Subsaharischen Afrika, sind Lebensgrundlagen wie Wasser und landwirtschaftlich nutzbarer Boden eine knappe Ressource geworden. Hier spielt vor allem die Frage der Ernährung einer wachsenden Zahl von Einwohnern unter sich verschlechternden Bedingungen eine zentrale Rolle. Forscher gehen davon aus, dass die Anzahl bewaffneter Konflikte um natürliche Ressourcen, insbesondere um Wasser, in Zukunft deutlich ansteigen wird. So gehen Hilfsorganisationen der UN davon aus, dass selbst wenn bewaffnete Konflikte wie in der Darfur-Region im Sudan beigelegt werden und Flüchtlinge in ihre Stammregionen zurückkehren können, die Bedingungen für eine Existenz sichernde Landwirtschaft durch Versteppung und Wasserknappheit kaum mehr gegeben sind. Wirtschaftliches Wachstum, das den Regionen eine Entwicklungsperspektive bietet und zugleich dem Gedanken der Nachhaltigkeit folgt, wird als präventive Maßnahme in diesen Gebieten immer dringlicher. Auch in vielen Ländern Asiens ergeben sich aufgrund einer raschen Urbanisierung und Industrialisierung gravierende Umweltprobleme. Dabei kommt vor allem *China* als größter asiatischer Wirtschaftsmacht eine zentrale Rolle zu. Vom Entwicklungs- zum Schwellenland aufgestiegen weist China nicht nur eine sehr rasch wachsende Volkswirtschaft auf. Das Land ist inzwischen der größte Emittent von Kohlendioxyd und anderen klimaschädigenden Gasen geworden. Ein vom „World Watch Institute" (2006) verfasster Bericht zur Situation in China und Indien stellte fest, dass die Umweltverschmutzung in China besorgniserregende Ausmaße angenommen hat. Die rasante Verstädterung mit mehreren Millionenstädten hat in China zu einer hohen Belastung von Wasser und Luft geführt. Durch den hohen Anteil von Kohle als Brennstoff ist die Belastung mit Schwefeldioxid sehr hoch und der Regen ist in weiten Teilen des Landes sauer. Je nach Studie befinden sich von den zehn schmutzigsten Städten der Welt sieben bis neun in China. Vor allem die Zunahme des Straßenverkehrs hat hier zu einer steigenden Belastung der Luft geführt. Die Verschmutzung betrifft nicht nur die Städte, auch auf dem Land wird die Umwelt durch Überdüngung schwer belastet. So wird in der Landwirtschaft die doppelte Menge an Düngemitteln wie im Weltdurchschnitt verwendet. Aufgrund der Verunreinigungen durch die Landwirtschaft und fehlender Abwassersysteme sind zudem die Flusssysteme stark belas-

---

[11] Vgl. auch „Human Development Report 2007/08: Fighting Climate Change. Human Solidarity in a Divided World". http://hdr.undp.org/en/reports/global/hdr2007-8/ (aufgerufen am 08.06.2011)

tet: Etwa die Hälfte der Flüsse ist so stark verschmutzt, dass sie nicht einmal die niedrigsten chinesischen Umweltstandards einhalten und damit eigentlich nicht mehr zur Bewässerung benutzt werden können.

Mittlerweile ist China nach den USA der weltweit größte Produzent von Treibhausgasen, wobei es beim Pro-Kopf-Ausstoß von Treibhausgasen noch recht weit abgeschlagen ist. China produziert mehr als 36 Prozent der weltweiten Schadstoffemissionen, muss jedoch als Entwicklungsland nach dem Kyoto-Protokoll seinen CO_2-Ausstoß nicht drosseln; diese Regelung führte während der Klimakonferenz von Kopenhagen 2009 zu einer Blockadehaltung Chinas, sich strengen Richtwerten anzuschließen, auch wenn die Klassifizierung als Entwicklungsland inzwischen überholt ist und der Verweis des Landes auf die besondere Verantwortung der Industrieländer beim Klimaschutz angesichts der besorgniserregenden globalen Auswirkungen der Erderwärmung nicht mehr zeitgemäß erscheint. Die Umweltverschmutzung ist u. a. für ein stark steigendes Auftreten von Lungenkrankheiten und Krebs verantwortlich. Der *China Human Development Report 2002* des UNDP der Vereinten Nationen kommt deshalb zum Schluss, dass China am Scheideweg stehe und sich für eine *grüne Reform* entscheiden müsse. Ansonsten drohe die Umweltzerstörung, den erreichten sozialen und wirtschaftlichen Fortschritt zu behindern oder gar wieder zunichte zu machen.[12] Derweil setzt in China ein Umdenken in der Umweltpolitik ein. In ihrem im März 2006 verabschiedeten Fünfjahresplan hat die chinesische Regierung beschlossen, dass es von einem veränderten Wachstumskonzept ausgehen will. Der Energieverbrauch gemessen an der Wirtschaftsleistung soll bis 2010 um 20 Prozent verringert werden, der Wasserverbrauch soll um 30 Prozent, der Schadstoffausstoß um zehn Prozent fallen. Nur ein weiteres Umdenken in der Kohleförderung (Filteranlagen), der Abwasserreinigung und Bodenbewirtschaftung könnte jedoch die Umweltbelastung drastisch verringern. Als die am raschesten wachsende Volkswirtschaft Asiens hat China hier eine große Aufgabe zu bewältigen und eine Neuorientierung in der Umwelt- und Klimapolitik hat bereits begonnen.

Internationaler Umweltschutz ist ein weiter an Dringlichkeit gewinnendes Politikfeld in den internationalen Beziehungen. Neben den Internationalen Organisationen kommt auch den nichtstaatlichen, internationalen Umweltorganisationen eine besondere Bedeutung zu, insbesondere seitdem die Vereinten Nationen ihnen teilweise einen Konsultationsstatus eingeräumt haben. Vorgeschlagen wird auch, ein weltbürgerschaftliches Engagement im Rahmen von dezentralen subsidiären Netzwerken zu stärken. Internationaler Umweltschutz bleibt damit ein Kernanliegen von Global Governance.

2.1.4 Problembeispiel Klimawandel: Tuvalu – eine versinkende Nation

Während der Konferenz zum Klimawandel in Cairns, Australien, im April 2011 richtete der Direktor des Meteorologischen Dienstes aus Tuvalu, Hilia Vavae, einen bewegenden Appell an die Teilnehmer der Veranstaltung. Sein Land, eine kleine Inselnation etwa 1,000 km nördlich der Fidschi-Inseln im Südwesten des Pazifik gelegen, sei in den letzten 15 Jahren immer häufiger von vernichtenden Überschwemmungen aufgrund von heftigen Wirbelstürmen betroffen. Die aus neun Inseln bestehende Kleinstnation liegt an der höchsten Stelle nur 4,5 Meter über dem Meeresspiegel. Viele der Einwohner versuchten wegen der immer wieder kehren-

---

[12] www.undp.org.cn/downloads/nhdr/nhdr2002.pdf

den schweren Überschwemmungen, die „sinkende Nation" zu verlassen. Er appellierte daher an die Regierungen von Australien und Neuseeland, den Klimaflüchtlingen („climate change refugees"), die vor der Umweltkatastrophe flüchteten, permanentes Asyl in ihren Ländern zu erteilen. [13]

Nach dem „Environmental Vulnerability Index" (EVI) des UN-Entwicklungsprogramms (UNDP) zählt Tuvalu zur Kategorie der extrem gefährdeten Nationen („extremly vulnerable").[14] Die Überschwemmungen gefährden nicht nur die tropische Landwirtschaft und die Nahrungsmittelproduktion, sondern sie beeinträchtigen auch die Frischwasserversorgung, die zunehmend versalze, und die fragile Infrastruktur aus Wegen und Straßen. Das Problem von Tuvalu hatte die internationale Staatengemeinschaft zuletzt auf der Klimakonferenz in Kopenhagen im Dezember 2009 beschäftigt. Die Vertreter der Inselnation, die Mitglied der Vereinten Nationen und anderer Internationaler Organisationen ist, setzten sich dort für ein verbindliches Abkommen zur Treibhausgasreduzierung ein, da sie den Treibhauseffekt („greenhouse effect") für die Umweltkatastrophen auf ihrer Insel verantwortlich machten. Die Delegierten drohten sogar, die Kopenhagener Konferenz platzen zu lassen, sollten keine allgemein verpflichtenden Grenzen für Emissionen für alle Länder verabschiedet werden, allerdings ohne Erfolg.[15]

Mit einer Einwohnerzahl von rund 12,000 Menschen zählt der Inselstaat Tuvalu, der erst 1978 unabhängig geworden ist, zwar zu den kleinsten Staaten der Welt, nach Vatikanstadt, Monaco und Naruru, aber die Frage der Umweltproblematik wirft grundsätzliche rechtliche und politische Fragen für die internationale Staatengemeinschaft auf. Da der Meeresspiegel nach vorliegenden Prognosen aufgrund der globalen Erderwärmung ansteigt und die Wirbelstürme die prekäre Lage der Insel weiter verschlimmern, befürchten Einwohner und Regierung des Inselstaates, dass ihr Land in absehbarer Zeit völlig überschwemmt und damit unbewohnbar werden würde. Wie soll die internationale Gemeinschaft mit dem Problem der „Klimaflüchtlinge" umgehen? Welche rechtlichen Möglichkeiten hat eine bedrohte Nation, wie die von Tuvalu, andere Länder zur Aufnahme der Bewohner zu bewegen? Ist die internationale Gemeinschaft überhaupt für diese Fragen zuständig, oder muss nicht die Regierung der Inselstaaten selbst Vorkehrungen gegen die Naturkatastrophen treffen?

Angesichts der bedrohlichen Umweltsituation versucht die Regierung von Tuvalu seit einigen Jahren für ihre Bevölkerung in Neuseeland und Australien permanentes Asyl zu erhalten. Ursprünglich sollten etwa 300 Menschen pro Jahr auswandern, wobei bereits rund 4.000 Bürger Tuvalus in Neuseeland leben. Neuseeland und Australien lehnten eine pauschale Asylregelung jedoch ab. Ein anderer Vorschlag bezieht sich darauf, für die Bewohner Tuvalus neues Land zur Besiedelung auszuweisen. Ein im Jahr 2006 von dem ursprünglich aus Tuvalu stammenden Wissenschaftler Don Kennedy vorgelegter Vorschlag bestand darin, die Bevölkerung geschlossen auf die Fidschi-Inseln umzusiedeln, um ihre Lebensweise und Kultur zu erhalten. Die Kosten für diese Umsiedlung sollten nach seinem Vorschlag von den die Klimaveränderung verursachenden Industriestaaten getragen werden. Dieser Vorschlag

---

[13] „Sinking South Pacific island threatened by climate change"
http://www.cairns.com.au/article/2011/04/08/158011_local-news.html (aufgerufen am 29.07.2011).
[14] www.vulnerabilityindex.net
[15] „Klimagipfel in Kopenhagen: Und was ist los mit Tuvalu?"
http://www.faz.net/artikel/C30190/klimagipfel-in-kopenhagen-und-was-ist-mit-tuvalu-30079299.html (aufgerufen am 29.07.2011).

2.1 Globalisierung und Weltwirtschaftssystem

wurde seitens der Regierung und anderer gesellschaftlicher Gruppen jedoch wegen seines unmittelbar pessimistischen Untergangsszenarios kritisiert. Auch präferierte die Regierung eine Ansiedlung in Neuseeland oder Australien, anstatt auf einer anderen, wenig entwickelten Inselregion im Pazifik. Vertreter der Bevölkerung auf Tuvalu kritisieren darüber hinaus, dass die Lage des Inselstaates und angrenzender Inseln in der Klimadebatte funktionalisiert würden und einige der Probleme der Insel „menschengemacht" seien, wie zum Beispiel durch Abtragen von Ufergesteinen und Erdrändern zu Bauzwecken. Eine Abwanderung aus dem Inselstaat hätte zudem im Verlauf der Geschichte immer wieder stattgefunden und sei keinesfalls erst ein Produkt des Klimawandels.[16]

Während die Lösung des Problems im Inselstaat Tuvalu politisch weiter umstritten bleibt, setzt sich im Rahmen von Internationalen Organisationen eine höhere Sensibilität für das Problem der Klima- und Umweltflüchtlinge durch. Auf Basis von Schätzungen der Vereinten Nationen wird die Staatengemeinschaft in Zukunft mit Millionen von Menschen konfrontiert sein, bei denen Klimawandel eine Hauptursache für ihre Flucht aus der Heimatregion ist. Die Zahlen variieren allerdings je nach Quelle erheblich. Im Jahr 2001 schätzte der damalige Leiter des UN-Umweltprogramms, Klaus Töpfer, beispielsweise, dass 22 bis 24 Millionen Menschen ihre Heimat aufgrund von schlechten Umweltbedingungen verlassen hätten. Das UN-Flüchtlingskommissariat (UNHCR) ging 2005 davon aus, dass bis 2010 rund 50 Millionen Menschen Umweltflüchtlinge sein würden.[17] Bis Mitte des 21. Jahrhunderts würden nach Schätzungen des UNDP sogar 200 Millionen Menschen aufgrund von Umwelt- und Klimaveränderungen auf der Flucht sein. Andere Berechnungen behaupten sogar einen Anstieg der Flüchtlingszahlen auf 500 Millionen Menschen bis Mitte des 21. Jahrhunderts. Aber bislang liegen nur Schätzungen vor, wie viele Menschen aufgrund des Klimawandels zum Verlassen ihrer Heimat gezwungen werden könnten.

Auch wenn die Zahlen für die prognostizierten Migrationsbewegungen, die durch Umweltkatastrophen oder durch den Klimawandel verursacht werden, schwanken, so gehen Forscher davon aus, dass der prognostizierte Anstieg der Temperatur von zwei bis drei Grad in den nächsten 50 Jahren gravierende Auswirkungen auf das Weltklima haben wird, mit unterschiedlichen Folgen für verschiedene Regionen, die meist mit der Ressource „Wasser" verbunden sind. Heftige Überschwemmungen und extreme Dürre sind zwei der gravierendsten Probleme, die sich aufgrund von Klimaveränderungen zu häufen beginnen.

Das internationale Recht hat bislang keine klare Regelung für Umwelt- oder Klimaflüchtlinge vorgesehen. Da Umweltflüchtlinge in der Genfer Flüchtlingskonvention von 1951 nicht erwähnt werden, fehlt ihnen der Schutz, welcher beispielsweise politischen oder Kriegsflüchtlingen zusteht. Lediglich in Schweden, Finnland und den USA besteht bisher die Möglichkeit, aufgrund von Naturkatastrophen ein temporäres Asylrecht zu erlangen. Das Büro des Hohen Flüchtlingskommissars der Vereinten Nationen (UNHCR) orientiert sich wie bisher bei seiner Definition von Flüchtlingen an der Beschreibung in der Genfer Flüchtlingskonvention von 1951, die Vertreibung durch Umweltdegradation nicht kennt. Erst in jüngeren Veröffentlichungen widmet sich der UNHCR dem Phänomen der Umweltzerstörung und erkennt Naturkatastrophen als Grund für Flüchtlingsbewegungen an. Verschiedene Umwelt- und Menschenrechtsorganisationen fordern deshalb inzwischen, den Flüchtlingsbegriff der

---

[16] www.welt.de/wissenschaft/article2760070/Warum-Tuvalu-kein-Symbol-fuer-die-Apokalypse-ist.html (aufgerufen am 27.07.2011).

[17] http://www.la-umwelt.de/fuersiegefunden/pdf/Archiv/Umweltfluechtlinge.pdf (aufgerufen am 29.07.2011).

Genfer Konvention zu erweitern, um den wachsenden Problemen, die aufgrund der Umweltschädigungen und Klimaveränderungen zu erwarten sind, zu begegnen.

Dabei wird deutlich, dass der Begriff des Umweltflüchtlings schwer zu definieren ist, da Veränderungen in der natürlichen Umgebung nicht nur Fluchtbewegungen, sondern auch freiwillige Migrationsprozesse ausgelöst haben. Selbst der Begriff des Klimaflüchtlings ist nicht klar definiert. In einer Studie im Auftrag von „Greenpeace" werden beispielsweise unter Umweltflüchtlingen zunächst solche Menschen verstanden, die aufgrund von Veränderungen in ihrer natürlichen Umwelt zum Verlassen ihres angestammten Wohnortes gezwungen werden. Klimaflüchtlinge sind ein Sonderfall hiervon, bei dem die Ursache Folgen des Klimawandels sind.[18] Im internationalen Recht ist der Begriff des Flüchtlings, der Genfer Flüchtlingskonvention folgend, enger gefasst. Menschen, die aufgrund von Veränderungen in ihrer natürlichen Umwelt die Flucht ergreifen, fallen somit in der Regel nicht darunter. Der Begriff des „Umweltflüchtlings" wurde erst in einem Bericht des Umweltprogramms der Vereinten Nationen (UNEP) in die Debatte eingeführt. Dieser versteht darunter „solche Menschen, die aufgrund von merklicher Umweltzerstörung, die ihre Existenz gefährdet und ernsthaft ihre Lebensqualität beeinträchtigt, gezwungen sind, zeitweilig oder dauerhaft ihren natürlichen Lebensraum zu verlassen. Unter „Umweltzerstörung" werden in dieser Definition jegliche physikalische, chemische und/oder biologische Veränderungen der Ökosysteme (oder Ressourcenbasis) verstanden, die diese zeitweilig oder dauerhaft ungeeignet machen, menschliches Leben zu unterstützen." (zitiert nach Jakobeit/Methmann 2007: 2)

Ob der Begriff des Umweltflüchtlings überhaupt sinnvoll ist, um das komplexe Problem der Migration aufgrund von veränderten Umweltbedingungen zu erfassen, wird inzwischen von einigen Studien bezweifelt. Eine Ausdehnung des Flüchtlingsbegriffs kann die ursprüngliche Bedeutung des Flüchtlings schwächen. Flüchtlinge haben in der Regel keinen Anwalt oder Staat, der für sie sprechen könnte und bedürfen daher eines „starken" Schutzes durch das internationale Recht. Flucht und Vertreibung aufgrund von Klima- und Umweltproblemen beruhen dagegen häufig auf längerfristigen, von Menschen selbst verursachten Problemen, wie beispielsweise exzessive Ausbeutung von Ressourcen, „bad governance" und schlechtes Krisenmanagement. Oft stellen Veränderungen in der Umwelt nur einen der Faktoren, die – gemeinsam mit wirtschaftlichen, politischen oder sozialen Faktoren – zu der unfreiwilligen Migration führen können, wie z. B. Dürren, Überflutungen, Meeresspiegelanstieg. In einigen Fällen umweltbedingter Migration ist eine klare Abgrenzung zwischen freiwilliger und unfreiwilliger Migration schwierig, insbesondere in Fällen, in denen Menschen nur unter schwierigen Umständen ihre täglichen Bedürfnisse erfüllen können und sich daher entscheiden, ihren Herkunftsort zu verlassen.

Das Berlin-Institut für Bevölkerung und Entwicklung betrachtet daher Umweltmigration als relativ komplexes Phänomen mit multiplen Ursachen, die jeweils für sich betrachtet und politisch bearbeitet werden müssten. Zu den Ursachen der zunehmenden Umweltmigration rechnet das Institut: „klassische" Naturkatastrophen, Degradation von Böden, forcierten Abbau von Ressourcen (insbes. Wasser), häufige schwere Überschwemmungen, andere Varianten wie toxische oder radioaktive Verseuchung oder Umweltzerstörung durch Bürgerkriege. Wie es in einem Handbuch des Instituts zum Stichwort „Umweltmigration" heißt, sind Umweltflüchtlinge letztlich das Ergebnis von natürlichen beziehungsweise anthropoge-

---

[18] http://www.greenpeace.de/fileadmin/gpd/user_upload/themen/klima/klimafluechtlinge_endv.PDF (aufgerufen am 29.07.2011).

nen Umweltschäden und/oder einem ökologisch unangemessenen Bevölkerungswachstum.[19] Als Problemlösungen werden vorgeschlagen: Intensivierung der nationalen und internationalen Umweltpolitiken in Richtung nachhaltige Entwicklung; effiziente Kontrolle des regionalen und globalen Bevölkerungswachstums; demografische Entlastung ökologisch labiler beziehungsweise gefährlicher Regionen.

Die Zahl der Menschen, die aufgrund von Umweltzerstörung und Klimawandel ihr Herkunftsland verlassen, wird in Zukunft zunehmen. Die Umweltmigration ist ein Beispiel dafür, dass die Strategie zur Bewältigung der damit verbundenen rechtlichen und politischen Probleme nur in der Zusammenarbeit von Entwicklungs-, Wirtschafts- sowie Umweltpolitik global bearbeitet werden kann.

Literatur

Banda, Maria/Joanna Langille (Hg.): Governing Global Climate Change: St. Petersburg Compliance Report for the 'G8 Plus Five' Countries. G8 Final Report 2007, Oxford. Online: http://www.g8.utoronto.ca/oxford/2006complinace-ox.pdf (aufgerufen am 15.10. 2009)

Behrens, Maria (Hg.): Globalisierung als politische Herausforderung: Global Governance zwischen Utopie und Realität, Wiesbaden 2005

Brown, Lester R. u.a. (Hg): State of the World 1999. A Worldwatch Institute Report on Progress Toward a Sustainable Society, New York/London 1999.

Gore, Al: An Inconvenient Truth: The Planetary Emergency of Global Warming and What We can do about it, New York 2006

Jakobeit, Cord/Chris Methmann: „Klimaflüchtlinge", Studie im Auftrag von Greenpeace, Hamburg 2007

Jänicke, Martin/Helmut Weidner (Hg. unter Mitarbeit von Helge Jörgens): National Environmental Policies. A Comparative Study of Capacity Building, Berlin u. a. 1997a

Jänicke, Martin/Helmut Weidner: „Zum aktuellen Stand der Umweltpolitik im internationalen Vergleich. Tendenz zu einer globalen Konvergenz", in: Aus Politik und Zeitgeschichte, B 27, 27. Juni 1997b, S.15–24

Kleine-Brockdorff, Thomas: „Die neue Hackordnung. ‚Multilateralismus á la carte'. Was der Klimagipfel von Kopenhagen über die Machtverhältnisse auf dem Globus lehrt", in: Der Tagesspiegel, 27. Dezember 2009, S. 8.

Konferenz der Vereinten Nationen für Umwelt und Entwicklung im Juni 1992 in Rio de Janeiro, Dokumente: Agenda 21, hrsg. vom Bundesministerium für Umwelt, Naturschutz und Reaktorsicherheit, Bonn o. J.

Leggewie, Claus/Dirk Messner: „Erfolgreich gescheitert", Frankfurter Allgemeine Zeitung, 22. Dezember 2009, S. 8.

Simonis, Udo Ernst: Globale Umweltpolitik. Ansätze und Perspektiven, Mannheim 1996

State of the World 2006: Special Focus China and India, hrsg. vom World Watch Institute, Washington DC 2006

Tews, Kerstin/Jänicke, Martin (Hg.): Die Diffusion umweltpolitischer Innovationen im internationalen System. Wiesbaden: VS Verlag für Sozialwissenschaften 2005

---

[19] http://www.berlin-institut.org/fileadmin/user_upload/handbuch_texte/pdf_Woehlcke_Umweltmigration.pdf (aufgerufen am 29.07.2011).

2.2 Konflikte, Krisen, Kriege: Internationale Politik als Sicherheitspolitik

2.2.1 Krieg und Frieden in der internationalen Politik

Die Problematik von Krieg und Frieden hat wie keine andere Thematik das Feld der Internationalen Beziehungen geprägt. Für den Friedens- und Konfliktforscher Ernst-Otto Czempiel bilden Krieg und Frieden als Gegensatzpaar sogar den Kernbereich der Disziplin der Internationalen Beziehungen. Er verfolgt ihre theoriegeschichtlichen Wurzeln zurück bis in die Antike mit den Kriegsstudien von Thukydides und zentriert seine theoretischen Überlegungen über das Fach um diese Thematik (Czempiel 1996: 3).

Bereits Immanuel Kant beklagte, dass das Nebeneinander von Staaten in der „gesetzlosen Freiheit, sich unaufhörlich zu balgen" (Kant) zu bestehen scheint. Aufgrund der Anarchie in der Staatenwelt schienen Kriege unvermeidlich, ja manche Autoren wie z. B. der Militärtheoretiker Carl von Clausewitz, sahen den Krieg als Fortsetzung der Politik unter Einbeziehung anderer Mittel an und gaben ihm damit eine Aura der Unvermeidlichkeit. Die aus Deutschland emigrierte Philosophin Hannah Arendt zog aus den Kriegs- und Gewalterfahrungen des 20. Jahrhunderts daher die beredte Schlussfolgerung für die Analyse von Politik: „Kriege und Revolutionen, nicht das Funktionieren parlamentarischer Regierungen und demokratischer Parteiapparate, bilden die politischen Grunderfahrungen unseres Jahrhunderts." (Arendt 1993: 124)

Nach dem Zweiten Weltkrieg hat sich in der Bundesrepublik als Teilgebiet der Internationalen Beziehungen die *Friedens- und Konfliktforschung* entwickelt. Zentraler Gegenstand der Friedens- und Konfliktforschung sind die Analyse von Ursachen gewaltsamer Konflikte, der Wandel von Kriegstypen, sowie die Konfliktprävention. Teile der Friedens- und Konfliktforschung sind vor allem an rechtlichen, philosophischen und normativen Fragen der Kriegsvermeidung und Friedensherstellung orientiert, während andere auf empirisch-analytischem Weg zwischenstaatliche und innerstaatliche Konflikte erforschen und dokumentieren. Die Erforschung von gewaltsamen Konflikten und Kriegen hat in Deutschland nicht zuletzt mit dem zunehmenden Engagement der Bundeswehr bei Friedenseinsätzen im Ausland an Bedeutung gewonnen. Wie der Direktor des Instituts für Friedensforschung und Sicherheitspolitik an der Universität Hamburg, Michael Brzoska, argumentiert, liegt Deutschland mit einer steigenden Zahl von Bundeswehreinsätzen „im internationalen Trend zunehmender Interventionsbereitschaft." (Brzoska 2007: 32) Eine genaue wissenschaftliche Analyse der Implikationen dieser neuen Entwicklung ist daher für die Politikwissenschaft von vordringlichem Interesse. Politik zur Kriegsvermeidung und Kriegsursachenforschung sind heute ein wichtiges Thema der Internationalen Beziehungen.

Was versteht die Politikwissenschaft unter einem „Krieg"? Die Arbeitsgemeinschaft Kriegsursachenforschung der Universität Hamburg (AKUF) bietet folgende Definition an: *Kriege* werden als solche gezählt, wenn *erstens* zwei oder mehr Parteien an bewaffneten Auseinandersetzungen beteiligt sind, wobei mindestens eine aus den regulären Streitkräften einer Regierung bestehen sollte; wenn *zweitens* ein Mindestmaß an zentral gelenkter Organisation der Kriegsführung gegeben ist, und wenn *drittens* eine gewisse Kontinuierlichkeit der Feindseligkeiten herrscht. Das Hamburger Institut hat allein im Jahr 2010 weltweit 32 Kriege

2.2 Konflikte, Krisen, Kriege: Internationale Politik als Sicherheitspolitik

dokumentiert.[20] Diese Zahl wird zwar als niedrigster Stand seit 1993 bezeichnet, ein Jahr, in welchem nach dem Ende des Ost-West-Konflikts und durch den Zerfall Jugoslawiens sowie der Sowjetunion eine besonders hohe Konfliktintensität zu verzeichnen war. Auch wenn die Zahl der bewaffneten Konflikte sinkt (vgl. Brzoska 2007) ist die Zahl der zivilen Opfer hoch und die Grausamkeit der kriegerischen Konflikte trotz des abnehmenden Trends gewalttätiger Konflikte ein ernstes Problem für die internationale Staatengemeinschaft. Allein im zweiten Kongo-Krieg (1998–2003) kamen schätzungsweise vier Millionen Menschen ums Leben, im Sudan (1983–2003) etwa zwei Millionen Menschen und Millionen von Menschen sind in Folge von Kriegen auf der Flucht.

Als Vorstufe für eine gewalttätige kriegerische Auseinandersetzung werden in der Friedens- und Konfliktforschung häufig Krisen und Konflikte gesehen. Dementsprechend unterscheidet das „Konfliktbarometer" des Heidelberger Instituts für Internationale Konfliktforschung (HIIK) in seiner Erfassung von Kriegen latente Konflikte, manifeste Konflikte, Krisen, ernste Krisen und Krieg. Von 363 Krisen seien im Jahr 2010 allein 28 als hoch gewalttätig und sechs als Kriege einzustufen.[21] Das im Auftrag des Bonn International Center for Conversion (BICC), der Forschungsstätte der Evangelischen Studiengemeinschaft (FEST), der Hessischen Stiftung Friedens- und Konfliktforschung (HSFK), des Instituts für Friedensforschung und Sicherheitspolitik an der Universität Hamburg (IFSH) und des Instituts für Entwicklung und Frieden der Universität Duisburg-Essen (INEF) herausgegebene jährliche „Friedensgutachten" analysiert jeweils zentrale Krisengebiete und gewalttätige Konflikte und erörtert Wege aus der Krise oder den Kriegen.

Aus politikwissenschaftlicher Sicht bestehen *Konflikte* in einer „unvereinbaren Positionsdifferenz". Sie sind ein zentraler Bestandteil des sozialen Lebens und stellen an sich keine Bedrohung dar, da sie situationsbedingt sind und stets verschiedene Handlungsalternativen ermöglichen. Zugleich können Konflikte eine Vorstufe zu offener Gewaltanwendung bilden und potentiell friedensbedrohend wirken. Gewaltsame Konflikte sind stets auf eine bereits vorher vorhandene Spaltung der Gesellschaft bzw. auf länger anhaltende Auseinandersetzungen zwischen Gruppen, Staaten oder verfeindeten Eliten zurückzuführen. Dabei kann zwischen Interessen- und Identitätskonflikten unterschieden werden. Sozialwissenschaftliche Forschung bemüht sich daher um frühzeitige Aufdeckung von Konfliktpotentialen, da eine Eskalation nicht auszuschließen ist. Nicht immer führen bedrohlich wirkende Konflikte jedoch zu Kriegen. Der nahezu vierzig Jahre dauernde Ost-West-Konflikt, der das beherrschende Thema der Sicherheitspolitik in Europa und in der Weltpolitik zwischen 1947 und 1989 bildete, führte beispielsweise in Europa nicht zu einer direkten militärischen Konfrontation; er wurde vielmehr durch Abkommen, Vereinbarungen und Gespräche „kleingearbeitet". Dennoch war er durch Hochrüstung und Rüstungswettlauf mit erheblichen Kosten verbunden und es wurden zahlreiche „Stellvertreter-Kriege" in Afrika und Asien geführt, die eine Vielzahl an Opfern forderten.

Neben Konflikten sind *Krisen* ein wichtiges Gebiet in der Forschung. Der Krisenbegriff ist dynamisch und umfasst Situationen, die mit dem Konfliktbegriff nicht oder nur verkürzt erfasst werden, wie z. B. der Beginn einer Eskalation eines vormals ruhigen Konflikts. Unter einer Krise lässt sich allgemein eine Situation erhöhter Spannung zwischen wenigstens zwei

---

[20] http://www.sozialwiss.uni-hamburg.de/publish/Ipw/Akuf/publ/AKUF-Analysen-09.pdf (aufgerufen am 19. Juli 2011).

[21] http://www.hiik.de/de/konfliktbarometer/ (aufgerufen am 19. Juli 2011).

Akteuren oder Bezugssystemen verstehen, denen Konflikte sehr unterschiedlicher Herkunft zugrunde liegen können, wie politische oder wirtschaftliche Interessengegensätze oder Auseinandersetzungen über grundlegende gesellschaftliche Fragen, die in divergierenden religiösen, weltanschaulichen oder ethischen Identitäten wurzeln. Krisen gehen mit der intensiven Wahrnehmung einer Bedrohung einher, die wenigstens von einer der beteiligten Seiten empfunden wird. Ihre Gefährlichkeit beruht auf der großen Unsicherheit über weitere Entwicklungen (Erwartungsunsicherheit), die eine beträchtliche Eskalationsgefahr beinhaltet. Krisensituationen zeichnen sich darüber hinaus durch einen tatsächlichen oder perzipierten Zeitdruck aus, dem sich die Akteure ausgesetzt sehen, so dass Entscheidungen großer Tragweite in viel dichterer Folge als in „normalen" gesellschaftlichen Situationen und daher mit höherer Selektivität an Informationen gefällt werden. Negative Vorerfahrungen und stark akzentuierte Feindbilder können dabei die Konfliktsituation als überzeichnet erscheinen lassen. Analytisch ist es daher sinnvoll, entscheidungstheoretisch angelegte Untersuchungen von Krisen durch Perzeptionsanalysen zu ergänzen, die aufzeigen, welche gegenseitigen Perzeptionen (und Fehlperzeptionen) vorliegen, um zu einer politischen Lösung von Krisen zu gelangen. Wie Untersuchungen gezeigt haben, liegen beim Beginn eines Krieges häufig fehlerhafte Einschätzungen der Intentionen eines anderen Staates sowie der Erwartung in Bezug auf die Folgen und das Ende eines Krieges vor (vgl. Albrecht 1998; Deutsch/Senghaas 1971). Fehlperzeptionen sollten daher ein Untersuchungsgegenstand der Krisenforschung sein.

Das *Kriegsbild* hat sich in den vergangenen zwei Jahrzehnten stark gewandelt. Während bis in die Mitte des 20. Jahrhunderts vor allem *Kriege zwischen Staaten* bzw. miteinander verbündeter Staaten stattfanden, prägen heute vor allem *Kriege innerhalb von Staaten,* wie Staatsverfallskriege, Bürgerkriege, sowie Kriege um Ressourcen das Bild (Daase 2003; Geis 2006). Der Berliner Politikwissenschaftler Herfried Münkler spricht daher vom Krieg als „Chamäleon", das seine Erscheinungsform ändern kann (Münkler 2007). In den Kriegen innerhalb von Staaten sind mehr als drei Viertel der Opfer zivile Personen, im Gegensatz zu den klassischen Kriegen zwischen Staaten, in denen vor allem Soldaten und militärisches Personal zu den Opfern gehörten, da in den innerstaatlichen Kriegen die Zivilbevölkerung in einem weitaus größerem Maße betroffen ist. Auch kommt es hier häufig zu besonders grausamen Verbrechen an Kindern sowie gegen Frauen, da, wie das Beispiel des ehemaligen Jugoslawiens und der Krieg im Kongo zeigen, Gewalt gegen Frauen und Massenvergewaltigungen systematisch als Terror gegen die Zivilbevölkerung eingesetzt wurden.

Der Wandel des Kriegsbildes erfolgt unter dem Eindruck des Typus der *neuen Kriege*. In ihrer Arbeit über „Old Wars and New Wars" (1999) hatte die britische Politologin Mary Kaldor am Beispiel des Bosnienkrieges argumentiert, dass der neue Typus der Kriege, welcher die klassische Form des Krieges als gewaltsame Konfliktaustragung zwischen Staaten ablöst, auf einer neuen *Kriegsökonomie* beruht. Kennzeichen dieser neuen Kriege auf dem Balkan und anderswo sei die treibende Rolle von halbstaatlichen oder privaten „Kriegsunternehmern"; diese Kriege werden nicht mehr zwischen Staaten, sondern innerhalb von zerfallenden Staaten (*„failing states"*) geführt, wobei Kriegsfürsten, Klans und Männerbünde den Charakter der kriegerischen Aktionen bestimmen und sie sich die neue Kriegsökonomie zunutze machen. Kaldor zeigt darüber hinaus, wie die ökonomische Basis dieser neuen Kriegstypologie durch Prozesse der Globalisierung befördert wird. Globaler Waffenhandel mit hohen Gewinnspannen, transnationale strategische Kriegsunterstützung, aber auch internationale militärische Interventionen westlicher Staaten charakterisieren diese „extreme

Form der Globalisierung". Dabei wird die Kriegsführung „kapitalisiert", beispielsweise durch die Bildung von „private military firms", „outsourcing" etc. (vgl. Kaldor 2007).

In verschiedenen Studien wurde angesichts des veränderten Kriegstypus über das „Verschwinden des zwischenstaatlichen Krieges" im 21. Jahrhundert gemutmaßt. „Der klassische Staatenkrieg, der die Szenarien des Kalten Krieges noch weithin geprägt hat, scheint zu einem historischen Auslaufmodell geworden zu sein; die Staaten haben als die faktischen Monopolisten des Krieges abgedankt und an ihre Stelle treten immer häufiger parastaatliche, teilweise sogar private Akteure – von lokalen Warlords und Guerillagruppen über weltweit operierende Söldnerfirmen bis zu internationalen Terrornetzwerken – für die der Krieg zu einem dauerhaften Betätigungsfeld geworden ist." (Münkler 2003: 7) Der Wandel im Kriegsbild bedeutet aber keinesfalls, dass Kriege nicht mehr stattfinden. Münkler schreibt dazu, dass zwar der klassische Staatenkrieg, aber nicht der Krieg an sich als „Auslaufmodell" gelten könne; vielmehr haben Kriege ihre Erscheinungsformen verändert, wie die Metapher des Kriegs als „Chamäleon" ausdrückt. Die neuen Kriege seien ebenfalls sehr verlustreich. So hat der Krieg im östlichen Kongo in den vergangenen Jahren allein vier Millionen Tote gefordert. Kennzeichen für die neuen Kriege sei vor allem ihre veränderte Kriegsökonomie; während sich zwischenstaatliche Kriege mit ihren großen Opfern irgendwann auch wirtschaftlich „erschöpfen", ist die neue Kriegsökonomie „über die Schattenkanäle der Globalisierung an die prosperierende Friedensökonomie der Wohlstandszonen angeschlossen" (Münkler 2007). So fließen ihr permanent neue Ressourcen zu. Mit Rauschgift, Gold, Diamanten, Edelhölzern und auch dem Handel mit Frauen aus diesen Kriegszonen sind lukrative Geschäfte zu machen. Eine Beendigung des Krieges ist daher sehr schwer zu erreichen, da Warlords und kriegsführende Parteien in der Regel in erheblichem Umfang vom Fortgang der bewaffneten Konflikte profitierten. Eine „Friedenssehnsucht" kennen die kriegsführenden Parteien nicht. Anders als bei Bürgerkriegen gehe es auch nicht um die Veränderung von politischen Strukturen oder die Erorberung von staatlicher Macht, vielmehr ist der Krieg Selbstzweck geworden. Ein Übergang vom Krieg zum Frieden könne daher nur als langwieriger Prozess gestaltet sein, der in der Regel von außen organisiert und moderiert werden müsse (Münkler 2007: 3f.).

Neue Kriege werden heute in verschiedenen Regionen der Welt geführt, allerdings ist vor allem das subsaharische Afrika von diesem Kriegstypus betroffen. Häufig finden die neuen Kriege in ressourcenreichen Ländern statt, und die Kämpfe werden um das so genannte weiße Gold (Diamanten; Heroin), schwarzes Gold (Öl) oder andere Rohstoffe (Coltan) geführt. Stets bereichern sich „Warlords" und Kriegsparteien zum Nachteil der Bevölkerung, was die Beendigung dieser Kriege erschwert und die Länder trotz großer Reichtümer weiter verarmen lässt. Dieses Phänomen ist auch als „Ressourcenfluch" bezeichnet worden, indem rohstoffreiche Entwicklungsländer, die politisch aber instabil sind, über Jahre hinweg unter gewalttätigen Konflikten leiden, wie die Beispiele des Sudan oder des Kongo zeigen. Die Motive, die die kriegsführenden Parteien leiten, werden vom materiellen Gewinn angetrieben. Daher wird in der Diskussion um die neuen Kriegen unterschieden zwischen Benachteiligten und ihren Beschwerden („grievance") und den Profiteuren der Kriege und ihrer Gier („greed"). Gier ist als Hauptursache der neuen innerstaatlichen Kriege auszumachen.

In der wissenschaftlichen Literatur werden als *Ursachen von kriegerischen Konflikten* mehrere, teilweise divergierende Erklärungsmuster und eine Vielzahl von mittelbaren und unmittelbaren Faktoren genannt. Grob vereinfacht lassen sie sich in drei Gruppen bündeln:

1. sozio-ökonomische Erklärungsmuster

- Herausbildung einer Weltordnung mit hierarchisch aufgebauten Einfluss- und Abhängigkeitsstrukturen und Konflikten um begehrte Ressourcen (insbesondere Wasser, Öl, und andere natürliche Rohstoffe) (Deutsch/Senghaas 1971);
- einflussreiche ökonomische Interessen der Rüstungsindustrie („militärisch-industrieller Komplex") und die kapitalistische Logik des Weltmarktes mit einer „Durchmilitarisierung des Globus" (Albrecht 1998);
- ungleichmäßige sozio-ökonomische Entwicklung und Ressourcenverteilung zwischen Staaten (Nord-Süd-Konflikt; Problem Unterentwicklung); Herausbildung von neuen Kriegsökonomien (Kaldor 1999; Münkler 2003);

2. ordnungspolitische Erklärungsmuster

- Rivalitätshierarchien zwischen aufstrebenden Mächten oder konkurrierenden Machteliten im Territorium; expansives Machtstreben totalitärer Systeme (z. B. Nationalsozialismus);
- krisenhafte Nationalstaatsbildung (z. B. Nachfolgerepubliken im ehemaligen Jugoslawien);
- politisches oder ideologisches Hegemonialstreben (z. B. Kreuzzüge; Dschihad);

3. kulturelle Erklärungsmuster

- hierarchisch aufgebaute, friedensunfähige Dominanzkultur (feministischer Ansatz)
- religiöse und/oder ethnische Konfliktlinien in der Gesellschaft sowie kollektive Identitätskrisen (z. B. „Kampf der Kulturen").

Bisherige Forschungen haben gezeigt, dass in der Regel Verknüpfungen verschiedener Ursachenkomplexe vorliegen, wenn es zu einer kriegerischen Eskalation kommt. Eine frühzeitige Konfliktbearbeitung (Prävention) hat sich als das bislang wirksamste Mittel erwiesen, eine gewaltförmige Konfliktaustragung zu verhindern. Darüber hinaus sind Interventionen der internationalen Gemeinschaft, wie „humanitäre Interventionen", Sanktionen gegen die Kriegstreiber oder andere rechtliche Maßnahmen geeignet, Konfliktparteien zu einer Beendigung von Kriegshandlungen zu bewegen.

Ziel der Beendigung von gewaltsamen Konflikten ist die Herstellung von Frieden. Der Begriff *Frieden* bedeutet zunächst die Abwesenheit von Krieg und gewaltsamen Konflikten. Global betrachtet ist Frieden jedoch nicht als Zustand, sondern nur als historischer Prozess zu verstehen. Unterschieden werden in der Literatur ein negativer und ein positiver Friedensbegriff. „Unter dem negativ bestimmten Friedensbegriff wird die Abwesenheit des Krieges verstanden, während unter dem positiv bestimmten Friedensbegriff die höchst variabel interpretierbare Realisierung sozialer Gerechtigkeit und Gleichheit, politischer und persönlicher Freiheiten, der Entfaltung menschlicher Fähigkeiten und Selbstverwirklichungsmöglichkeiten gefasst wird oder allgemein ausgedrückt: die Abwesenheit von struktureller und personeller Gewalt." (Jahn 1994: 156) Frieden herzustellen und zu erhalten wird als Kernaufgabe Internationaler Organisationen betrachtet. Aus diesem Grund definiert die Charta der Vereinten Nationen die Erhaltung des Weltfriedens als zentrale Aufgabe. Auch das Grundgesetz der Bundesrepublik Deutschland enthält ein Friedensgebot. Die Verhütung von Gewaltanwendung und gewaltfreie Konfliktlösung sind präventiv und prozesshaft. Anders als zur Zeit des Ost-West-Konflikts wird Frieden in der Forschung daher nicht mehr als die Utopie eines großen Weltfriedens verstanden, sondern der Friedensprozess wird in viele Einzelschritte auf regionaler und internationaler Ebene zerlegt.

Frieden ist im Kern als Einhegung und Zivilisierung von Konflikten zu verstehen. Wie diese Zivilisierung erreicht werden kann, beschäftigt die Forschung seit Jahrzehnten. Bereits die Zivilisationstheorie von Norbert Elias beruhte auf dem Gedanken, dass Zivilisation durch wachsende Selbstkontrolle, langfristige Planung und die Rücksichtnahme auf die Empfindungen und Gedanken anderer Menschen entsteht. Mit dem Theorem des „demokratischen Friedens" und Modellen von Frieden als Zivilisierungsprozess hat die Forschung versucht, den Friedensprozess theoretisch besser zu verstehen. Der bekannte Friedensforscher Dieter Senghaas entwickelte beispielsweise das „zivilisatorische Hexagon" als Modell für einen Friedensprozess. Senghaas geht davon aus, dass Gesellschaften dann in einen friedfertigen Zustand überführt werden können, wenn sie die sechs im Hexagon festgelegten Bedingungen erfüllen: Entprivatisierung von Gewalt und Herausbildung eines legitimen Gewaltmonopols, Herausbildung von Rechtsstaatlichkeit (Verfassungsstaat), zunehmende Affektkontrolle durch wachsende Interdependenzen, demokratische Beteiligung, soziale Gerechtigkeit und konstruktive Konfliktkultur (Senghaas 1995). Frieden als Zivilisierungsprozess wird somit zum Streben nach einer legitimen und gerechten Ordnung. Diese Bedingungen herzustellen erfordert jedoch einen längeren historischen Prozess. Das Modell von Senghaas passt denn auch besser auf westliche Gesellschaften, als auf andere Regionen der Welt, in denen eine ausgeprägt gewaltsame Konfliktkultur und geringe rechtsstaatliche Traditionen vorliegen.

Wie bereits erwähnt, zeigen verschiedene empirische Studien, dass die Zahl der Kriege und bewaffneten Konflikte in den vergangenen 15 Jahren deutlich abgenommen hat, nach einigen Angaben sogar um fast die Hälfte, wobei auch die Zahl direkter Kriegsopfer zurückgegangen ist. Dieser Rückgang ist nach Untersuchungen von Forschern vor allem auf die Beendigung einer im Zeitvergleich hohen Zahl innerstaatlicher bewaffneter Konflikte bzw. Bürgerkriege zurückzuführen. So berichtete der in Kanada erstellte *Human Security Report 2005* bereits über einen Rückgang der Zahl zwischen- und innerstaatlicher Kriege und schreibt über einen „dramatic, but largely unknown, decline in the number of wars, genocides and human rights abuses over the past decade.... The Report argues that the single most compelling explanation for these changes is found in the unprecedented upsurge of international activism, spearheaded by the UN, which took place in the wake of the Cold War."[22] Diese Untersuchungsergebnisse werden im jüngsten *Human Security*-Bericht (2010) bestätigt; zugleich wird das von kriegerischen Auseinandersetzungen verursachte Leid der Zivilbevölkerung, wie die Verbreitung von Krankheiten und Unterernährung, ein immer ernsteres Problem.[23]

Welche *politischen Modelle* eignen sich besonders für die Vermeidung von Kriegen und die Herstellung von Frieden? Einer verbreiteten Auffassung zufolge gilt, dass liberaldemokratische Staaten untereinander keine Kriege führen, so dass die nachhaltigste Methode, Kriege zu verhindern, darin bestehen würde, weltweit liberale demokratische Regime zu fördern. Die Hypothese vom demokratischen Frieden (*democratic peace*) ist nach Aussagen eines ihrer Verfechters, Bruce Russett, eine der „stärksten nicht-trivialen und nicht-tautologischen Generalisierungen, die über die internationalen Beziehungen getroffen werden kann" (Russett in: Brown 1996). Wie Russett und andere Vertreter dieser Auffassungen argumentieren, zeigen empirische Untersuchungen, dass in der modernen Geschichte zwi-

---

[22] „Human Security Report 2005. War and Peace in the 21st Century", hrsg. v. Human Security Center, The University of British Columbia, Canada, Oxford 2005.

[23] Human Security Report 2009/10: The Causes of Peace and the Shrinking Costs of War, http://www.hsrgroup.org/human-security-reports/20092010/overview.aspx (aufgerufen am 08. Juni 2011).

schen demokratisch regierten Ländern keine Kriege ausgetragen worden sind. Die empirische Evidenz stützt sich auf quantifizierbare Daten, die in Längsschnitt-Untersuchungen erhoben wurden. Als erfolgreiches Beispiel werden in diesem Zusammenhang die demokratischen Transformationen in Ost- und Ostmitteleuropa und die Demokratisierung Lateinamerikas genannt. Politisch-institutionelle Voraussetzungen, wie Gewaltenteilung, demokratische Öffentlichkeit und die Herausbildung von liberalen, pluralistischen Werten und Normen befördern offenbar den Prozess der Delegitimierung von Kriegen als Mittel der Machtauseinandersetzung. Dieses Modell einer gesellschaftlichen Ordnung, das deutlich von westlichen Vorstellungen geprägt ist, erweist sich im historischen Vergleich als in besonderem Maße dem Frieden förderlich, sowohl nach innen als auch anderen Ländern mit ähnlicher politischer Verfasstheit gegenüber. Politisch ziehen die Vertreter der Demokratie-Hypothese aus dieser Beobachtung die Schlussfolgerung, dass es gilt, weltweit die Etablierung demokratisch verfasster Regime zu unterstützen, beispielsweise mit Mitteln der internationalen Diplomatie, Projektförderungen, humanitären Hilfen usw.

Demokratie durch militärische Intervention zu etablieren hat sich als wenig erfolgversprechend erwiesen. Mit dem Konzept des „liberal peace" sollten beispielsweise die Einsätze in Afghanistan und im Irak zum Aufbau einer friedensfördernden demokratischen politischen Ordnung führen. In diesen Ländern Demokratie zu etablieren hat sich jedoch als äußerst schwierig erwiesen, nicht zuletzt deshalb, weil die Umsetzung des Programms auf große Widerstände in der Bevölkerung gestoßen ist und Demokratisierung nach einer militärischen Intervention vor großen Legitimationsproblemen steht. Länder mit armer Bevölkerung, wie Haiti, haben es ebenfalls schwer, Demokratien aufzubauen. In Nordafrika, wie in Tunesien, Libyen und Ägypten, setzt die internationale Staatengemeinschaft daher vor allem auf die Stärkung der eigenen Gesellschaft, um einen inneren Frieden zu erreichen und den Aufbau demokratischer Strukturen zu unterstützen.

In vielen Teilen der Welt gelten die Wiederherstellung politischer Autorität durch das internationale Recht, die Stärkung zivilgesellschaftlicher Strukturen sowie die institutionelle und habituelle Umsetzung ziviler politischer Konfliktlösungsmechanismen als Mittel zur Eindämmung und Reduzierung der Anzahl gewalttätiger, kriegerischer Konflikte. Neben diesen rechtlichen, politischen und sozialen Faktoren werden auch psychologische und anthropologische Erklärungsmuster für die abnehmende Kriegshäufigkeit gefordert. Der an der Harvard Universität lehrende Psychologe Steven Pinker schlägt angesichts des abnehmenden Trends kriegerischer Konflikte beispielsweise vor, nicht zu fragen „warum gibt es Krieg?", sondern, warum es Frieden gibt (vgl. Pinker 2007). Neuere entwicklungs- und kognitionspsychologische Erkenntnisse könnten helfen, besser zu verstehen, warum und unter welchen Bedingungen soziale Gemeinschaften Konflikte kooperativ und friedlich lösen, um die Logik von Friedensprozessen zu fördern.

Heute setzt der Friedensprozess kollektives Lernen, auch durch internationale Organisationen und damit Sozialisationsprozesse voraus, mit dem Ziel der Einhegung kollektiver Gewaltanwendung. Untersuchungen deuten darauf hin, dass das stärkere *internationale Engagement* im Konfliktmanagement die beste Erklärung für den festgestellten Trend abnehmender Kriegshäufigkeit liefert. Die „Herrschaft des Rechts" durchzusetzen wird daher heute als zentrale Herausforderung für Internationale Organisationen betrachtet.

2.2.2 Enger und weiter Sicherheitsbegriff

Aufgrund der weltweiten, multiplen Sicherheitsbedrohungen, die von Kriegen und kriegerischen Konflikten ausgehen, wird in der internationalen Politik eine Eindämmung von Konflikten und Krisen angestrebt, um Sicherheit zu gewährleisten. Was ist unter Sicherheit zu verstehen? Der Begriff *Sicherheit* bezieht sich in der Analyse internationaler Politik zunächst auf die territoriale und politische Integrität von Staaten und einen Zustand, in dem die Bevölkerung eines Staates ohne die Gefahr von Kriegen existieren kann. Das Prinzip des Staatensystems in der Sicherheitspolitik geht dabei zurück auf den „Westfälischen Frieden" (1648), der die Grundlage des Systems der europäischen Staaten und ihrer wechselseitigen Anerkennung legte. Auf Basis dieses Systems gewährleisten funktionsfähige Staaten die Sicherheit ihrer jeweiligen Lebensgrundlagen. Da jeder Staat bestrebt ist, seine eigene Sicherheit zu gewährleisten, kann es allerdings zu einem „Sicherheitsdilemma" kommen, eine paradoxe Situation, in der das Beharren mehrerer Staaten auf ihren sicherheitspolitischen Interessen und ihr dementsprechendes Handeln letztendlich zu erhöhter Instabilität führen kann. Das staatliche Machtstreben verursacht in diesem System eine Machtkonkurrenz, bei der schließlich keiner gewinnen kann, denn zum einen führt das *Sicherheitsdilemma* dazu, dass selbst rein defensiv eingestellten Staaten der Ausstieg aus der Machtkonkurrenz nicht gelingt. Zum anderen sorgt das Machtgleichgewicht dafür, dass offensive Staaten daran scheitern, eine dauerhafte Vorrangstellung im System zu erreichen. Diese mit spieltheoretischen Annahmen theoretisierte Machtkonkurrenz („Gefangenendilemma") hat beispielsweise im Ost-West-Konflikt eine große Rolle gespielt. Ein weiteres Beispiel für das Sicherheitsdilemma ist die nukleare Aufrüstung von Schwellen- und Entwicklungsländern. Dabei halten Neo-Realisten das Sicherheitsdilemma grundsätzlich für nicht lösbar. Dagegen geht die Regimetheorie davon aus, dass das Sicherheitsdilemma durch eine Verregelung und Verrechtlichung überwunden werden kann. Der Konstruktivismus wiederum hält die Annahme einer allgemeinen Machtkonkurrenz und das Theorem der „Anarchie" in der internationalen Politik für eine (sicherheitsgefährdende) Konstruktion.

In der Diskussion um die Sicherheitspolitik lassen sich heute ein enger und ein weiter Begriff der Sicherheit unterscheiden. Auf Basis des *engen* Sicherheitsbegriffs stehen *sicherheits- und verteidigungspolitische Institutionen* von Staaten im Mittelpunkt. Sicherheitspolitik besteht danach konkret in der Reduzierung und Eindämmung der Kriegsgefahr durch den Aufbau von Verteidigungssystemen (NATO), der Beteiligung an Rüstungskontrolle und Abrüstungsverhandlungen, der Bekämpfung des internationalen Terrorismus und der Prävention sicherheitspolitischer Gefahren durch die Staaten. Daneben hat sich ein *weiter* Sicherheitsbegriff durchgesetzt, der in Internationalen Organisationen, wie den Vereinten Nationen, und von NGOs benutzt wird, um die menschliche Sicherheit zu berücksichtigen. Die Verbesserung der Lebensbedingungen und der Schutz von Zivilbevölkerungen, sowie Garantien für persönliche Sicherheit und Integrität der Person werden danach im weiten Sicherheitsbegriff berücksichtigt und vor allem im *Human Security*-Ansatz von internationalen Organisationen aufgegriffen.

Auf Europa bezogen bemühte sich die Europäische Union nach dem Ende des Ost-West-Konflikts zunächst darum, ihre *Gemeinsame Außen- und Sicherheitspolitik* (GASP) zu profilieren, nachdem die europäischen Länder angesichts der Krise im zerfallenden Jugoslawien zunächst keine gemeinsame Handlungsstrategie hatten entwickeln können. Heute verfügt die EU nicht nur über verschiedene Instrumente in der Außen- und Sicherheitspolitik; sie ist auch in verschiedenen Friedenseinsätzen, vorwiegend in Europa, tätig. Zum zweiten wurde das NATO-Verteidigungsbündnis erweitert und strategisch an die veränderte Weltlage angepasst. Nach dem Systemwechsel in Ost- und Ostmitteleuropa wurde die *NATO-Osterweiterung* in zwei Schritten durchgeführt. In einer Zwischenphase Anfang der 1990er Jahre wurde eine Erweiterung von den westlichen Bündnispartnern – trotz des Aufnahmewunsches der Transformationsländer, insbesondere Polens, Ungarns und Tschechiens – für nicht realisierbar gehalten. Die NATO-Staaten unterbreiteten daher im Jahr 1994, einem Vorschlag des amerikanischen Präsidenten Clinton folgend, den ost- und ostmitteleuropäischen Staaten die „Partnership for Peace" (PfP), die eine Kooperation und Konsultation mit den Reformländern vorsah und der die Mehrzahl dieser Länder, einschließlich Russland, beigetreten sind. Nach längeren Verhandlungen erfolgte schließlich als zweiter Schritt die Erweiterung der NATO. Im Jahr 1999 wurden die Länder Polen, Ungarn und Tschechien formell in die NATO aufgenommen, im Jahr 2004 die baltischen Republiken Estland, Lettland und Litauen, sowie Slowenien, die Slowakei, Bulgarien und Rumänien. Bis heute ist die Erweiterung der NATO nicht abgeschlossen. So sind mehrere Länder des ehemaligen „Ostblocks" bestrebt, NATO-Mitglieder zu werden, darunter Albanien, Kroatien, Mazedonien, Montenegro, Georgien und die Ukraine.

Vor dem Hintergrund des Kosovo-Krieges definierte das Bündnis auf seinem Gipfel im April 1999 darüber hinaus eine *neue Sicherheitsstrategie*. Danach betrachtet sich die NATO nicht mehr nur als transatlantisches Verteidigungsbündnis für die Mitgliedsländer bei Angriffen auf ihr Territorium, sondern sie formuliert den Anspruch, in begründeten Fällen auch bei anderen Konflikten einzugreifen, ein Anliegen, dass mit bürgerkriegsbedingten Krisen wie in Bosnien und im Kosovo begründet wurde. Diese Entscheidung erforderte nicht nur einen erhöhten Koordinations- und Kooperationsbedarf innerhalb der NATO und hier vor allem mit den Vereinigten Staaten als wichtigstem Bündnispartner sowie mit anderen Sicherheitsinstitutionen wie dem Europäischen Verteidigungsbündnis WEU, sondern sie wirft auch neue Fragen der völkerrechtlichen Legitimation solcher Einsätze sowie der Beziehungen zu den Vereinten Nationen auf. Dabei besteht in den meisten europäischen Ländern wie auch in der Bundesrepublik die Auffassung, die NATO auf ihre Kernaufgaben als Defensivbündnis zu konzentrieren und sie nicht zur „Interventionsallianz" umzufunktionieren.

Zum engeren Sicherheitsbegriff gehören darüber hinaus *Rüstungskontrolle* und gezielte *Abrüstung*, da die militärische Aufrüstung vieler Länder und das Rüstungspotential ernsthafte Sicherheitsbedrohungen sind. Die Daten zum Weltrüstungshandel geben wenige Hinweise auf eine „Friedensdividende" nach dem Ost-West-Konflikt. Nach einem Rückgang in der ersten Hälfte der 1990er Jahre nehmen die Militärausgaben seit Beginn des 21. Jahrhunderts wieder kräftig zu. So hatte der Waffenhandel nach Angaben des International Institute for Strategic Studies (IISS) in London 1996 schon im zweiten Jahr stark zugenommen, nachdem die Waffenverkäufe sieben Jahre lang rückläufig waren. Auf den Nahen Osten und Nordafrika zusammen entfielen 39,5 Prozent aller Waffenlieferungen; Hauptimporteur an Waffen war Saudi-Arabien, Südostasien importierte 26,6 Prozent dieser Waffen. Seit 2003 dokumentiert das schwedische Friedensforschungsinstitut SIPRI wieder eine deutliche Zunahme des internationalen Waffenhandels (SIPRI-Yearbook 2011). Die führenden Großwaffenexporteure sind Russland und die USA (mit jeweils einem Anteil von etwa 30 Prozent des weltweiten Rüstungsexports), gefolgt von Frankreich, Deutschland, Großbritannien, der Ukraine, Kanada. So ist die erhoffte Konversion, d. h. die Umstellung der militärischen auf die zivile Produktion mit dem Ende des Ost-West-Konflikts, nicht erfolgt, sondern es hat angesichts neuer Anforderungen vielmehr eine Restrukturierung der Rüstungsproduktion stattgefunden.

2.2 Konflikte, Krisen, Kriege: Internationale Politik als Sicherheitspolitik 91

Suppliers

- Others 10%
- Sweden 2%
- China 2%
- Spain 3%
- Italy 3%
- Netherlands 4%
- UK 4%
- France 8%
- Germany 11%
- Russia 23%
- USA 30%

Recipients

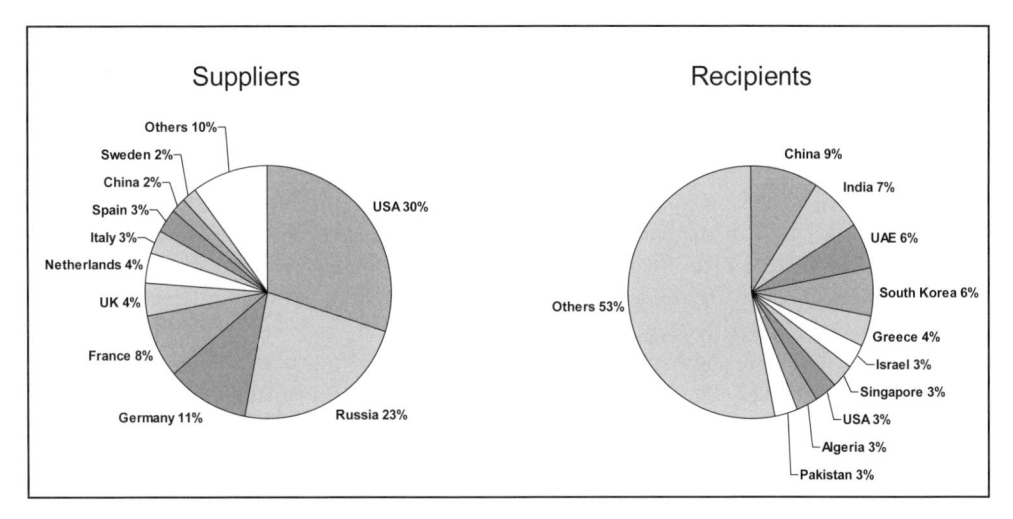

- China 9%
- India 7%
- UAE 6%
- South Korea 6%
- Greece 4%
- Israel 3%
- Singapore 3%
- USA 3%
- Algeria 3%
- Pakistan 3%
- Others 53%

Abb. 2.1: Die größten Waffenex- und -importeure
Quelle: SIPRI Fact Sheet „Trends in International Arms Transfers 2009" Figure 2. The suppliers and recipients of major conventional weapons, 2005–2009

Im Bereich der Rüstungskontrolle sind *Internationale Abkommen* zum Verbot der gefährlichsten Waffen ein Mittel zur Eindämmung von Kriegsgefahren. Im Mittelpunkt stehen dabei Massenvernichtungswaffen – atomare, biologische und chemische Waffen – und das Problem der nuklearen Proliferation. Mit dem 1970 in Kraft getretenen Atomwaffensperrvertrag (Non-Proliferation-Treaty, NPT), der 1995 auf unbefristete Zeit verlängert wurde, haben die Unterzeichnerländer versucht, die Weiterverbreitung von Atomwaffen zu verhindern, aber bis heute dauert der Konflikt um dessen Einhaltung an. 184 Länder haben den Atomwaffensperrvertrag unterzeichnet und ratifiziert. Seit 1998 sind Länder wie Indien und Pakistan Atommächte, ohne den Vertrag unterzeichnet zu haben. Andere, zu den so genannten Schwellenländern gehörige Länder, haben heimlich Atomwaffen gebaut. Nordkorea, das in der nuklearen Aufrüstung einen machtpolitischen Zugewinn sieht, hat den NPT-Vertrag gekündigt, und der Iran wird möglicherweise in einigen Jahren soweit sein, Atomwaffen bauen zu können und zeigt sich internationalem Druck gegenüber eher ablehnend. Auch Israel hat den NPT-Vertrag nicht unterzeichnet. Aber auch neue Rüstungskontrollprojekte, wie etwa das Verbot sämtlicher Nukleartests sind schwierig durchzusetzen. So wurde das internationale Atomteststop-Abkommen dadurch geschwächt, dass es 1999 vom republikanisch beherrschten US-Senat abgelehnt wurde und damit die global wichtigste Atommacht das Abkommen bislang nicht rechtskräftig umgesetzt hat. Eine wichtige Aufgabe internationaler Organisationen besteht daher in einer kontinuierlichen „Überzeugungsarbeit" der beteiligten Akteure durch die internationale Gemeinschaft.

Abrüstungs- und Rüstungskontrollvereinbarung bieten immer wieder Angriffspunkte für die Aktionen von nichtstaatlichen Organisationen und Initiativen. Die Kampagne gegen die Anti-Personen-Minen („Landminen") mit ihren internationalen Aktionen zeigt, dass nichtstaatliche Gruppen die Öffentlichkeit auf bestehende Probleme aufmerksam machen und internationale Abkommen anregen können. Für ihre Aktivitäten erhielt die Kampagne gegen Anti-Personen-Minen im Jahr 1997 sogar den Friedensnobelpreis.

Ein weiteres Problem der Sicherheitspolitik nach dem Ende des Ost-West-Konflikts besteht in der rasanten Zunahme von *Privaten Sicherheits- und Militärfirmen (PSMF)* und der Auslagerung von militärischen und sicherheitspolitischen Aufgaben aus der staatlichen Zuständigkeit in die Hände privater Unternehmen. So stellten die PSMFs allein im Irakkrieg 2003 das zweitgrößte „Kontingent" nach den Vereinigten Staaten, aber auch in vielen anderen Krisengebieten der Welt, etwa in Afghanistan und Somalia, sind heute private Firmen im Einsatz. Sie erfüllen oft Aufgaben, die aufgrund von Kürzungen oder Umstrukturierungen in öffentlichen Haushalten nicht mehr von Staaten wahrgenommen werden. Vor allem Staaten mit einer größeren Aufgeschlossenheit gegenüber Privatisierungen öffentlicher Aufgaben, wie die USA und Großbritannien, greifen auf private Militär- und Sicherheitsfirmen zurück. Ihr Einsatz wirft für die internationale Politik jedoch neue Fragen auf, denn sie verändern nicht nur die Konfliktdynamik in den Einsatzländern und bringen eine neue profit- und marktorientierte Logik in Krisengebiete. Sie beeinflussen darüber hinaus den Einsatz humanitärer Akteure, die im Rahmen von UN-Hilfsaktionen tätig sind, wenn diese von privaten Firmen gesichert werden, die von der Bevölkerung abgelehnt werden. Besonders umstritten ist die Frage, wie die von Mitgliedern der privaten Sicherheits- und Militärfirmen verübten Straftaten an zivilen Personen geahndet werden können, da sie keinem militärischen Kommando oder direkter staatlicher Kontrolle unterliegen (vgl. Schneiker 2009). Eine bessere und koordinierte Regulierung des Einsatzes von privaten Sicherheits- und Militärfirmen ist daher im Interesse der internationalen Gemeinschaft.

Sicherheitspolitik beinhaltet deshalb darüber hinaus auch aktive Konfliktprävention. Gerade in diesem Bereich haben Internationale Organisationen, wie die Vereinten Nationen, nichtstaatliche Organisationen (NGOs) sowie die Regierungen vieler Länder eine wichtige Rolle übernommen. Kooperative Politik- und Aushandlungsprozesse in internationalen Organisationen können zudem ein Forum für eine gewaltfreie Konfliktaustragung zwischen Staaten bilden.

Während der enge Sicherheitsbegriff primär auf die sicherheitspolitischen, militärischen und sicherheitsinstitutionellen Maßnahmen abzielt, bietet ein *erweiterter Sicherheitsbegriff* die Möglichkeit, präventive und gesellschaftliche Perspektiven in den Mittelpunkt der Analyse zu stellen. Dabei wird zum einen gefordert, die Problematik der Gewalt gegen Zivilisten, vor allem angesichts der Ausweitung der „neuen Kriege", in den Sicherheitsbegriff aufzunehmen, zum anderen aber auch ökologische und sozio-ökonomische Gefährdungen von Sicherheit zu berücksichtigen. Der erweiterte Sicherheitsbegriff wurde zuerst im Rahmen des UN-Entwicklungsprogramms (UNDP) gefordert. Juan Somavia, ehemaliger UN-Botschafter Chiles und Initiator des Weltsozialgipfels 1995, skizziert den weiten Sicherheitsbegriff, der an den Bedürfnissen von Menschen orientiert ist, folgendermaßen: „Wir müssen weg von einer Politik, die sich in erster Linie um die Sicherheit von Staaten kümmert. Dreh- und Angelpunkt aller Politik muss die Sicherheit des Menschen sein." Nach seiner Auffassung könne Sicherheit nur durch die Bewältigung sozialer Alltagsprobleme wie Armut, Arbeitslosigkeit und Ausgrenzung erreicht werden. „Beim Begriff der UNO denkt inzwischen jeder nur noch an den Weltsicherheitsrat und Blauhelm-Einsätze. Um Konflikte zu verhindern, ist langfristig gesehen soziale Entwicklung jedoch wichtiger als militärische Aktion. Nach dem Ende des Kalten Krieges ist die Bedrohung durch die Atombombe längst abgelöst durch die soziale Bombe: Terrorismus, Drogensucht, Flüchtlingsströme sind ja alles Folgen unsozialer Politik." (Somavia 1995) Die Debatte um die menschliche Sicherheit ist seit dieser Zeit nicht abgerissen.

Innerhalb der Friedens- und Konfliktforschung wird mit einem neuen *Human Security*-Ansatz versucht, der menschlichen Sicherheit und nicht nur der Sicherheit von Staaten größere Aufmerksamkeit zu widmen. Das „Human Security Project" an der Simon Fraser University in Vancouver, Kanada, legt beispielsweise diesen Sicherheitsbegriff zugrunde, wobei es sich hauptsächlich auf die Gewalt gegen die Zivilbevölkerung konzentriert und diese in ihren jährlichen Berichten umfassend dokumentiert. Der Human Security Report wird von Einrichtungen in fünf Ländern unterstützt: dem Human Security Program des Ministeriums für auswärtige Angelegenheiten und internationalen Handel in Kanada, der kanadischen Internationalen Behörde für Entwicklung, dem Ministerium für internationale Entwicklung in Großbritannien, dem norwegischen königlichen Außenministerium der Rockefeller Foundation, der Behörde für internationale Entwicklungszusammenarbeit in Schweden, dem Außenministerium der Schweiz sowie der schweizerischen Behörde für Entwicklung und Zusammenarbeit. Wie die Herausgeber des Berichts betonen, sei der Human Security-Ansatz besonders geeignet, um zivile, nicht-militärische Sicherheitsmaßnahmen in post-Konflikt-Gesellschaften zu entwicklen: „Human security proponents, while not eschewing the use of force, have focused to a much greater degree on non-coercive approaches. These range from preventive diplomacy, conflict management and post-conflict peacebuilding, to addressing the root causes of conflict by building state capacity and promoting equitable economic development."[24] Im Unterschied zu einem Sicherheitsbegriff, der sich auf die Integrität von staatlichen Grenzen und Auseinandersetzungen zwischen Staaten fokussiert, ist hier der Ausgangspunkt die Zunahme von Gewalt innerhalb von Staaten und die Sorge um die Sicherheit von Menschen. Nach dem Vorbild der UN-Entwicklungsberichte fassen die Berichte und Expertisen Daten zur globalen Sicherheitslage von Bevölkerungen, nicht von Staaten, zusammen. Dabei werden unterschiedliche thematische Schwerpunkte gebildet und Trends herausgearbeitet (vgl. Human Security Report 2009–2010). „Freedom from fear" und „freedom from want", wie es im menschlichen Sicherheitsbegriff gefasst wird, ist ein Leitkonzept des erweiterten Sicherheitskonzepts. Obwohl der menschliche Sicherheitsbegriff unter analytischen Gesichtspunkt weit und teilweise auch vage gefasst ist, hat er als Leitmotiv für die internationale Politik immer größere Bedeutung erlangt.

2.2.3 Internationaler Terrorismus

Der internationale Terrorismus wird von den meisten Staaten der Welt heute als eine ernste Gefährdung der Sicherheit betrachtet. Er ist nicht auf ein Land beschränkt, sondern eine grenzüberschreitende, transnationale Sicherheitsgefährdung. *Terrorismus* bedeutet allgemein formuliert die gegen Zivilisten gerichtete Gewalt, die im Hinblick auf einen politischen Zweck ausgeübt wird, und die unter der Bevölkerung Angst und Verunsicherung auslösen soll. Einer Definition des Politikwissenschaftlers Ulrich Schneckener zufolge ist Terrorismus „eine Gewaltstrategie nichtstaatlicher Akteure, die aus dem Untergrund agieren und systematisch versuchen, eine Gesellschaft oder bestimmte Gruppen in Panik und Schrecken zu versetzen, um nach eigener Aussage politische Ziele durchzusetzen." (Schneckener 2006: 21) Der Begriff des Terrorismus muss jedoch genauer definiert werden. Wie der Politiktheoretiker Herfried Münkler feststellt, erwachsen die Probleme im Umgang mit dem Begriff des Terrorismus „nicht nur aus sachlichen Schwierigkeiten bei einer verbindlichen Grenzziehung zwischen Terrorismus, Verbrechen und Partisanenkrieg, sondern sie sind auch die Folge semantischer Verwirrspiele der politischen Akteure, die durch die Besetzung bestimmter

---

[24] Human Security Report 2005. (http://www.humansecuritycentre.org) (aufgerufen am 1. September 2007).

Begriffe die eigene Position zu verbessern und die der Gegenseite zu verschlechtern suchen." (Münkler 2003: 175f.) Indem Aktivisten oder eine Gruppe als „terroristisch" eingestuft werden, erfolgt ihre politische Ausschließung. Dagegen reklamieren die als terroristisch bezeichneten Gruppierungen häufig für sich selbst, Freiheits- oder Unabhängigkeitskämpfer zu sein, die für einen politischen Kampf auf Gewaltmethoden zurückgreifen müssten, um politische Veränderungen zu erreichen. Aber auch Terror zur Erzwingung materieller Ressourcen durch gewalttätige Gruppen kann Ursache von terroristischen Gruppenbildungen sein. Menschenrechtsorganisationen fordern vor diesem Hintergrund, Unabhängigkeitsbewegungen nicht per se mit terroristischen Bewegungen gleichzusetzen, auch wenn sie Gewaltmittel anwenden, sondern einen differenzierten Zugang zur Einstufung gewalttätiger Aktionen als Terrorismus zu entwickeln. So kann eine Gruppe oder Bewegung, die mehr Autonomie und Selbstbestimmung fordert, von einer Regierung rigoros ausgegrenzt und damit radikalisiert werden, was zur Eskalation einer Spirale der Gewalt bis hin zum Terrorismus führen kann, wenn Regierungen keine De-Eskalation der Gewalt erzielen können. Kritisch zu bewerten sind auch Annahmen, die von einer scharfen Zunahme terroristischer Gewalt ausgehen. Dieser Eindruck hat sich vor allem nach den Anschlägen auf das World Trade Center in New York 2001 und der Zunahme des islamistischen Terrors in westlichen Ländern festgesetzt.

Eine Expertise des Human Security Report (2007) kommt aufgrund von Datenauswertungen dagegen zu dem Ergebnis, dass die Häufigkeit von terroristischen Angriffen im Zeitverlauf betrachtet abgenommen und die Opferzahlen – mit Ausnahme des Irak seit 2003 – etwa gleich geblieben seien. Ursache für den Rückgang terroristischer Gewalt sei vor allem die Entwicklung auf dem afrikanischen Kontinent gewesen.[25]

Historisch ist Terrorismus an sich kein neues Problem. In der Vergangenheit haben nationalistische, separatistische, anarchistische, rechtsextremistische und anti-kapitalistische Bewegungen auch immer wieder Gewalttaten gegen den eigenen Staat bzw. die Regierung ihres Landes ausgeübt, um auf ihre politischen Forderungen aufmerksam zu machen. Beispiele sind die separatistische Bewegung der ETA in Spanien, die IRA im Nordirland-Konflikt, der Tschetschenien-Konflikt in Russland, oder die „Rote Armee Fraktion" (RAF) in Deutschland. Flugzeugentführungen, Selbstmordattentate und gewaltsame Angriffen auf symbolische Gebäude und Einrichtungen gehören daher seit längerem zum Repertoire terroristischer Aktivitäten, wie diese Beispiele zeigen. Strengere Gesetze und Maßnahmen zur Bekämpfung von terroristischen Gruppen sind daher in verschiedenen Ländern bereits vor den Anschlägen in New York und Washington entwickelt und verabschiedet worden.

Die *Internationalisierung* des Terrorismus mit grenzüberschreitenden Aktionen nahm mit spektakulären Flugzeugentführungen palästinensischer Gruppen nach dem Sechs-Tage-Krieg Ende der 1960er Jahre ihren Anfang und erreichte mit den Anschlägen vom 11. September 2001 in New York und Washington einen vorläufigen traurigen Höhepunkt. Vor allem islamistische Gruppierungen bekennen sich heute offen zum Terror durch Selbstmordattentate, symbolische Gewaltakte, oder bewaffneten Kampf. Kennzeichen der neuen islamistischen Welle terroristischer Anschläge ist die Privatisierung von Gewalt, d. h. die Entwicklung gewaltbereiter informeller Organisationen, die sich nicht im staatlichen Kontext, sondern in einem internationalen Netzwerk bewegen, welches länderübergreifend agiert. Besonders die offenen Gesellschaften in westlichen Ländern bieten vielfältige Angriffsflächen, aber auch andere Länder in Nordafrika und Asien sind in Mitleidenschaft gezogen. Der internationale

---

[25] http://www.hsrgroup.org/human-security-reports/2007/overview.aspx (aufgerufen am 2. September 2007).

Terrorismus dient daher vor allem dem Ziel, die Bevölkerung zu verunsichern und zu terrorisieren, wobei die Verfolgung konkreter politischer Ziele häufig diffus bleibt. Für die zivile Gesellschaft stellt die durch terroristische Gruppierungen und Netzwerke „privatisierte Gewalt" eine enorme Herausforderung dar.

In den westlichen Ländern hat die Erfahrung der Gewalt durch Terrorismus nicht nur zu einer Verschärfung von Asyl- und Einreisebestimmungen, sondern auch innenpolitisch zu schärferen Kontroll- und Überwachungsgesetzen geführt. So hat die US-amerikanische Regierung bei der Einreise in das Land erkennungsdienstliche Überprüfungen eingeführt, die Zusammenfassung verschiedener Behörden in einer neuen Heimatschutzbehörde („Homeland Security") durchgesetzt und die Überwachung von öffentlichen Gebäuden ausgeweitet. Die europäischen Länder haben gleichfalls ihre Überwachungs- und Kontrollmechanismen verstärkt, wobei sich die Europäische Union um eine koordinierte, effektive Bekämpfung des Terrors auf europäischer Ebene bemüht. In ihrer Sicherheitsstrategie hat die Europäische Union dem internationalen Terrorismus höchste Priorität zugewiesen und, nach den Anschlägen in Madrid im März 2004, einen EU-Koordinator für die Terrorismusbekämpfung berufen. Zu seinen Aufgaben gehören u. a. die Koordination verschiedener Maßnahmen zur Informationsgewinnung und zum Ausbau von Dateninformationssystemen innerhalb Europas und in Kooperation mit den Vereinigten Staaten (z. B. Flugdatensätze; Beobachtungen von Finanzströmen etc.), Gefahrenabschätzungen, sowie die Koordination von Maßnahmen im Bereich des Zivil- und Katastrophenschutzes.

Der *Konflikt zwischen Sicherheitsbedürfnissen und Freiheitsrechten* von Bürgern hat sich als Folge der schärferen Überprüfung und Kontrolle vertieft. Ihrem Grundkonsens entsprechend sind westliche Gesellschaften als offene Gesellschaften konzipiert, in denen Einschränkungen von Bürger- und Freiheitsrechten legitimiert werden müssen. Dem Bedürfnis nach Sicherheit steht sowohl in europäischen Ländern als auch in den Vereinigten Staaten eine Ablehnung von übermäßigen Kontrollen gegenüber. Daher ist bei allen Maßnahmen die Frage der Verhältnismäßigkeit der eingesetzten Methoden und Mittel sorgfältig zu prüfen.

Die genauen *Ausmaße des internationalen Terrorismus* sind bestenfalls umrisshaft bekannt. Moderne Medien und Kommunikationsmittel, die Verzahnung verschiedener Gruppen sowie ihre Finanzierung durch potente Geldgeber und nicht zuletzt ein gesellschaftliches Umfeld in korrupten oder gespaltenen Gesellschaften begünstigen die potentielle Ausbreitung terroristischer Gruppierungen. Angesichts der Bedeutungszunahme islamistisch-fundamentalistischer Gruppierungen im internationalen Terrorismus, wie al-Qaida, wird dabei häufig die Frage diskutiert, wie der konkrete Zusammenhang zwischen Religion und Gewalt zu erklären ist bzw. ob der Islam angesichts der hohen Zahl an Selbstmordattentätern psychosoziale Dispositionen zur Selbsttötung begünstigt. Transzendenz- und Heilserwartungen, Heldenmythen und Konformitätszwänge werden dabei ebenso benannt, wie soziale Erfahrungen von Entfremdung, Ohnmacht und Marginalisierung. Aber auch ökonomische „Entschädigungen" für die Familien der Selbstmordattentäter spielen hier eine Rolle.

Tradierte religiöse Milieus, rigide Männlichkeitsbilder und psychosoziale Dispositionen können die Ausbildung terroristischer Gruppierungen begünstigen, sind aber nicht die Hauptursache der Entstehung und Ausbreitung des islamistisch-fundamentalistischen Terrors. Argumente, die einer bestimmten Religion (Islam) generell eine inhärente Gewalthaftigkeit zuschreiben, oder Terror durch Armutslagen erklären wollen, erscheinen vor dem Hintergrund der Geschichte terroristischer Bewegungen im globalen Vergleich wenig überzeugend.

Vielmehr sind die Ursachen für das Erstarken des internationalen Terrors in den veränderten Strukturen des globalen Systems sowie den politisch-spezifischen Bedingungen konkreter Regionen zu sehen. Die blockierte Modernisierung der arabischen Länder mit einer hohen Geburtenrate bei gleichzeitig geringer Aufstiegsperspektiven für eine neue Schicht jüngerer Männer mit höheren Erwartungen sowie ein Netzwerk der organisierten Gewalt spielen sicher eine wichtige Rolle. Die Internationalisierung des Terrorismus erfolgt vor dem Hintergrund eines rekrutierbaren, sich vernetzenden Gewaltunternehmertums.

Politische Maßnahmen zur Einhegung des internationalen Terrorismus reichen von einer klaren Ächtung der Gewalt durch Internationale Organisationen und Staaten, gezielte sicherheitspolitische und polizeiliche Maßnahmen, sowie eine intensive Auseinandersetzung mit den gesellschaftlichen Ursachen von Gewalt und Terror durch verschiedene Gruppen.

2.2.4 Problembeispiel 1: Ethnische Konflikte und Staatszerfall

Mit dem Zerfall von Staaten wie der ehemaligen Sowjetunion und der Föderation Jugoslawien am Ende des Ost-West-Konflikts bildeten sich neue – und verfestigten sich alte – *ethnische Konflikte*, vor allem in Südosteuropa, dem Kaukasus und, in weniger ausgeprägter Form, im Baltikum. Aber auch Afrika leidet unter der Zunahme ethnischer Gewalt, wie in Ruanda, im Kongo und im Sudan. Die Eskalation dieser Konflikte in Form von ethnonational begründeten, bewaffneten Konflikten und Bürgerkriegen bedroht die wirtschaftliche Entwicklung und Sicherheit der Menschen in den betroffenen Gebieten (Genozid; „ethnische Säuberungen", terroristische Anschläge). *Staatsversagen* und *Staatszerfall* und die daraus resultierenden gewaltförmige Konflikte sind daher heute gravierende Probleme, denen Internationale Organisationen ihre Aufmerksamkeit widmen. Bei der Analyse der Konfliktursachen kommen Nationalismus und Ethnizität eine besondere Bedeutung zu, denn viele gewaltsam ausgetragene Konflikte gehen mit einer Ethnisierung der Politik einher. Häufig tritt die Ethnisierung von Gewalt in Kombination mit anderen Konfliktursachen auf, insbesondere der Verteilung von Ressourcen. Ein Beispiel hierfür ist der Darfur-Konflikt im Westen sowie der Konflikt im Süden Sudans, bei dem es nicht nur um ethnische Konflikte, sondern auch um Öl geht. Bei einer politischen Neuordnung in Post-Konflikt-Gesellschaften ist die Frage, inwieweit den ethnischen Trennlinien (cleavages) in politischen und gesellschaftlichen Institutionen Rechnung getragen wird, ebenfalls von zentraler Bedeutung.

In der Debatte über Nationalismus und Ethnizität kann generell zwischen *essentialistischen* und *konstruktivistischen* Positionen unterschieden werden. Erstere definiert Nation nach ihren jeweiligen Kommunikations- und Kulturgewohnheiten über Sprache, Tradition, Abstammung, Geschichte und Lebensumstände als grundlegende gesellschaftliche Kategorien (vgl. Bredow 1996). Konstruktivistische Positionen betonen dagegen den von Modernisierungsprozessen oder technisch-sozialen Entwicklungen bewirkten Prozess einer Wirklichkeitsproduktion von Nationen (z. B. Gellner 1999). Der Anthropologe Benedikt Anderson bezeichnet Nationen als „*imagined communities*", vorgestellte Gemeinschaften. Anderson geht der Frage nach, wie Menschen ein Zusammengehörigkeitsgefühl entwickeln können, wenn sie nicht mehr in überschaubaren Gemeinschaften leben und sich persönlich nicht kennen (Anderson 1996). Nach seiner Auffassung ist die Nation eine *konstruierte Einheit*, die in einem kommunikativen Prozess bzw. einer imaginierten Wirklichkeit von Nation „erfunden" wird.

Größere staatstragende ethnische Gruppen mit schriftlicher Hochkultur werden in der Regel als Nationen anerkannt. *Nationen* bezeichnen Gemeinschaften, die aufgrund ähnlicher sprachlicher und kultureller Merkmale ein, vermeintlich natürliches, Zusammengehörigkeitsgefühl und den Glauben an eine historisch entstandene Gemeinsamkeit („Schicksalsgemeinschaft") entwickeln. Diese entstehen nach Max Weber über den Prozess der Vergemeinschaftung, der eine emotionale Bindung erzeugt, sowie den Prozess der Vergesellschaftung durch den Aufbau institutioneller Bindungen. Nationen definieren sich dabei nicht nur nach innen, sondern vor allem auch durch Abgrenzung nach außen. Besonders in Krisenzeiten oder während größerer gesellschaftlicher Umbrüche gilt die Nation als „ursprünglichste Gemeinde", auf die sich eine nach Hegemonie strebende Gruppe stützen kann. Historisch ist der Nationalismus als politisches Programm eng mit der Entstehung moderner Nationalstaaten verknüpft. Allerdings ist der Begriff „Nationalstaat" insofern irreführend, als Staaten nicht nur eine Nation umfassen können. Vielmehr sind multi-ethnische Staaten gerade in Europa weit verbreitet; auch die klassischen Einwanderungsländer, wie Kanada und die Vereinigten Staaten, schließen als Staat eine Vielzahl von Gruppen unterschiedlicher nationaler Herkunft ein.

Der Begriff *Ethnizität* spielt in der Friedens- und Konfliktforschung seit dem Zerfall Jugoslawiens eine wichtige Rolle, da Ethnizität in Machtkonflikten politisiert und von rivalisierenden Machtgruppen instrumentalisiert werden kann. Ethnizität bezeichnet eine Gruppenidentität, die durch kulturelle Vor-Urteile sowie soziale Ausgrenzungen charakterisiert wird. Eine In-Gruppe mit einem gemeinsamen Bewusstsein von sich selber und ihrer Identität setzt sich ab von ihrer als andersartig empfundenen sozialen Umgebung. Da Sprache als eine ausschlaggebende Determinante für Ethnizität fungiert, ergibt sich eine deutliche Verknüpfung zwischen Ethnizität und Verwandtschaftsbeziehungen, da die Sprache des Alltags in der Sozialisation im Familienverbund erlernt wird. Die gemeinsame Geschichte, bzw. genauer der gemeinsame Bezug auf einen Mythos von der eigenen Geschichte, tragen erheblich zur Identitätsbildung bei. Als intermediäre Brücke kann Ethnizität Individuum und Gesellschaft miteinander verbinden und in Phasen eines forcierten politischen und sozialen Wandels Gefühle der Unsicherheit bekämpfen. Ethnizität verweist so die Individuen verstärkt aufeinander, verleiht Gruppen innere Kohäsion und befördert das Streben des Einzelnen nach Identität. Andererseits können Dominanzgruppen in verschiedenen Gesellschaften Minoritäten gewaltsam ausgrenzen, so dass Ethnizität auch als unfreiwillig auferlegte Identifizierung erfahren werden kann. Konfliktlinien können vor allem dann verstärkt werden, wenn Ethnizität mit einem relativen Stand sozio-ökonomischer Entwicklung einer Gruppierung verbunden ist (z. B. „Mittelsmänner-Minoritäten" mit starken Interessenkonflikten). In multiethnischen Gesellschaften, zu denen immerhin etwa zwei Drittel der Mitgliedstaaten der Vereinten Nationen zählen, kann Ethnizität eine zentrale Konfliktlinie bilden. Insofern birgt die Ethnisierung von Identitäten vielschichtigen politischen Konfliktstoff.

Eine zentrale politische Frage besteht in diesen Gesellschaften darin, welche *Rechte* ethnischen oder nationalen Minderheiten eingeräumt werden. Die Mehrheitsnation oder Titularnation verfügt in der Regel über eine hegemoniale Stellung in Politik und Gesellschaft. Kleineren ethnischen Gruppen wird ein autonomer, selbst bestimmter Status trotz eigener Schriftkultur häufig verwehrt; häufig strebt die Zentralregierung die „Zwangsassimilation" von Minderheiten an, beispielsweise durch die Nichtanerkennung der Minderheitensprachen. Charakteristisch in multi-ethnischen Staaten ist dabei der Versuch einer Gruppe, Macht zu erlangen, indem sie die eigene ethnische Identität bestärkt und andere, auch mittels Gewalt, abwertet und versucht zu entrechten. In Macht- und Verteilungskämpfen können über Ausgrenzungsmechanismen und Unterdrückung ethnischer Minderheiten gegenüber tiefe Konflikte entstehen, die, wie das Beispiel des zerfallenden Jugoslawien zeigt, äußerst gewalttätig ausgetragen werden können. Gewalterfahrungen und Ethnisierung von Politik erschweren dabei eine demokratische Staatsbildung, insbesondere wenn ethnische Konflikte politisiert und neue Abgrenzungslogiken eingeführt werden.

Die Entwicklung der *Konfliktlage in Bosnien-Herzegowina* nach 1990 verdeutlicht diesen Prozess. Mit der faktischen Auflösung Jugoslawiens und den Unabhängigkeitserklärungen der Republiken Kroatien, Slowenien und Bosnien-Herzegowina, die sich gegen die serbische Vorherrschaft in der jugoslawischen Föderation richteten, wurde ein Machtkampf entlang scharf demarkierter ethnischer Linien ausgelöst. Ethnizität wurde in diesem Machtkampf politisiert und instrumentalisiert, was zu einem erbitterten Bürgerkrieg führte (Becker/Brücher 2008). Bosnien-Herzegowina erklärte sich 1992 von Jugoslawien unabhängig und wurde von der internationalen Staatengemeinschaft anerkannt, nicht jedoch von Serbien, das um die Erhaltung der territorialen Einheit kämpfte. Die multiethnische Heterogenität des Landes begünstigte die Politisierung der Ethnizität. Die Volksgruppen der Bosniaken (43 Prozent), der Serben (31 Prozent) und der Kroaten (17 Prozent) bewohnten ethnisch gemischte Gebiete und waren überdies durch Mischehen miteinander verwandt. Viele der Bewohner verstanden sich als Jugoslawen, wenn auch mit spezifischer ethnischer Zugehörigkeit. Erst nachdem ethnische Meinungsführer verschiedene Einfluss- und Gebietsansprüche geltend machten, erfolgte eine Polarisierung entlang ethnischer Linien, wobei Nationalismus und Ethnizität auf tragische Weise instrumentalisiert wurden. Die Ethnisierung des Konflikts ist eine der wesentlichen Kriegsursachen in der Region (vgl. Rüb 1999). Die Folge war ein grausam geführter Bürgerkrieg mit Massakern und Vertreibungen als Teil der „ethnischen Säuberungen", systematischen Massenvergewaltigungen und brutalen Verfolgungen. Zahlreiche Vermittlungsversuche internationaler Organisationen scheiterten, und erst die militärische Intervention durch Blauhelmtruppen der Vereinten Nationen und später durch IFOR/SFOR-Truppen der NATO und der USA brachten eine Wende. Ein Friedensabkommen konnte erst erzielt werden, nachdem sich die Bürgerkriegsparteien und ihre jeweiligen Protagonisten Serbien und Kroatien weitgehend verausgabt und die internationale Gemeinschaft Verhandlungen durchgesetzt hatten. Im Jahr 1995 wurde in Dayton/Ohio ein von Präsident Bill Clinton unterstütztes Friedensabkommen unterzeichnet, das Bosnien territorial in zwei (bzw. drei) ethnische Einheiten unterteilt und ein längerfristiges internationales Engagement in der Region vorsieht.

State-building in Bosnien-Herzegowina folgt dem Gedanken der Machtteilung und Machtverschränkung der ethnischen Gruppen. Nach dem Friedensabkommen von Dayton besteht Bosnien-Herzegowina aus der Serbischen Republik (49 Prozent) im Norden und Osten des Landes und der Muslimisch-Kroatischen Föderation (51 Prozent). Völkerrechtlich und nach der Verfassung soll das Land von den Repräsentanten der jeweiligen Volksgruppen im Rotations- bzw. Kollegialitätsverfahren als Einheit regiert werden. Diese Regelung folgt den territorial gegebenen ethnischen Bedingungen und beruht auf dem Konzept des *power sharing,* das in der Literatur zur Konfliktregulierung in multiethnischen Regionen favorisiert wird. Das *power sharing*-Arrangement setzt politischen Willen auf Seiten der verschiedenen Gruppen voraus und ist daher anfällig für Obstruktionspolitik. Faktisch besteht dadurch eine Dreiteilung des Landes. Zudem wird damit das Primat der ethnischen Gemeinschaft gegenüber dem Individuum vorgegeben. So sind die Spaltungen auch zwölf Jahre nach dem Abkommen noch nicht überwunden, obwohl die internationale Präsenz anhält und der Transformationsprozess auf vielfältige Weise von Internationalen Organisationen und der Europäischen Union begleitet wird. Vielmehr zeichnet sich die Situation durch vielerlei Parallelstrukturen, einen politisch schwerfälligen Prozess mit einer weitgehend machtlosen Zentralregierung und die faktische „ethnische Entflechtung" von Regionen durch die Migration von insbesondere jüngeren Bewohnern in die jeweils ethnisch verwandten Zentren aus. Im „Labor des Nation-Building" kommen Beobachter und Diplomaten inzwischen zu dem Schluss, dass das Modell Bosnien-Herzegowina nicht sehr erfolgreich gewesen ist.

Dies gilt auch für ein anderes Beispiel im ehemaligen Jugoslawien, die Provinz Kosovo. Völkerrechtlich ein Bestandteil Serbiens, welches mit seiner Aufhebung der Autonomieregelung durch die Milosevic-Regierung 1992 erbitterten Widerstand und einen brutalen Bürgerkrieg ausgelöst hatte, entschied sich die internationale Gemeinschaft im Frühjahr 1999 aufgrund von gravierenden Verletzungen der Menschenrechte zum militärischen Eingreifen im *Kosovo-Konflikt* (Vgl. OSCE-Bericht 1999). Auf Basis der UN-Resolution 1244 wurde Kosovo nach Beendigung des Krieges unter die Verwaltungshoheit der Vereinten Nationen gestellt mit dem Ziel, zwischen den verfeindeten ethnischen Gruppen der Serben und Kosovo-Albaner sowie anderen, zahlenmäßig allerdings kleineren Gruppen wie der Roma, Frieden zu stiften, den Aufbau neuer Institutionen zu unterstützen, und schließlich auch den Status des Kosovo zu regeln. Dieser Prozess, vor allem die Regelung der Statusfrage – staatliche Einheit Serbiens oder Unabhängigkeit des Kosovo – gestaltete sich allerdings äußerst schwierig. Anders als im Fall Bosnien-Herzegowina konnte keine Einheitslösung durchgesetzt werden. Nach dem Scheitern der internationalen Vermittlungsmissionen proklamierte das Parlament im Kosovo am 17. Februar 2008 die Unabhängigkeit, bisher haben 76 der 193 UN-Mitgliedstaaten die Republik Kosovo anerkannt. Völkerrechtlich ist die Sezession des Kosovo bis heute umstritten, politisch allerdings die einzig gangbare Lösung in „Europas ungewollten Kolonien", so die Beobachtung einer Journalistin im Krisengebiet (Böhm 2007). Seit Dezember 2008 überwacht die Europäische Union mit einer Rechtsstaatlichkeitsmission (EULEX) die Entwicklung im Kosovo, welche sich auch auf den nördlichen Teil Kosovos bezieht, der derzeit nicht von der Regierung in Prishtina kontrolliert wird. Dieses internationale Engagement der Europäischen Union wird über längere Zeit und ggf. bis zur Aufnahme Serbiens und des Kosovo sowie anderer Länder des Westbalkans in die EU bestehen bleiben.

Die beiden Fälle, Bosnien-Herzegowina und Kosovo, verweisen auf die großen Herausforderungen, die internationale Organisationen nach der Beendigung von kriegerischen Konflikten übernehmen. *Gespaltene Gesellschaften* („divided societies") müssen im Aufbau neuer politischer Institutionen nicht nur Minderheitenrechte berücksichtigen und Formen politischer Selbstbestimmung für ethnische Minderheiten einführen, sondern auch zivilgesellschaftliche und habituelle Praktiken entwickeln, die einer friedlichen Gesellschaftsordnung förderlich sind. Während militärische Maßnahmen zur Regulierung von ethnischen Konflikten aufgrund völkerrechtlicher Probleme und der immensen Kosten in politischer, ökonomischer als auch in menschlicher Hinsicht sorgsam abgewogen werden müssen und oft umstritten sind, wird der Konfliktprävention international ein sehr hoher Stellenwert eingeräumt. Vor allem die europäischen Länder sehen die Chancen in den zivilen Mitteln der Konfliktprävention und sind bestrebt, eine friedliche Koexistenz ethnischer Gruppen und Nationen zu unterstützen und auszubauen.

2.2.5 Problembeispiel 2: Migration, Flucht und Vertreibung

Im Rahmen der Internationalen Organisationen nehmen der Schutz vor Verfolgung, die Flüchtlingsproblematik und unmittelbare humanitäre Hilfen einen zentralen Raum ein. Hierzu zählen sowohl größere ungewollte Migrationsbewegungen, Flucht und Vertreibung aufgrund von kriegerischen Konflikten und der unmittelbare Katastrophenschutz bei Naturkatastrophen. So wird beispielsweise mit der Entstehung von rechtlichen und institutionellen Regelungen für Flüchtlinge, insbesondere im Rahmen der Vereinten Nationen, von einem „Flüchtlingsregime" gesprochen, das unter anderem mit regimetheoretischen Ansätzen untersucht worden ist. Größere Flüchtlingsbewegungen, wie die Massenflucht aus den nordafrikanischen Ländern im Zuge der politischen Umwälzungen in den arabischen Ländern 2011 zeigen jedoch, dass nationale staatliche Interessen und der universale Schutz von Menschenrechten trotz des „Flüchtlingsregimes" häufig in einem Spannungverhältnis stehen.

Der weite Sicherheitsbegriff geht davon aus, dass globale Probleme, die durch Migration, Flucht und Vertreibung weltweit entstehen, die menschliche Sicherheit, d. h. die Sicherheit von Menschen (nicht nur von Staaten) bedrohen. *Migrationsbewegungen* sind historisch an sich nichts Neues. Bereits aus dem Altertum sind größere Völkerwanderungen bekannt. In der Neuzeit wanderten zwölf bis 20 Prozent der europäischen Bevölkerung nach Nordamerika aus. Dabei spielten neben wirtschaftlichen Gründen auch politische Unterdrückung und religiöse Verfolgung eine Rolle. Über längere Zeiträume betrachtet lassen sich so zyklische Migrationsströme beobachten, wie beispielsweise der amerikanische Migrationsforscher Aristide Zolberg herausgefunden hat. Die Ursachen dieser wiederkehrenden Wanderungsbewegungen sind komplex und vielfältig, deshalb ist es nach Zolberg unsinnig anzunehmen, dass sie weltweit politisch „kontrolliert" werden könnten. Das wirksamste Mittel, um ungewollte Migrations- und Flüchtlingsströme zu verhindern, besteht nach wie vor darin, die Ursachen von Flucht, Vertreibung und Migration wirksam zu bekämpfen, beispielsweise durch eine internationale Förderung menschenwürdiger Lebensverhältnisse, die dem *„Human Security"*-Ansatz folgt, und die Stärkung universaler Menschenrechte.

Nach Schätzungen der Weltbank betrug die Zahl der Migranten und Migrantinnen am Ende des 20. Jahrhunderts insgesamt 100 Millionen Menschen. Rund ein Fünftel davon sind Flüchtlinge. Die internationale Staatengemeinschaft begegnet der Migrations- und Fluchtbewegung auf verschiedene Weise. Durch gesetzliche Regelungen über die Zuwanderung (*Einwanderungsgesetze*), versuchen Staaten, den Zustrom von Migranten zu kontrollieren. Zu den klassischen Einwanderungsländern gehören insbesondere die Vereinigten Staaten, Australien, Kanada und Neuseeland. Aber auch die früheren Kolonialmächte, wie Großbritannien und Frankreich, waren bestrebt, die Zuwanderung aus den sich emanzipierenden Kolonien frühzeitig zu begrenzen. Politisch stellte die Festlegung der Staatsangehörigkeit das zentrale Instrument dar, Bevölkerungsbewegungen zu regulieren, und zwar sowohl inklusiv, d. h. um neu zugewanderte Gruppen anzusiedeln und zu integrieren, als auch exklusiv, d. h. um eine permanente Ansiedelung zu unterbinden. Aus diesen inklusiven und exklusiven Mechanismen ergeben sich weit reichende Folgen für die soziale Komposition der Bevölkerung auf einem gegebenen Territorium. Sie beeinflussen die sozialpsychologischen Perzeptionen von *„natives"*, Angehörigen eines Staates, und *„foreigners"*, Ausländern und damit soziale und kulturelle Mechanismen der Ein- und Ausgrenzung.

Innerhalb eines Landes legen *Staatsangehörigkeitsgesetze* die Zugehörigkeit zum politischen Gemeinwesen fest. Historisch wurden in Staatsbürgerschaftsregelungen zwei unterschiedli-

2.2 Konflikte, Krisen, Kriege: Internationale Politik als Sicherheitspolitik

che Grundkonzeptionen angewandt. In Deutschland wurde die Staatsangehörigkeit, nach dem Gesetz von 1913, nach dem Abstammungsprinzip, dem *jus sanguinis*, festgelegt, in Ländern wie Frankreich und den USA nach dem Geburtslandsprinzip, dem *jus soli*. Allgemein lässt sich jedoch beobachten, dass oft eine Mischform beider Prinzipien angewandt wird, und Länder wie Deutschland und Frankreich in neuerer Zeit jeweils Elemente des anderen Prinzips einführten (Bade 2001). Da mit der Staatsbürgerschaft politische und soziale Rechte in einer Gesellschaft geregelt werden, wie beispielsweise die Repräsentanz in Parlamenten und politischen Entscheidungsgremien oder der Zugang zu sozialen Leistungen, ist dieses rechtliche Prinzip von grundlegender Bedeutung, um das sich in den meisten europäischen Ländern neue Konfliktlinien aufgetan haben. Xenophobie und Rassismus sind beispielsweise heute in vielen Ländern Europas ein ernsthaftes Problem.

Das *Flüchtlingsproblem* bleibt im 21. Jahrhundert ein Weltproblem, mit dem sich mehrere Internationale Organisationen befassen (Nuscheler 2004). Die genaue Zahl der sich auf der Flucht befindlichen Menschen ist nicht bekannt. Die vergleichsweise verlässlichsten Statistiken gibt es über die Flüchtlinge, die unter die Genfer Konvention von 1951 fallen und vom Hohen Flüchtlingskommissariat in Genf (UNHCR) betreut werden, das in mehr als 120 Ländern tätig ist. Die Zahl der Flüchtlinge weltweit betrug nach UNHCR-Angaben im Jahr 1980 rund 7,4 Millionen, wuchs bis Ende 1990 auf 17,2 Millionen, 1992 auf 18,8 Millionen und betrug im Jahr 2009 insgesamt 43,7 Millionen Menschen, davon 15,4 Millionen Flüchtlinge, die von UN-Programmen versorgt wurden (4,8 Millionen allein im Palästina-Flüchtlingsprogramm der UN), 27,4 Millionen Binnenflüchtlinge und 850.000 Asylsuchende.[26] Vier von fünf Flüchtlingen leben in Entwicklungsländern und die Flüchtlingsbewegungen finden heute vorwiegend innerhalb von Ländern der so genannten Dritten Welt statt. Insbesondere Afrika gilt als „Kontinent der Flüchtlinge". Als *Ursachen* der zunehmenden Migration und Flüchtlingsbewegung sind zu nennen: Kriege und Bürgerkriege; Staatszerfall; Kampagnen der gewaltsamen „ethnischen Säuberung"; staatlicher Terror, politische, kulturelle und religiöse Verfolgung, unsichere Verhältnisse und die Unterdrückung von Minderheiten; Naturkatastrophen und ökologische Schäden, wie die Versteppung landwirtschaftlicher Flächen und andere Überforderungen von ökologischen Ressourcen; Armut.

Internationale Vereinbarungen über den Status von Flüchtlingen und die Gewährung von Asyl für Verfolgte sind als Reaktionen auf das weltweite Flüchtlingsproblem eine wichtige Errungenschaft. Auf der internationalen Ebene sind seit dem Ende des Zweiten Weltkriegs mehrere Konventionen und Gesetze entstanden, um mit den Problemen der Flüchtlingsbewegungen umzugehen. So wird von einem „Flüchtlingsregime" in internationalen Beziehungen ausgegangen, in dem unterschiedliche Rechts-, Regulierungs- und Hilfsprogramme zusammengefasst sind. Trotz dieser Regelungen wird das internationale System immer wieder durch neue Formen menschenverachtender Vertreibungen und Gewaltstrategien wie „ethnischen Säuberungen" herausgefordert, die in den Kriegsgebieten auf dem Balkan und auch in Afrika gezielt angewandt wurde. Die „Gesellschaft für bedrohte Völker" hat sich zur Aufgabe gemacht, „ethnische Säuberungen" und Genozid zu dokumentieren (z. B. Zülich 1993).

Das internationale Flüchtlingsregime erweist sich als unzureichend, um den weltweit zunehmenden Problemen von Flüchtlingen effektiv zu begegnen. Bereits um die Definition eines Flüchtlings wird gestritten. Nach der *Genfer Konvention* zur Rechtsstellung von Flüchtlingen

---

[26] http://www.unhcr.de/home/artikel/6984471013f2c712660eaa0614964bb5/weltfluechtlingszahlen-2010.html?L=0 (aufgerufen am 21.07.2011).

von 1951 gilt derjenige als Flüchtling, der aus politischen, rassischen oder religiösen Gründen sein Heimatland verlässt. Er (oder sie) genießt völkerrechtlichen Anspruch auf Schutz (Asyl) und Hilfe. Das Protokoll über die Rechtsstellung der Flüchtlinge von 1967 sowie neuere UN-Resolutionen gehen von einem erweiterten Flüchtlingsbegriff aus, der auch Katastrophenopfer einschließt. Durch internationales Recht (noch) nicht umfassend geschützt sind dagegen Armutsflüchtlinge, Umweltflüchtlinge sowie Verfolgte aufgrund sexueller Gewalt. Die dramatische Zunahme von Umweltflüchtlingen ist statistisch nur schwer zu erfassen; Schätzungen schwanken zwischen 50 Millionen und einer halben Milliarde Menschen (IRK). Eine weitere Gruppe von Flüchtlingen, die bislang noch nicht universell geschützt wird, sind Opfer sexueller Gewalt. Die systematische Vergewaltigung als Teil von Folter und Verhören bzw. geschlechtsspezifisch begründete Verfolgung („gender persecution"), werden nur von wenigen Ländern als Grund anerkannt um *Asyl* zu gewähren (z. B. USA; Deutschland). Die Genfer Flüchtlingskonvention benennt zwar politische, religiöse oder rassische Verfolgung als Grund der Anerkennung als Flüchtling, nicht aber geschlechtsspezifisch begründete Verfolgung bzw. sexuelle Gewalt; erst in jüngerer Zeit wird hier eine Veränderung der Rechtspraxis vorgenommen und die von internationalen Frauen- und Menschenrechtsgruppen geforderte Ausweitung des Asylrechts bzw. die Neuformulierung des Flüchtlingsbegriffs aufgenommen. Weltweit gehört das Asylrecht zu einem der wichtigsten Rechte, das Verfolgten Schutz und Zuflucht gewähren kann. Rund 28 Prozent der Flüchtlinge, die nach Europa kommen, fanden Ende der 1990er Jahre nach Angaben des Flüchtlingshochkommissariats der Vereinten Nationen Zuflucht in Deutschland. Damit liegt die Bundesrepublik nur im unteren Mittelfeld der europäischen Aufnahmeländer.

Neu und rechtlich ungeklärt ist dabei der Status von Umweltflüchtlingen, wie z. B. aus Gebieten, die, wie der Inselstaat Tuvalu im Pazifik, aufgrund von Klimaveränderungen langsam im Wasser versinken, so dass die Bevölkerung gezwungen ist, sich ein neues Stammland zu suchen. Wie der Hochkommissar für das Flüchtlingswesen der Vereinten Nationen, der Spanier António Guterres, anlässlich der „Nansen Conference on Climate Change and Displacement" am 06. Juni 2011 hervorhob, nehmen umwelt- und klimabedingte Flüchtlingsprobleme zu. Allerdings ist der rechtliche Status dieser Flüchtlinge ungenügend geklärt: „As we look into the future, it seems certain that these trends will increasingly interact with each other, creating the potential for increased competition and conflict over scarce natural resources. As a result, we are also likely to see growing numbers of people being displaced from one community, country and continent to another. And while growing numbers of people may be obliged to abandon their homes and move elsewhere, many of them will not qualify for refugee status under the terms of the 1951 UN Refugee Convention."[27] Die Einwanderungsländer Australien und Neuseeland haben sich im Fall von Tuvalu und anderen bedrängten Inseln nur zur Aufnahme von begrenzten Quotengruppen bereit erklärt; ein generelles Recht auf Aufnahme der Umweltflüchtlinge besteht nicht. Auf diesem Gebiet stehen die Vereinten Nationen daher vor einer neuen Herausforderung.

---

[27] http://www.unhcr.org/4def7ffb9.html (aufgerufen am 21.07.2011).

Übungsfragen zu Kapitel 2: Problemfelder der internationalen Politik

1. Kann Globalisierung zivilisiert werden? Erörtern Sie diese Frage aus der Sicht der Institutionalisten.

2. Was sind „neue Kriege"? Wodurch unterscheiden sie sich von Bürgerkriegen? Erläutern Sie den Begriff der neuen Kriege und geben Sie ein Beispiel. Wie können diese Kriege beendet werden?

3. In der internationalen Umweltpolitik nimmt das Konzept der „nachhaltigen Entwicklung" eine zentrale Rolle ein. Erläutern Sie dieses Konzept. Wie kann diese Norm in der internationalen Politik umgesetzt werden?

4. Was versteht man unter einem „Flüchtlingsregime"? Erörtern Sie die Bedeutung des Begriffs und stellen Sie das Konzept in einen theoretischen Zusammenhang.

Literatur

Albrecht, Ulrich: Internationale Politik. Einführung in das System internationaler Herrschaft, München/Wien 1998

Anderson, Benedict: Die Erfindung der Nation, Frankfurt 1996 (engl. Imagined Communities)

Arendt, Hannah: Was ist Politik? Aus dem Nachlass herausgegeben von Ursula Ludz, München 1993

Becker, Johannes M./Gertrud Brücher (Hg.): Der Jugoslawienkrieg. Eine Zwischenbilanz, Münster 2008

Böhm, Andrea: „Unsere ungewollten Kolonien. Kann die Europäische Union in Bosnien und im Kosovo stabile Staaten aufbauen?", in: Die Zeit, 2. August 2007, S. 3.

Bredow, Wilfried von: „Nation, Nationalstaat, Nationalismus", in: Dieter Nohlen (Hg.) Wörterbuch Staat und Politik, München 1996

Brown, Michael E. u. a.: Debating Democratic Peace, Cambridge 1996

Brzoska, Michael: „Erfolge und Grenzen von Friedensmissionen", in: Aus Politik und Zeitgeschichte, 16–17/2007, S. 32–38

Czempiel, Ernst-Otto: Weltpolitik im Umbruch. Das internationale System nach dem Ende des Ost-West-Konflikts, München 1993

Czempiel, Ernst-Otto: „Internationale Beziehungen. Begriff, Gegenstand und Forschungsabsichten", in: Manfred Knapp/Gert Krell: Einführung in die internationale Politik, München 1996, S. 2–26

Daase, Christopher: „Krieg und politische Gewalt: Konzeptionelle Innovation und theoretischer Fortschritt", in: Gunther Hellmann/Klaus Dieter Wolf/Michael Zürn (Hg.): Die neuen Internationalen Beziehungen. Forschungsstand und Perspektiven in Deutschland, Baden-Baden 2003, S. 161–208

Deutsch, Karl-W./Dieter Senghaas: „Die brüchige Vernunft von Staaten", in: Dieter Senghaas (Hg.): Kritische Friedensforschung, Frankfurt a. M. 1971

Friedensgutachten 2011, Münster 2011

Geis, Anna (Hg.): Den Krieg überdenken. Kriegsbegriffe und Kriegstheorien in der Kontroverse, Baden-Baden 2006

Gellner, Ernst: Nationalismus und Moderne, Berlin 1999 (zuerst engl. Oxford 1983)

Heupel, Monika/Bernhard Zangl: „Von ‚alten' und ‚neuen' Kriegen. Zum Gestaltwandel kriegerischer Gewalt", in: Politische Vierteljahrsschrift, 35. Jg. 2003, H. 3, S. 346–369

Human Security Report 2009–2010 (http://www.hsrgroup.org)

Jahn, Egbert. „Frieden", in: A. Boeckh (Hg.): Lexikon der internationalen Politik, hrsg. v. Dieter Nohlen, München 19947 S. 155f.

Kaldor, Mary: Neue und alte Kriege. Organisierte Gewalt im Zeitalter der Globalisierung, Frankfurt a. M. 2007 (englisch: New and Old Wars: Organized Violence in a Global Era, Cambridge Polity 1999)

Müller, Harald: „Begriff, Theorien und Praxis des Friedens", in: Gunther Hellmann/Klaus Dieter Wolf/Michael Zürn (Hg.): Die neuen Internationalen Beziehungen. Forschungsstand und Perspektiven in Deutschland, Baden-Baden 2003, S. 209–250

Münkler, Herfried: Die neuen Kriege, Hamburg 2003

Münkler, Herfried: „Neues vom Chamäleon Krieg. Essay", in: Aus Politik und Zeitgeschichte 16–17/2007, S. 3–9

Nuscheler, Franz: Internationale Migration. Flucht und Asyl, 5. Aufl. Opladen 2004

OSCE-Bericht (1999) „Kosovo/Kosova As Seen, As Told. The Human Rights Findings of the OSCE Kosovo Verification Mission" http://www.osce.org/odihr/item_11_17755.html

Pinker, Steven: „Edel ist der Mensch, hilfreich und gut. Trotz Darfur und Irak: Weltweit nimmt die Gewalt ab. Wir leben heute in der friedlichsten Epoche, die es je gab." In: Der Tagesspiegel 13. Mai 2007, S. 8.

Report of the UNHCR. General Assembly Official Records. Session, Suppl. 12, New York 1954ff.

Risse, Thomas und Ursula Lehmkuhl: „Regieren in Räumen mit begrenzter Staatlichkeit", in: Aus Politik und Zeitgeschichte, 20–21/2007, S. 3ff.

Rüb, Friedbert: „Vom multiethnischen Staat zum Genozid. Zur Genesis des Krieges im ehemaligen Jugoslawien", in: Kritische Justiz, H. 2/1999, S. 163–181

Schneckener, Ulrich: Transnationaler Terrorismus. Charakter und Hintergründe des „neuen" Terrorismus, Frankfurt a.M. 2006

Schneiker, Andrea: Die Selbst- und Koregulierung privater Sicherheits- und Militärfirmen, Baden-Baden 2009

Senghaas, Dieter: „Frieden als Zivilisierungsprojekt", in: ders. (Hg.): Den Frieden denken, Frankfurt a. M. 1995, S. 196–223

Senghaas, Dieter: Friedensprojekt Europa, Frankfurt 1996

Somavia, Juan: Zum Weltsozialgipfel, Interview, in: „Der Tagesspiegel", 6. März 1995, S. 3

Stockholm International Peace Research Institute: Armaments, Disarmament, and International Security (SIPRI Yearbook 2011), Oxford 2011 (http://www.sipri.org/yearbook)

Unfinished Peace. Report of the International Commission on the Balkans, hrsg. vom Aspen-Institut Berlin 1996

3 Außenpolitik als Handlungsfeld

3.1 Grundkonzepte: Der Zusammenhang zwischen Innen- und Außenpolitik

In der Literatur bezeichnet *Außenpolitik* zunächst das Verhalten, mit dem die „im souveränen Nationalstaat organisierte Gesellschaft ihre Interessen gegenüber ihrer Umwelt wahrnimmt und durchsetzt." (Seidelmann 1994: 42) Außenpolitik kann sich auf den politischen, militärischen, wirtschaftlichen, rechtlichen und kulturellen Bereich beziehen. Voraussetzung für die Außenpolitik ist die Existenz der Staatlichkeit, die Fähigkeit und der Wille, die Interessen nach außen zu vertreten sowie die politische Konstellation im internationalen Raum. „Analytisch bildet Außenpolitik den Fokus der auswärtigen Beziehungen zunächst des einzelnen Nationalstaates als primären Akteur, während andererseits der Analysefokus ‚Internationale Beziehungen' der Systemperspektive, dem gesamten Ensemble aller außenpolitischen Akteure verpflichtet ist." (Albrecht 1997: 63)

Historisch war die Gestaltung auswärtiger Beziehungen zunächst ausschließlich der Exekutive vorbehalten. Sie wurde als „Staatskunst" verstanden, die dem Ziel dienen sollte, die Macht eines Staates und seine territoriale Integrität über Diplomatie, die Einrichtung von Bündnissystemen, z. B. durch eine Politik des „Machtgleichgewichts", sowie nötigenfalls durch militärische Aktionen abzusichern. Die europäischen Monarchien versuchten zunächst, die Domäne der Außenpolitik gegenüber den Parlamentarisierungsstrategien des aufstrebenden Bürgertums abzuschotten. Nur schrittweise setzte sich eine Demokratisierung in der auswärtigen Politik durch. Die Verfassung der Vereinigten Staaten von 1787 ist die erste Verfassung, die dem Parlament, d. h. dem amerikanischen Kongress, bedeutende Mitspracherechte in der Gestaltung der auswärtigen Beziehungen einräumte. Zunehmend wurde zu Beginn des 19. Jahrhunderts auch im kontinental-europäischen Konstitutionalismus das Konzept des Primats der Exekutive in Frage gestellt. Im 20. Jahrhundert erhielt das Parlament schließlich in fast allen Demokratien die Kompetenz, über internationale Verträge sowie über Kriegserklärungen und Friedensverträge in letzter Instanz zu entscheiden. Mit der Gründung der Bundesrepublik setzte sich auch in Deutschland das westliche Verständnis einer parlamentarisch kontrollierten Außenpolitik durch; außenpolitische Grundsätze wurden im Grundgesetz in Artikel 32 und 59, sowie dem nach der deutschen Vereinigung neu gefassten Artikel 23 (europäische Integration) verfassungsrechtlich festgelegt (vgl. auch Schmidt/ Hellmann/Wolf 2007).

Aus herrschaftskritischer Perspektive bleibt die Frage, inwieweit Öffentlichkeit, parlamentarische Kontrolle und Transparenz bei außenpolitischen Entscheidungen gewährleistet sind, ein zentrales Problem moderner Gesellschaften. Auch in entwickelten Demokratien kann der Prozess demokratischer Entscheidungsfindung in der Außenpolitik einen Streitpunkt bilden, wenn, mit dem Verweis auf die Sensibilität von sicherheitspolitischen Themen, Entscheidungsbereiche von der Öffentlichkeit ferngehalten werden oder Bürger- und Protestbewegungen einen größeren Einfluss auf Entscheidungen ausüben wollen. „Selbst in den modernen Demokratien ist Außen- und Sicherheitspolitik eines der letzten Reservate der Exekutive" (Seidelmann 1994: 47). Inzwischen hat sich gezeigt, dass nicht nur das Parlament, sondern auch gesellschaftliche Institutionen und die Medien auf außenpolitische Entscheidungsfindungen Einfluss ausüben, auch wenn sie verfassungsrechtlich eine dem Parlament und der Regierung untergeordnete Rolle einnehmen. Jede Regierung in den westlichen Ländern geht bei ihrer Entscheidungsfindung daher nicht nur auf das Parlament, sondern auch auf die öffentliche Meinung ein.

Durch die gewandelte Rolle von Staatlichkeit, die sich im Kontext der Globalisierung und der zunehmenden internationalen Verflechtungen im Rahmen von internationalen Organisationen ergibt, verändern sich die Rahmenbedingungen für die Außenpolitik. Charakteristisch für die westlichen Demokratien ist die zunehmende Verrechtlichung und Verregelung von Politik sowie die stärkere Fragmentierung des außenpolitischen Entscheidungsprozesses. Kein Staat dieser Region kann heute Außenpolitik ausschließlich aus nationalem Interesse heraus betreiben, sondern muss die weltwirtschaftlichen und -politischen Rahmenbedingungen sowie den Kontext internationaler Organisationen berücksichtigen. Durch den Transfer von Souveränität auf dem Gebiet der Außen- und Sicherheitspolitik auf die Europäische Union im Rahmen der Gemeinsamen Außen- und Sicherheitspolitik (GASP) gehen die Mitgliedstaaten der EU beispielsweise eine weitgehende Interdependenz ihrer jeweiligen Außenpolitik ein. Dies gilt vor allem für die Bundesrepublik, die die Unterstützung der europäischen Integration im Grundgesetz festgeschrieben und ihr damit Verfassungsrang gegeben hat.

Analytisch verbindet die Untersuchung der Außenpolitik drei Ebenen miteinander: Sie beschreibt Außenpolitik als nationalstaatliches Verhalten, sie zeigt Zusammenhänge zwischen innergesellschaftlichen und internationalen Faktoren auf, und sie muss in verschiedenen Handlungsbereichen gouvernementale und nicht-gouvernementale Maßnahmen einbeziehen (Seidelmann 1994: 43). Während in früheren Untersuchungen vor allem staatliches Handeln und das „nationale Interesse" von Staaten im Mittelpunkt der Analyse stand (realistische Denkschule), werden heute angesichts der zunehmenden Verflechtungen und Interdependenzen in den internationalen Beziehungen komplexere Ansätze der Analyse präferiert (Schmidt/ Hellmann/Wolf 2007; Katzenstein 1996). Mit dieser Entwicklung wird der Tatsache Rechnung getragen, dass sich die auswärtigen Beziehungen nicht mehr auf die Analyse des Staatshandelns beschränken lassen. Der Friedens- und Konfliktforscher Ulrich Albrecht spricht von einer „dreifachen Bedeutungsverschiebung" internationaler Politik: „Zum einen treten neben die Staatsregierungen als Akteure mehr und mehr politisch nicht legitimiert Handelnde, vor allem aus dem Bereich der Wirtschaft (NROs, Multinationale Konzerne). Zum anderen lösen sich vom Gegenpol des Akteurshandelns her, dem internationalen System, durch Prozesse der Globalisierung Einzelpotentiale des auswärtigen Handelns teilweise auf. Drittens werden neben den angestammten Arenen ausgedehnte neue Politikfelder zusätzlich in die auswärtige Politik einbezogen: jüngst die internationale Umweltpolitik, nach der Entwicklungspolitik … zur Stärkung wirtschaftlich minder leistungsfähiger Gesellschaften." (Albrecht 1997: 63) Institutionalistische und konstruktivistische Ansätze gehen heute daher analytisch von einem komplexen System der Interessenvermittlung, Kommunikation und Verhandlung in der Außenpolitik aus.

In der neueren Literatur wird Außenpolitik als ein Handlungsfeld verstanden, das eng mit innenpolitischen Bedingungen verknüpft ist und daher nur im Kontext der innenpolitischen Voraussetzungen analysiert werden kann. Der *Zusammenhang zwischen Innen- und Außenpolitik* ist daher ein zentrales Konzept in der Analyse der Außenpolitik. Während die internationalen Beziehungen einerseits den Rahmen für die Außenpolitik bilden, der die Handlungs- und Entscheidungspräferenzen strukturiert und beeinflusst, so wird andererseits das innenpolitische Umfeld als zentraler analytischer Zusammenhang begriffen. Die internationalen Zusammenhänge wirken nicht direkt politikverändernd; vielmehr wirken innenpolitische Faktoren als „Prisma", durch das die externen Einflüsse gebrochen und modifiziert werden. Akteurskonstellationen und Machtverteilungen in einem gegebenen Land, historisch gebildete Normen und Werte sowie öffentliche Diskurse über außenpolitische Probleme werden als Basisfaktoren betrachtet, die Außenpolitik konstituieren. Die traditionelle analytische Trennung von Innen- und Außenpolitik gilt daher als überholt.

Der *theoretische und methodische Stand* der Forschung zur Außenpolitik wird immer noch als unbefriedigend bezeichnet (Seidelmann 1994: 45). Tatsächlich koexistieren verschiedene theoretische Ansätze nebeneinander, die sich in Reichweite und Erklärungskraft voneinander unterscheiden. Welche Theorien bzw. Erklärungsansätze zur Analyse von Außenpolitik herangezogen werden, wird nicht nur von der Fragestellung der Untersuchung beeinflusst, sondern auch vom Erkenntnisinteresse der Forschenden. Theorieproduktion kann beispielsweise dem kritischen Anliegen entspringen, die internationalen Beziehungen in ihren grundlegenden Zusammenhängen und Machtstrukturen zu analysieren und zu verändern, oder sie kann auf einem Interesse an Problemlösungen, z. B. in der Politikberatung, beruhen, wobei die bestehenden Weltverhältnisse zunächst als gegeben akzeptiert werden. Auch in methodischer Hinsicht ist eine Vielzahl von Vorgehensweisen zu konstatieren. Methodisch kann beispielsweise ein empirisch-analytisches, historisch-soziologisches, neo-institutionalistisches oder ein konstruktivistisches Verfahren gewählt werden, um das Problemfeld zu analysieren; dem heutigen Forschungsstand entsprechend sollten die epistemologischen Implikationen der unterschiedlichen Verfahren reflektiert und dargelegt werden.

In einem Versuch, die vorliegenden Ansätze zu systematisieren, unterscheidet der Politikwissenschaftler Reimund Seidelmann (1994) *vier Erklärungsansätze* zur Analyse von Außenpolitik, die der folgenden Übersicht über theoretische Ansätze zugrunde liegen:

1. Der *machtpolitische Ansatz*: Er geht davon aus, dass Außenpolitik auf Erhalt, Ausbau und Absicherung der Machtposition eines Staates abzielt. In der Regel wird dabei ein „nationales Interesse" angenommen, das sich in der Außenpolitik manifestiert. Machtpolitische Studien untersuchen die globalen und regionalen Machtverhältnisse sowie die Kapazität von Staaten, über politische und diplomatische, gegebenenfalls auch über militärische Mittel, eine Machtposition zum eigenen Vorteil auszubauen. Machtpolitische Ansätze gehen von einem Bild der Welt aus, welches von souveränen Nationalstaaten geprägt wird (Realismus). Nach dem Ende des Ost-West-Konflikts hat dieser Ansatz eine Renaissance erfahren; auch ist er in geschichtswissenschaftlichen Betrachtungen dominierend. (Prominente Vertreter: Hans J. Morgenthau; in jüngerer Zeit John Mearsheimer; für die Bundesrepublik z. B. Christian Hacke)

Das Problem dieses Ansatzes ist darin zu sehen, dass das Nationalstaats-Paradigma die Analyse in der Regel auf das Regierungshandeln verengt. Vertreter dieses Ansatzes tendieren dazu, einerseits die innerstaatliche Analyseebene (innenpolitisches Umfeld) und andererseits die internationalen Interdependenzen und Akteurskonstellationen zu vernachlässigen.

2. Der *Aktions-Reaktions-Ansatz:* Er erklärt Außenpolitik als Reaktion auf einen von außen kommenden Anreiz (Ereignis), auf den ein Staat reagiert und dadurch wiederum bei anderen Staaten Gegenreaktionen auslöst. Beeinflusst vom amerikanischen Behaviorismus findet dieser Ansatz heute teilweise in der Perzeptionsanalyse und in einigen quantitativen Analysen eine Fortsetzung. (Vertreter z. B. Karl Deutsch)

Als Problem dieses Ansatzes wird die mangelnde Berücksichtigung von internationalen Herrschaftsverhältnissen und strukturellen Ursachen außenpolitischen Handelns genannt. Der Aktions-Reaktions-Ansatz ist abstrakt und sozialpsychologisch begründet.

3. Der *Ziel-Mittel-Ansatz:* Dieser Ansatz ist beeinflusst durch die *systemanalytische Denkschule*. Er fragt nach den in der Außenpolitik angelegten Zielhierarchien, -kongruenzen und -konkurrenzen und danach, welche Mittel eingesetzt werden, um diese Ziele zu erreichen. Als Vorteile dieses Ansatzes gilt die Möglichkeit, die Zweckrationalität außenpolitischen Handelns zu überprüfen, die Kompatibilität mit Systemtrends festzustellen und eine außenpolitische Strategie an ihren proklamierten Zielen zu messen (Vertreter z. B. Ernst-Otto Czempiel).

Der Ziel-Mittel-Ansatz, der auch für historische Längsschnitt-Untersuchungen – beispielsweise über die Prioritäten der deutschen Außenpolitik – geeignet ist, kann empirisch fundierte, realitätsbezogene Aussagen treffen. Das Problem dieses Ansatzes besteht allerdings in der Überbetonung des Systemcharakters internationaler Politik; auch wird Politik primär aus der Makro-Perspektive betrachtet.

4. Der *Bedingungsstrukturansatz*: Er konzentriert sich auf die *strukturellen Bedingungsfaktoren* für Außenpolitik, die sie in Inhalt, Ziel und Reichweite langfristig bestimmen (z. B. geographische Lage; Wirtschaftsstruktur; historische Bedingungen; militärische Ressourcen). Obwohl dieser Ansatz Vorteile aufweist, da er eine Bewertung allgemeiner Erfolgschancen von Außenpolitik in einer längerfristigen Sicht erlaubt, besteht das Problem hier in der Gefahr einer Generalisierung von Strukturen aus der Makro-Perspektive. (Vertreter z. B. Paul Kennedy)

Zwei neuere Erklärungsansätze sind darüber hinaus zu nennen; zum einen die unter dem Sammelbegriff zusammengefassten *rational choice*-Ansätze, die vor allem im angelsächsischen Raum weite Verbreitung gefunden haben, sowie zum anderen neuere *konstruktivistische* Ansätze.

5. *Rational choice-Ansätze* beruhen auf der Grundannahme, dass Staaten auf Basis von rational begründeten Handlungsalternativen Entscheidungen („choices") fällen. Ihr Handeln ist kalkuliert, zielgerichtet und verfolgt in der Regel das „nationale Interesse" eines Landes. Eine besondere Variante des inzwischen recht vielschichtigen Forschungsfeldes ist die Spieltheorie (*game theory*), die zuerst zur Analyse ökonomischer Entscheidungssituationen angewandt wurde (vgl. Tsebelis 1990). Heute wird sie von einigen Autoren im Bereich der internationalen Wirtschaftsbeziehungen und teilweise bei sicherheitspolitischen Analysen verwandt. *Rational choice*-Ansätze fragen in der Regel nicht nach dem Kontext politischen Handelns; die historische oder kulturelle Genese der zur Wahl stehenden Entscheidungsalternativen wird nicht hinterfragt. Auch die Perzeption eines Problems bzw. die kulturellen und subjektiven Voraussetzungen des zielgerichteten Handelns bleiben in der Regel unberücksichtigt.

Präferiert werden mathematische Modelle (ökonometrische Modelle) und quantitative gegenüber qualitativen oder historisch orientierten Forschungsmethoden. Da *Rational choice*-Ansätze das internationale System als gegeben voraussetzen und mit einem vorab bestimmten *Set* von Alternativen operieren, wird diesem Ansatz für die Analyse der komplexen Beziehungen in der Außenpolitik nur eine begrenzte Aussagekraft eingeräumt. Es findet eine Reduktion der Realität auf Präferenzen und Interessen von Staaten statt, die heuristisch hilfreich, analytisch jedoch eine Vereinfachung der komplexen Interdependenz in der Außenpolitik beinhaltet. Die Ergebnisse von Studien beziehen sich in der Regel auf ein eng umrissenes Problemfeld.

6. *Konstruktivistische Ansätze* begreifen die Welt der internationalen Politik als historisch und sozial konstruierte Realität, die durch das intersubjektive Handeln von Akteuren bestimmt wird. Die systemische Umwelt sowie die strukturellen Zusammenhänge werden in diesen Ansätzen nicht als gegeben, sondern als in einem Prozess der sozialen Interaktion entstanden hypostasiert. Der analytische Fokus liegt daher auf dem Prozess der Konstruktion der Realität in Form von Kommunikation, Sozialisation und Sprache, auf Institutionen und der sozialen Interaktion von Akteuren. Kollektive Werte und Normen sowie sprachlich kodierte Regeln und Diskurse sind hier Schlüssel für die Analyse der internationalen Beziehungen. Ein zentrales Thema bildet die historische und politische Konstruktion staatlicher Identität, oder, mit den Worten des amerikanischen Politikwissenschaftlers Peter Katzenstein „identity as a shorthand label vor varying constructions of nation- and statehood" (Katzenstein 1996: 6). Daher untersuchen Vertreter sozialkonstruktivistischer Ansätze kulturell entstandene Normen und Werte, die die nationale Sicherheitspolitik bestimmen und treten für eine stärkere Berücksichtigung gesellschaftlicher Zusammenhänge ein (Katzenstein 1996). In der Außenpolitik der Bundesrepublik wurden konstruktivistische Ansätze z. B. auf die Analyse des Ost-West-Konflikts angewandt (Lebow/Risse-Kappen 1995). Teilweise kommt es zu Überschneidungen des Konstruktivismus mit feministischen Analyse-Ansätzen, wie beispielsweise die Arbeit von J. Ann Tickner über Identität und Sicherheit zeigt, die feministisch-konstruktivistisch vorgeht. Konstruktivistische Analysen von Außenpolitik fokussieren Normen und Werte als historisch entstandene Leitbilder und Handlungsorientierungen.

Literatur

Albrecht, Ulrich: „Außenpolitik", in: Ulrich Albrecht/Helmut Volger (Hg.): Lexikon der Internationalen Politik, München 1997, S. 63–66

Boeckh, Andreas (Hg.): Internationale Beziehungen, Lexikon der Politik, Bd. 6, hrsg. von Dieter Nohlen, München 1994

Hacke, Christian: Die Außenpolitik der Bundesrepublik Deutschland. Von Konrad Adenauer bis Gerhard Schröder, Frankfurt a. M. 2003

Haftendorn, Helga: „Zur Theorie außenpolitischer Entscheidungsprozesse", in: Volker Rittberger (Hrsg.): Theorien internationaler Beziehungen, Politische Vierteljahresschrift, Sonderheft 1990, S. 401–423

Haftendorn, Helga: „Gulliver in der Mitte Europas. Internationale Verflechtung und Nationale Handlungsmöglichkeiten", in: Karl Kaiser/Hanns Maull (Hg.): Deutschlands neue Außenpolitik, Bd. 2: Herausforderungen, München 1994, S. 129–152

Katzenstein, Peter J. (Hg.): The Culture of National Security. Norms and Identity in World Politics, New York 1996

Katzenstein, Peter J. (Hg.): Tamed Power. Germany in Europe, Ithaca/London 1997

Lebow, Richard Ned/Thomas Risse-Kappen (Hg.): International Relations Theory and the End of the Cold War, New York 1995

Schmidt, Siegmar/Hellmann, Gunther/Reinhard Wolf (Hg.): Handbuch zur deutschen Außenpolitik, Wiesbaden 2007

Seidelmann, Reimund: „Außenpolitik", in: Andreas Boeckh (Hg.): Internationale Beziehungen, München 1994, S. 42–49

Tsebelis, George: Nested Games. Rational Choice in Comparative Politics, Berkeley 1990

3.2 Die Außenpolitik der Bundesrepublik

3.2.1 Historische und institutionelle Rahmenbedingungen

Konzeptionell sind für die Analyse der Außenpolitik vor allem solche Ansätze geeignet, die die Verbindung zwischen außenpolitischem Handlungsrahmen und innenpolitischem Umfeld analysieren (Crawford 2007; Katzenstein 1997). Ländervergleiche haben gezeigt, dass die Formulierung außenpolitischer Zielsetzungen durch innenpolitische Bedingungen gefiltert und strukturiert werden, so dass beispielsweise selbst Länder mit ähnlichen wirtschaftlichen Voraussetzungen und Handlungspotentialen unterschiedlich auf die zunehmende Globalisierung reagieren. Das heißt, die historischen und politisch-kulturellen Erfahrungen eines Landes sowie die innergesellschaftlichen Bedingungen und politischen Entscheidungsstrukturen bilden wichtige Voraussetzungen für die Außenpolitik.

Die *historischen Erfahrungen* Deutschlands, wie die verspätete Nationalstaatsbildung, das Scheitern der Weimarer Republik und die doppelte Diktaturerfahrung, haben die politische Positionierung der Bundesrepublik in der Außenpolitik nachhaltig beeinflusst (Hacke 2003; Hellmann 2006; Schöllgen 2004; Schmidt/Hellmann/Wolf 2007). Die „deutsche Frage" in Europa, die in der ersten Hälfte des 20. Jahrhunderts als Problem der Machtposition Deutschlands gefasst wurde – wie mächtig kann Deutschland sein, ohne andere Länder in Europa zu gefährden, bzw. wie machtlos kann es sein, ohne durch innere Instabilität zur potentiellen Gefahr für Europa zu werden –, wurde in der Nachkriegszeit als Frage der neuen politischen, demokratischen Ordnung reformuliert. Die Bundesrepublik wurde im Zuge des Kalten Krieges als Mitglied der NATO und der Europäischen Gemeinschaft institutionell eingebunden und erlangte erst im Kontext dieser Organisationen europäische und internationale Anerkennung („Westbindung"). Diese Entwicklung wird auch als Paradoxon der deutschen Außenpolitik nach 1945 beschrieben: Die Bundesrepublik gewann umso mehr Einfluss, je mehr sie in Abgrenzung zur gescheiterten Großmachtpolitik eine Politik ziviler, internationaler Verflechtung vorantrieb (vgl. Schmidt/Hellmann/Wolf 2007). Heute besteht ein weitgehender Konsens in der deutschen Politik, dass das Land im Rahmen der Europäischen Union und im Verbund mit anderen europäischen Ländern mehr Einfluss ausüben kann, als allein auf sich gestellt. Deutschland ist daher heute eine „europäische Macht" und zählt zu den wichtigsten Ländern in der EU. Eine Konsequenz aus dieser Grundorientierung ist, dass das vereinigte Deutschland nach 1990 auch international mehr Verantwortung übernehmen muss.

Mit der *Teilung Deutschlands* erhielt die deutsche Frage zusätzlich die Dimension der territorialen und nationalen Identität. Die Beziehung zwischen den beiden deutschen Staaten, der Bundesrepublik und der DDR, wurde zum Kernproblem deutscher Außenpolitik. Die

3.2 Die Außenpolitik der Bundesrepublik

Abgrenzung von der DDR – das „andere" Deutschland, der „zweite" deutsche Staat etc. – bildete einen zentralen Bestandteil der (west)deutschen Identität. Erst mit der deutschen Einheit 1990 wurde die „nationale Frage" für die Bundesrepublik territorial geregelt. Die „unverhoffte Einheit" (Jarausch 1995) stellt den wohl wichtigsten Einschnitt in der politischen Entwicklung der Nachkriegszeit dar. Nach der Herstellung der deutschen Einheit kann die „deutsche Frage" als dreifach gelöstes Problem definiert werden: „(1) der Einheit Deutschlands, also einer territorialen und nationalen Identität, (2) seiner Verfassung, also seiner politischen Ordnung und (3) seines internationalen Status, also seiner Verträglichkeit mit Frieden und Stabilität in Europa." (Rittberger 1994, S.75f.)

Aufgrund dieser Geschichte heben sich in der Außenpolitik der Bundesrepublik *historisch-kulturelle Besonderheiten* heraus, die sie von anderen westlichen Demokratien unterscheidet. Als prägend gelten vor allem die Erfahrungen des Nationalsozialismus und des Zweiten Weltkriegs, aus denen eine „historische Verantwortung" Deutschlands abgeleitet wurde, sich in Machtbeschränkung zu üben und aktiv die Ziele der Friedenssicherung und des Ausgleichs mit anderen Völkern zu verfolgen. Insbesondere zu Israel hat die Bundesrepublik eine besondere Beziehung entwickelt, mit der sie die vom nationalsozialistischen Deutschland begangenen Verbrechen anerkennt. So hatte bereits die Adenauer-Regierung im Jahr 1951, u. a. durch die Vermittlung von Nachum Goldmann, Entschädigungszahlungen an Israel geleistet und sich in späteren Jahren auf verschiedenen Ebenen, etwa im Jugendaustausch, in den Kultur- und Wissenschaftsbeziehungen und durch politische Vermittlungsbemühungen im Nahost-Konflikt um gute Beziehungen zu Israel bemüht.

Mit dem Konzept des kollektiven Gedächtnis („*collective memories*") haben die amerikanischen Politikwissenschaftler Andrei S. Markovits und Simon Reich versucht, diese Erinnerungsspuren der deutschen Geschichte im außenpolitischen Prozess nach dem Ende des Ost-West-Konflikts analytisch zu erfassen. Sie vertreten in ihrem Buch „The German Predicament" (1997) die These, dass die historischen Erfahrungen des Nationalsozialismus und vor allem der Holocaust in das kollektive Gedächtnis eingegangen sind und auch heute noch die Position Deutschlands in Europa bestimmen. Aus der Rezeption der Geschichte des Nationalsozialismus habe sich eine Selbstbeschränkung der Macht ergeben; daher definiere sich Deutschland nicht als „Großmacht" oder gar „Weltmacht", sondern vor allem im Kontext der europäischen Gemeinschaft. Die Autoren problematisieren vor diesem Hintergrund die neue Hegemonie Deutschlands, die sich aus dem wirtschaftlichen und politischen Einfluss ergibt, den das Land in der Mitte Europas vor allem in den Reformländern Mittelosteuropas ausübt, und stellen die Frage, wie das vereinigte Deutschland mit diesem Machtzuwachs umgehen werde (Markovits/Reich 1997; vgl. auch Hanrieder 1995). Markovits und Reich verwerfen die These der Neo-Realisten, die davon ausgehen, dass das wiedervereinigte Deutschland sich nicht nur ökonomisch sondern auch militärisch zu einer europäischen Großmacht entwickeln werde, wie dies z. B. der amerikanische Sicherheitspolitiker John Mearsheimer behauptet hatte, indem sie herausarbeiten, dass Deutschlands politische und wirtschaftliche Position nur aufgrund der Einbindung in die europäischen Institutionen möglich geworden ist, eine Auffassung, die durch neuere Studien bestätigt werden kann (z. B. Risse 2004).

Im Vergleich zur Bedeutung der nationalsozialistischen Vergangenheit, die für die politischen Eliten in Deutschland auch nach der Vereinigung 1990 relevant bleibt, sind aus der politisch-kulturellen Erfahrung der DDR kaum identitätsbildende Dimensionen in die neue deutsche Außenpolitik eingegangen, was nicht nur auf die schwache Repräsentanz von ehemaligen DDR-Bürgern unter den außenpolitischen Eliten zurückzuführen ist, sondern sich auch aus den begrenzten Handlungsalternativen des institutionell stark eingebundenen vereinigten Deutschlands ergibt. Zutreffend hat der amerikanische Politikwissenschaftler Peter Katzenstein (1997) die Bundesrepublik als *„tamed power"*, gezähmte Macht, bezeichnet, die durch ihre institutionelle Verknüpfung mit anderen Ländern auf Eigenmacht verzichtet, aber dadurch an politischem Einfluss gewonnen hat. Für die Bundesrepublik nach 1990 wäre eine militärische Weltmachtoption nur um den Preis des Ruins der eigenen wirtschaftlichen Wurzeln zu realisieren gewesen und war daher keine realitätsgerechte Handlungsoption. Auch Neutralität erschien keine Option in einer Zeit, in der die Weltpolitik zunehmend globalisiert und auf internationale Organisationen angewiesen ist. Schon in den „Zwei-plus-Vier"-Verhandlungen zur deutschen Einheit zeigte sich, wie stark die Zukunft Deutschlands von den Alliierten bestimmt wurde und das Design für die Vereinigung von den Vorstellungen der Vertragspartner geprägt wurde (vgl. Sarotte 2009). Mit der Einbindung des vereinigten Deutschlands in das NATO-System setzte sich die in der Zeit des Ost-West-Konflikts geschaffene Sicherheitsarchitektur daher fort.

Der Grundkonsens einer europäischen Einbindung wurde auch nach der deutschen Vereinigung nicht aufgegeben. Vielmehr wurde der *normative Rahmen* für die Außenpolitik der Bundesrepublik aufrechterhalten und bestärkt. Die vor allem unter dem Eindruck des Zweiten Weltkriegs entstandenen neuen Werte und Normen, die in der Außenpolitik seit der Nachkriegszeit handlungsanleitend wurden, bilden eine spezifische „außenpolitische Konstitution" (Medick-Krakau 1999: 92; vgl. auch Schmidt/Hellmann/Wolf 2007). Sie kann als außenpolitischer Orientierungsrahmen eines mit anderen verflochtenen Staates verstanden werden, die auf Normen von Demokratie und Frieden basiert. Der normative Rahmen der Außenpolitik wird vor allem durch das Grundgesetz der Bundesrepublik vorgegeben. Es enthält wichtige Staatszielbestimmungen wie das Friedensgebot (insbes. die Präambel, der Grundrechtekatalog, sowie ausdrücklich Art. 26) und die Bestimmung der militärischen Selbstbeschränkung in der Landesverteidigung (Art. 87a). Besondere Beachtung verdient auch das europäische Integrationsgebot in Artikel 23, welches nach Verabschiedung des Maastrichter-Vertrags in das Grundgesetz aufgenommen wurde und den Transfer von Souveränität auf europäische Einrichtungen bekräftigt. Insgesamt weisen die normativen Ziele – parlamentarische Kontrolle der Außenpolitik, Friedensziel, stabile Grundordnung – eine hohe Kontinuität in der Geschichte der Bundesrepublik auf. Das Ziel der deutschen Einheit hat sich aufgrund der Vereinigung 1990 zugleich erübrigt.

Der außenpolitische *Entscheidungsprozess* ist durch die Verteilung von Zuständigkeiten auf Legislative, Exekutive und Judikative und deren Kombination sowie die Zuständigkeit von Bund und Ländern charakterisiert. Einfluss üben darüber hinaus auch nicht-staatliche Akteure aus, wie beispielsweise wirtschaftliche Lobbygruppen. Systemisch betrachtet unterscheidet die Politikwissenschaftlerin Helga Haftendorn drei Kernelemente im Entscheidungsprozess: Akteure, Prozesse und Strukturen. „Die für den außenpolitischen Entscheidungsprozeß relevanten Strukturen werden geprägt durch a) die internationalen Rahmenbedingungen, b) das nationale sowie trans- und internationale formale und funktionale Entscheidungssystem sowie c) das politisch-gesellschaftliche System im Inneren. Das Bindeglied zwischen Akteur und Struktur sind die Perzeption der relevanten Strukturen und Anforderungen seitens der Akteure. Perzeptionen werden durch Einstellungsmuster (*belief systems*) und Handlungsroutinen (*operational codes*) bedingt und setzen sich zusammen aus den normativen Grunddispositionen, den spezifischen Merkmalen von Persönlichkeiten und Institutionen, sowie den sozialen und situativen Erfahrungen der Akteure. Sie dienen als Filter und Bewertungs-

3.2 Die Außenpolitik der Bundesrepublik

maßstab für neue Informationen und haben den Zweck, Unsicherheiten zu reduzieren. Sie konstituieren die für die handelnden Politiker je spezifische Realität, die damit zum sozialen und politischen Konstrukt wird." (Haftendorn 1999: 248)

Im Vergleich zu anderen Demokratien, wie den USA, ist die Außenpolitik der Bundesrepublik eher „top-down" strukturiert. Unter den Organen der Bundesrepublik kommt der Bundesregierung, und hier vor allem dem Bundeskanzler bzw. der Bundeskanzlerin, eine Führungsrolle zu, während der Bundespräsident als völkerrechtlicher Vertreter des Landes eine repräsentative Funktion einnimmt (vgl. Hacke 2003). Durch die Richtlinienkompetenz des Kanzlers bzw. der Kanzlerin werden durch die Regierung Vorgaben gemacht, an denen sich die Außenpolitik orientiert. In diesen Handlungsrahmen fügen sich auch die Positionierung der Minister, etwa im Außen- und Verteidigungsministerium, sowie die Rolle der Behörden. Das Auswärtige Amt besitzt eine Generalkompetenz für den diplomatischen Verkehr und Fachkompetenz in zentralen Fragen der Außenpolitik. Da die Regierungen in der Bundesrepublik in der Regel Koalitionsregierungen sind, spielen die unterschiedlichen außenpolitischen Positionen der politischen Parteien eine wichtige Rolle, denn in den zentralen außenpolitischen Entscheidungen muss in der Regel ein Konsens gefunden werden. Das heißt, die innenpolitischen Machtkonstellationen beeinflussen die Handlungsspielräume und Entscheidungsprozesse in der Außenpolitik.

In jüngerer Zeit, d. h. vor allem nach der deutschen Vereinigung, ist zudem eine größere Rolle des *Bundesverfassungsgerichts* zu beobachten, das als höchstrichterliches, unabhängiges Organ zu einigen Grundfragen deutscher Außenpolitik Stellung genommen hat. Zu nennen sind hier insbesondere das Bundesverfassungsgerichtsurteil zu den „Maastrichter-Verträgen" vom 12. Oktober 1993, die Entscheidung zu den „out-of area"-Einsätzen der Bundeswehr vom 12. Juli 1994, sowie das Urteil zur Verfassungsmäßigkeit des EU-Reformvertrags von 2009.

Nicht-staatliche Akteure wie die Parteien, Verbände, Kirchen und Interessengruppen wirken auf die Außenpolitik direkt oder indirekt ein. Einflussreiche Interessengruppen, wie beispielsweise Wirtschaftsverbände, können durch Lobbyarbeit oder öffentliche Stellungnahmen außenpolitische Entscheidungen beeinflussen; für Deutschland als „Handelsstaat" besitzen die Außenwirtschaftsbeziehungen einen hohen Stellenwert, so dass dieser Bereich dem Einfluss von Wirtschaftsverbänden unterliegt. In der Geschichte der Bundesrepublik gibt es darüber hinaus Beispiele, dass gesellschaftliche Gruppen, wie die Vertriebenenverbände oder soziale Bewegungen, wie die Friedensbewegung, außenpolitische Entscheidungen blockieren oder zumindest verzögern oder erschweren können. Eine zunehmende Rolle spielt die öffentliche Meinung in den Medien. Auch Protestbewegungen im außerparlamentarischen Raum nehmen auf die Meinungsbildung Einfluss, wie die Proteste gegen den Irak-Krieg 2003 beispielsweise gezeigt haben.

Während der außenpolitische Entscheidungsprozess in den 1950er und 1960er Jahren vor allem von einzelnen Politikern geprägt wurde („Kanzlerdemokratie"), gewannen in den Folgejahren politische („Koalitionsarithmetik"), parlamentarische sowie bürokratische Institutionen an Bedeutung. „Heute sind die außenpolitischen Entscheidungsstrukturen auf der nationalen Ebene durch die Verdichtung der formalisierten Entscheidungsverfahren, die Verfestigung der koalitionspolitischen Arrangements sowie die verstärkte Bedeutung föderaler *checks and balances* gekennzeichnet. Sie haben darüber hinaus eine neue Qualität durch den hohen Grad an internationaler und transnationaler Verflechtung erhalten." (Haftendorn 1999: 256)

Grundlage für den Entscheidungsprozess sind *Prioritäten*, die in der Außenpolitik gesetzt werden. In der bundesdeutschen Außenpolitik bildeten bis zur Vereinigung 1990 die Ziele Sicherheit, Frieden, staatliche Einheit und westliche Integration die Prioritäten. Dabei ist es in der Geschichte der Bundesrepublik periodisch zu außenpolitischen Prioritätenkonflikten gekommen (Haftendorn 1986). In den vierzig Jahren der geteilten Existenz Deutschlands hat es beispielsweise Prioritätenkonflikte zwischen Westintegration und Deutschlandpolitik bzw. Wiedervereinigung (1950er und 1960er Jahre) und zwischen NATO-Bündnistreue und Entspannungspolitik gegeben (1980er Jahre). Nach der deutschen Einheit entwickelte sich ein Prioritätenkonflikt zwischen dem deutschen Machtverzicht in militärischen Fragen und der Unterstützung humanitärer Interventionen, sowie zwischen einer Vertiefung der europäischen Integration und dem transatlantischen Bündnis (Schmidt/Hellmann/Wolf 2007).

Prioritäten in der Außenpolitik werden von den starken *wirtschaftlichen Interessen* der Bundesrepublik beeinflusst. Die deutsche Wirtschaft ist vor allem Export-orientiert. Dabei kann der deutsche Außenhandel – trotz der Klagen über zunehmende ausländische Konkurrenz und den „Standort Deutschland" – einen deutlichen Zuwachs verzeichnen, eine Entwicklung, die sich auch nach der deutschen Einheit weiter rasch fortsetzte. In der Wirtschafts- und Finanzkrise 2008/09 konnte sich die Bundesrepublik aufgrund ihrer Exportstärke schneller wieder erholen, als andere europäische Länder. Der Handel mit anderen europäischen Ländern, mit China und den USA verzeichnete einen rasch wachsenden Anstieg. Aufgrund ihrer gedämpften Lohnpolitik zeigte sich Deutschland auf dem Weltmarkt konkurrenzfähig und konnte trotz wachsender Belastungen durch die Griechenland-Krise das Haushaltsdefizit schrittweise senken.

3.2.2 Der Zusammenhang zwischen Innen- und Außenpolitik: Beispiel Ostpolitik

In den Jahren zwischen 1949 und 1990 war die Außenpolitik der Bundesrepublik vor allem durch den globalen Ost-West-Konflikt und die deutsche Teilung geprägt. Die Außenpolitik unterlag zunächst aufgrund der alliierten Rechte vielfältigen Beschränkungen; schrittweise konnte die Bundesrepublik durch Mitgliedschaft in Bündnissystemen bzw. in der Europäischen Gemeinschaft Souveränität gewinnen und ihren außenpolitischen Handlungsspielraum erweitern (Schmidt/Hellmann/Wolf 2007). Am Beispiel der *neuen Ostpolitik* der 1960er und 1970er Jahre kann gezeigt werden, welche Rolle das innenpolitische Umfeld und die außenpolitische Umwelt bei der Formulierung und Umsetzung von Neuorientierungen in der Außenpolitik gespielt haben.

Die Ostpolitik der 1960er und 1970er Jahre war das zentrale Reformprojekt der sozialliberalen Regierung unter Bundeskanzler Willy Brandt (1969–1974). Kernpunkt bildete eine Neubestimmung der Beziehungen zu den staatssozialistischen Nachbarländern Ost- und Ostmitteleuropas einschließlich der DDR. Vor dem Hintergrund entspannterer Beziehungen zwischen den Supermächten vollzog die Bundesrepublik mit der neuen Ostpolitik eine Richtungsänderung in der Außenpolitik, die vor allem auf eine flexible Zugangsweise zu den Ländern im sowjetischen Macht- und Einflussbereich abzielte. Entspannungspolitik (*détente*) und Ostpolitik ergänzten einander, verfolgten jedoch unterschiedliche Ziele. Der Historiker Charles S. Maier beschreibt die unterschiedlichen Zielsetzungen folgendermaßen: „Ostpolitik and détente required each other, but they responded to different political motivations: the former strived for liberalization, the latter for stabilization. The East German regime coveted

3.2 Die Außenpolitik der Bundesrepublik

the latter and was prepared to purchase it with small concessions in terms of the former. Normalizing German-German relations, of course, had to be a central stake in both Brandt's Ostpolitik and the superpowers aspirations for détente." (Maier 1997: 27f.)

Verknüpft man bei der Analyse der Ostpolitik die Perspektive von Innen- und Außenpolitik, wie es in neueren Ansätzen der Theorie Internationaler Beziehungen vorgeschlagen wird, dann lässt sich feststellen, dass die Entwicklung der neuen Ostpolitik in den 1960 Jahren nicht nur durch Veränderungen im internationalen System, bzw. die schrittweise *détente* zwischen den Supermächten bedingt war. Vielmehr wurde die internationale Situation durch das Prisma der besonderen deutschen Lage interpretiert, als Handlungsalternative formuliert und den spezifischen Bedingungen entsprechend umgesetzt.

Den Anstoß für eine konzeptionelle Neuorientierung in der Außenpolitik gab die Errichtung der Berliner Mauer am 13. August 1961, die die deutsche Teilung besiegelte und somit die Hoffnung auf eine mögliche Wiedervereinigung vorerst zunichte machte. Dieses Ereignis führte dazu, dass in gesellschaftlichen Bereichen wie den Hochschulen, Gewerkschaften, Evangelischen Akademien und in den oppositionellen Parteien SPD und FDP zu Beginn der 1960er Jahre ein Diskurs über eine konzeptionelle Neuorientierung der Außenpolitik einsetzte. Die Konzeption der von Bundeskanzler Konrad Adenauer (CDU) geführten Regierung, die Sowjetunion durch eine Politik der Stärke zum Nachgeben zu veranlassen, wurde als gescheitert betrachtet. Der damalige Berliner Senatssprecher und spätere Staatssekretär Egon Bahr beschrieb das Konzept Anfang der 1960er Jahre folgendermaßen: „Wenn die Mauer ein Zeichen des kommunistischen Selbsterhaltungstriebes sei, war nach den Möglichkeiten zu fragen, diese durchaus berechtigten Sorgen dem Regime graduell so weit zu nehmen, dass auch die Auflockerung der Grenzen und der Mauer praktikabel wird, weil das Risiko erträglich ist. Das ist eine Politik, die man auf die Formel bringen könnte: ‚Wandel durch Annäherung'." (Bahr 1996: 157) Die Handlungsmaximen der neuen Politik sollten erstens zu einer Verbesserung der Lebenssituation in Osteuropa durch vermehrten Handel führen, zweitens schrittweise vertragliche Vereinbarungen erzielen und drittens zum Aufbau einer „europäischen Friedensordnung" führen, um die deutsche Teilung zu überwinden.

Nach dem Machtwechsel zur SPD/FDP-Regierung im Jahr 1969 stellte die Bundesregierung die neue Ostpolitik in den Kontext der deutschen Einheit, ein verfassungsmäßig festgelegtes Staatsziel der Bundesrepublik, und verschaffte der neuen Politik durch diese Kontextualisierung ihre Legitimation. In seiner Regierungserklärung formulierte Bundeskanzler Willy Brandt (SPD) den Kerngedanken der neuen Ostpolitik folgendermaßen: „Aufgabe der praktischen Politik in den jetzt vor uns liegenden Jahren ist es, die Einheit der Nation dadurch zu wahren, dass das Verhältnis zwischen den Teilen Deutschlands aus der Verkrampfung gelöst wird. ... 20 Jahre nach Gründung der Bundesrepublik Deutschland und der DDR müssen wir ein weiteres Auseinanderleben der deutschen Nation verhindern, also versuchen, über ein geregeltes Nebeneinander zu einem Miteinander zu kommen." (Willy Brandt, Regierungserklärung, abgedruckt in: Außenpolitik der Bundesrepublik, 1995) Das Kernstück der Ostpolitik bestand in einer Reihe von Verträgen, die die Bundesrepublik mit den staatssozialistischen Ländern in den Jahren zwischen 1970 und 1973 abschloss. Vorrangig war für die Brandt-Scheel-Regierung zunächst eine Verständigung mit der Sowjetunion als Hegemonialmacht im Ostblock; es folgten Verträge mit Polen und der Tschechoslowakei sowie schließlich auch mit der DDR, im Grundlagenvertrag von 1972. Die Verrechtlichung der Beziehungen rief innergesellschaftliche Widerstände hervor und die Ostpolitik blieb zunächst ein ausgesprochen umstrittenes Projekt; im Jahr 1972 führten die Kontroversen um die Ostverträge zum ersten konstruktiven Misstrauensvotum in der Geschichte der Bundesrepublik, das die Mehrheit im Bundestag allerdings knapp verfehlte.

Die Ostpolitik als Teil der übergreifenden Entspannungspolitik zwischen den Supermächten hat einen nachhaltigen Einfluss auf die Legitimationsgrundlage für die innergesellschaftliche Opposition in den Ländern des Ostblocks ausgeübt. Die Unterzeichnung der KSZE-Schlussakte von Helsinki 1975, die einen Höhepunkt der allgemeinen Entspannungspolitik bildete, stellte für die osteuropäische Dissidenz einen entscheidenden Wendepunkt dar. Der Korb III der Vereinbarungen, dem ja die Ostblockstaaten ebenfalls zugestimmt hatten, beinhaltete die Grundsätze der Achtung der Menschenrechte und der Grundfreiheiten, einschließlich der Gedanken-, Gewissens-, Religions- und Überzeugungsfreiheit, und weckte damit Erwartungen, die die Dissidenten- und Oppositionsgruppierungen, wie „Charta 77" in der Tschechoslowakei oder „KOR" (deutsch: „Kommitte für die Verteidigung der Arbeiterrechte") als Vorläufer der Solidarnosc in Polen als Referenzrahmen benutzen konnten. Die Helsinki-Vereinbarungen wurden für die oppositionellen Gruppen zur Basis ihrer Legitimation.

Durch die neue Ostpolitik der sozial-liberalen Koalition konnte der außenpolitische Handlungsspielraum der Bundesrepublik erheblich erweitert werden. So vergrößerte sich ihre internationale Handlungsfähigkeit nicht nur gegenüber den osteuropäischen Ländern, sondern auch gegenüber der Hegemonialmacht USA. Die verbesserte Handlungsoption veranlasste auch die Oppositionsparteien zu einer Richtungsänderung. Tatsächlich normalisierten sich auch die Beziehungen zur DDR, zumindest auf staatlicher Ebene. Die Ziele der Ostpolitik wurden im außenpolitischen Selbstverständnis der Bundesrepublik verankert, was sich darin zeigt, dass sie im Kern auch nach dem Machtwechsel zur CDU/FDP-Regierung unter Kanzler Helmut Kohl (CDU) im Jahr 1983 beibehalten wurden und bis zur deutschen Vereinigung den außenpolitischen Grundkonsens der Bundesrepublik bildeten. Aufgrund der Tatsache, dass sich die bundesrepublikanische Außenpolitik gegenüber der Sowjetunion seit der Entwicklung der Ostpolitik grundlegend gewandelt hatte, war es auch möglich, dass die internationalen Aspekte der Vereinigung und insbesondere die Frage der Bündniszugehörigkeit des vereinten Deutschlands in den „Zwei-plus-Vier" Verhandlungen im Jahr 1990 so zügig geregelt werden konnten (vgl. Albrecht 1996; Zelikow/Rice 1997).

Weniger positiv fällt die Bilanz jedoch mit Blick auf die Veränderungen aus, die die neue Ostpolitik bezüglich der innergesellschaftlichen Handlungsspielräume hat erreichen können. Die Erwartung, dass sich die politischen Systeme der staatssozialistischen Länder durch innere Liberalisierung einer modernen Industriegesellschaft entsprechend öffnen würden, hat sich nicht erfüllt; eine Liberalisierung des Systems blieb aus. Die neue Ostpolitik beruhte auf zwei Grundauffassungen, die heute als überholt gelten. Zum einen blieb die Annahme einer Liberalisierung als Ergebnis des vermehrten Handels einem Modernisierungsparadigma verhaftet, das den Einfluss der politischen Eliten und ihre Ablehnung einer grundlegenden Öffnung unterschätzte, indem es innergesellschaftliche Entwicklung primär an die Industrialisierung koppelte. Zum anderen stellt die neue Ostpolitik ein Lehrstück für die Begrenztheit herkömmlicher Außenpolitik dar, denn in der klassischen Tradition von Außenpolitik blieb die neue Ostpolitik primär auf die zwischenstaatliche Zusammenarbeit fixiert. Im Interesse dieser Politik waren Beziehungen zu Dissidenten bzw. zu den sich bereits Mitte der 1970er Jahre bildenden Oppositionsgruppen nicht opportun. Hatte diese Logik in der Hochphase der Systemkonfrontation eine gewisse Legitimation, so bleibt zu fragen, ob dieses Vorgehen im politischen Kontext der 1980er Jahre weiterhin uneingeschränkte Gültigkeit beanspruchen konnte. Die sich vollziehenden innergesellschaftlichen Veränderungen in den ost- und ostmitteleuropäischen Ländern wurden erst anerkannt, als die Systeme bereits ihre Legitimationsbasis verloren hatten und sich aufzulösen begannen.

3.2.3 Neue deutsche Außenpolitik: Kontinuität und Wandel seit der Vereinigung

Nach der deutschen Vereinigung im Jahr 1990 gewann die Bundesrepublik einerseits einen erweiterten außenpolitischen Handlungsspielraum (Risse 2004; Schöllgen 2004). Aufgrund der nunmehr rechtlich vollständigen Souveränität, ihrem wirtschaftlichen Potential und ihrer geopolitischen Lage in der Mitte Europas stellt das vereinigte Deutschland potentiell einen größeren Machtfaktor dar. Die Einbindung in internationale Organisationen, wie die NATO und die EU, begrenzt andererseits den eigennützigen Gebrauch dieses machtpolitischen Zuwachses. Einer „Renationalisierung" deutscher Außenpolitik, die verschiedentlich vor allem im Ausland befürchtet worden war, fehlt insofern die Basis, da die Bundesrepublik vor allem in wirtschaftlicher Hinsicht nicht autark agieren kann, sondern als Export orientiertes Land auf seine Verflechtung mit den europäischen Nachbarländern angewiesen bleibt, diese Verflechtung, auch unabhängig von der jeweiligen Regierungskoalition, politisch fördert und in ein Netz internationaler Organisationen eingebunden ist. Als europäische Macht konnte Deutschland innerhalb der EU jedoch seinen Einfluss ausbauen und wird heute als wichtigste europäische Macht, zumindest im wirtschaftlichen Bereich, wahrgenommen.

Die Ziele und Prioritäten der neuen bundesdeutschen Außenpolitik wurden nach dem Ende des Ost-West-Konflikts vor allem im europäischen Kontext definiert. Der Politologe Hanns Maull verweist zudem darauf, das eine „Großmachtrolle" Deutschlands auch durch die eigene Geschichte begrenzt sei; das vereinigte Deutschland müsse die negativen Erfahrungen der anderen europäischen Länder beachten und in der Außenpolitik besondere Sensibilität zeigen (Maull 1993; 2004). Wurde die Bundesrepublik während der Zeit bis 1989 oft als wirtschaftlicher Riese, aber politischer Zwerg bezeichnet, so stellte sich jetzt die Frage, ob das Land sich nun politisch zu einem Riesen entwickeln würde. Mit Blick auf die institutionellen internationalen Verflechtungen kann diese Frage verneint werden; Deutschland ähnelt „Gulliver in der Mitte Europas" (Haftendorn 1994). Betrachtet man die Verflechtungen des Landes, so handelt es sich um einen „Scheinriesen" (Peters 1997), der weiterhin nur im Kontext europäischer Einbindungen agieren kann und will. Vor diesem Hintergrund entwickelt die Bundesrepublik neue Handlungsfelder, etwa im Bereich der Demokratieförderung und des *state-building*, sowie bei friedenssichernden Maßnahmen und großer außenpolitischer Kontinuität (Hellmann 2006; Maull 2004; Risse 2004).

Drei Faktoren begründen die *Kontinuität* bundesdeutscher Außenpolitik. *Erstens* wird die wirtschaftliche und politisch-institutionelle Einbettung der Bundesrepublik im Prozess der europäischen Integration weiter fortgesetzt. *Zweitens* bleibt der hohe Grad an weltwirtschaftlicher und politischer Außenorientierung Deutschlands mit der einzigartigen Dichte der Verregelung und Verrechtlichung im Rahmen internationaler Organisationen auch nach der Zäsur 1989/90 bestehen. *Drittens* erfolgte die Vereinigung in einer Weise, die die Grundlagen der außenpolitischen Konstitution der alten Bundesrepublik weitgehend unangetastet ließ; so blieb sowohl der normative Rahmen bestehen und auch der zivilgesellschaftliche Konsens veränderte sich nicht. Dies liegt nicht nur an der Dominanz gesellschaftlicher Wertorientierungen der alten Bundesrepublik, sondern auch daran, dass der „ausgeprägte Pazifismus in der öffentlichen Meinung" der neuen Bundesländer die zivilgesellschaftliche Grundorientierung noch verstärkte, so die Außenpolitik-Expertin Monika Medick-Krakau (1999: 95).

Vorliegende Studien kommen übereinstimmend zu dem Schluss, dass sich die „neue deutsche Außenpolitik" durch große Kontinuität auszeichnet. Allerdings zeigen sich aufgrund veränderter Herausforderungen auch einige neue Aspekte. Betrachtet man die *Ziele und Politikfelder der Außenpolitik* im Einzelnen, so ergeben sich folgende Entwicklungen. Analytisch kann zwischen drei Sachbereichen oder Politikfeldern in der Außenpolitik unterschieden werden: Sicherheit, Wohlfahrt und Herrschaft (vgl. Rittberger 1994: 66f.). Im Bereich der *Sicherheit* hatte die Bundesrepublik über die Bündnis- und Integrationspolitik in der Nachkriegszeit außenpolitische Handlungsfähigkeit erlangt; zu nennen sind insbesondere die NATO-Mitgliedschaft, die Europäische Gemeinschaft sowie der KSZE-Prozess. Ihre volle staatliche Souveränität erhielt die Bundesrepublik 1990 mit dem „Zwei-plus-Vier-Vertrag" („Vertrag über die abschließende Regelung in Bezug auf Deutschland"). Sie behielt zugleich die Bündnisbindung sowie die Mitgliedschaft in allen anderen internationalen Organisationen bei. Auch die Selbstbeschränkungen im militärischen Bereich (Begrenzung der Größe der Bundeswehr; Verbot der ABC-Waffen) wurden weiter festgeschrieben. Sicherheitspolitisch ist daher eine große Kontinuität der bundesdeutschen Außenpolitik zu konstatieren.

Eine deutliche Veränderung ergibt sich in der Frage der Beteiligung deutscher Soldaten bei *Auslandseinsätzen der Bundeswehr*. Nach dem Grundgesetz der Bundesrepublik kann die Bundeswehr ausschließlich im Verteidigungsfall eingesetzt werden; ihr Auftrag würde sich danach nur auf das Gebiet des Verteidigungsbündnisses NATO beziehen. Inwieweit auch Einsätze außerhalb dieses Gebiets rechtlich möglich sind, war eine Frage, die erst nach der deutschen Vereinigung mit dem Wegfall alliierter Rechte in Deutschland und der Erlangung vollständiger Souveränität öffentlich kontrovers debattiert wurde. Ausgelöst durch den Golfkrieg 1991 und die gestiegenen Anforderungen an die UN, setzte zu Beginn der 1990er Jahre eine kontroverse Diskussion über die Beteiligung der Bundeswehr an Aktionen außerhalb des NATO-Gebiets ein. Umstritten waren dabei weniger die Blauhelm-Einsätze, sondern vor allem Kampfeinsätze zur Durchführung von Maßnahmen militärischer Friedenserzwingung nach Kapitel VII der UN-Charta. Das Bundesverfassungsgericht wurde angerufen, um zu klären, ob und unter welchen Bedingungen der Einsatz der Bundeswehr außerhalb des NATO-Gebietes verfassungsgemäß ist; auch die Frage, wer die Entscheidungskompetenz für den Auslandseinsatz hat, stand zur Klärung an. Das Bundesverfassungsgericht entschied am 12. Juli 1994 zu Auslands-Einsätzen („out-of-area") der Bundeswehr unter Bezug auf GG Art. 24, Abs. 2 („der Bund kann sich zur Wahrung des Friedens Systemen kollektiver Sicherheit einordnen"), dass der Bundeswehr-Einsatz im Ausland verfassungskonform ist. Es legte zugleich zwei zentrale Grundsätze fest: Zum einen erhob das Gericht den *Grundsatz des Multilateralismus* zur Handlungsmaxime und zum anderen legte es den Grundsatz der *parlamentarischen Kontrolle* von Auslandseinsätzen der Bundeswehr fest; grundsätzlich habe das Parlament und nicht die Regierung die Entscheidung zu treffen (Prinzip des „konstitutiven Parlamentsvorbehalts"). Dieses gilt auch bei der Verlängerung von Mandaten für die Bundeswehr, wie z. B. die Verlängerung des Afghanistan-Einsatzes, die jeweils im Bundestag entschieden werden muss.

Mit der Beteiligung an der IFOR-Mission in Bosnien wurde erstmals die Schwelle zu Kampfeinsätzen mit UN-Mandat und unter NATO-Kontrolle überschritten. Im Fall des Krieges gegen Jugoslawien im Kosovo-Konflikt 1999 wurde zum ersten Mal vom Parlament ein

Kampfeinsatz der Bundeswehr im Ausland beschlossen; dabei stützte sich der Parlamentsbeschluss auf eine breite Mehrheit von Regierung und Opposition.

Seit der Entscheidung des Bundesverfassungsgerichts zu out-of-area Kampfeinsätzen der Bundeswehr wird der Einsatz außerhalb des NATO-Gebietes als rechtmäßig angesehen; allerdings muss die Bundesregierung die Zustimmung des Bundestages einholen und darf nur im Verbund mit internationalen Organisationen handeln. Dabei ist eine einfache Mehrheit im Parlament erforderlich, welches Kritiker veranlasst, eine zu schmale Legitimationsbasis für eine politisch so weit reichende Entscheidung zu bemängeln, während andere eine ungenügende Effizienz der Entscheidungsfindung beklagen (z. B. Hacke 2003: 556).

Die aktive Beteiligung von deutschen Soldaten an Auslandseinsätzen ist die wohl sichtbarste Veränderung im Politikfeld „Sicherheit". Auslandseinsätze der Bundeswehr gelten heute nicht mehr als Ausnahme. Vielmehr ist die Bundesrepublik auch als Akteur an internationalen Einsätzen beteiligt und übernimmt im Rahmen von NATO und UN-Einsätzen im Rahmen der Möglichkeiten Verantwortung, wobei jeder Einsatz politisch geprüft und kontrovers diskutiert wird. Drei Viertel der rund 10.000 Bundeswehrsoldaten befinden sich auf internationalen Friedens- und Stabilisierungseinsätzen; hierzu zählen Missionen in Bosnien-Herzegowina, Kosovo und Mazedonien. Auf Basis eines UN-Mandats tragen sie dort vornehmlich zur Friedenskonsolidierung bei. Auch beteiligt sich die Bundesrepublik an Maßnahmen zur Bekämpfung des internationalen Terrorismus und zur Stabilisierung von Regimen, wie in Afghanistan, allerdings sieht sie ihre Rolle dort vornehmlich nicht in Kampfaktionen, sondern in der Unterstützung von Stabilisierungsmaßnahmen. Auch in Libyen 2011 sieht die deutsche Regierung ihre Aufgabe primär in der Unterstützung beim Aufbau ziviler Institutionen mit hoheitsrechtlichen Aufgaben (etwa Polizei; Justiz). An den durch ein UN-Mandat vom 17. März 2011 legitimierten militärischen Aktionen zum Schutz der Zivilbevölkerung gegen das diktatorische Gaddafi-Regime wollte sich die deutsche Regierung dagegen nicht beteiligen. Sie enthielt sich bei der Abstimmung im UN-Sicherheitsrat der Stimme.

Im Politikbereich *„Wohlfahrt"* behält die wirtschaftliche Einbettung in die Europäische Gemeinschaft bzw. die Union ihre Vorrangstellung und wird nach dem Vertrag von Maastricht (1993) sogar noch vertieft. Fast drei Viertel der gesamten deutschen Ausfuhren erfolgten in den vergangenen Jahren in andere europäische Länder. Weitere wichtige Handelspartner sind die USA sowie Russland. Asien nimmt dagegen traditionell eine randständige Bedeutung ein, jedoch hat hier China als wichtigster Handelspartner in den letzten Jahren stetig an Bedeutung gewonnen.

Die Ratifizierung des Vertrages über die Europäische Union („Maastricht Vertrag") erfolgte nach dem Bundesverfassungsgerichtsurteil vom 12. Oktober 1993; damit trat der EU-Vertrag am 1. November 1993 in Kraft mit allen darin enthaltenen Vorgaben der Wirtschafts- und Währungsunion bzw. der Einführung des Euro als gemeinschaftlicher europäischer Währung. In der nach der deutschen Einheit revidierten Fassung enthält Art. 23 des Grundgesetzes das Integrationsgebot; die Bundesrepublik wirkt danach aktiv am Ziel der europäischen Integration mit, wobei diese Staatszielbestimmung in Europa einzigartig ist und den Integrationswillen nachdrücklich unterstreicht. In Art. 23, Abs. 1, heißt es: „Zur Verwirklichung eines vereinten Europas wirkt die Bundesrepublik Deutschland bei der Entwicklung der Europäischen Union mit, die demokratischen, rechtsstaatlichen, sozialen und föderativen Grundsätzen und

Tab. 3.1: Die größten Handelspartner Deutschlands 2009

Ausfuhr aus Deutschland 2009 in ausgewählte Länder in Mrd. €			Einfuhr nach Deutschland 2009 aus ausgewählten Ländern in Mrd. €		
	Gesamt	803,3		Gesamt	664,6
1	Frankreich	81,3	1	VR China	56,7
2	USA	54,4	2	Niederlande	55,6
3	Großbritannien	53,2	3	Frankreich	53,3
4	Niederlande	53,2	4	USA	39,3
5	Italien	50,6	5	Italien	37,2
6	Österreich	46	6	Großbritannien	32,5
7	Belgien	42	7	Schweiz	28
8	VR China	37,3	8	Belgien	28
9	Schweiz	35,5	9	Österreich	27,6
10	Spanien	31,3	10	Russland	25,2

dem Grundsatz der Subsidiarität verpflichtet ist und einen diesem Grundgesetz im wesentlichen vergleichbaren Grundrechtsschutz gewährleistet. Der Bund kann hierzu durch Gesetz mit Zustimmung des Bundesrates Hoheitsrechte übertragen." (Grundgesetz der Bundesrepublik Deutschland vom 23. Mai 1949 i. d. Fassung vom 3. November 1995). Im Rahmen der Reformdiskussion der EU, die aufgrund der EU-Erweiterung ab 2000 einsetzte, trat die Bundesrepublik folgerichtig für eine noch tiefere Integration bzw. für ein föderales Modell der EU ein. Das Scheitern des EU-Verfassungsvertrags machte eine Kompromisskonstruktion notwendig, die nach zähen Verhandlungen mit dem im Jahr 2009 ratifizierten Lissabon-Vertrag möglich wurde. Die Bundesrepublik setzte sich nachdrücklich für diesen Vertrag ein und verfolgte auch in Krisensituationen, wie der Staatsfinanzkrise in Griechenland, eine Politik gemeinschaftlicher Lösungen, da sie vom gemeinsamen europäischen Markt aufgrund ihrer Exportorientiertheit Vorteile erzielt. Das wirtschafts- und finanzpolitische Übergewicht der Bundesrepublik im Rahmen der EU wird dabei allerdings von den westlichen Nachbarn als problematisch angesehen. Die Bundesrepublik muss daher ihre eigenen Interessen mit denen der Nachbarländer in Einklang bringen und Kompromisse eingehen.

Im Politikfeld „*Herrschaft*" hat die Bundesrepublik nach außen hin den Aufbau und die Festigung verschiedener junger Demokratien in Ost- und Ostmitteleuropa nachhaltig unterstützt; fundamentale Werte- und Systemkonflikte sind nach dem Ende des Ost-West-Konflikts entfallen. Bei der EU-Erweiterung hat die Bundesrepublik eine unterstützende Rolle gespielt und ist gegenüber den „breakmen" unter den (west-)europäischen Ländern als „driver" aufgetreten. Auch setzt sich die Bundesrepublik im internationalen Kontext nachhaltig für die Einhaltung globaler Menschenrechte ein.

Bei der Beurteilung von Kontinuität und Wandel in der deutschen Außenpolitik fällt die Gesamteinschätzung zugunsten weitgehender Kontinuitäten aus. Versuche, die neue deutsche Außenpolitik in machtpolitischen Kategorien zu fassen, greifen zu kurz, um die internationale Verflechtung und Einbindung der Bundesrepublik zu verstehen. Ihre außenpolitische Position hat die Bundesrepublik auch nach der Vereinigung im Kontext der europäischen Einigung entwickelt und definiert. Ihre globale Rolle sieht sie weiterhin in zivilen Beiträgen („Zivilmacht"), auch wenn sie inzwischen auch an militärischen Maßnahmen und Missionen im Rahmen der Vereinten Nationen beteiligt ist. Angesichts steigender Anforderungen, im internationalen Kontext eine aktive Rolle zu übernehmen, muss die Bundesrepublik dabei nicht nur die politischen und verfassungsrechtlichen Grundlagen, sondern auch die eigenen Ressourcen überprüfen. Auch im transatlantischen Verhältnis, welches stets einen Grundpfeiler der bundesrepublikanischen Außenpolitik bildete, ist eine Balance zwischen äußeren Anforderungen und inneren Kapazitäten erforderlich.

Literatur

Albrecht, Ulrich: Die Abwicklung der DDR. Die „2+4"-Abhandlung. Ein Insider-Bericht, Opladen 1992

Albrecht, Ulrich: „Die internationale Regelung der Wiedervereinigung. Von einer ‚No-win'-Situation zum raschen Erfolg", in: Aus Politik und Zeitgeschichte, B 40/96, S. 3–11

Außenpolitik der Bundesrepublik Deutschland. Dokumente 1949 bis 1994, ohne Autor, Köln 1995

Bahr, Egon: Zu meiner Zeit, München 1998

Bierling, Stephan: Die Außenpolitik der Bundesrepublik. Normen, Akteure, Entscheidungen, München 2005

Crawford, Beverly: Power and German Foreign Policy. Embedded Hegemony in Europe, New York 2007

Hacke, Christian: Die Außenpolitik der Bundesrepublik Deutschland. Von Konrad Adenauer bis Gerhard Schröder, Frankfurt a. M. 2003

Haftendorn, Helga: Sicherheit und Entspannung. Zur Außenpolitik der Bundesrepublik Deutschland 1955–1982, 2. Aufl., Baden-Baden 1986

Haftendorn, Helga: „Zur Theorie außenpolitischer Entscheidungsprozesse", in: Volker Rittberger (Hrsg.): Theorien internationaler Beziehungen, Politische Vierteljahresschrift, Sonderheft 1990, S. 401–423

Haftendorn, Helga: „Gulliver in der Mitte Europas. Internationale Verflechtung und Nationale Handlungsmöglichkeiten", in: Karl Kaiser/Hanns Maull (Hg.): Deutschlands neue Außenpolitik, Bd. 2: Herausforderungen, München 1994, S. 129–152

Haftendorn, Helga: „Kontinuität und Wandel des außenpolitischen Entscheidungsprozesses in der Bundesrepublik Deutschland", in: Thomas Ellwein/Everhard Holtmann (Hg.): 50 Jahre Bundesrepublik, PVS-Sonderheft 30/1999, S. 247–257

Hanrieder, Wolfram: Deutschland, Europa, Amerika. Die Außenpolitik der Bundesrepublik Deutschland 1949–1994, 2. Aufl., Paderborn: Schöningh 1995

Hellmann, Gunther: Deutsche Außenpolitik. Eine Einführung, Wiesbaden 2006

Jarausch, Konrad: Die unverhoffte Einheit 1989–1990, Frankfurt a. M. 1995

Kaiser, Karl/Hans Maull (Hg.): Deutschlands neue Außenpolitik, Schriften des Forschungsinstituts der Deutschen Gesellschaft für Auswärtige Politik, Bonn 1997

Katzenstein, Peter J. (Hg.): Tamed Power. Germany in Europe, Ithaca/London 1997

Knapp, Manfred: „Die Außenpolitik der Bundesrepublik Deutschland", in: M. Knapp/G. Krell, Einführung in die Internationale Politik, München 2003, S. 135–200

Maier, Charles S.: Dissolution. The Crisis of Communism and the End of East Germany, Princeton 1997

Markovits; Andrei S./Simon Reich: The German Predicament. Memory and Power in the New Europe, Ithaca N. Y. 1997 (dt. Das deutsche Dilemma. Macht und Machtverzicht in Europa, 1998)

Maull, Hanns: „Zivilmacht Bundesrepublik? Das neue Deutschland in der internationalen Politik", in: Blätter für deutsche und internationale Politik, 38, Jg. , H. 8 (1993), S. 934–948

Maull Hanns: „‚Normalisierung' oder Auszehrung? Deutsche Außenpolitik im Wandel", in: Aus Politk und Zeitgeschichte, B 11/2004, S. 17–23

Medick-Krakau, Monika: „Staat und überstaatliche Ordnungen", in: Thomas Ellwein/ Everhard Holtmann (Hg.): 50 Jahre Bundesrepublik, PVS-Sonderheft 30/1999, S. 91–106

Peters, Ingo: „Vom ‚Scheinzwerg' zum ‚Scheinriesen' – deutsche Außenpolitik in der Analyse", in: Zeitschrift für Internationale Beziehungen, 2/1997, S. 361–388

Risse, Thomas: „Kontinuität durch Wandel: Eine neue deutsche Außenpolitik?", in: Aus Politik und Zeitgeschichte, B 11/2004, S. 24–31

Rittberger, Volker: „Nach der Vereinigung. Deutschlands Stellung in der Welt", in: Leviathan, 20. Jg. 1992, H. 2, S. 207–229

Rittberger, Volker: „Bundesrepublik Deutschland, Außenpolitik", in: Andreas Boeckh (Hg.): Internationale Beziehungen, Lexikon der Politik, Bd. 6, München 1994, S. 66–77

Ritter, Gerhard A.: Der Preis der deutschen Einheit. Die Wiedervereinigung und die Krise des Sozialstaates, München 2006

Sarotte, Mary Elise: 1989. The Struggle to Create Post-Cold War Europe, Princeton 2009

Schmidt, Siegmar/Gunther Hellmann/Reinhard Wolf (Hg.): Handbuch zur deutschen Außenpolitik, Wiesbaden 2007

Schöllgen, Gregor: Die Außenpolitik der Bundesrepublik Deutschland. Von den Anfängen bis zur Gegenwart, 3. Aufl. München 2004

Seidelmann, Reimund: „Außenpolitik", in: Andreas Boeckh (Hg.): Internationale Beziehungen, Lexikon der Politik, Bd. 6, München 1994, S. 42–49

Zelikow, Philip/Condoleezza Rice: Germany Unified and Europe Transformed. A Study in Statecraft, Cambridge 1997 (dt. Sternstude der Diplomatie, 1999)

3.3 Zwischen Hegemonie und Multilateralismus: Die Außenpolitik der USA

Die Analyse amerikanischer Außenpolitik erfordert neben der Untersuchung von Institutionen und Entscheidungsprozessen, die für die Außenpolitik maßgeblich sind, eine gründliche Auseinandersetzung mit den *historisch-kulturellen Besonderheiten* des Landes. Einerseits sind die Vereinigten Staaten den europäischen Ländern aufgrund der gemeinsamen geistesgeschichtlichen Tradition und historischer transatlantischer Verflechtungen ähnlich und vertraut. Andererseits zeichnen sich die Vereinigten Staaten durch eigene Entwicklungen aus, die aus ihrer spezifischen Gründungs- und Besiedlungsgeschichte, ihrem relativ späten internationalen Engagement in weltpolitischen Fragen, sowie ihrer Ressourcenstärke resultieren. Daher prägen historisch entstandene kulturelle Unterschiede Präferenzen und Entscheidungsmuster in der Außenpolitik. So ist das Land nicht nur aufgrund seiner Größe und geografischen Lage von Europa unterschieden. Vielmehr stechen auch politisch-kulturelle und institutionelle Besonderheiten hervor, wie die herausragende Rolle des amerikanischen Präsidenten als Integrationsfigur im politischen System oder die vergleichsweise hohe Bedeutung von Religion im sozialen Leben der USA. Auch der Umgang mit Macht und die Bedeutung des Militärischen sind in die Besonderheiten der Geschichte der USA eingebettet.

Leitbilder in der Außenpolitik sowie die Institutionen des außenpolitischen Systems sind daher, wie verschiedene Arbeiten zeigen, durch unterschiedliche politisch-kulturelle Zusammenhänge und historische Erfahrungen geformt. Die amerikanische Erfahrung unterscheidet sich dabei grundlegend von den europäischen Erfahrungen, die sich aufgrund von geschichtlichen Entstehungsbedingungen und politischen Machtverhältnissen ergeben haben. Die jeweiligen Leitbilder gründen auf Handlungsmustern und Mentalitäten, deren historisch-kulturelle Spuren bis in die Gründungsphase der Vereinigten Staaten zurückreichen und die politischen Optionen in der Außenpolitik bis heute beeinflussen (vgl. Kalberg 2006). Freiheit und Unabhängigkeit, die im Kontext des Gründungsprozesses der Vereinigten Staaten ihre gesellschaftliche Fundierung erhalten haben, spielen beispielsweise im Kontext der amerikanischen Außenpolitik bis heute eine große Rolle. Auch der amerikanische Patriotismus reicht, ebenso wie der Pragmatismus, der die Außenpolitik der Obama-Administration kennzeichnet, weit in die Geschichte der USA zurück.

In den Beziehungen zwischen Europa und den Vereinigten Staaten spielen daher nicht nur strukturelle Veränderungen nach dem Ende des Ost-West-Konflikts eine Rolle. Analytisch muss vielmehr auch nach diesen politisch-kulturellen und institutionellen Besonderheiten gefragt werden, um die Rolle der Vereinigten Staaten in der Weltpolitik besser verstehen und ihr Selbstverständnis entschlüsseln zu können.

Analysiert man die Stellung der Vereinigten Staaten im internationalen System, so kann heute von *asymmetrischen Machtverhältnissen* ausgegangen werden. Die Vereinigten Staaten nehmen eine hegemoniale Rolle ein, was gerade in den vergangenen Jahren auch zu Konflikten mit den europäischen Verbündeten geführt hat. Der Bonner Politikwissenschaftler Christian Hacke (2005) sieht die USA daher aufgrund der hegemonialen Rolle „zur Weltmacht verdammt". In der internationalen Politik versteht man unter *Hegemonie* die Vormachtstellung eines Staates über einen oder auch mehrere andere Staaten, ohne deren Souveränität in Frage zu stellen. Nach dem Ende des Ost-West-Konflikts haben die Vereinigten Staaten nicht nur ihre wirtschaftliche Macht, sondern auch ihre militärische Stärke behaupten und damit eine weltpolitische Vormachtstellung erringen können. Jedoch sind auch die Vereinigten Staaten wirtschaftlich, kulturell und sicherheitspolitisch in vielfältige Bündnis- und Vertragssysteme eingebunden, so dass sich ihre Vormachtstellung am besten als Spannungsverhältnis zwischen hegemonialer Position und multilateraler Einbindung charakterisieren lässt. Der *Multilateralismus* als außenpolitische Richtschnur ist, nach einer Phase der unilateralen Machtpolitik während der Bush-Administration, nach der Amtsübernahme von Barack Obama im Januar 2009 wieder aufgewertet worden.

In den vergangenen Jahren wurde die außen- und sicherheitspolitische Rolle in den Vereinigten Staaten sehr kontrovers diskutiert. Während liberale Positionen die weltpolitische Verantwortung der USA für die Bearbeitung globaler Herausforderungen betonen und hierbei ein multilaterales Engagement befürworten, treten neokonservative Politiker für eine starke und hegemoniale Rolle in der Weltpolitik ein, mit der amerikanische Interessen zum Schutz der Nation im Vordergrund eines globalen amerikanischen Engagements stehen müssten. Auch eine linke, basisorientierte Kritik sowie, auf der Rechten, eine extrem nationalistische Position wird in dieser Diskussion artikuliert. Letztere fordert vor dem Hintergrund des internationalen Terrorismus, des Erstarkens des islamistischen Fundamentalismus sowie der nuklearen Proliferation kleinerer Länder eine noch stärkere militärische Sicherheitspolitik. Währenddessen mahnt die kritische Linke eine Selbstbeschränkung und die Rücknahme übermäßiger hegemonialer Machtausübung an.

Die *Obama-Administration* hat sich Kernargumente des liberalen Institutionalismus zu eigen gemacht und profiliert vor diesem Hintergrund einen neuen Internationalismus in der Außenpolitik. Damit stehen Fragen im Mittelpunkt, wie das nationale Interesse mit globalen Anforderungen und Erwartungen in Einklang gebracht werden können und wie militärische Mittel gegenüber diplomatischen Strategien gewichtet werden sollen. Hauptanliegen der Obama-Administration ist dabei, das Ansehen der Vereinigten Staaten in der Welt zu verbessern. Seit Beginn des Irak-Krieges hatte die Zustimmung zur Politik der Vereinigten Staaten weltweit deutlich abgenommen und sie erreichte am Ende der Bush-Administration mit einem neuen Anti-Amerikanismus in vielen Teilen der Welt einen schmerzlichen Tiefpunkt. Dieser Ansehensverlust konnte mit dem Machtwechsel durch die Obama-Administration seit 2009 zwar umgekehrt werden und das Ansehen der USA ist nach Meinungsumfragen, besonders in Europa, deutlich gestiegen („Obama bounce"). Aber es gibt nach wie vor unterschiedliche Positionen, etwa bei der Bewältigung der globalen Wirtschafts- und Finanzkrise, im internationalen Umwelt- und Klimaschutz sowie bei der Terrorismusbekämpfung. Darüber hinaus sind die Ressourcen der USA aufgrund der zwei Kriege im Irak und in Afghanistan sowie durch die Wirtschafts- und Finanzkrise 2008/09 so stark beansprucht worden, dass der außenpolitische Handlungsspielraum ebenso wie die innenpolitische Reformagenda des Präsidenten deutlichen Beschränkungen unterliegt.

Im Folgenden werden zunächst die aufgrund historischer Besonderheiten geformten Leitbilder in der Außenpolitik sowie die institutionellen und rechtlichen Rahmenbedingungen dargestellt. Daran anknüpfend wird auf die Entwicklung der Außen- und Sicherheitspolitik nach dem Ende des Ost-West-Konflikts eingegangen.

3.3.1 Historische Besonderheiten, Leitbilder und nationales Interesse

Bereits Max Weber hatte herausgearbeitet, dass die *politisch-kulturellen Besonderheiten* eines Landes die politischen Institutionen sowie die Wahrnehmungs- und Deutungsmuster in der Politik prägen. Aufgrund ihrer Vielschichtigkeit und der Tendenz zur Selbstfindung hat die amerikanische Gesellschaft dabei historisch stets eine ideale Projektionsfläche für unterschiedlichste politische Deutungen geboten. Europäer, die Amerika bereist und das Land studiert haben, berichteten in einer Mischung aus Faszination und Befremden über das neue politische Gemeinwesen, das zwar einerseits Europa so ähnlich schien, andererseits aber grundlegend verschieden war. Anhand von *cultural codings*, kulturell vermittelten Deutungsmustern, untersuchen neuere Studien das europäisch-amerikanische Verhältnis und kommen dabei zu aufschlussreichen Erkenntnissen. Der Historiker Konrad Jarausch (2006) argumentiert, dass diese *cultural codings* nicht nur für die gegenseitigen gesellschaftlichen Perzeptionen Bedeutung haben, sondern auch die politischen Präferenzen in den transatlantischen Beziehungen beeinflussen. Die kulturelle Analyse zeige, so Jarausch, dass die vorhandenen Missdeutungen historische Ursachen haben. Jarausch stellt dies anhand von eingängigen Beispielen dar: Aus historischen Gründen haben religiöse Fragen beispielsweise in den USA stets eine hohe, in Europa dagegen eine rückläufige Bedeutung. Im Ergebnis zeige sich ein Bild, demzufolge Amerikaner als „bigott", Europäer dagegen als „ungläubig" erschienen. Auch die Einstellung zur Gewalt ist diesseits und jenseits des Atlantiks aufgrund historischer Erfahrungen unterschiedlich ausgeprägt, insbesondere was die Todesstrafe und das Recht, Waffen zu tragen, angeht. Im Ergebnis erscheinen Amerikaner als „gewalttätig", Europäer dagegen als „schwächlich". Verschiedene Siedlungs- und Ressourcenstrukturen bedingen darüber hinaus unterschiedliche Einstellungen zur Umwelt: daher gälten Amerikaner als „verschwenderisch", Europäer dagegen als „ökologische Untergangspropheten". Eine weitere Differenz ergibt sich bezüglich sozialer Solidarität; historisch ausgeprägte Klassengegensätze in Europa haben zu einer hohen Wertschätzung staatlicher sozialer Umverteilung geführt, während in Amerika der Individualismus wertgeschätzt wird. Im Ergebnis erscheinen Amerikaner als „herzlos", Europäer als „kollektivistisch". Schließlich sei hinsichtlich der Kriegsfrage in Europa aufgrund der kontinentalen Kriegserfahrungen eine hohe Abneigung gegen militärische Gewalt festzustellen, während die USA eine eher distanziert-technokratische Beziehung zum Einsatz militärischer Mittel entwickelt hätten. Im Ergebnis träten Amerikaner als „militaristisch" auf, während Europäer im Blick von außen als „feige" gälten. Aus den historischen und kulturellen Besonderheiten und den Verschiedenheiten der beiden Kontinente resultierten unterschiedliche Präferenzmuster in der Politik.

Die Debatten, die in den Vereinigten Staaten heute über die Neuorientierung in der Außenpolitik geführt werden, sind nicht nur Ausdruck einer sich grundlegend wandelnden Welt. Vielmehr lassen sich in den unterschiedlichen Positionen Grundmuster außenpolitischer Orientierungen wieder finden, die verschiedene *Traditionslinien* repräsentieren. Diese haben sich im Verlauf der amerikanischen Geschichte geformt und sind als Leitbilder in die Außenpolitik eingegangen (vgl. Schweigler 2004). Die USA verstehen sich als „*first new nation*", d. h. als Land, das sich historisch als erste unabhängige Demokratie etabliert hatte, und mit dem modernen Gesellschaftsmodell auch neue Orientierungsmuster in den Außenbeziehungen des Landes entwickelt hatte. Damit grenzten sich die politischen Eliten in den jungen Vereinigten Staaten von der Politik der europäischen Mächte des 18. Jahrhundert und frühen 19. Jahrhunderts ab, welche sich mit ihren Macht- und Bündnissystemen in eine Vielzahl von Kriegen und gewalttätigen Konflikten verstrickt hatten. Die junge amerikanische Demokratie erhob den Anspruch, auch in den Außenbeziehungen neue Wege zu beschreiten. Aufgrund der historischen und geopolitischen Besonderheiten entwickelten sich die außenpolitischen Prioritäten und ihre institutionellen Rahmenbedingungen folglich anders als in den europäischen Ländern. Daher sind die Vereinigten Staaten nicht nur als weltpolitisch einflussreichster Akteur für die Analyse der internationalen Beziehungen relevant; vielmehr ist die Analyse auch unter historisch-vergleichender Perspektive aufschlussreich.

Die *Leitbilder* der amerikanischen Außenpolitik beruhen allgemein formuliert auf einer Bündelung historisch geformter, politischer und kultureller Werte. Diese Werte sowie die Deutungsmuster internationaler Politik haben sich aufgrund von historischen, sozialen und geographischen Besonderheiten des Landes in der politischen Kultur, im politisch-institutionellen Entscheidungsprozess mit dem Kräftespiel zwischen Präsident und Kongress, sowie in den Prioritätensetzungen der Außenpolitik niedergeschlagen. Ideengeschichtlich gehören zum Grundmuster der politischen Kultur zwei konträre Auffassungen über die Außenbeziehungen der Vereinigten Staaten, die als Idealismus und Realismus bezeichnet werden, und die sich bis in die Frühphase der amerikanischen Republik zurückverfolgen lassen. Die für auswärtige Beobachter oft ambivalente Positionierung der Vereinigten Staaten zwischen „*Sheriff*" und „*Missionar*" ist wesentlich auf die Verknüpfung dieser unterschiedlichen Traditionslinien zurückzuführen.

Der *Idealismus* findet sich bereits im Konzept der moralischen Fundierung auswärtiger Politik bei Thomas Jefferson. Jefferson, bekannt als Verfasser der amerikanischen Unabhängigkeitserklärung (1776), vertrat als Außenminister (Secretary of State) unter dem ersten Präsidenten der Vereinigten Staaten, George Washington, zunächst die Auffassung, dass sich die

Vereinigten Staaten von den europäischen Machtauseinandersetzungen und Kriegen fernhalten und friedliche, am wirtschaftlichen Nutzen und an der politischen Unabhängigkeit orientierte Außenbeziehungen pflegen sollten. Für die Außenbeziehungen waren nach seiner Auffassung nur wenige außenpolitische Instrumente erforderlich. So glaubt Jefferson, dass nur ein begrenzter Stab an Mitarbeitern in der Diplomatie und eine kleine Flotte nötig seien, um die Vereinigten Staaten zu schützen („no more than a few diplomats and a small navy"). Auch sollten die Vereinigten Staaten nicht mit europäischen Mächten konkurrieren und keine große Seeflotte aufbauen, um ihre Ressourcen nicht zu verschwenden. Wie Jefferson schrieb: „To aim at such a navy as the greater nations of Europe possess, would be a foolish and wicked waste of the energies of our countrymen" (zitiert nach Kegley/Wittkopf 1996: 34). In ihren Außenbeziehungen sollte sich die Regierung auf klare moralische Positionen stützen und nicht auf machtpolitische Interessen. Während seiner Präsidentschaft als dritter Präsident der Vereinigten Staaten (1801–1809) begründete Jefferson beispielsweise seine Position zu den kriegerischen Auseinandersetzungen zwischen Frankreich und England mit rechts- und moralphilosophischen Argumenten und forderte, dass die moralischen Verpflichtungen des Landes staatlichen Interessen übergeordnet sein müssten. Jefferson schrieb 1793: „Compacts then between nation and nation are obligatory on them by the same moral law which obliges individuals to observe their compacts." (zitiert nach Graebner 1964: 55). Eine militärische Aufrüstung der jungen amerikanischen Republik hielt Jefferson für schädlich und er war, trotz seiner Unterstützung für die Französische Revolution, gegen eine Bündnispolitik mit europäischen Mächten.

Als paradigmatisch für eine aktive, idealistische Position in der Außenpolitik gilt die Auffassung von Präsident Woodrow Wilson (1913–1921). Angesichts der Kriegsgräuel im Ersten Weltkrieg legte der damalige Präsident in einer Rede vor dem amerikanischen Senat am 22. Januar 1917 seine Vision einer grundlegenden Erneuerung der internationalen Beziehungen dar. Wilson setzte sich darin für die Beseitigung des traditionellen Systems der Machtallianzen („balance of power") zugunsten eines Systems kollektiver Sicherheit ein („community of power"). In seiner Rede vor dem Senat betonte er: „Only a tranquil Europe can be a stable Europe. There must be, not a balance of power, but a community of power; not organized rivalries, but an organized common peace." (Wilson; zitiert nach Graebner 1964: 443) Wilsons Konzept beinhaltete darüber hinaus eine offene Diplomatie, die Selbstbestimmung auch kleinerer Länder, Abrüstung und die Unterstützung politischer Freiheiten weltweit. „The world must be safe for democracy. Its peace must be planted upon the tested foundations of political liberty." (Wilson; zitiert nach Graebner 1964: 441f.) Aus diesen Gründen setzte sich der Präsident nachhaltig für die Bildung des Völkerbundes ein, dem die USA aufgrund der Opposition im US-Kongress dann allerdings nicht beitraten.

Mit seiner Vision einer internationalen Ordnung, die auf der Verbreitung von Demokratie, Frieden und Wohlstand beruhen sollte, legte Wilson den Grundstein für eine amerikanische Außenpolitik, die das außenpolitische Engagement aus idealistischen Grundwerten und aus moralischen Überzeugungen herleitete. Dieses Grundmuster haben spätere Präsidenten immer wieder aufgegriffen und in außenpolitischen Konzepten verarbeitet. Ähnlich wie Wilson setzte sich beispielsweise Bill Clinton (1993–2001) in den 1990er Jahren für die Verbreitung von Demokratie und Wohlstand nach dem Ende des Kommunismus in Ost- und Ostmitteleuropa ein. Analytiker wie der Politikwissenschaftler Stanley Hoffmann bezeichneten Clinton daher als „pragmatischen Idealisten" und seine Konzeption als „Wilsonian pragmatism". Bezüge auf idealistische Grundwerte, insbesondere auf Begriffe wie „Freiheit" und

"Demokratie", die in der amerikanischen politischen Kultur einen hohen Resonanz- und Symbolwert besitzen, finden sich allerdings nicht nur in der liberalen Tradition; vielmehr sind sie in jüngerer Zeit auch von Neokonservativen aufgegriffen worden. In der Rede von G. W. Bush (2001–2009) zum Amtsantritt im Januar 2005 spielt beispielsweise der Begriff der Freiheit eine zentrale Rolle. Einige Autoren bezeichneten Bush daher auch als „machtbewussten Idealisten" in der Außenpolitik (Kagan 2005). Anders als in der Clinton-Administration wird mit den idealistischen Bezügen bei Neokonservativen allerdings ein Anspruch auf die weltpolitische Überlegenheit der Vereinigten Staaten begründet, während bei den liberalen Institutionalisten multilaterale Kooperationen und kollektive Sicherheit eine große Rolle spielen.

Während sich die idealistische Tradition auf moralische und politische Werte bezieht und damit ein globales Engagement begründet, folgt der *realistische* Ansatz einem machtbewussten Konzept, das sich in erster Linie auf die eigenen nationalen Interessen beruft. Danach muss sich eine gute Außenpolitik auf eine starke Interessenvertretung konzentrieren und in erster Linie die nationale Sicherheit gewährleisten. Aufwand und Ertrag eines außenpolitischen Engagements müssen in Beziehung zueinander gesetzt und der Einsatz von militärischen Mitteln realistisch abgewogen werden. Diese Denkschule orientiert sich historisch an dem von Alexander Hamilton entwickelten Grundgedanken, dass Außenpolitik und Diplomatie ausschließlich nationalen Interessen der Vereinigten Staaten dienen müssten. Hamilton, Finanzminister während der Präsidentschaft von George Washington, argumentierte, dass der Machtkampf zwischen den europäischen Staaten einen ständigen Konfliktherd bilden würde und selbst zwischen den Handel treibenden Nationen beständig die Gefahr von Kriegen bestünde. Nach Hamilton galt: „…conflict was the law of life. States no less than men were bound to collide over those ancient objects of ambition: wealth and glory." (Kegley/Wittkopf 1996: 34)

Im Rahmen der verfassungsrechtlichen Debatte in „The Federalist No. 6" vertrat Hamilton die Position, dass es in der Natur der Menschen läge, nach Macht zu streben („men are ambitious, vindictive, and rapacious"). Harmonie und friedliches Zusammenleben der Nationen sei ein Trugbild. Hamilton zog daraus die Schlussfolgerung, dass die Vereinigten Staaten eine aktive Außenpolitik betreiben und sich gegen entsprechende Übergriffe von außen rüsten müssten. Wichtig sei eine amerikanische Selbstbestimmung: „to be ascendant in the system of American affairs (…) and able to dictate the terms of connection between the old and the new world" (zitiert nach Kegley/Wittkopf 1996: 34). Die geopolitische Lage der jungen Republik sah Hamilton als vorteilhaft an. „The United States, rooted as are now in the ideas of independence, are happily too remote from Europe to be governed by her; dominion over any part of them would be a real misfortune to any nation of that quarter of the globe." (Hamilton „Americanus" 1794, zitiert nach Graebner 1964: 71) Diese Position wurde vom scheidenden Präsidenten George Washington in seiner Abschiedsrede bekräftigt: „It is our true policy to steer clear of permanent alliances with any portion of the foreign world, so far, I mean, as we are now at liberty to do it." (Washington's Farewell Address 1796; zitiert nach Graebner 1964: 75) Diese Position drückt das historisch geprägte Misstrauen gegenüber Allianzen und Machtbündnissen aus, die aus amerikanischer Sicht als Beschränkung des eigenen Handlungsspielraumes betrachtet wurden.

Im 20. Jahrhundert wurde die Position der Realisten aufgrund des Kalten Krieges zum dominanten außenpolitischen Orientierungsmuster. Die Polarisierung zwischen den Supermächten USA und Sowjetunion verlieh dem realistischen Paradigma der stets nach Macht und größerem Einfluss strebenden Staaten hohe Plausibilität. Einflussreiche Politiker, wie George Kennan oder Henry Kissinger, verstanden sich als „Realisten", die die Bedrohung durch die Sowjetunion als Hauptherausforderung für die USA begriffen. Dementsprechend richtete sich die Außenpolitik an der Stärkung der eigenen Position aus. Aufrüstung und der Ausbau eines robusten Verteidigungssystems bildeten den Kern der Außen- und Sicherheitspolitik. Erst Ende der 1960er Jahre wurde diese Entwicklung durch Abrüstungsverhandlungen und internationale Diplomatie gebremst, wobei die Denkschule der „Realisten" nach wie vor, etwa in der Ausbildung von Diplomaten, dominant blieb.

Ein Schlüsselbegriff, der aus der frühen, politisch-philosophischen Auseinandersetzung zwischen Idealisten und Realisten über die Ziele der Außenpolitik hervorgegangen ist, ist der Begriff des *nationalen Interesses* („national interest"). Er beruht auf der von Hamilton vertretenen Position, dass sich die Außenbeziehungen der Vereinigten Staaten allein danach zu richten haben, was der amerikanischen Republik dient. Angesichts der wachsenden Komplexität in der Weltpolitik ist es jedoch zunehmend schwieriger geworden, das „nationale Interesse" eindeutig zu bestimmen. Zudem besteht die Gefahr, dass das nationale Interesse, welches stets als Bündelung von Auffassungen, die in einem mehrschichtigen Meinungs- und Willensbildungsprozess entstehen, verkürzt wiedergegeben wird. So haben Kritiker der US-Regierung immer wieder vorgeworfen, die Formulierung nationaler Interessen diene lediglich der Legitimierung von Sonderinteressen. Außenpolitik sei durch wirtschaftliche Interessen einiger weniger Großkonzerne, Einflüsse des „militärisch-industriellen Komplex", oder gar von Familiendynastien beherrscht. Der bekannte linke Intellektuelle Noam Chomsky (2004), der die Rolle der Vereinigten Staaten immer wieder als „imperiale Arroganz" verurteilt hat, wirft der US-Regierung beispielsweise vor, mit dem nationalen Interesse imperiale Absichten zu verbrämen und anderen Ländern Bedingungen aufzuzwingen, die ausschließlich amerikanischen Wirtschafts- und Kapitalinteressen nutzen würden, eine Position, die ihm bei Globalisierungskritikern viel Zustimmung eingebracht hat. Chomsky hat sich seit der Anti-Vietnam-Kriegsbewegung immer wieder mit dem amerikanischen Interventionismus in Entwicklungs- und Schwellenländern auseinandergesetzt. Besonders scharf verurteilte er die Lateinamerika-Politik der 1980er Jahre und die Politik des „Internationalen Währungsfond" gegenüber den Entwicklungsländern. Chomsky verurteilte auch den Irak-Krieg 2003 und er ist heute eine prominente Stimme der amerikanischen Globalisierungskritiker.

Die Formulierung und Definition von nationalen Interessen und Prioritäten in der Außenpolitik sind in den Vereinigten Staaten im Kräftefeld der demokratischen, pluralistischen Auseinandersetzung angesiedelt. Was in den USA als nationales Interesse verstanden wird, ist sowohl Gegenstand als auch Ergebnis kontroverser politischer Auseinandersetzungen. Der Amerika-Experte Gebhard Schweigler bemerkt dazu: „Die nationalen Interessen sind nicht gleichsam festgeschrieben und damit unmittelbar einsichtig, auch nicht für den Staatsmann und seine außenpolitischen Experten. Vielmehr ist die Bestimmung des nationalen Interesses in Demokratien wesentlicher Bestandteil des demokratischen Prozesses selbst." (Schweigler 2004: 412)

3.3.2　Außenpolitische Entscheidungsprozesse

Im Unterschied zur Bundesrepublik ist der außenpolitische Entscheidungsprozess der Vereinigten Staaten stark fragmentiert. Der Amerikaforscher Peter Lösche sieht das politische System durch seine „Unstruktur" charakterisiert. Herausragende Merkmale sind die politische Machtverteilung und Fragmentierung, die Machtdiffusion und der spezifische Aufbau der Gewaltenteilung. Die Kompetenzen im Bereich der Außenpolitik sind verfassungsgemäß zwischen der Exekutive und der Legislative aufgeteilt und zugleich verschränkt. So ist der Präsident als Chef der Exekutive einerseits zugleich oberster Befehlshaber der Armee; verfassungsrechtlich ist es aber dem Kongress vorbehalten, im Ernstfall einen Krieg zu erklären. Da der Kongress zugleich die verfassungsrechtliche Kompetenz besitzt, die finanziellen Ressourcen für die Landesverteidigung bereitzustellen („power of the purse"), hat er zudem ein wichtiges politisches Mittel in der Hand, um die Macht des Präsidenten zu kontrollieren und zu begrenzen. Vor allem in der Frage militärischer Einsätze im Ausland kommt es zwischen Präsident und Kongress immer wieder zu Spannungen und jede Seite ist bestrebt, ihren Macht- und Entscheidungsspielraum zu behaupten und auszubauen.

a) Verfassungsrechtliche Grundlagen

Wie in allen politischen und gesellschaftlichen Grundfragen nimmt die amerikanische Verfassung einen zentralen Stellenwert für das Selbstverständnis und die Festlegung unterschiedlicher Kompetenzen in der Außenpolitik ein. Verfassungsrechtliche Grundlage für den außenpolitischen Prozess ist das System der Gewaltenteilung und -verschränkung (*„checks and balances"*). Die Verfassung der Vereinigten Staaten vom 17. September 1787 legte bereits die unterschiedlichen Kompetenzen fest und nennt dabei an erster Stelle den Kongress. Diesem sind wichtige Rechte übertragen, wie die Entscheidungsmacht über den Haushalt. Von den beiden Kammern des Kongresses wird dem Senat, dessen Senatoren für sechs Jahre gewählt werden, ein größeres Gewicht bei außenpolitischen Entscheidungen zugeschrieben als den Abgeordneten im Repräsentantenhaus. Während die Abgeordneten jeweils für zwei Jahre gewählt werden, sind Senatoren und Senatorinnen jeweils sechs Jahre im Amt, so dass hier eine größere Kontinuität gegeben ist. Die Ausschüsse des Senats übernehmen eine zentrale Rolle bei der Politikzielformulierung und der Vorbereitung von Gesetzen. Eine Begrenzung der Amtszeit existiert nicht, so dass sich Senatoren, wie beispielsweise der einflussreiche, konservative Senator Jesse Helms (North Carolina), über Jahrzehnte eine Machtbasis im außenpolitischen Ausschuss sichern konnte. Diese realpolitische Entwicklung hat die Stellung der Senatoren gestärkt, insbesondere wenn sie Vorsitzende von wichtigen Ausschüssen, wie dem „Foreign Relations"- oder dem „Arms Control"-Ausschuss, waren. Der Senat ist also der eigentliche „Gegenspieler" des Präsidenten in der Außenpolitik. Besonders schwierig wird es für den Präsidenten, wenn im Senat eine andere Partei die Mehrheit hat, als diejenige, welcher er selbst angehört („divided government"). Aber selbst wenn die Senatsmehrheit seiner Partei angehört, kann es zu Konflikten kommen, da die Senatoren nicht dem Parteiwillen, sondern ihrer Wählerschaft im eigenen Bundesstaat verpflichtet sind.

Erst im zweiten Verfassungsartikel wird die Stellung des Präsidenten festgelegt. Seine Rolle als Oberbefehlshaber der Streitkräfte gibt ihm eine starke Stellung. Sie hat seit Mitte des 20. Jahrhunderts mit dem Aufstieg der USA zur Weltmacht einen enormen Machtzuwachs erfahren. Zugleich wird seine Macht durch die Verschränkung und gegenseitige Kontrolle der Regierungsgewalten beschränkt. Da dasselbe Prinzip der Gewaltenteilung und Gewaltenverschränkung in allen Politikbereichen gilt und die Bedeutung der Bundesregierung in der Innenpolitik durch einen aktiven Föderalismus und die Staatsphilosophie eines eher passiven Bundesstaates begrenzt ist, suchen amerikanische Präsidenten häufig in der Außenpolitik ein Feld, das sie aktiv gestalten und sich damit profilieren können. Zugleich muss sich der Präsident mit dem Kongress auch in der Außenpolitik auf Kompromisse einigen.

Die „dritte Gewalt" bzw. die Judikative spielt dagegen kaum eine Rolle für die Außenpolitik. Anders als das Verfassungsgericht in der Bundesrepublik, das sich gerade in jüngerer Zeit mit strittigen außenpolitischen Fragen befasst hat (z. B. Maastrichter Vertrag zur Europäischen Union; Auslandseinsätze der Bundeswehr), hat sich der amerikanische Oberste Gerichtshof („Supreme Court") bislang nicht zu außenpolitisch relevanten Grundsatzfragen geäußert.

> In der Verfassung heißt es zur Gewaltenteilung und -verschränkung:
>
> Artikel 1
>
> Abschnitt 1 „Alle in dieser Verfassung verliehene gesetzgebende Gewalt ruht im Kongress der Vereinigten Staaten, der aus einem Senat und einem Repräsentantenhaus besteht …".
>
> Abschnitt 8 „Der Kongress hat das Recht, Steuern, Zölle, Abgaben und Akzisen aufzuerlegen und einzuziehen, um die Zahlungsverpflichtungen zu erfüllen und für die Landesverteidigung zu sorgen … Krieg zu erklären, Kaperbriefe auszustellen … Armeen aufzustellen und zu unterhalten … Eine Flotte zu bauen und zu unterhalten … Reglements für Führung und Dienst der Land- und Seestreitkräfte zu erlassen …".
>
> Abschnitt 2 „Der Präsident ist Oberbefehlshaber der Armee und der Flotte der Vereinigten Staaten und der Miliz der Einzelstaaten … Er hat das Recht, auf Anfragen und mit Zustimmung des Senats Verträge zu schließen, vorausgesetzt, dass zwei Drittel der anwesenden Senatoren zustimmen. Er ernennt auf Anraten und mit Zustimmung des Senats Botschafter, Gesandte und Konsuln, die Richter des Obersten Bundesgerichts und alle sonstigen Beamten der Vereinigten Staaten …"

b) Institutionelle Strukturen und gesellschaftliche Einflüsse

Die Machtverteilung zwischen Präsident und Kongress führte im Verlauf der Geschichte zu einer starken *Fragmentierung* des außenpolitischen Entscheidungsprozesses. Seit den dreißiger Jahren, besonders aber nach dem Zweiten Weltkrieg, ist ein Machtzuwachs des Präsidenten zu verzeichnen, der sich z. B. im Ausbau von Beraterstäben zeigt, die direkt beim Präsidenten angesiedelt sind. Hierzu zählt beispielsweise der außerordentlich wichtige *Nationale Sicherheitsrat* („National Security Council"), in dessen „Situation Room" wichtige außenpolitische Entscheidungen gefällt werden. Diesem Beratergremium des Präsidenten gehören neben Vertreterinnen und Vertretern der Exekutive, wie der Außenministerin, dem Verteidigungs- und dem Finanzminister, auch militärische Berater und hochrangige Persönlichkeiten des Sicherheitsdienstes CIA an. Die Machtkonzentration beim Präsidenten wurde mit der Polarisierung zwischen den beiden Supermächten USA und Sowjetunion begründet. Sie existiert nach dem Ende des Ost-West-Konflikts weiter fort und ist im Zuge der Bekämpfung des internationalen Terrorismus noch verstärkt worden. Die Entscheidungsmacht liegt dabei allein beim Präsidenten, der dem Nationalen Sicherheitsrat vorsitzt.

3.3 Zwischen Hegemonie und Multilateralismus: Die Außenpolitik der USA

Ähnlich wie der deutsche Bundestag ist auch der amerikanische *Kongress* ein „working parliament", d. h. die laufenden konzeptionellen und gesetzlichen Debatten finden in Ausschüssen und Arbeitskreisen statt. Besonders wichtige Institutionen des Kongresses, in denen den täglichen Geschäften der Außenpolitik nachgegangen wird, sind daher die außenpolitischen Ausschüsse, wie das „Foreign Relations Committee" und das „Arms Control Committee" des Senats. Daneben existieren zahlreiche Beratungsinstitute, Behörden und Agenturen, die sich ebenfalls mit außen- und sicherheitspolitisch relevanten Fragen befassen.

Im *Machtkampf zwischen Präsident und Kongress* hat der Kongress zunächst als Reaktion auf den Vietnam-Krieg versucht, stärkeren Einfluss auf außenpolitische Entscheidungen zu nehmen, allerdings mit begrenztem Erfolg. Entsprechend der Verabschiedung der „War Powers Resolution" durch den Kongress im Jahr 1973 muss der Präsident den Kongress innerhalb von 48 Stunden schriftlich darüber benachrichtigen, wenn er amerikanische Streitkräfte in Konfliktsituationen auswärts einsetzt; dauert der militärische Einsatz länger als 60 Tage, bedarf dies der Zustimmung durch den Kongress. Ob dieses Gesetz die Entscheidungsmacht des Präsidenten tatsächlich eingeschränkt hat, ist – angesichts der Vielzahl militärischer Aktionen im Ausland ohne Zustimmung des Kongresses – umstritten. Die Verpflichtung der Konsultation mit dem Kongress wird von den amtierenden Präsidenten häufig nicht eingehalten. So äußerte der Initiator des Gesetzes, Jacob K. Javits, kurz vor seinem Tod Mitte der 1980er Jahre Zweifel an der Wirksamkeit, indem er schrieb, dass diese Regelung die „imperiale Präsidentschaft" der 1970er Jahre nicht wirklich aufgehoben habe. „(It) did not, and does not guarantee the end of presidential war, but it does present Congress with the means by which it can stop presidential war if it has the will to act." (Javits 1985, zitiert nach Kegley/Wittkopf 1996: 448) Das Gesetz hat nach Auffassung von Javits zwar die Stellung des Kongresses gestärkt, aber nicht zu einer Machtverschiebung geführt, weil der Präsident seine Entscheidungsmacht bei Auslandseinsätzen durch das Gesetz nicht verloren hat und der Kongress praktisch keine Mittel besitzt, die Bestimmungen einzuklagen. Damit bleibt der Kongress vom politischen Willen und vom Stil des jeweiligen Präsidenten abhängig.

Außenpolitische Konfliktsituationen sind daher immer auch Testfälle für die *Entscheidungsmacht* von Präsident und Kongress, wobei das Verhalten von Legislative und Präsident meist von den politischen Umständen und von Opportunität, etwa mit Blick auf anstehende Wahlen, bestimmt wird. Der erste Golfkrieg im Jahr 1991 ist hier ein beredtes Beispiel: Während mehrere US-Auslandseinsätze in den 1980er Jahren wie in Grenada oder Panama auf Befehl des Präsidenten und ohne formale Zustimmung des Kongresses erfolgten, hielt es George Bush (senior) im Winter 1990/91 für politisch angezeigt, vor dem Einsatz im Golf nach dem irakischen Überfall auf Kuwait die Zustimmung des Kongresses einzuholen. Auch im Fall des zweiten Irak-Kriegs 2003 hat Präsident G. W. Bush die Zustimmung des Kongresses unter Verweis auf eine nationale Bedrohung durch Terrorismus und Massenvernichtungswaffen eingeholt, eine Entscheidung, die in der Öffentlichkeit – vor allem nach Bekanntwerden des so genannten Dulfer-Berichts, eines offiziellen, vom Kongress veranlassten Sicherheitsberichts, der die seinerzeit von der Regierung gegebenen Kriegsgründe in Zweifel zog – trotz der Zustimmung des Kongresses äußerst umstritten blieb (Vgl. Dulfer 2004).

Die charakteristische Fragmentierung im Entscheidungsprozess, die das amerikanische Präsidialsystem kennzeichnet, ist für Außenstehende oft unübersichtlich. Auch verwaltungstechnisch ist sie kompliziert, denn sie hat zu einem „government of subgovernments" (Hugh Heclo) geführt. So wird das „presidential government" mit dem Präsidenten als Chef der Exekutive, seinen diversen Beraterstäben, speziellen Behörden und Kommissionen, die mit dem Wechsel des Präsidenten ebenfalls ausgetauscht oder restrukturiert werden, unterschieden vom „permanent government", das aus den Ministerien und permanenten Behörden besteht, wie etwa dem Außen- und Verteidigungsministerium oder der „Central Intelligence Agency" (CIA). Die Zusammenfassung mehrerer Behörden und Abteilungen zum „Heimatschutz" (Homeland Security) durch die Bush-Regierung mit dem Ziel, den Terrorismus wirksamer bekämpfen zu können, ist einer der jüngsten Versuche, angesichts der Zersplitterung von Zuständigkeiten eine effizientere Macht- und Entscheidungsstruktur zu etablieren.

Für außenpolitische Entscheidungen spielen heute im politischen Prozess auch die *Medien* eine wichtige Rolle. Insbesondere das Fernsehen mit einer Vielzahl von Kanälen, die verschiedenen öffentlichen und privaten Anbietern offen stehen, aber auch Internet und neue Medien beeinflussen Meinungen, Informationsstand und politische Ausrichtungen. Die Medien gelten generell als „vierte Säule" im politischen System der USA neben Kongress, Präsident und Oberstem Gericht. Die Rolle der Medien und der öffentlichen Meinung, die in einem ausgefeilten System von Meinungsumfragen durch ein breites Spektrum von Politikberatungsinstituten, Partei- und Wahlkampfteams, Regierungsstellen und wissenschaftlichen Einrichtungen ermittelt und von Beraterstäben und „Think Tanks" aller Parteien, der Regierung und den Interessengruppen kontinuierlich ausgewertet wird, hat im Entscheidungsprozess stark zugenommen. Über die Wirksamkeit medial vermittelter Meinungsbildung bestehen allerdings unterschiedliche Einschätzungen. Richtungsänderungen in der Außenpolitik zu bewirken vermögen Medien und öffentliche Meinung nicht. Aus empirischen Untersuchungen geht vielmehr hervor, dass ihre Bedeutung vor allem in den Beschränkungen zu sehen sind, die sie den politisch Handelnden auferlegt („constraint, not source of change", vgl. Kegley/Wittkopf 1994). Das Maß an innenpolitischer bzw. gesellschaftlicher Unterstützung entscheidet darüber, ob eine Administration beispielsweise eine Politik der Machtentfaltung oder Machtrücknahme im internationalen Kontext anstrebt. Gut belegt ist dies beim innenpolitisch häufig umstrittenen Einsatz von militärischen Mitteln und bei Geheimdienstaktionen („covert action"), die als außenpolitische „Instrumente" eingesetzt werden (vgl. Kegley/Wittkopf 1996: 126f.).

In Krisen- und Kriegszeiten können Medien die öffentliche Meinung stark beeinflussen. Ein Beispiel hierfür ist die Berichterstattung in den letzten Jahren des Vietnamkriegs, die mit erschütternden Bildern über zivile Opfer des amerikanischen Militäreinsatzes die Öffentlichkeit aufrütteln und zum Meinungsumschwung über den amerikanischen Einsatz in Südostasien beitragen konnte, welcher schließlich den Politikwechsel mit der Beendigung des amerikanischen Einsatzes einleitete. Ein weiteres Beispiel für die große Rolle der Medien ist auch der Irak-Krieg 2003. Auf Druck der Medien wurden hier erstmals „embedded journalists", zivile Kriegsberichterstatter, im Kriegsgebiet zugelassen, welche als Zivilisten bzw. Journalisten einer kämpfenden Militäreinheit zugeordnet wurden, um direkt aus dem Kampfgebiet zu berichten. Ziel war es, die Öffentlichkeit über die Einsätze umfassend zu informieren. Allerdings unterlagen diese Berichte einer gewissen Zensur, so dass ihr Erkenntniswert umstritten blieb. Außerdem stellt die Arbeit vor Ort in einem Kriegsgeschehen ein sehr hohes Risiko für die Journalisten und Journalistinnen dar. Insgesamt 16 der rund 600 zivilen Kriegsberichterstatter kamen während des US-Militäreinsatzes im Jahr 2003 beispielsweise ums Leben; immer wieder wird auch von sexueller Belästigung von Journalistinnen in Krisengebieten berichtet, wie jüngst während der Aufstände in der arabischen Welt. Journalistische Arbeit in Kriegs- und Krisengebieten unterliegt deshalb besonders schwierigen Bedingungen.

Insbesondere den Printmedien wird eine wichtige Aufklärungsfunktion zugeschrieben, da sie sich ihrem Selbstverständnis nach einem „investigativen Journalismus" verpflichtet sehen. Diverse Skandale um geheimdienstliche Aktivitäten, wie z. B. der Watergate-Skandal oder die Iran-Contras-Affäre, wurden zuerst von Journalisten aufgedeckt, die ihre Arbeit als kritische Ermittlung begriffen. Nach den Terroranschlägen vom 11. September gerieten dann auch die verdeckten Aktionen in Afghanistan Ende der 1980er Jahre mit Waffenlieferungen an die antisowjetischen Mujaheddin in die öffentliche Kritik. Aufgrund von Privatisierung und Kommerzialisierung sind Fernsehen und Rundfunk dagegen häufig politisch ausgerichtet. So gilt „Fox News", Teil des vom Medienunternehmer Rupert Murdoch gegründeten Fox Network, als Sprachrohr des republikanischen Felds, während andere Sender den Demokraten nahe stehen. Für eine radikale Offenheit in der Außenpolitik stehen in jüngerer Zeit darüber hinaus Internetplattformen, wie *Wikileaks*, und verschiedene Blogs, die sich Themen der internationalen Politik widmen.

Mit der *Professionalisierung* der Außenpolitik sind darüber hinaus eine Reihe von wissenschaftlichen Einrichtungen, Politikberatungsinstituten und „Think Tanks" entstanden, die einen nicht zu unterschätzenden Einfluss auf Konzepte und Prioritätensetzungen in der Außenpolitik ausüben. Das in New York ansässige „Council on Foreign Relations" gehört dabei immer noch zu den renommiertesten Einrichtungen außenpolitischer Meinungsbildung. Weitere Einrichtungen sind beispielsweise die der Democratic Party nahe stehende „Brookings-Institution", das „American Enterprise Institute" der Republican Party oder die konservative „Heritage Foundation". Die Vielzahl von außenpolitischen Beratungs- und Forschungseinrichtungen hat inzwischen zu einer – aus europäischer Sicht verwirrenden – Vielfalt und Unübersichtlichkeit geführt. Seit der Präsidentschaft des Republikaners Ronald Reagan sind beispielsweise eine Reihe neuer konservativer Stiftungen und Einrichtungen entstanden. Gewandelt hat sich dabei die akademische Herkunft von Beratern und Experten. Während die Berater früher primär aus dem Kreis der Absolventen von Elite-Universitäten an der Ostküste kamen, die das „außenpolitische Establishment" ausmachten, erfolgt die Rekrutierung heute aus einem breiten Spektrum von Einrichtungen. Beispielsweise gewann die Bush-Administration Berater aus der „Hoover Institution" der Stanford University und aus anderen Privatuniversitäten, während die Clinton-Administration einige Berater aus der Harvard University bzw. deren „Kennedy School of Government" heranzog. Auch die ethnische Herkunft außenpolitischer Macht- und Entscheidungsträger ist vielfältiger geworden. So war mit Colin Powell erstmals ein hochrangiger Vertreter der US-Regierung im Amt, dessen Familie aus der Karibik stammte; die Außenministerin und ehemalige Sicherheitsberaterin der Bush-Regierung, Condoleezza Rice, gehört zur afroamerikanischen Minderheit. Die Spanisch sprechende Minderheit unterhält ebenso Forschungseinrichtungen, wie verschiedene asiatische Bevölkerungsgruppen. Charakteristisch ist auch eine größere Durchlässigkeit zwischen Universitäten, der Politikberatung und politischen Ausschüssen und Beratungsstäben. Auch über Internet-Seiten und „Blogs" teilen sowohl konservative als auch progressive Politiker ihre Positionen im Netz mit und tauschen sich mit ihren Anhängern aus.

Die außenpolitische Professionalisierung setzte historisch in den Vereinigten Staaten im Vergleich zu den größeren europäischen Ländern erst relativ spät ein. Der Grund hierfür liegt in einer starken isolationistischen Tradition, die grundsätzlich erst Mitte des 20. Jahrhunderts aufgegeben wurde. Aufgrund der geopolitischen Lage der USA, die in Zeiten innerer räumlicher Expansion auf dem amerikanischen Kontinent nur einer geringen Bedrohung durch die bisherigen Hegemonialmächte in Europa ausgesetzt waren, standen dem außenpolitischen

Denken und Handeln bis zum 20. Jahrhundert faktisch zwei Optionen offen, die man als „passive" (*Isolationismus*) und „aktive" (*Internationalismus*) Variante von Außenpolitik bezeichnen kann. Während der Isolationismus das außenpolitische Engagement möglichst gering halten wollte, hat die internationalistische Ausrichtung zu einer immer wiederkehrenden Einmischung in äußere Angelegenheit geführt.

Kegley und Wittkopf (1996) beschreiben die Etappen amerikanischer Außenpolitik bis zum Beginn des Zweiten Weltkriegs als *zyklische Entwicklung*, die zwischen den beiden Polen Isolationismus und Internationalismus schwankte. Während schon Thomas Jefferson eine isolationistische Grundhaltung empfahl, wobei er hoffte, dass die europäischen Mächte den amerikanischen Kontinent mit ihren kriegerischen Auseinandersetzungen nicht in Mitleidenschaft ziehen würden („leaving the other parts of the world in undisturbed tranquility", Jefferson zitiert nach Kegley/Wittkopf 1996: 34), erfolgte bereits kurz nach der Gründung der Republik eine expansionistische Phase, während derer sich die Vereinigten Staaten weiter auf dem nordamerikanischen Kontinent ausdehnten. Die isolationistische Position der Nichteinmischung in Angelegenheiten auf dem amerikanischen Kontinent durch andere Staaten wurde dann vom amerikanischen Präsidenten James Monroe formuliert. Die „Monroe Doctrine" (1823) erklärte eine Einmischung europäischer Mächte in der amerikanischen Hemisphäre als unerwünscht; umgekehrt wollten sich die Vereinigten Staaten nicht in europäische Belange der Kolonialzeit einmischen. „We owe it ... to candor and to the amicable relations existing between the United States and (European) powers to declare that we should consider any attempt on their part to extend their system to any portion of this hemisphere as dangerous to our peace and safety." (James Monroe, zitiert nach Kegley/Wittkopf 1996: 36) Der amerikanische Kontinent galt auf Basis der Monroe-Doktrin damit als Einflusssphäre der USA. Diese Auffassung legte zugleich die Grundlage für die spätere interventionistische Politik der USA in Lateinamerika („Hinterhofpolitik"). Die historische Vorstellung einer *„Manifest Destiny"*, einer Art Schicksalsbestimmung der Vereinigten Staaten, welche deren territoriale Ausdehnung einst vorantrieb, wird heute dagegen nicht mehr ernsthaft vertreten. Den Begriff „Manifest Destiny", oder „offensichtliche Schicksalsbestimmung", hatte der New Yorker Journalist John L. O'Sullivan 1845 in einem Artikel des *Democratic Review* geprägt, als er schrieb, es sei die Bestimmung der amerikanischen Nation sich auszubreiten und „den gesamten Kontinent in Besitz zu nehmen, den die Vorsehung uns für die Entwicklung des großen Experimentes Freiheit und zu einem Bündnis vereinigter Souveräne anvertraut hat." Das Schlagwort von der *Manifest Destiny* bezeichnet kein kohärentes politisches Konzept oder Leitbild, sondern ist als rhetorische Formel einzuordnen, die noch aus der Zeit der expansionistischen Epoche überliefert ist.

Erst Anfang des 20. Jahrhunderts engagierten sich die USA auch außerhalb ihres Territoriums. In die *formativen Jahre* der amerikanischen Diplomatie fällt der Eintritt in den Ersten Weltkrieg und der Versuch von Woodrow Wilson, mit dem Völkerbund eine neue internationale Ordnung zu begründen. Mit der Ablehnung der Völkerbund-Mitgliedschaft durch den amerikanischen Kongress wurde Anfang der 1920er Jahre jedoch eine Periode des Isolationismus eingeleitet. Die Zwischenkriegszeit gilt daher als isolationistische Phase amerikanischer Außenpolitik. Mit dem Eintritt in den Zweiten Weltkrieg nach dem Angriff Japans auf die US-Marine in Pearl Harbour im Jahr 1941 endete die isolationistische Grundorientierung der Außenpolitik und es begann der Aufstieg der USA zur Weltmacht, welcher als unmittelbare Folge des Zweiten Weltkriegs das weltweite Engagement der Vereinigten Staaten begründete. Die Periode des Kalten Krieges und des Ost-West-Konflikts zwischen 1945 und

3.3 Zwischen Hegemonie und Multilateralismus: Die Außenpolitik der USA   135

1990 wurde durch einen breiten außenpolitischen Konsens getragen, für den drei Grundgedanken bestimmend für die amerikanische Außenpolitik wurden: erstens das weltweite Eintreten für den Freihandel, zweitens die Überzeugung Demokratie und Freiheit zu stärken und drittens das Bestreben, dem Kommunismus weltweit entgegenzuwirken und den Machteinfluss der Sowjetunion einzudämmen.

Die internationale Rolle der Vereinigten Staaten wurde also mehr als vier Jahrzehnte lang durch den Ost-West-Konflikt geprägt. Der Konflikt mit der Sowjetunion bildete bis 1989/90 das bestimmende Paradigma der amerikanischen Außenpolitik. Grundlage für einen breiten außenpolitischen Konsens in dieser Periode wurde das sicherheitspolitische Konzept der „Eindämmung" kommunistischer Herrschaft (*Containment*-Politik). Ihr Begründer, George F. Kennan, argumentierte, dass die Sowjetunion danach strebe, ihren Machteinfluss in Europa und in anderen Regionen der Welt auszudehnen. Dementsprechend müsse die Außenpolitik der Vereinigten Staaten darauf ausgerichtet sein, den Einfluss der Sowjetunion mit allen Mitteln weltweit einzudämmen. Die im Sinne der Containment-Politik formulierte *Truman-Doktrin* (1947) sicherte anderen Ländern amerikanische Unterstützung im Falle einer sowjetischen Bedrohung zu. In den Worten von Truman: „I believe that it must be the policy of the United States to support free peoples who are resisting attempted subjugation by armed minorities or by outside pressures." (Harry Truman, zitiert nach Kegley/Wittkopf 1996: 61).

Die Annahme, dass kein Land dem Kommunismus anheim fallen dürfe, weil dies einen Domino-Effekt in der Region bewirken würde („Dominotheorie"), führte dazu, dass die Außenpolitik der Vereinigten Staaten bis Anfang der 1990er Jahre nahezu ausschließlich von Veränderungen im gesamtstrategischen Verhältnis zur Sowjetunion bestimmt wurde. Als eine Folge führten die USA und die Sowjetunion eine Reihe von Stellvertreter-Kriegen in Afrika und Asien, wie z. B. in Angola oder Vietnam, um Macht- und Einflusssphären abzustecken und zu sichern. Nach Auffassung von George Kennan überwog in der Außenpolitik allerdings von Anfang an die globalisierende militärische Interpretation der Eindämmungsdoktrin gegenüber ihrer diplomatischen und selektiveren Anwendung (vgl. Mewes 1994: 557). Auch führte der bedingungslose Antikommunismus zu einer Reihe äußerst problematischer Fehleinschätzungen, wie z. B. in der Kuba-Krise 1962, in der eine unmittelbare atomare Bedrohung der USA durch die Sowjetunion angenommen wurde, sowie äußerst verlustreicher Konflikte wie im Fall des Vietnamkriegs in den 1960er Jahren.

Das Ende des weltumspannenden Ost-West-Konflikts wurde durch die von der Sowjetunion und den USA Mitte der 1980er Jahre geführten Abrüstungsgespräche eingeleitet. Den Wendepunkt bildete dabei das Treffen zwischen dem amerikanischen Präsidenten Ronald Reagan und dem sowjetischen Staats- und Parteichef Michail Gorbatschow am 12. Oktober 1986 in Reykjavik, das den Umbruch in Osteuropa und später auch in der DDR überhaupt erst ermöglichte.

3.3.3 Außenpolitische Orientierungen nach dem Ende des Ost-West-Konflikts

Eine Rückkehr zu einer isolationistischen Politik in den Vereinigten Staaten ist heute angesichts der globalen Verflechtungen nicht vorstellbar. Nach dem Ende des Ost-West-Konflikts, an dessen Beilegung die Vereinigten Staaten entscheidenden Anteil hatten, bemühte sich die amerikanische Regierung, ihre weltpolitische Führungsrolle mit den eigenen Ressourcen besser in Einklang zu bringen. Die provokante These des Wirtschaftshistorikers Paul Kennedy (1987) über den potentiellen Niedergang („decline") der USA hatte bereits Ende der 1980er Jahre eine lebhafte Debatte unter den politischen Eliten des Landes ausgelöst. Kennedy vertrat die These, dass die Vereinigten Staaten während des Ost-West-Konflikts zu viele Ressourcen in den militärischen Bereich investiert hätten und daher auf ihren weltpolitischen Abstieg hinsteuerten, wobei Kennedy auf historische Beispiele anderer großer Mächte hinwies, die sich durch überproportionale Anstrengungen im Rüstungsbereich erschöpft hätten („imperial overstretch"). Die Politikwissenschaftler Joseph Nye und Robert Keohane vertraten dagegen die Auffassung, dass der weltpolitische Einfluss der Vereinigten Staaten nach dem Ende des Ost-West-Konflikts sogar noch zunehmen werde und die weltpolitische Bedeutung der Vereinigten Staaten aufgrund ihrer unvergleichlich größeren Ressourcen und ihrer „robusten" politischen Institutionen bestehen bleibe, wobei sie eine enge Zusammenarbeit mit internationalen Organisationen befürworteten, um die weltpolitische Bedeutung der Vereinigten Staaten für die Lösung globaler Probleme langfristig einzusetzen. Auch der durch seine Mitte der 1990er Jahre entwickelte These vom „Kampf der Kulturen" bekannte Politikwissenschaftler Samuel Huntington vertrat die Auffassung, dass die Rolle der Vereinigten Staaten weltpolitisch zunehmen würde, was sie allerdings veranlassen könnte, als „lonely superpower" (Huntington 1999) auch unilateral handeln zu müssen.

Der *Machtwechsel zur demokratischen Präsidentschaft von Bill Clinton* im Jahr 1993 weckte die Erwartung, dass der einer jüngeren Generation angehörende Präsident, der nicht mehr durch die Erfahrungen des Zweiten Weltkriegs und nur begrenzt durch den Kalten Krieg geprägt war, neue Akzente in der Außenpolitik setzen würde. Die Clinton-Gore Administration strebte tatsächlich eine neue Linie in der Innen- sowie in der Außenpolitik an. Bereits im Wahlkampf hatte Clinton den Slogan „It's the economy, stupid" geprägt, mit dem auf Schwerpunkte in den Bereichen wirtschaftliche Innovation, Infrastruktur, Bildung und Wirtschaftsentwicklung aufmerksam gemacht werden sollte. Wie Clinton in seiner Amtsantrittsrede (1993) hervorhob, erhielten wirtschaftspolitische Interessen in der Außenpolitik Priorität. Im Mittelpunkt stand dabei zunächst das nordamerikanische Freihandelsabkommen NAFTA. Auch zu China entwickelte die Clinton-Administration engere Wirtschaftsbeziehungen. Die Koppelung der Handelserleichterungen („Meistbegünstigungsklausel") an die Einhaltung der Menschenrechte wurde, sehr zum Ärger der Linken in der Demokratischen Partei, von der Clinton-Administration fallen gelassen, um den Handel mit China weiter zu fördern.

Die Clinton-Administration befürwortete darüber hinaus einen kooperativen *Multilateralismus* („assertive multilateralism") und die Unterstützung von internationalen Organisationen, wie z. B. der Vereinten Nationen, zur Lösung internationaler Sicherheits- und Entwicklungsprobleme. Mit dem Ende der sowjetischen Herrschaft in Ostmitteleuropa und dem Zerfall des ehemaligen Jugoslawiens bildete ein Kernziel der Außenpolitik auch die Verbreitung und Unterstützung von Demokratien („enlargement"). Die Clinton-Administration hatte entscheidenden Anteil an der Neuordnung in Ost- und Ostmitteleuropa und bemühte sich aktiv um die Beendigung des Bürgerkrieges auf dem Balkan. In Bezug auf Europa blieb das amerikanische Engagement bestehen, wie das Eintreten der USA für die NATO-Osterweiterung zeigt. Auch setzte sich die Clinton-Administration nachdrücklich und letztlich erfolgreich im nordirischen Friedensprozess ein. Zugleich wurde eine stärkere Selbstverantwortung der europäischen Staaten eingefordert, etwa beim Einsatz im ehemaligen Jugoslawien (Bosnien-

Herzegowina 1994/55; Kosovo-Konflikt 1999). An die Stelle der „Schutzmachtfunktion" trat eine Partnerschaftskonzeption, und in der Beziehung zur Bundesrepublik blieb die „special relationship", die sich in der Nachkriegszeit herausgebildet hatte, trotz etlicher Meinungsverschiedenheiten, bestehen.

Bereits kurz nach der Amtsübernahme von Clinton änderten sich durch die Kongresswahlen von 1994 allerdings die Mehrheitsverhältnisse zugunsten der Republikaner im Kongress. Der als programmatisch geltende *republikanische Gegenentwurf* „Contract With America" beinhaltete bereits die Grundzüge einer neokonservativen Agenda in der Außen- und Sicherheitspolitik. Nationale Interessen standen für die, meist jungen und ambitionierten, republikanischen Abgeordneten im Vordergrund, und diese hatten größere Bedeutung als das internationale Engagement zur Unterstützung von Demokratie und Menschenrechten, wie es die Clinton-Administration verfolgte. Die republikanische Mehrheit erteilte dem Multilateralismus eine klare Absage und zeigte tiefe Skepsis gegenüber internationalen Organisationen, vor allem gegenüber den Vereinten Nationen. Mit der Betonung des nationalen Interesses stellten die Republikaner zudem die militärische Stärke der Vereinigten Staaten wieder stärker in den Mittelpunkt ihrer Agenda. So hieß es in den Zielvorstellungen, die die republikanische Mehrheit im Kongress in ihrer programmatischen Erklärung „Contract with America" im Jahr 1994 vorgelegt hat, in Absatz 6, The National Security Restoration Act: „Prohibit U.N. command of U.S. troops; increase defense spending; particularly on antimissle defense".[28]

Die Klimaschutzpolitik und die Einrichtung des Internationalen Strafgerichtshofs, die die Clinton-Administration Mitte der 1990er Jahre aktiv verfolgt hatte, gerieten aufgrund der veränderten Machtverhältnisse im Kongress immer mehr unter Druck. Im Kräftespiel zwischen Präsident und Kongress ergaben sich in den Folgejahren daher immer wieder Konflikte, die den Präsidenten in der Außenpolitik zu Kompromissen zwangen. Die amerikanische Beteiligung bei „Peacekeeping"-Einsätzen der Vereinten Nationen war ebenso umstritten, wie der Einsatz im Bosnien-Krieg und die Beteiligung an internationalen Klimaschutz-Abkommen. Bereits kurz nach dem Wahlsieg der Republikaner setzten diese beispielsweise im Kongress durch, dass der Anteil der amerikanischen Unterstützung von „Peacekeeping"-Einsätzen von 31 auf 25 Prozent gesenkt werden sollte. Ein weiterer Streitpunkt stellte die Zahlung der überfälligen amerikanischen Beiträge an die Weltorganisation dar. Während die Clinton-Administration auf eine vertragsgerechte Begleichung der Schulden an die Vereinten Nationen drängte, wurde die Zahlung durch den republikanisch beherrschten Senat blockiert. Die Clinton-Administration war 1995 dafür, dass Amerika seine Schulden an die UN rasch bezahlt, eine Position, die von Außenministerin Madeleine Albright bekräftigt wurde. Der ranghöchste Demokrat unter den Außenpolitikern im Kongress, Lee Hamilton, unterstützte die Clinton-Linie, indem er argumentierte, dass die Vereinigten Staaten nur so Einfluss innerhalb der Vereinten Nationen ausüben könnten. Dies wurde von den Republikanern zurückgewiesen. Der konservative Vorsitzende des Außenpolitikausschusses des Senats, Jesse Helms, verweigerte Außenministerin Albright rundweg die Unterstützung in der UN-Beitragszahlung (vgl. Albright 2006).

Ebenso konfliktreich gestaltete sich die amerikanische Beteiligung am internationalen Umweltschutz. Zwar unterzeichnete Präsident Clinton das Kyoto-Protokoll (1997) zum Klimaschutz, aber dieses Protokoll wurde später nicht ratifiziert, sondern eine nationale Variante

---

[28] http://www.house.gov/house/Contract/CONTRACT.html (aufgerufen am 25.07.2011).

der Umweltpolitik favorisiert. Noch während der Amtszeit von Clinton zogen sich die Vereinigten Staaten unter dem Druck der republikanischen Mehrheit aus den internationalen Klimaschutzverhandlungen zurück.

Im Januar 2001 übernahm der Republikaner G. W. Bush nach einer höchst umstrittenen Wahl, in der der Oberste Gerichtshof letztlich den Wahlausgang bestimmte, das Präsidentenamt. Dadurch änderte sich auch die Außen- und Sicherheitspolitik. Höchste Priorität hatte für die Bush-Administration die Bekämpfung des internationalen Terrorismus.

3.3.4 Neuorientierung nach den Terror-Anschlägen vom 11. September 2001

Die terroristischen Anschläge auf New York City und Washington D. C. am 11. September 2001 stellen eine tiefe Zäsur für die amerikanische Außenpolitik dar. Nur wenige Monate zuvor, im Januar 2001 hatte mit G. W. Bush ein Präsident das höchste Staatsamt übernommen, der außenpolitisch wenig Erfahrung besaß und auch innenpolitisch aufgrund eines äußerst umstrittenen Wahlausgangs nur geringe Unterstützung für seine neo-konservative Agenda fand. Nach den Terroranschlägen gelang es Präsident Bush jedoch, sich durch sein entschlossenes Eintreten für den Kampf gegen den Terrorismus eine breite Unterstützung in der Bevölkerung zu sichern. Die Zustimmung zu seiner Amtsführung schnellte in den Monaten nach den Terroranschlägen in die Höhe. Zugleich gelang es dem neokonservativen Beraterkreis um den Präsidenten mit ihrer nationalistischen Ausrichtung, spürbar mehr Einfluss auf die Außenpolitik des Landes auszuüben. Mit dem Vorgehen gegen den internationalen Terrorismus im Kampf gegen das Taliban-Regime in Afghanistan, sowie durch den – in europäischen Ländern völkerrechtlich umstrittenen – Krieg gegen das Regime von Saddam Hussein im Irak 2003 zeigte die amerikanische Regierung ihre Entschlossenheit, zum Schutz „nationaler Interessen" notfalls auch ohne die Unterstützung internationaler Organisationen zu handeln.

Der „Krieg gegen den Terror" („*War on Terror*"), wie die Bekämpfung des internationalen Terrorismus von der Bush-Administration genannt wurde, stand während der Amtszeit von Präsident Bush fortan im Zentrum der *Außen- und Sicherheitspolitik*. Eine neue Sicherheitsstrategie, *National Security Strategy*, aus dem Jahr 2003 definierte die Bekämpfung des Terrorismus als sicherheitspolitische Priorität und schrieb einen „präventiven Erstschlag" im Fall der Bedrohung der nationalen Sicherheit fest. Gegenüber internationalen Organisationen verhielt sich die Bush-Administration zugleich äußerst zurückhaltend, ja sogar ablehnend. Sie befürwortete den Unilateralismus und ging, wenn möglich, *ad-hoc* Bündnisse mit befreundeten Regierungen ein. Der Militärschlag gegen den Irak 2003 wurde ohne UN-Mandat, allerdings mit Unterstützung einiger verbündeter Länder, wie Großbritannien, geführt. Überspitzt formuliert nahm sich die Bush-Administration in dieser Zeit als *lone wolfe* wahr, als einsamer Wolf in der Steppe, der um das Überleben in feindlicher Umgebung notfalls auch im Alleingang kämpfen muss. Zugespitzt lässt sich der Unterschied zwischen der Clinton- und der nachfolgenden Bush-Administration folgendermaßen beschreiben: Während die Clinton-Administration eine multilaterale Konzeption wann immer möglich verfolgte und nur dann unilateral zu handeln bestrebt war, wenn dies nötig war, kehrte sich dieses Verhältnis unter der Bush-Administration um; diese präferierte ein unilaterales

3.3 Zwischen Hegemonie und Multilateralismus: Die Außenpolitik der USA

Vorgehen, wann immer möglich und wählte nur dann ein multilaterales Vorgehen, wenn es unbedingt nötig war.

Neokonservative Meinungsgeber befürworteten die Politikvariante einer starken nationalistischen Ausrichtung der amerikanischen Außen- und Sicherheitspolitik. Mit seiner Metapher, Europäer kämen von der Venus, Amerikaner vom Mars, beschrieb der amerikanische Analyst Robert Kagan beispielsweise in eingängiger Weise einen mentalen Graben zwischen den Vereinigten Staaten und den europäischen Ländern (Kagan 2002). Der Einsatz militärischer Mittel und das unilateralistische Vorgehen der Vereinigten Staaten im Kampf gegen den Terror wurden von neokonservativer Seite eingefordert und Kagan unterstützte diese Position bei gleichzeitiger Abgrenzung gegenüber den Europäern, die als schwächlich und zögerlich kritisiert wurden. Kagan bezeichnete diese Entwicklung als eine realpolitisch am nationalen Interesse ausgerichtete Außenpolitik (*"realist retrenchment"*), um das – wie Bushs Berater und eine Mehrheit der Republikaner kritisierten – weltpolitisch „ausschweifende" Engagement der Clinton-Administration zurückzufahren. Seine Behauptungen über den unterschiedlichen Umgang mit militärischer Macht lösten – in Anbetracht eines weit verbreiteten Unbehagens unter den politischen Eliten – eine lebhafte und kontroverse Debatte aus.

Die Bekämpfung des internationalen Terrorismus als beherrschendes Paradigma amerikanischer Außenpolitik legitimierte eine starke militärische Rolle der Vereinigten Staaten in der Weltpolitik zum Schutz amerikanischer nationaler Interessen. Angesichts der anhaltenden Kämpfe im Irak geriet diese Außenpolitik jedoch zunehmend unter *Legitimationsdruck*. Die Demokraten kritisierten im Präsidentschaftswahlkampf 2004 den unilateralistischen Politikansatz als *Schwachpunkt* im außenpolitischen Konzept von George W. Bush. Der demokratische Herausforderer John Kerry akzentuierte dagegen eine Politik des Bündnisses, indem er eine engere Zusammenarbeit mit den europäischen Verbündeten befürwortete. In der Tradition der Clinton-Administration unterstützte er eine multilaterale Politik und forderte eine intensivere amerikanische Zusammenarbeit im transatlantischen Bündnis mit Europa sowie eine stärkere Rolle der Vereinten Nationen. Vor allem beim Problem der Befriedung und beim Wiederaufbau im Irak setzte Kerry auf gemeinsame amerikanisch-europäische Strategien. Allerdings blieb das Konzept der Demokraten für den Irak schwach profiliert, etwa in der Frage des Rückzugs aus dem Gebiet, und bezüglich der Beteiligung europäischer Bündnispartner konnten die Demokraten kein kohärentes Konzept vorlegen. Darüber hinaus verzichtete der demokratische Präsidentschaftskandidat auf eine klare Ablehnung des militärischen Eingreifens im Irak, selbst nachdem ein für den amerikanischen Kongress angefertigter Sicherheitsbericht (Dulfer-Bericht) keine akute Gefährdung durch irakische Massenvernichtungswaffen ermittelt und damit de facto einen zentralen Kriegsgrund entkräftet hatte.

Nach der Präsidentschaftswahl von 2004, in der George W. Bush diesmal tatsächlich nicht nur die Stimmenmehrheit der Wahlmänner und -frauen erhielt, sondern die Mehrheit der abgegebenen Stimmen (popular vote), justierte die Administration ihre außenpolitischen Ziele neu. Zum Kernthema im transatlantischen Verhältnis wurde die Frage nach *gemeinsamen Zielen und Prioritäten,* die mit den europäischen Verbündeten angesichts einer veränderten Weltlage verfolgt werden sollten. In seiner zweiten Amtszeit bemühte sich die Bush-Administration daher verstärkt um einen Dialog mit den europäischen Bündnispartnern, allerdings nicht ohne sich zugleich immer wieder vom „alten Europa" abzugrenzen, welches sich kritisch der amerikanischen Außen- und Sicherheitspolitik gegenüber verhalten hatte. In der Rede zum Amtsantritt („Inaugural Address") legte der Präsident im Januar 2005 Umrisse einer neuen Agenda dar, die eine Förderung von Freiheit und Demokratisierung weltweit befürwortete. Diese als „Freiheits-Agenda" bezeichnete Programmatik unterstrich, dass sich die US-Administration auch in der zweiten Amtszeit von G. W. Bush als globale Macht verstand. Militärische Aktionen sollten mit dem „weichen" Ziel der Demokratie- und Freiheitsbegründung verbunden und eine engere Verbindung zu europäischen Ländern angestrebt werden. Der Bezug auf amerikanische Grundwerte mit starker Symbolkraft („freedom", „liberty") folgte dem Bestreben, die Akzeptanz für die Außenpolitik zu erhöhen und sie durch starke historisch-kulturelle Bezüge sowohl nach innen als auch nach außen, mit Blick auf die Bündnispartner, abzustützen. Nicht alle Republikaner teilten nämlich die aktivistische Position des Präsidenten, denn sowohl der Irak-Krieg als auch die Abgrenzung vom „alten Europa" blieben umstritten.

Mit einer neuen „Freiheits-Agenda", die Bush zu Beginn seiner zweiten Amtszeit im Januar 2005 in den Mittelpunkt außenpolitischer Ziele rückte, strebte die Administration daher rhetorisch einen Prioritätenwechsel an. Mit einem Bezug auf amerikanische Grundwerte wie Freiheit und Demokratie sollte die schwindende Unterstützung für die Vereinigten Staaten bei den Bündnispartnern wiedergewonnen werden. Neo-konservative Analysten wie Robert Kagan bezeichneten den Bezug auf die Freiheitsagenda offen als Legitimationsstrategie. Sie könne, so Kagan, breitere Unterstützung für den Kampf gegen den Terrorismus mobilisieren, als der machtpolitisch begründete „Krieg gegen den Terror", der sich auf militärische Strategien stützte. Freiheit sei ein Konzept, so Kagan, dem sich auch die europäischen Verbündeten nicht würden verschließen können.

Das *Verhältnis zu Europa* bildete einen Kernpunkt in der amerikanischen außenpolitischen Debatte. Aufgrund des Irak-Krieges von 2003 hatten sich die Beziehungen zu Kernländern Europas verschlechtert und die Zukunft des Verhältnisses zu den europäischen Verbündeten stand auf dem Prüfstand. Während sich neokonservative Meinungsgeber von der Position europäischer Länder distanzierten, wie beispielsweise Robert Kagan, setzten sich andere Autoren für verstärkte Bemühungen um Europa ein. Charles A. Kupchan, ehemaliger außen- und sicherheitspolitischer Berater der Clinton-Administration und Professor an der Georgetown University in Washington D. C., kritisierte die nationalistische Ausrichtung der Neokonservativen (Kupchan 2002; 2003a; 2003b). Kupchan machte nachdrücklich auf die wachsende Rolle der Region Europa aufmerksam. Angesichts der aufstrebenden Bedeutung der EU forderte er einen liberalen Realismus für die Vereinigten Staaten, der den neuen internationalen Verhältnissen mit einer sich auch politisch profilierenden EU besser gerecht werden könne. Die strukturelle Machtungleichheit könne nicht aufgehoben, aber durch die wechselseitige Anerkennung der Verschiedenheit in neue Bewegungsformen überführt werden. Vor allem müsse Europa, genauer die EU, als Akteur stärker in die Pflicht genommen werden.

Die Institutionalisten forderten dagegen ein komplementäres Konzept der Aufgabenverteilung. Der Politikwissenschaftler und Europa-Spezialist Andrew Moravscik argumentierte beispielsweise aus der Sicht des *liberal institutionalism*, dass die Vereinigten Staaten ihr machtpolitisches Potenzial für allgemeine globale Ziele besser nutzen sollten, während die europäischen Länder ihre Beiträge zur Friedenserhaltung, Konfliktprävention und zum demokratischen Wiederaufbau im multilateralen Engagement optimieren könnten (Moravscik 2003). Diese komplementäre Aufgabenteilung würde nicht nur einen globalen Zugewinn an Sicherheit und Wohlstand bedeuten, sondern die transatlantischen Beziehungen aus der Polarisierung herausführen und sie nachhaltig verbessern, da diesseits und jenseits des Atlantiks parallele Ziele verfolgt würden. Die historisch wiederholt den transatlantischen Diskurs prägende Formel vom *burden sharing* erhielt damit wieder größere Bedeutung.

Das Spannungsverhältnis zwischen der Freiheitsrhetorik in den auswärtigen Beziehungen und der Realität freiheitspolitischen Handelns in inneren Angelegenheiten bildete einen weiteren Kernpunkt in der *Kontroverse zwischen verschiedenen außenpolitischen Denkschulen.* Während die der Regierung nahe stehenden Autoren immer wieder auf die Gefährdung durch terroristische Organisationen hinwiesen, betonten liberale Autoren, dass zentrale Bürger- und Freiheitsrechte nicht beschnitten werden dürften. Die umstrittene Festsetzung der unter Terrorismusverdacht stehenden Gefangenen in Guantánamo Bay, die Verletzung von Persönlichkeitsrechten im irakischen Gefängnis Abu Ghraib durch Angehörige der US-Streitkräfte, aber auch die Unterstützung autoritärer Regime in der Welt, wie z. B. Saudi Arabien, Indonesien oder Pakistan, zur Realisierung eigener nationaler Interessen begründeten Zweifel hinsichtlich der Glaubwürdigkeit der republikanischen „Freiheits-Agenda". Auch politisch-konzeptionell wurden kritische Einwände formuliert, insbesondere von Vertreterinnen und Vertretern der außenpolitischen Denkschule der Institutionalisten. Robert Keohane und Anne-Marie Slaughter kritisierten beispielsweise, dass die Vorstellungen der Bush-Administration über die Förderung von Freiheit und Demokratisierungen in verschiedenen Teilen der Welt auf einem verengten Konzept von Demokratie beruhten. Nicht äußere Intervention oder der formelle Akt der Durchführung von Wahlen könnten Gesellschaften dauerhaft verändern und demokratische Verhältnisse herbeiführen. Priorität sollte dem Aufbau von gesellschaftlichen Strukturen gegeben werden, die Demokratie und Pluralismus förderten, wie Gewaltenteilung, Rechtsstaatlichkeit und Transparenz, die im Vordergrund außenpolitischer Konzepte und Handlungsmuster stehen müssten (vgl. Keohane/Slaughter 2004). Die institutionellen Dimensionen von Demokratisierung seien in der moralisch argumentierenden Zielvorstellung der Bush-Administration ungenügend berücksichtigt. Demokratisierung könne nur durch pluralistische Ausdifferenzierung und gesellschaftliche Toleranz gefördert werden.

Der bekannte amerikanische Soziologe Amitai Etzioni hingegen hält die Priorität, die der Förderung von Demokratisierung in der Außenpolitik zugewiesen wird, grundsätzlich für verfehlt. Explizit grenzt sich der für seine Arbeiten zur Kommunitarismustheorie bekannt gewordene amerikanische Wissenschaftler von Positionen ab, wie sie von Neokonservativen einerseits, Liberalen andrerseits vertreten werden. Neokonservative glauben, so Etzioni, dass man Demokratisierung erzwingen kann; Liberale setzten auf die Veränderung aufgrund ausländischer Hilfen; beides sei mit einem „prinzipienfesten Realismus" nicht vereinbar, den die Vereinigten Staaten verfolgen sollten. Unter ethischen sowie machtpolitischen Aspekten sei das Ziel der weltweiten Demokratisierung zu hoch gesteckt, vor allem, da viele Länder noch nicht einmal die eigene, innere Sicherheit für ihre Bürger gewährleisten könnten. Die Erfahrungen im Irak und in Russland zeigten, so Etzioni, dass es keine erfolgreiche Demokratisierung ohne Sicherheit gebe. „Ausgehend vom Prinzip ‚Vorrangstellung des Lebens' schlage ich einen Ansatz vor, den man ‚Sicherheit zuerst' nennen könnte. Sicherheit bezieht sich hier auf die Bedingungen – inländische wie internationale – unter denen die meisten Menschen die meiste Zeit ihres Lebens gestalten, sich auf die Straße, zur Arbeit, zum Studium wagen und am öffentlichen Leben – Politik einbegriffen – beteiligen können, ohne fürchten zu müssen, getötet oder verletzt zu werden." (Etzioni (2007) Selbst Supermächte wie die Vereinigten Staaten hätten nur beschränkte Möglichkeiten, die Wirklichkeit in ihrem Sinn zu verändern, d. h. Demokratie und Freiheit „von außen" herbeizuführen und sollten sich daher realistische Ziele setzen.

Ein weiterer Kritikpunkt an der Außenpolitik der Bush-Administration war die überbordende, auf religiösen Überzeugungen basierende Moralisierung der Außenpolitik, die ein rationales Handeln behinderte. So schreibt beispielsweise Madeleine Albright, die während der Clinton Administration 1993 zunächst UN-Botschafterin und ab 1997 Außenministerin war, dass die Welt zwar die „unverzichtbare Nation" Amerika samt ihrer militärischen Macht brauchte, wie etwa die Einsätze in Bosnien und im Kosovo gezeigt hätten, doch eine „gottgegebene Mission" zur Beglückung der Welt dürften sich die Vereinigten Staaten nicht anmaßen. Die Moralisierung der Außenpolitik sei eine Fehlentwicklung. Albright bezeichnet den Irak-Krieg als das „schlimmste Desaster" in der amerikanischen Geschichte (Albright 2006).

In den letzten zwei Amtsjahren der Bush-Administration formulierten Außenpolitik-Experten aus der *Neo-Institutionalistischen Denkschule* einen alternativen Entwurf zur Sicherheitspolitik, der sich vom unilateralen, neokonservativen Ansatz der Bush-Regierung deutlich absetzte. Im September 2006 legte das „Princeton Project on National Security", das von einer überparteilichen Gruppe renommierter Außenpolitik-Experten unter Leitung von John Ikenberry und Anne-Marie Slaughter durchgeführt wurde, in einem umfassenden Bericht eine neue globale Sicherheitsstrategie vor (Ikenberry/Slaughter 2006). Entstanden in kritischer Auseinandersetzung mit den neokonservativen außenpolitischen Grundauffassungen der Bush-Administration verstanden sie ihre Arbeit als Gegenentwurf und alternativen Strategieplan. Mit der *Metapher des Schweizer Taschenmessers* („Swiss Army Knife") beschreibt der Bericht die neue amerikanische außenpolitische Strategie: Sie müsse multidimensional ausgelegt und flexibel sein, „able to deploy different tools for different situations on a moments notice." (Ikenberry/Slaughter 2006: 6) Dabei solle der Diplomatie bzw. internationalen Verhandlungen Vorrang geben werden. Ziel der nachhaltigen Sicherheitsstrategie, so der Bericht, sei die Schaffung einer auf den Prinzipien des internationalen Rechts und der Förderung von Demokratie und Freiheitsrechten basierenden Politik („Forging A World of Liberty Under Law"). Die Verfasser fordern, dass sich die Vereinigten Staaten aktiv und multilateral für die in internationalen Vereinbarungen und Verträgen festgelegten Grundsätze engagieren und diese in ihren internationalen Beziehungen mit anderen Ländern zugrunde legen müssten. Anknüpfend an institutionalistische sowie regimetheoretische Argumentationsmuster geht der Bericht davon aus, dass die Welt durch die Stärkung liberaler freiheitlicher Demokratien sicherer werden würde. Eine nachhaltige Sicherheit für die Vereinigten Staaten würde durch drei Aufgabenkomplexe erzielt werden: Einfordern der Rechtsstaatlichkeit von Regierungen, Aufbau einer liberalen internationalen Ordnung mit funktionsfähigen, reformierten Internationalen Organisationen, Überarbeitung des Einsatzkonzepts von militärischer Macht angesichts globaler Herausforderungen des 21. Jahrhunderts (vgl. Ikenberry/ Slaughter 2006: 6). Die Vorstellungen der Bush-Regierung über die Förderung von Demokratisierung in verschiedenen Teilen der Welt wurden zurückgewiesen. So zogen die Kritiker in Zweifel, dass eine Demokratie, wie im Fall des Iraks und Afghanistans, von außen bzw. über eine militärische Intervention, aufgebaut werden könne. Die innenpolitischen und institutionellen Dimensionen von Demokratisierung, so im Fall des Iraks sowie in Afghanistan, seien in der moralisch argumentierenden Zielvorstellung der Bush-Administration ungenügend berücksichtigt worden. Nur durch pluralistische Ausdifferenzierung, zivilgesellschaftliche Entwicklungen und die Förderung gesellschaftlicher Toleranz werde eine Demokratisierung gefördert. Priorität sollte dem Aufbau von gesellschaftlichen Strukturen gegeben werden, die Pluralismus förderten, wie Gewaltenteilung, Rechtsstaatlichkeit und Transparenz. Politische Erneuerung könne letztlich nur aus den Gesellschaften selbst und nicht durch äußere Intervention entstehen (Keohane/Slaughter 2004).

Aufgrund der machtbetonten, militaristisch-unilateralen Außenpolitik wurden die Vereinigten Staaten während der Bush-Administration häufig als *neue imperiale Weltmacht* charakterisiert. Der Historiker Charles S. Maier (2006), der die Rolle der USA in einem historischen Kontext und im Vergleich zu anderen bekannten Imperien reflektiert, setzt sich mit der amerikanischen Vormachtstellung kritisch auseinander, indem er die Grenzen amerikanischer Macht aufzeigt. Auch der Berliner Politikwissenschaftler Herfried Münkler (2005) vertritt die These, dass sich die amerikanische Vormachtstellung in einer historischen Linie mit anderen Imperien bewege. Die amerikanische Weltherrschaft, so Münkler, sei historisch mit den Imperien vom alten Rom bis zur Gegenwart zu vergleichen, zeige aber auch eigene Züge. Wirtschaftlich hätten die Vereinigten Staaten vor allem von der Deregulierung und Globalisierung profitiert und ihre Stellung auf dem Weltmarkt behaupten können, während die Europäer bzw. die EU, so Münkler, nicht gleichermaßen wirtschaftlich erfolgreich gewesen seien. Der US-amerikanische „imperiale Zyklus" habe bereits während der Präsidentschaft Ronald Reagans begonnen, so Münkler, und eine grundlegende Erneuerung von Militärtechnologien bzw. eine *revolution in military affairs* habe die Vereinigten Staaten in die Lage versetzt, nicht nur Kriege gezielt und effektiv aus der Entfernung zu führen. Vielmehr seien die USA aufgrund ihrer Vormachtstellung politisch eher geneigt, diese technologischen Möglichkeiten auszuschöpfen, insbesondere dann, wenn sie sich, wie durch den islamistischen Terror, bedroht sehen. Der internationale Terrorismus als große politische Herausforderung sei eine Reaktion auf die heutige asymmetrische Welt, indem er sich gezielt gegen die militärisch weit überlegene „imperiale" Weltmacht richte. Die Europäer hätten bislang vom militärischen Schutz durch die USA profitiert und durch ihre Gefolgschaft gleichzeitig wesentlich zum Fortbestehen des imperialen Systems beigetragen.

Der Irak-Krieg wurde in den letzten Jahren der Bush-Administration das bestimmende außenpolitische Thema in den Vereinigten Staaten. Angesichts der hohen Kosten des Krieges mit einem steigenden Haushaltsdefizit bei gleichzeitig wachsenden sozialen Problemen, etwa in der Gesundheitspolitik und im Bildungsbereich, rutschte die Popularität des Präsidenten auf einen Tiefstand. Angesichts *wachsender Unzufriedenheit* mit der Amtsführung von Präsident Bush wurden die Zwischenwahlen zum Kongress („midterm elections") im November 2006 bereits zu einem Plebiszit über die Außenpolitik. Obwohl bei Zwischenwahlen in der Regel innenpolitische Themen dominieren, war der Irak-Krieg in dieser Wahl das beherrschende Thema. Es gelang den Demokraten, die Mehrheit im Repräsentantenhaus wieder zu erlangen, und im Senat mit den Republikanern gleich zu ziehen. Als sich schließlich auch führende Republikaner vom Bush-Kurs absetzten, wurde klar, dass sich bereits im Vorfeld der US-Präsidentschaftswahlen vom November 2008 ein Stimmungsumschwung ergeben hatte.

3.3.5 Präsidentschaft Barack Obama: Neuer Internationalismus

Mit der Wahl Barack Obamas zum 44. Präsidenten der USA und seinem Amtsantritt im Januar 2009 wurde eine Wende in der US-amerikanischen Außen- und Sicherheitspolitik eingeleitet. Im traditionellen Kernbereich politischer Handlungskompetenz amerikanischer Präsidenten ließ Barack Obama von Anbeginn seiner Amtszeit keinen Zweifel daran, dass er mit der Vorgängerregierung brechen und einen neuen Ansatz in der Außenpolitik entwickeln würde (vgl. Lemke 2011). Vor allem in Europa wurde diese Entwicklung begrüßt und es herrschte die Erwartung vor, dass sich eine gemeinsame Herangehensweise an globale Probleme im Rahmen von internationalen Organisationen durchsetzen würde.

Die Perzeption des Neuanfangs wurde geprägt durch die Herkunft und das charismatische Auftreten Barack Obamas. Zum ersten Mal konnte ein Präsident afro-amerikanischer Herkunft ins Weiße Haus einziehen, was an sich schon eine Zäsur für die amerikanische Politik war (vgl. Remnick 2010). Er wurde in den Medien als Erneuerer, ja geradezu als Heilsbringer gefeiert und auch die deutschen Medien begrüßten seine Wahl. Der Bruch mit der neokonservativ und nationalistisch ausgerichteten Bush-Administration wurde daher schon in der Person Obamas sichtbar und die Rhetorik des Wandels (*change*) beherrschte die Erneuerungsstrategie. Mit den konzeptionellen Eckpfeilern legte Obama im Gegensatz zu seinem Amtsvorgänger Wert darauf, seine Kooperationsfähigkeit in der internationalen Politik zu unterstreichen. Multilateralismus und nicht unilaterale Machtausübung sollte fortan Grundlage der Außenpolitik bilden. Das Hauptanliegen war das erklärte Ziel, das Ansehen der USA in der Welt zu verbessern und wiederherzustellen. Dabei strebt auch die Obama-Administration eine Politik der Führungsstärke an und sie verzichtet nicht darauf, nationale Interessen in den Mittelpunkt der Außenpolitik zu stellen. Anders als die Bush-Administration verfolgt Obama und sein außenpolitisches Team in der „neuen Ära der Verantwortlichkeit" jedoch eine kooperative Strategie in einer Welt „wechselseitiger Interessen und wechselseitigem Respekt", wie der Präsident in seiner Amtsantrittsrede am 20. Januar 2009 hervorhob.

Der *neue Internationalismus* in der Außenpolitik sollte strategisch mit Verbündeten umgesetzt und durch eine Erweiterung des globalen Handlungsspielraums realisiert werden. Bereits in der viel beachteten öffentlichen Rede Barack Obamas in Berlin im Juni 2008, also noch vor der offiziellen Nominierung zum Präsidentschaftskandidaten, hatte er die engen Beziehungen zwischen den Vereinigten Staaten und Europa und das Eintreten für gemeinsame Ziele und Werte hervorgehoben. Bereits kurz nach Amtsübernahme kündigte die Obama-Administration eine neue Friedensinitiative im Nahen Osten an und suchte eine Strategie des Dialogs mit der arabischen Welt, dargelegt in der Kairoer Rede im Sommer 2009 und erweitert während des „arabischen Frühlings" 2011. Auch die Ankündigung des Wiedereinstiegs in die internationalen Klimaschutzverhandlungen wurde in der internationalen Gemeinschaft, und besonders in Europa, als Neuanfang gewertet. Mit der Verleihung des Friedensnobelpreises an Barack Obama im Dezember 2009 hatte die internationale Gemeinschaft zudem der Erwartung Ausdruck verliehen, dass die Obama-Administration eine konstruktive Rolle in der Abrüstungs- und Sicherheitspolitik und der Wahrung des Weltfriedens spielen würde. Diese neuen Akzentsetzungen führten tatsächlich zu einer positiven Perzeption in Europa (vgl. Rudolf 2010). Wie Umfragen zeigen, nahm die Zustimmung zur Amtsführung des US-Präsidenten in Europa deutlich zu und Meinungsforscher sprechen vom „Obama bounce", einem sprunghaften Anstieg der Popularität der USA unter Obama.

Der Machtwechsel im Weißen Haus erzeugte in vielen Ländern ein neues Interesse an den Vereinigten Staaten. Nach Umfragen des German Marshall Funds wuchs die Unterstützung für den US-Präsidenten nach der Wahl in Deutschland auf 80 Prozent, in Frankreich auf 77 und in Italien und Portugal auf 64 Prozent. Die Außenpolitik Obamas trifft in Europa auf vier Mal so große Zustimmung wie jene von G. W. Bush. Er ist in der EU populärer als in den USA (77 bzw. 57 Prozent Zustimmung). Im Jahr 2009 unterstützte eine Mehrheit der befragten Europäer (42 Prozent) engere Beziehungen mit den USA; noch ein Jahr zuvor trat eine

3.3 Zwischen Hegemonie und Multilateralismus: Die Außenpolitik der USA

Mehrheit für eine größere Unabhängigkeit von den USA ein. Dieser positive Trend hielt auch zwei Jahre nach der Wahl noch an.[29]

Auf der *konzeptionellen Ebene* verfolgt die Obama-Administration die Idee von *Smart Power* in der Außenpolitik, d. h. die amerikanische Führungsrolle soll durch eine Kombination von Diplomatie und Härte realisiert werden. Mit der Nominierung Hillary Clintons als Außenministerin und der Vorstellung ihrer außenpolitischen Konzepte gewann diese amerikanische Außenpolitik an Profil. Clinton hatte stets ihre Vorstellung eines starken Multilateralismus betont und in den Nominierungs-Anhörungen im Kongress amerikanische Machtausübung im internationalen Bereich mit dem Einsatz von *smart power* begründet.

Das Konzept von *smart power* geht auf den Harvard-Politologen und ehemaligen Politikberater von Bill Clinton, Joseph Nye (2008) zurück, der drei Formen der Machtausübung unterscheidet: *hard power*, welche vornehmlich auf militärischer und wirtschaftlicher Macht und Strategien der Machterzwingung beruht, *soft power*, die auf Überzeugen, langfristige Sozialisation und Kommunikation setzt, und die *smart power*, die als Kombination von beiden im außenpolitischen Bereich am wirksamsten eingesetzt werden kann. Wie Hillary Clinton in der Anhörung im Kongress betonte, sollten in der Außenpolitik verschiedene Strategien zum Tragen kommen, der Diplomatie dabei aber stets Vorrang gegeben werden. „I believe that American leadership has been waning, but is still wanted. We must use what has been called 'smart power': the full range of tools at our disposal – diplomatic, economic, military, political, legal, and cultural – picking the right tool, or combination of tools, for each situation. With smart power, diplomacy will be the vanguard of foreign policy. This is not a radical idea. The ancient Roman poet Terence, who was born a slave and rose to become one of the great voices of his time, declared that in every endeavor, the seemly course for wise men is to try persuasion first. The same truth binds wise women as well."[30]

Die Außenministerin wird dabei von Beratern unterstützt, die der neo-institutionalistischen Denkschule der amerikanischen Außenpolitik verbunden sind und damit das Konzept des Multilateralismus befürworten. Bereits kurz nach ihrer Amtsübernahme im Januar 2009 ernannte Hillary Clinton beispielsweise die renommierte Professorin für Internationale Beziehungen an der Princeton University, Anne-Marie Slaughter, die sich bereits als Kritikerin der Außenpolitik der Bush-Administration hervorgetan hatte, zur Direktorin für „Policy Planning" im Außenministerium, ein Amt, dass diese bis 2011, also in der Formierungsphase der neuen Außenpolitik, wahrnahm. Sie hatte mit der Leitung der internen Planungsgruppe damit eine Schlüsselposition in der Konzeptionalisierung der Außenpolitik.

Die Herausarbeitung des neuen „smart power"-Ansatzes charakterisiert die erste Phase der Amtszeit von Präsident Obama und sie wird beispielsweise in der Rede in Kairo im Juni 2009 bei der Skizze des Neuansatzes gegenüber der islamischen Welt und dem Nahen Osten deutlich in den Mittelpunkt gestellt. Aber bereits in seiner Rede vor den Vereinten Nationen im September 2009 unterstrich der amerikanische Präsident die Grenzen der Konsenspolitik. Eingefordert wurden Gegenleistungen der Regierungen, mit denen die US-Administration einen Dialog sucht. Insbesondere gegenüber Iran und Nordkorea wird eine harte Haltung bezo-

---

[29] Vgl. Studie des German Marshall Funds: Transatlantic Trends. Key Findings 2009 (online http://trends.gmfus.org/doc/2009_English_Key.pdf aufgerufen am 13. Juni 2011).

[30] Hillary Clinton: Nomination Hearing To Be Secretary of State. Statement Before the Senate Foreign Relations Committee, Washington D.C. 13.01.2009 (online: www.state.gov./secretary/rm/2009a/01/115196.htm (aufgerufen am 13.05. 2010).

gen. Die zweite Phase seiner Amtszeit zeigt daher auch die Grenzen der Diplomatie und die Befürwortung von „harten Mitteln" auf. So verteidigt Obama in seiner Rede zur Annahme des *Friedensnobelpreises in Oslo* am 10. Dezember 2009 den Einsatz militärischer Mittel und bezeichnet Kriege unter bestimmten Umständen als notwendig. „Wir müssen damit beginnen, die schwere Wahrheit anzunehmen: Gewaltsame Konflikte werden wir zu Lebzeiten nicht abschaffen können. Es wird Zeiten geben, in denen Nationen – die allein oder gemeinsam handeln – den Einsatz von Gewalt nicht nur als notwendig, sondern als moralisch gerechtfertigt betrachten werden ... Denn täuschen Sie sich nicht: Das Böse existiert auf der Welt ... dass Krieg manchmal nötig ist und auf einer gewissen Ebene Ausdruck menschlicher Torheit."[31]

In den *Politikfeldern der Außenpolitik* setzte die Obama-Administration rasch neue Akzente, so im Bereich *Sicherheitspolitik und Multilateralismus*. Der konzeptionelle und strategische Neuanfang, den die Obama-Administration in der Sicherheitspolitik anstrebt, ist als Antwort auf die tiefe Legitimitätskrise zu verstehen, in der sich die USA am Ende der Amtszeit von G. W. Bush weltpolitisch befanden. In einer Welt der wechselseitigen Abhängigkeiten sollen politische Entscheidungen in den internationalen Beziehungen durch internationales Recht legitimiert und für andere Akteure nachvollziehbar begründet werden. Der Vertrauensverlust, den die Vereinigten Staaten vor allem im arabischen Raum und im Nahen und Mittleren Osten sowie in Teilen der Dritten Welt erlitten haben, soll durch eine Politik des Dialogs und der konkreten Verhandlungen ausgeglichen und die Beziehungen auf eine neue Grundlage gestellt werden. Anders als die republikanische Administration ist die Obama-Administration schließlich auch in den transatlantischen Beziehungen an einem deutlichen Richtungswechsel zugunsten eines multilateralistischen Vorgehens in der internationalen Politik interessiert.

Die Absetzung von der Bush-Administration wurde bereits im Präsidentschaftswahlkampf deutlich. Im Gegensatz zu anderen Kandidaten, wie etwa Hillary Clinton, hatte Obama als Senator bereits den umstrittenen Irak-Einsatz der USA abgelehnt, was ihm viel Anerkennung in der amerikanischen Öffentlichkeit und vor allem unter der Linken eintrug und ihm schließlich auch bei der Nominierung zum offiziellen Präsidentschaftskandidaten der Demokraten half. Deutlich akzentuierte er dann in den letzten Wochen vor der Präsidentschaftswahl die Unterschiede zum republikanischen Gegenkandidaten John McCain. In einer Gegenüberstellung der unterschiedlichen konzeptionellen Vorstellungen Barack Obamas und John McCains im Wahlkampf 2008 zeigt der österreichische Politikwissenschaftler Heinz Gärtner (2008) auf, inwieweit sich die außenpolitischen Vorstellungen unterscheiden. Während sich McCain vor allem in der Tradition der starken militärischen Präsenz und außenpolitischen Stärke sah, hob Obama immer wieder hervor, dass die Außen- und Sicherheitspolitik auch diplomatische und kommunikative Mittel einsetzen müsse, um den Sicherheitsherausforderungen zu begegnen. Folgerichtig strebte Obama an, die multilateralen internationalen Organisationen zu stärken und sich mit den Verbündeten, vor allem auch mit den Europäern, besser abzustimmen und auf gemeinsame Strategien zu verständigen, während McCain auf die eigene Stärke der USA setzte. Die These von einer neuen Außenpolitik gewann so bereits im Wahlkampf Konturen und wurde weiter durch die ersten Maßnahmen der neuen Regierung sowie die Reden Obamas zu Kernfragen der Außenpolitik untermauert.

---

[31] Barack Obama, Friedensnobelpreis-Rede, 10. Dezember, Oslo 2009.
http://www.welt.de/politik/ausland/article5490579/Seine-Rede-zum-Friedensnobelpreis-im-Wortlaut.html (aufgerufen am 16. Juni 2011).

3.3 Zwischen Hegemonie und Multilateralismus: Die Außenpolitik der USA

Ein Beispiel des neuen Internationalismus der Obama-Administration ist die Aufwertung *Internationaler Organisationen*. So ist die Vertreterin bei den Vereinten Nationen, Susan Rice, Mitglied im Kabinett des Präsidenten und damit politisch aufgewertet. Zu wichtigen internationalen Verhandlungen im Rahmen der Vereinten Nationen, wie dem Klimaschutzgipfel in Kopenhagen, wurden hochrangige, profilierte Vertreter entsandt. Für die Verhandlungen im Nahen Osten wurde ein Sonderbeauftragter, George Mitchell, nebst erfahrenen Mitarbeitern eingesetzt. Im Rahmen der Vereinten Nationen soll auch die Abrüstungs- und Sicherheitspolitik vorangetrieben werden, wobei die USA wieder eine Führungsrolle übernehmen wollen, wie etwa im Bereich der Abrüstungsvereinbarungen zu strategischen Atomwaffen (START-Abkommen). Die Vereinten Nationen sind nach Auffassung amerikanischer Analysten wieder Teil einer neuen institutionellen Ordnung (vgl. Brooks/Wohlforth 2009). Die Vereinigten Staaten hätten, so die Beobachter, mit ihrer neuen Regierung die notwendige Legitimität, Reformen der Internationalen Organisationen voranzutreiben und sollten, etwa in der Frage der Verbreitung von Nuklearwaffen, nicht zögern, ihre Verhandlungsmacht einzusetzen, um koordinierte und abgestimmte Reformen durchzusetzen.

Die *neue Sicherheitspolitik* begründet sich auf eine breitere Unterstützung in der Bevölkerung, da das militärische Engagement in anderen Ländern, insbesondere im Irak und in Afghanistan, immer weniger Zustimmung in der amerikanischen Bevölkerung fand. Während die Befragten einer Erhebung des Pew-Research Centers im Jahr 2007 zufolge immer häufiger der Aussage zustimmten, dass die innenpolitischen Probleme der USA verstärkt bearbeitet werden sollten, zeigte der Trend hinsichtlich des globalen Engagements der USA deutlich in Richtung auf eine größere Zurückhaltung innerhalb der amerikanischen Bevölkerung. Während die Zustimmung zur militärischen Stärke kurz nach den Terroranschlägen vom 11. September 2001 noch bei 62 Prozent lag, stimmten 2007 weniger als die Hälfte der Befragten der Aussage zu, dass militärische Stärke am besten Frieden sichern könne.[32] Eine starke amerikanische Militärmacht als bester Weg zur Friedenssicherung verlor den Umfragen zufolge immer mehr an Boden.

Im Sommer 2010 wurden die amerikanischen Kampftruppen aus dem Irak abgezogen. Dieser Rückzug aus dem Irak, den Präsident Obama bereits kurz nach Amtsantritt ankündigte, traf auf breite Zustimmung in der Bevölkerung. Auch für den Krieg in Afghanistan entschloss sich die Obama-Administration, eine Rückzugsperspektive aufzeigen, allerdings blieb hier der Zeitpunkt zunächst offen und sollte erst nach einem weiteren Truppenaufbau entschieden werden.

Nukleare Abrüstung und die Begrenzung von Atomwaffen zählen zu den weiteren Schwerpunkten der Obama-Administration. Hier konnten auch erste Erfolge erzielt werden. So verhandelte die US-Regierung mit der russischen Regierung eine Nachfolgevereinbarung zum auslaufenden Abkommen über die Begrenzung strategischer Atomwaffen. Nach längeren, zähen Verhandlungen trat im Februar 2011 schließlich ein neues START-Abkommen in Kraft. Der US-Senat hatte diesem Abkommen schließlich zugestimmt, nachdem sicher gestellt werden konnte, dass das Abkommen eine Modernisierung von Waffensystemen nicht ausschließen würde, eine Übereinkunft, die zwar auf der Linken auf Kritik stieß, da die Obama-Administration nun eine Modernisierung der Waffensysteme, so auch von Atomwaffen, verfolgte. Das In-Kraft-Treten des Abkommens konnte jedoch als erster Erfolg der

---

[32] Vgl. Pew Research Center Pew Research Center: „Trends in Political Values and Core Attitudes", 22. März 2007. http://people-press.org/report/?reportid=3

Obama-Administration in der Sicherheitspolitik gewertet werden, da es Russland als wichtigen strategischen Partner vertraglich in die Abrüstung einbinden konnte.

Wenig greifbare Ergebnisse gab es in der Atompolitik jedoch in den Bemühungen, Iran in einen Dialog über die Einhaltung internationaler Verträge zur nuklearen Proliferation einzubinden. Weder die von den europäischen Ländern favorisierte Dialogpolitik, noch die von der US-Regierung verfolgte Sanktionspolitik konnten die iranische Führung zu einer Öffnung bewegen, die eine Überprüfung des Nuklearprogramms durch internationale Inspektoren ermöglicht hätte. Auch bezüglich der Einbindung Nordkoreas in internationale Verhandlungen konnten keine Erfolge erzielt werden. Die Obama-Administration verfolgt diese Entwicklungen, ebenso wie die Positionierung anderer Länder mit Atomwaffen, wie insbesondere Pakistan und Indien, jedoch weiterhin mit großer Aufmerksamkeit.

Einen besonderen Schwerpunkt legte die Obama-Administration auf eine effektivere *Bekämpfung des internationalen Terrorismus*. Ebenso wie die Vorgängerregierung begreift die Obama-Administration diese Aufgabe als Kernaufgabe. Sie versucht jedoch, neue Wege zu beschreiten. In seiner Problemanalyse stellte Präsident Obama einen Zusammenhang zwischen der Lösung des Nahost-Konflikts und der Bekämpfung terroristischer Gruppen her. Sollte es im Nahen Osten gelingen, ein friedliches Arrangement im verfahrenen Konflikt zwischen Israel und den Palästinensern auszuhandeln, so die Argumentation, dann verlören auch terroristische Gruppen ihren Nährboden. In seiner vielbeachteten Rede in Kairo im Juni 2009 betonte der Präsident, dass er für einen verstärkten Dialog mit den arabischen Ländern eintrete, um einen Neuanfang zu suchen. „Ich bin nach Kairo gekommen, um einen Neuanfang zwischen den Vereinigten Staaten und den Muslimen überall auf der Welt zu beginnen. Einen Neuanfang, der auf gemeinsamen Interessen und gegenseitiger Achtung beruht und auf der Wahrheit, dass die Vereinigten Staaten und der Islam die jeweils andere Seite nicht ausgrenzen und auch nicht miteinander konkurrieren müssen. Stattdessen überschneiden sich beide und haben gemeinsame Grundsätze – Grundsätze der Gerechtigkeit und des Fortschrittes, der Toleranz und der Würde aller Menschen."[33] Mit großer Aufmerksamkeit verfolgte die Obama-Administration dementsprechend die politischen Umwälzungen in den arabischen Ländern im Jahr 2011, welche eine Neukonstellation in den Machtverhältnissen im arabischen Raum zur Folge haben. Der Aufruf Präsident Obamas im Mai 2011, einen Friedensplan zwischen Israel und den palästinensischen Gebieten unter Anerkennung der Grenzen von 1967 auszuhandeln, fand daher in der Region Anerkennung. Hierdurch ist Bewegung in den komplizierten Prozess im Nahen Osten gekommen, ohne jedoch bislang eine zufrieden stellende Lösung zu erzielen.

Die Tötung des seit über zehn Jahren gesuchten Top-Terroristen *Osama bin Laden* am 2. Mai 2011 in Pakistan durch amerikanische Einsatzkräfte, welcher für die Anschläge in New York und Washington sowie andere terroristische Taten verantwortlich war, kann als einer der großen Erfolge der Obama-Administration gewertet werden. Mit der Sicherstellung von umfangreichen Dokumenten im Anwesen bin Ladens erhofft sich die amerikanische Administration zudem mehr Aufschluss über die Strukturen und Arbeitsweisen des internationalen Terrornetzwerks al-Qaida. Rechtlich nach wie vor umstritten, da der Zugriff in Pakistan ohne direkte Beteiligung der pakistanischen Sicherheitskräfte erfolgte, zeigte die überraschende Aktion jedoch eine Entschlossenheit der US-Regierung, ihr Ziel der effektiven Terrorismusbekämpfung auch mit „harten" Mitteln umzusetzen, zumal sich Zweifel an der Effizienz des

---

[33] Barack Obama, Rede in Kairo, 4. Juni 2009. http://zelos.zeit.de/online/2009/24/obama-kairo.pdf

pakistanischen Verbündeten in der Terrorismusbekämpfung häuften. Der Einsatz wurde in den USA als ein persönlicher Erfolg des US-Präsidenten gewertet, der diesen Einsatz mit Entschlossenheit befehligte.

Im Bereich der Außenwirtschaftspolitik stand die Obama-Administration gleich zu Beginn ihrer Amtszeit vor einer schweren Herausforderung. Die *globale Wirtschafts- und Finanzkrise* 2008/09 hatte in den USA ihren Ursprung und zog neben der amerikanischen Wirtschaft auch die europäischen Länder in eine tiefe Krise. Dabei stellte sie die transatlantischen Beziehungen vor eine Bewährungsprobe. In dieser Situation wurden die unterschiedlichen institutionellen und politischen Präferenzen auf beiden Kontinenten deutlich. Während die Obama-Administration mit Blick auf den Wirtschaftsgipfel der G20-Gruppe im April 2009 auf eine Koordination beim Stimulus-Paket drängte, zeigten sich die Länder der Europäischen Union mit Verweis auf die weitergehenden sozialen Absicherungen und höheren Sozialleistungen, die die Krise für die Durchschnittsbevölkerung abfedere, zurückhaltender. In dieser Kontroverse wurden politisch-kulturelle Unterschiede besonders deutlich sichtbar. Während die Obama-Administration rasche, hohe Wirtschaftshilfen favorisierte und dabei eine drastische Erhöhung des ohnehin hohen Haushaltsdefizits in Kauf nahm, um die Wirtschaft anzukurbeln, beharrten die europäischen Länder, und hier allen voran Deutschland, auf einer fiskalpolitisch konservativen Position, die neben Wirtschaftshilfen auf deutliche Einsparungen setzte. Erst mit der Krise der Staatsfinanzen in Griechenland, die im Frühjahr 2010 einsetzte, mussten auch die Europäer höhere Verschuldungen in Kauf nehmen.

Mit der Krise der Staatsfinanzen in Griechenland und den wirtschaftlichen Problemen in Irland und anderen europäischen Ländern setzte in den Vereinigten Staaten eine *kritische Distanz zur Europäischen Union* ein, die der wichtigste Handelspartner der USA ist. Die Europäische Union habe sich, so Beobachter, als größter Wirtschaftsraum etabliert, allerdings habe sie Schwierigkeiten, auch politisch mit einer Stimme zu sprechen. Der Ökonom Paul Krugman streicht als Hauptproblem wirtschaftlicher Wiederbelebung in Europa heraus, dass sich die politischen Eliten auf einen gemeinsamen Weg einigen müssten. Die politische Integration Europas sei nicht so weit fortgeschritten, wie die wirtschaftliche und finanzpolitische Integration. „Europe's economic and monetary integration has run too far ahead of its political institutions. The economies of Europe's many nations are almost as tightly linked as the economies of America's many states — and most of Europe shares a common currency. But unlike America, Europe doesn't have the kind of continent wide institutions needed to deal with a continent wide crisis."[34]

Derweil haben die Vereinigten Staaten die von vielen Ökonomen geforderte schärfere *Regulierung der Finanzmärkte* mit einer Kontrolle spekulativer Gewinne weiter vorangetrieben, nachdem auch der Senat einer Beratung über die Gesetzesvorlage zugestimmt hatte. Diese Kontrolle der Finanzmärkte hatte beispielsweise der Ökonom und Nobelpreisträger Robert Solow bereits während der Bush-Administration gefordert, aber seine Auffassung war in der neo-liberalen Ära eine Außenseiterposition (Solow 2005). Erst der Obama-Administration gelang eine, zumindest partielle, Kontrolle des Handels mit Derivaten auf den Finanzmärkten. In der Europäischen Union hatte der Euro zwar zu einer gemeinsamen Geldpolitik geführt, die Wirtschafts- und Finanzpolitik unterlag jedoch zuerst nationalen Regeln und Regulierungen. Die transatlantischen Unterschiede konnten kaum überbrückt werden, und

---

[34] Paul Krugman, A Continent Adrift, Op-Ed, The New York Times, 16. März 2009
http://www.nytimes.com/2009/03/16/opinion/16krugman.html?_r=1 (aufgerufen am 16. Juni 2011).

die USA und die europäischen Länder verfolgten ihre unterschiedlichen fiskalpolitischen Konzepte. Allerdings erholten sich die europäischen Volkswirtschaften, wie in Deutschland, Frankreich und den Niederlanden, rascher als erwartet, während die USA zwar bald wieder ein steigendes Wachstum verzeichnete, dies jedoch bei steigender Arbeitslosigkeit und einem anhaltend hohen Haushaltsdefizit.

Die steigende Verschuldung der USA veranlasst Beobachter, die globale Führungsrolle der USA angesichts globaler wirtschafts- und finanzpolitischer Probleme in Zweifel zu ziehen. Der renommierte amerikanische Journalist Fareed Zakaria spitzt die These vom Führungsverlust der Vereinigten Staaten mit der Formel der „post-American world" zu (Zakaria 2008). Der rasch wachsende Einfluss neuer Mächte wie Indien oder China („rise of the rest") führe zu einem weltweit nachlassenden Einfluss der USA. Sowohl im wirtschaftlichen, aber auch im politischen und kulturellen Bereich löse sich die hegemoniale Position der Vereinigten Staaten auf und damit auch ihre globale Gestaltungsmacht durch Außenpolitik. Diese These schien sich im Jahr 2011 zu bestätigen, als die Obama-Regierung die gesetzliche Schuldengrenze von 14,3 Billionen Dollar anheben wollte, um eine drohende Zahlungsunfähigkeit der Regierung zu verhindern. Nur unter großen Mühen und nach zähen Verhandlungen mit dem Kongress, in denen sich eine Minderheit aus fiskalkonservativen, rechtspopulistischen „Tea Party"-Anhängern kategorisch gegen jede weitere Erhöhung der Schuldengrenze stemmte, konnte die Obama-Administration eine weitere Erhöhung um 2,1 Billionen Dollar durchsetzen, allerdings unter der Maßgabe drastischer Kürzungen in den staatlichen Sozialprogrammen und im Rüstungsbereich und ohne die von ihr favorisierten Steuererhöhungen. Die erbittert geführte Auseinandersetzung löste in Europa und beim größten ausländischen Geldgeber der USA, China, Verunsicherung und Sorge über die zukünftige Entwicklung der US-amerikanischen Wirtschaft aus. Das Vertrauen in die größte Wirtschaft der Welt war nachhaltig erschüttert.

Wird Außenpolitik allerdings als Netzwerk von Akteuren verstanden, so ließe sich die Position der Vereinigten Staaten durchaus als vorteilhaft bezeichnen. Davon geht zumindest Anne-Marie Slaughter, die Direktorin der „Policy Planning"-Gruppe im Außenministerium aus. Sie widerspricht der These Zakarias und argumentiert, dass die Führungsqualitäten der Vereinigten Staaten zukünftig nicht ab- sondern eher zunehmen werden (Slaughter 2009: 94). Ausgangspunkt ihrer Überlegungen ist die These, dass die Macht der Vereinigten Staaten in der neuen globalen Konstellation auf der Fähigkeit basiere, Verbindungen (*connectedness*) herzustellen: „We live in a networked world ... In this world, the measure of power is connectedness." (Slaughter 2009: 94) Ihrer Auffassung zufolge sind die Vereinigten Staaten in der heutigen global vernetzen Welt aufgrund ihrer demografischen Entwicklung, der geografischen Position und ihrer Kultur besser positioniert als andere Länder. Demografisch, weil die Bevölkerung der Vereinigten Staaten aufgrund der anhaltenden Zuwanderung heterogen und, im Unterschied zu China und Indien, diese Heterogenität, gerade durch die Zuwanderung aus dem asiatischen Raum, als Vorteil begriffen werde. „To this end, the United States should see its immigrants as living links back to their home countries and encourage a two-way flow of people, products, and ideas." (Slaughter 2009: 95) So verstärkt sich das internationale Netzwerk, gerade mit wirtschaftlich aufstrebenden Regionen und Ländern der Welt. Geografisch seien die Vereinigten Staaten in der atlantischen Hemisphäre (*Atlantic hemisphere*) als Teil eines größeren globalen Raumes und durch eine Vielzahl von Institutionen mit anderen Regionen verbunden. Aufgrund ihrer im Vergleich zu den aufsteigenden Mächten China und Indien eher horizontalen Sozialstruktur, ihrer Kultur des Unternehmertums (*culture of entre-*

3.3 Zwischen Hegemonie und Multilateralismus: Die Außenpolitik der USA

preneurship) und ihrer Innovationsfähigkeit werden die USA als ein Land mit einer höchst dynamischen Entwicklung beschrieben. „In the twenty-first-century world of networks, the measures of state's power is its ability to turn connectivity into innovation and growth. ... In a networked world, the United States has the potential to be the most connected country; it will also be connected to other power centers that are themselves widely connected." (Slaughter 2009: 113) Hier wird eine neue Führungsrolle entworfen, die auf sozialstrukturellen und kulturellen Besonderheiten der USA beruht.

Der multilaterale Ansatz in der Außen- und Sicherheitspolitik beruht also einerseits auf einer klaren Formulierung nationaler Interessen. Andrerseits müssen die Vereinigten Staaten ihr Engagement in Übereinstimmung mit den eigenen Ressourcen bringen. Die weitere Entwicklung hängt sowohl von den innenpolitischen Reformen und der Erneuerungsfähigkeit der amerikanischen Gesellschaft als auch von dem Verhalten von Verbündeten ab. Von besonderem Interesse sind aus deutscher Sicht die *transatlantischen Beziehungen.* In der öffentlichen Meinung und im wissenschaftlichen Diskurs wurde bereits vor der Wahl 2008 eine bessere Verständigung zwischen den europäischen Ländern und den Vereinigten Staaten verlangt, etwa beim Wiederaufbau des Iraks sowie im Vorgehen gegen die Atompolitik des Iran und selbst in der angestrebten Abstimmung in der China-Politik, die für die USA heute eine zentrale Rolle spielt. Auch zeigten Meinungsumfragen, dass eine Mehrheit der Bevölkerung auf beiden Seiten des Atlantiks bessere Beziehungen zwischen Europa und den USA wünschte. Erst mit der Wahl Barack Obamas kann jedoch von einem Neuanfang der transatlantischen Beziehungen ausgegangen werden. Vor allem in Westeuropa stieg die Popularität der Vereinigten Staaten nach der Wahl Obamas.[35] Der amerikanische Politikwissenschaftler Daniel Hamilton schreibt dazu, dass die Regierung Obama Europa eine „einmalige Chance" biete, eine „atlantische Partnerschaft zu schmieden, die besser gewappnet ist, den Möglichkeiten und Herausforderungen einer neuen Mächteverteilung auf der Welt zu begegnen." (Hamilton 2010: 32) Die neuen transatlantischen Beziehungen sollten sich vor allem folgenden aktuellen Herausforderungen gemeinsam widmen: der Bewältigung der Wirtschaftskrise, den Sicherheitsproblemen in Afghanistan und Irak („AfPak") sowie weiteren sicherheitspolitischen Herausforderungen im Iran und bei der nuklearen Abrüstung, den koordinierten Beziehungen zu Russland, der Frage der EU-Erweiterung, dem Kampf gegen terroristische Organisationen wie al-Qaida, sowie dem Problem des Klimawandels. Diese sieben „Eckpunkte", wie Hamilton sie bezeichnet, sollten zielgerichtet und nüchtern angegangen werden. Die Obama-Administration betrachte die transatlantische Partnerschaft ohnehin sehr viel pragmatischer und aus einem weniger eurozentrischen Blick.

Bereits während der ersten Wochen nach dem Regierungswechsel in Washington stellte die Obama-Administration heraus, dass für sie eine Neubelebung der transatlantischen Beziehungen von zentraler Bedeutung ist, um globalen Herausforderungen zu begegnen. Die Beziehungen zwischen den Vereinigten Staaten und Europa sind dabei auf verschiedenen Ebenen angesiedelt und umfassen neben wirtschaftlichen und sicherheitspolitischen Themen allgemein politische und kulturelle Beziehungen. Aus amerikanischer Sicht stehen hier die Abstimmung über die Bewältigung der Wirtschafts- und Finanzkrise, sowie die Zusammenarbeit bei der Bearbeitung sicherheitspolitischer Probleme im Vordergrund, wobei von vor-

---

[35] Vgl. German Marshall Fund of the United States u.a.: Transatlantic Trends. Key Findings 2009 (online http://trends.gmfus.org/doc/2009_English_Key.pdf aufgerufen am 13. Juni 2011).

rangiger Bedeutung der Nuklearkonflikt mit dem Iran, der Nahost-Konflikt sowie der Krieg in Afghanistan sind.

Die *wirtschaftlichen Beziehungen* zwischen den Vereinigten Staaten und Europa sind nach dem Ende des Zweiten Weltkriegs auf eine breite Basis gestellt worden. Hierdurch entstand ein dichtes europäisch-amerikanisches System vielschichtiger politisch-ökonomischer Interaktionen zwischen Konkurrenz und Annäherung (McGuire/Smith 2008). Der Außenhandel der EU-Länder mit den USA macht den größten Teil der Außenhandelsbeziehungen aus und auch die Vereinigten Staaten sehen in Europa einen wichtigen Handelspartner, auch wenn sie ihre Interessen in den vergangenen zwanzig Jahren stärker in den asiatisch-pazifischen Raum und hier vor allem in Richtung China ausgebaut haben. Konzeptionell nähern sich die Vereinigten Staaten, trotz der unterschiedlichen Herangehensweise an die Wirtschafts- und Finanzkrise, heute der Sichtweise des liberalen Institutionalismus an, der die wachsende Rolle Europas bzw. der EU und die komplementäre Aufgabenteilung zwischen Europa und den Vereinigten Staaten bei der Bewältigung globaler Herausforderungen betont.

In den transatlantischen Beziehungen zeigt sich, dass die Obama-Administration zwar rhetorisch emphatisch, konzeptionell und strategisch jedoch vor allem einen pragmatischen Realismus walten lässt. Konflikte sind daher auch in Zukunft trotz des wiederhergestellten engeren Dialogs nicht auszuschließen. Zudem hat die Obama-Administration aus der Bush-Administration ein schweres Erbe durch die zwei Kriege im Irak und in Afghanistan übernommen. Während der Rückzug von Kampftruppen aus dem Irak weitgehend abgeschlossen ist, bleibt das Engagement der US-Regierung in Afghanistan weiter bestehen. Konkrete Erfolge in der Umsetzung der Konzeption von *smart power*, d. h. eines stärkeren Einsatzes von Diplomatie in den internationalen Beziehungen und die Verfolgung von multilateralen Strategien bei globalen Problemen, sind bislang eher bescheiden geblieben, könnten sich aber, wie etwa im Nahen Osten und der arabischen Welt im Zeitverlauf konkretisieren.

Während die Obama-Administration einen internationalistischen Ansatz vertritt und die Führungsrolle der USA in der globalen Politik mit Mitteln einer „smart power" realisieren wollen, ist das republikanische Feld bezüglich außenpolitischer Konzeptionen gespalten und gerät immer mehr unter den Einfluss der populistischen, anti-staatlichen „Tea Party"-Bewegung. Mindestens zwei große Strömungen stehen sich gegenüber. Wie der Außenpolitik-Experte Walter Russell Mead schreibt, berufen sich populistische „Tea Party"-Anhänger auf die Tradition des „American Exceptionalism" und stehen dem internationalistischen Engagement der USA eher skeptisch gegenüber; insbesondere bezweifeln sie, dass es möglich sei, eine liberale Weltordnung herzustellen (Mead 2011). Mead unterscheidet zwei Strömungen: eine Gruppe um Ron Paul („Paulites") vertritt einen sich auf Jefferson berufenden neo-isolationistischen Ansatz in der Außenpolitik, während Anhänger von Sarah Palin („Palinites") sich nicht in internationalen Konflikten engagieren wollen, jedoch bei bestehenden Einsätzen eine aggressive, die amerikanische Vorherrschaft behauptende Strategie einfordern. Beide Gruppen lehnen den liberalen Internationalismus der Obama-Administration ab.

In der Substanz ist die Außenpolitik der Obama-Administration als global orientiert und pragmatisch zu bezeichnen. Für die europäische Perspektive stellt sie jedoch vor allem in symbolischer und kommunikativer Hinsicht eine deutliche Abkehr von der Bush-Administration dar, die den Weg für einen Neuanfang in der Außen- und Sicherheitspolitik öffnet.

Übungsfragen zu Kapitel 3: Außenpolitik als Handlungsfeld

1. Inwiefern prägen historische Erfahrungen die Außenpolitik eines Landes? Erörtern Sie diesen analytischen Zugang und vergleichen Sie die Bundesrepublik Deutschland und die USA.
2. Unter welchen Voraussetzungen sind Auslandseinsätze der Bundeswehr erlaubt? Erläutern Sie die rechtlichen Grundlagen und die politischen Bedingungen für einen Auslandseinsatz. Welche Vorteile und welche Nachteile sehen Sie in den verfassungsmäßigen Regelungen?
3. Wie mächtig ist der US-Präsident in der Außenpolitik? Erörtern Sie die Rolle und Funktion des amerikanischen Präsidenten in der Außenpolitik und vergleichen Sie sie mit der Rolle des Kongresses.
4. Was ist unter dem „neuen Internationalismus" der Obama-Administration zu verstehen? Erörtern Sie dieses Konzept und stellen Sie es der Außenpolitik der Bush-Administration gegenüber.

Literatur

Albright, Madeleine: The Mighty and the Almighty. Reflections on America, God, and World Affairs, New York, London 2006

Brooks, Stephen G./William C. Wohlforth: Reshaping the World Order. How Washington Should Reform International Institutions, in: Foreign Affairs Vol. 88, No.2 (2009), S. 50–63.

Chomsky, Noam: Hegemony or Survival. Americas Quest for Global Dominance, New York 2004

Czempiel, Ernst-Otto: „Clintons Weltpolitik, Eine Bilanz der ersten Amtsjahre", in: Aus Politik und Zeitgeschichte, 4. März 1994, B 9, S. 3–2

Dulfer, Charles: (Director of Central Intelligence Special Advisor for Strategy regarding Iraqi Weapons of Mass Destruction (WMD) Programs), „Testimony to the US Congress", 30. März 2004. https://www.cia.gov/cia/public_affairs/speeches/2004/tenet_testimony_03302004.html

Etzioni, Amitai: Security First: For A Muscular, Moral Foreign Policy, Yale 2007

Etzioni, Amitai: Sicherheit zuerst, in: Frankfurter Allgemeine Zeitung, 31. Mai 2007, S. 8. (engl. „Security First, Ours, Theirs and the Global Order", in: The National Interest, March/April 2007, S. 11–15.
(online Version: http://dspace.wrlc.org/bitstream/1961/4011/1/A370+-+Security+First.pdf)

Gärtner, Heinz: Obama – Weltmacht, was nun? Außenpolitische Perspektiven, Münster 2008

Graebner, Norman A. (Hg.): Ideas and Diplomacy. Readings in the Intellectual Tradition of American Foreign Policy, New York: Oxford University Press 1964

Hacke, Christian: Zur Weltmacht verdammt. Die amerikanische Außenpolitik von J. F. Kennedy bis G. W. Bush, München 2005

Haltern, Ulrich: Obamas Politischer Körper, Berlin 2009

Hamilton, Daniel S.: „Obama und Europa", in: Aus Politik und Zeitgeschichte, 4/2010, 5. Januar 2010, S. 20–32.

Hoffmann, Stanley: „The Crisis of Liberal Internationalism", in: Foreign Policy 1998 (spring), S. 159–177

Hoffmann, Stanley „Out of Iraq", in: New York Review of Books, Sept. 2004

Huntington, Samuel P.: "The Lonely Superpower", in: Foreign Affairs, Vol. 78, No. 2 (1999), S. 35–49.

Ikenberry, John/Anne-Marie Slaughter (Hg.): Forging A World of Liberty Under Law: U.S. National Security in the 21st Century. Final Report on the Princeton Project on National Security, Princeton 2006 http://www.princeton.edu/~ppns/report/FinalReport.pdf (aufgerufen am 01.03.2008).

Jarausch, Konrad H.: "Cultural Dimensions of the Transatlantic Estrangement", in: Kurthen, Hermann/Antonio V. Menéndez-Alarcón/Stefan Immerfall (Hg.): Safeguarding German-American Relations in the New Century. Understanding and Accepting Mutual Differences, Lanham et. al.: Rowman and Littlefield 2006

Jessen, Jens: "Krieg der Worte", in: Die Zeit, 23. August 2007, S. 37–39.

Kagan, Robert: "Power and Weakness", in: Policy Review. Nr. 113 (2002), 3–28

Kalberg, Stephen: "Der Einfluss der Politischen Kultur auf Fehlwahrnehmungen von Verbündeten und die Außenpolitik. Die Vereinigten Staaten und Deutschland", in: Sociologia Internationalis 44. Band/2006, H. 1, 85–122

Kegley, Charles W./Wittkopf, Eugene W.: American Foreign Policy. Pattern and Process, 5. Aufl. New York 1996

Kennedy, Paul: The Rise and Fall of the Great Powers. Economic Change and Military Conflict from 1500 to 2000, New York 1987

Keohane, Robert/Anne-Marie Slaughter: Bush's Mistaken View of U.S. Democracy. In: International Herald Tribune, 23. Juni 2004.
(Online-Version: http://www.newamericanstrategies.org/articles/display.asp?fldArticleID=59, aufgerufen am 22. Mai 2011)

Kupchan, Charles A.: The End of the American Era: Foreign Policy and the Geopolitics of the 21st Century. New York 2002

Kupchan, Charles A.: "Recasting the Atlantic Bargain", in: Bernhard May/Michaela Hönicke Moore (Hg.): The Uncertain Superpower. Domestic Decisions of US Foreign Policy after the End of the Cold War, Opladen 2003a, S. 83–92

Kupchan, Charles A.: "The Rise of Europe, America's Changing Internationalism, and the End of US Primacy", in: Political Science Quarterly, Vol. 118 (2003b), No. 2 (summer), S. 205–231

Lemke, Christiane: Richtungswechsel. Die Reformpolitik der Obama-Administration, Münster, 2011

Maier, Charles S.: Among Empires. American Ascendancy and Its Predecessors, Cambridge 2006

McGuire, S./M. Smith: The European Union and the United States: Competition and Convergence in the Global Arena, Basingstoke 2008

Mead, Walter Russell: The Tea Party and American Foreign Policy. What Populism Means for Globalism, in: Foreign Affairs, March/April 2011

Medick-Krakau, Monika u.a.: "Die Außen- und Weltpolitik der USA", in: Manfred Knapp/Gert Krell, Einführung in die internationale Politik, München 2004, S. 92–134

Mewes Horst.: "USA Außenpolitik", in: Andreas Boeckh (Hg.): Internationale Beziehungen, Lexikon der Politik, Bd. 6, München 1994, S. 555f.

Moravscik, Andrew: "Striking a New Transatlantic Bargain", in: Foreign Affairs. July–Aug. 2003, 74–89

Münkler, Herfried: Imperien. Die Logik der Weltherrschaft – Vom Alten Rom bis zu den Vereinigten Staaten, Berlin 2005

Nye, Joseph: Bound to Lead. The Changing Nature of American Power, New York 1990

Nye, Joseph: The Powers to Lead, Oxford 2008

Remnick, David: The Bridge. The Life and Rise of Barack Obama, New York: Alfred A. Knopf 2010

Rudolf, Peter: Das „neue" Amerika. Außenpolitik unter Barack Obama, Frankfurt a. M. 2010

Schweigler, Gebhard: „Außenpolitik", in: Peter Lösche/Hans Dietrich von Löffelholz (Hg.): Länderbericht USA, Bonn 2004, S. 353–506

Slaughter, Anne-Marie: A Covenant to Make Global Governance Work, http://www.opendemocracy.net/globalization-vision_reflections/covenant_3141.jsp (aufgerufen am 04.04.2010)

Slaughter, Anne-Marie: „America's Edge. Power in the Networked Century", in: Foreign Affairs, January/February 2009, Vol. 88, No. 1, S. 94–113.

Solow, Robert M.: „Rethinking Fiscal Policy", in: Oxford Review of Economic Policy, Vol. 21, No. 4 (2005), S. 509–514.

Zakaria, Fareed: The Post-American World, Oxford 2008

4 Europa nach dem Ende des Ost-West-Konflikts

4.1 Die Transformation Mittel- und Osteuropas

Für die Disziplin der Internationalen Beziehungen sind die Umbrüche in Mittel- und Osteuropa 1989/90 eine der wichtigsten *politischen Zäsuren* des 20. Jahrhunderts. Mit dem Wechsel der politischen Systeme und der Auflösung des „kommunistischen Blocks", der mit dem Verlust der Hegemonie der Sowjetunion in Ostmitteleuropa einherging, kam der weltumspannende Ost-West-Konflikt zu einem Ende. Ein tief greifender Wandel vollzog sich in Europa, indem die politischen Veränderungen in eine neue politische Architektur eines „Gesamteuropa" mündeten und die direkte ideologische und militärische System-Konfrontation nicht zuletzt durch die Einbindung der post-kommunistischen Reformländer in die europäischen Institutionen, wie EU, Europarat und OSZE, beendet werden konnte. Aber auch in anderen Weltregionen, wie im Nahen und Mittleren Osten und in Afrika, konnten Konfliktkonstellationen des Kalten Krieges aufgelöst oder zumindest abgeschwächt werden.

Die *Folgen* dieser Umbrüche für die Internationalen Beziehungen bestehen zum einen darin, dass sich sowohl die Strukturen Internationaler Organisationen als auch ihre Konzepte gewandelt haben. Dies gilt zunächst für die Europäische Union, die sich durch die Erweiterung und die Aufnahme der jungen Demokratien Mittelosteuropas nun als gesamteuropäische und nicht mehr als westeuropäische Organisation begreift, aber auch für die NATO, die sich durch die Osterweiterung geographisch vergrößert und ihre Aufgaben neu definiert hat. Neben diesen konzeptionell-institutionellen Veränderungen zeigen die Transformationsprozesse die Möglichkeit einer graduellen, von außen moderierten zivilen Demokratisierung auf. In der Folge der friedlichen Revolutionen von 1989/90 sind neue politische und wirtschaftliche Systeme entstanden, die in der Forschung im Allgemeinen unter dem Paradigma der *Demokratisierung* analysiert werden. Der Systemwechsel in Ost- und Ostmitteleuropa ist historisch und global Teil der Transformation politischer Systeme (z. B. von Beyme/Offe 1995; Glaessner 1997; Merkel/Puhle 1999). Während die Länder in Mittelosteuropa dem Typus der westlichen Demokratien entsprechen, sind in anderen Ländern der Region autoritäre Regime bzw. so genannte „defekte" Demokratien eher typisch, wie z. B. in der Ukraine, in Weißrussland und in Russland. Einige Autoren sprechen daher von einer „Erfolgsgeschichte" der defekten, illiberalen Demokratien als Folge des Systemwechsels (Merkel u. a. 2003 und 2006). Zwanzig Jahre nach Ende des Ost-West-Konflikts kann daher als Zwischenergebnis festgehalten werden, dass die Entwicklungspfade im Übergang von der Diktatur zur Demokratie variabel und vielfältig sind.

Mit den Veränderungen in Mittel- und Osteuropa konnten in der *Transformationsforschung* neue Erkenntnisse erzielt werden, die auch für die Internationalen Beziehungen von wesentlicher Bedeutung sind. Das Ende der globalen Systemauseinandersetzung zwischen der Sowjetunion und dem Westen ist historisch betrachtet eine aufschlussreiche Fallstudie über den Zusammenhang zwischen der internationalen Konstellation und den internen Veränderungen in den kommunistisch regierten Ländern. Inzwischen liegen eine Fülle von vergleichenden und einzelfallorientierten Studien über die Länder der Region vor, die zum einen den Prozess der Demokratisierung analysieren und zum anderen die Bedeutung dieser Systemtransformationen im globalen Kontext aufzeigen. Im Schnittfeld zwischen vergleichender und internationaler Politik angesiedelt, gehört die Transformationsforschung heute zu den problemorientierten Feldern einer zunehmend auch international orientierten Forschung. Folgende Leitfragen stellen sich für die Forschung: Welche Faktoren erklären den Zusammenbruch staatssozialistischer Herrschaftssysteme? Wie unterscheidet sich der Systemwechsel in Ost- und Ostmitteleuropa von anderen Transformationen, etwa in Lateinamerika? Welche Faktoren befördern die Konsolidierung der nach dem Systemwechsel von 1989/90 entstandenen neuen politischen Systeme und welche Rolle spielen Internationale Organisationen, wie z. B. die Europäische Union, die OSZE und der Europarat? Welche Theorien sind besonders geeignet, um den Übergang von diktatorischen zu demokratischen politischen Systemen zu analysieren?

Aufgrund von historischen und regionalen Besonderheiten unterscheidet sich die Transformation in Mittel- und Osteuropa von früheren Systemwechseln in der „dritten Demokratisierungswelle", die seit Beginn der 1970er Jahre zunächst in Südeuropa und in Lateinamerika einsetzte. Die relativ lang andauernde Phase der zentralistischen staatssozialistischen Herrschaft kombiniert mit einer fehlenden Ausdifferenzierung der politischen Sphäre und schwach entwickelten Zivilgesellschaften stellt den Demokratisierungsprozess vor besondere Schwierigkeiten. Eine politische Gegenelite konnte sich, wenn überhaupt, erst recht spät formieren. Zeitgleich mit dem politischen Umbau müssen die Wirtschaftsreformen unter einem gewachsenen Druck des Weltmarkts im Zuge der Globalisierung umgesetzt werden. Wie lange eine „politische Ökonomie der Geduld" (Claus Offe), die für diesen komplizierten Anpassungsprozess notwendig erscheint, in den Ländern aufrechterhalten werden kann, ist keineswegs geklärt. Die enge Verflechtung mit den übrigen europäischen Ländern und dem Weltmarkt erweist sich als *mixed blessing* bzw. zweischneidiges Schwert, denn sie stabilisiert den politischen Entscheidungshorizont für die Demokratisierung um den Preis eines verschärften wirtschaftlichen Konkurrenzdrucks.

Analytisch kann die Transformation der politischen Systeme nach Merkel u. a. in *drei Phasen* unterteilt werden: Einer ersten Öffnung bzw. Liberalisierung folgt der eigentliche Systemwechsel, welcher eine längere Phase der Konsolidierung demokratischer Strukturen einleitet. Die Frage, wann eine Demokratie als konsolidiert gilt, ist dabei alles andere als einfach zu beantworten, da sie sowohl normative Kriterien als auch empirische Zusammenhänge beinhaltet. Auch darüber, welche internen und externen Rahmenbedingungen die Konsolidierung der jungen Demokratien befördern, herrscht Uneinigkeit. Auf der einen Seite steht das Paradigma der *Pfadabhängigkeit*. Danach entscheiden historische Erfahrungen und präformierte institutionelle Konfigurationen über die Konsolidierungschancen von Demokratien. Legt man die Bedeutung historischer Erfahrungen mit demokratischen Strukturen zugrunde, dann wären allerdings nur wenige Länder qualifiziert, diesen Sprung in dauerhafte demokratische Verhältnisse erfolgreich abzuschließen, denn erstens waren die Demokratien der Zwischenkriegszeit typischerweise instabil und kurzlebig, und zweitens sind die meisten Reformländer neu geschaffene Staaten mit multivarianten historischen Erfahrungen, die zudem mit inneren Konflikten um ethnische Identitäten und Minderheitenrechte zu kämpfen haben.

Demgegenüber betonen entscheidungsorientierte Theorien, dass die konkreten *politischen Entscheidungen*, die unmittelbar in der Phase des Systemwechsels getroffen wurden, richtungweisend für die Demokratisierung sind. Politische Entscheidungen (*political choices*), so nimmt die Entscheidungstheorie an, die politische Eliten über die Formen der Machtverteilung und der politischen Willensbildung, das Design des Wahlrechts sowie Tempo und Ausmaß der Wirtschaftsreform treffen, bestimmen demnach über den Verlauf und die Chancen der Demokratisierung. Im Unterschied zum Paradigma der Pfadabhängigkeit sind Entscheidungstheorien weniger an historischen Erfahrungen und der politischen Geschichte der Länder interessiert, sondern an den Präferenzen von politischen Eliten und ihren rationalen Kosten-Nutzen-Erwägungen.

Aus heutiger Sicht bilden die historischen Muster und Mentalitäten relevante Parameter für die Transformation, allerdings nicht im Sinne einer strikten „Pfadabhängigkeit", sondern im Sinne von intervenierenden Variablen. Ob eine demokratische Transformation stabil gehalten werden kann, hängt dabei zum einen von der Positionierung der politischen Eliten, ihren Erfahrungshintergründen und ihren Entscheidungen ab. Aber auch die „Leidensfähigkeit" der Bevölkerung, d. h. die Bereitschaft, die Schwierigkeiten des Transformationsprozesses zu „erdulden", beeinflusst die Chancen einer nachhaltigen Demokratisierung. Stabilität und Legitimität der neuen politischen Systeme werden letztlich erst mit wirtschaftlichem Erfolg gewährleistet. Eine bedeutende, und diese Transformation von anderen Systemwechseln unterscheidende Variable ist für die meisten ostmitteleuropäischen Länder zudem die Einbindung in den europäischen Integrationsprozess und die Europäische Union, die einen wesentlichen Einfluss auf die politische Gestaltung der post-kommunistischen Gesellschaften ausübt.

Trotz zunächst ähnlicher Ausgangslage und vergleichbaren Problemen verlief die politische Entwicklung in den Reformländern daher sehr unterschiedlich. Insbesondere für die mittelosteuropäischen und die baltischen Länder kann heute festgestellt werden, dass sie als Modelle für eine erfolgreiche Demokratisierung angesehen werden können. Mehrere Faktoren begünstigten diese Entwicklung, darunter der relativ hohe Bildungsstand der Bevölkerung und die geographische Nähe zu Westeuropa sowie die Aufnahme in die Europäische Union. Ob sich die Erfahrungen und Erkenntnisse über den Verlauf der Systemöffnung und der Systemtransformation auch auf andere Regionen übertragen lassen, etwa im südlichen Mittelmeerraum und im Nahen und Mittleren Osten, ist für die internationale Politik heute eine spannende Frage.

4.1.1 Der Umbruch 1989/90

Binnen weniger Monate wurden die staatssozialistischen Regime 1989/90 von neuen Machtkonstellationen abgelöst. Für diesen unerwarteten Zusammenbruch wurden in der wissenschaftlichen Literatur zunächst zwei unterschiedliche analytische Erklärungskonzepte vorgelegt. Die eine Gruppe von Autoren folgt im Kern einem *systembezogenen Erklärungsmodell*, das Makrostrukturen gesellschaftlicher Prozesse in den Blick nimmt. Diese Ansätze beziehen sich in der Regel auf die Modernisierungstheorie und arbeiten systemische Defizite der ost- und ostmitteleuropäischen Gesellschaft heraus. Demgegenüber folgt eine andere Denkschule *akteursbezogenen Ansätzen,* die handlungstheoretische sowie sozialpsychologische Zusammenhänge in den Vordergrund rücken. Vereinfacht kann man feststellen, dass die erste Erklärungsvariante deutlicher in den europäischen Ländern und hier vor allem in Deutschland dominiert, während die Akteursbezogenen Ansätze in den angelsächsischen Ländern stärker vertreten sind. Eine dritte Gruppe versucht, die Dialektik zwischen den Makrostrukturen (systemspezifische Probleme) und der Mikroebene (Akteure) zu verbinden. Ein theoretisches Modell, das der Komplexität der Umbrüche gerecht wird, muss heute von einem *multivarianten Ansatz* ausgehen und nicht nur auf der Ebene von Makrostrukturen argumentieren (z. B. Glaessner 1997; von Beyme/Offe 1995; Merkel 1994). Akteure mit ihren spezifischen Erfahrungshintergründen und den von ihnen präferierten politischen Entscheidungen beeinflussen einen historischen Prozess, der primär durch politisches Handeln vorangetrieben wurde, während die Makrostrukturen vor allem den Handlungskontext in diesem historischen Zeitfenster bestimmen.

Analytisch lassen sich aus der vorliegenden Literatur *vier Hauptfaktoren* für den Umbruch benennen: Die *Veränderung der Internationalen Beziehungen* stellen zweifellos einen wichtigen Erklärungszusammenhang für den Systemwechsel dar. Bereits vor dem Fall der Mauer im November 1989 hatten sich in der Sowjetunion durch den Machtwechsel in der Führungsspitze Veränderungen vollzogen, die schließlich auch eine neue Außenpolitik möglich werden ließen. Im Rahmen der Annäherung zu den Vereinigten Staaten, welche Teil eines *„neuen Denkens" in der Außenpolitik* war, kam es im isländischen Reykjavik 1988 zu einem ersten Treffen zwischen dem amerikanischen Präsidenten George Bush (sen.) und dem neuen sowjetischen Staatschef Michail Gorbatschow, bei dem eine Vereinbarung über den Abzug von Mittelstreckenraketen aus Europa getroffen wurde. Diese Vereinbarung war nur möglich geworden, weil sich bereits *vor* der neuen Phase der Entspannung Veränderungen in der Sowjetunion vollzogen und sich die Reformer, zumindest in Teilbereichen, gegenüber der alten, anti-westlich ausgerichteten Machtelite im Militär- und Sicherheitsapparat durchgesetzt hatten. Das Dilemma der Sowjetunion bestand zu dieser Zeit in einem „*imperial overstretch*", in einer Überdehnung ihrer Macht bis zur Überbeanspruchung. Die Politik der „Perestroika", die der sowjetische Präsident Gorbatschow propagierte, zielte zum einen auf eine Veränderung des zentralen Wirtschaftsmechanismus, um die Sowjetunion aus der Krise herauszuführen. Unterstützt wurden die Wirtschaftsreformen zum anderen durch eine Öffnung der Medien und des politischen Diskurses im Rahmen von „Glasnost". Ein weiteres zentrales Element seiner Politik bildete ein neues Denken in der Außenpolitik, das zu einer Annäherung an den Westen, insbesondere an die Vereinigten Staaten, führte. Durch die von Gorbatschow eingeleiteten Reformen vergrößerten sich auch die Handlungsspielräume der Ostblockländer, was schließlich zu dem – von Gorbatschow nicht intendierten – Resultat führte, dass sich die Länder von der sowjetischen Hegemonie loslösten. Der Versuch, die sowjetische Politik an die Veränderungen anzupassen, führte schließlich zu dem paradoxen Resultat der Implosion des sowjetischen Macht- und Einflussbereichs.

Ein weiteres wichtiges Erklärungselement besteht in der zunehmenden Bedeutung der *Globalisierung* des Weltmarktes und der damit einhergehenden Zuspitzung der Wirtschaftskrise in den RGW-Ländern. Während die am sowjetsozialistischen Modell orientierten Länder in den ersten drei Dekaden nach dem Zweiten Weltkrieg beeindruckend hohe Wachstumsraten aufwiesen, änderte sich dies spürbar mit den veränderten Weltmarktbedingungen ab Mitte der 1970er Jahre. Die „Hochzeit zwischen Kohle und Stahl" (Alexander Gerschenkron), die für den Wiederaufbau und die industrielle Massenproduktion zunächst notwendig gewesen war, wirkte seit den 1970er Jahren zunehmend als Hemmschuh für eine innovative Wirtschaftsentwicklung. Die fortgesetzte Förderung der Schwerindustrien selbst noch zu einem Zeitpunkt, als die Stahlexpansion in (West-)Europa längst vorbei war, weil sich asiatische Länder mit preisgünstigen Angeboten durchsetzen konnten, und sich der Weltmarkt an neuen Technologien, wie der Mikroelektronik, und an qualitativ hochwertigen, flexiblen Produkten orientierte, legte die zentrale Schwäche der osteuropäischen Länder offen: Die Gleichgerichtetheit der Wirtschaftssysteme im Rahmen der Planwirtschaft und die politisch begründete Abschottung von Weltmarktentwicklungen im sowjetisch dominierten RGW-Raum wurde zur innovationshemmenden Fessel der Länder. Verschärft wurde das Problem durch den Rüstungswettlauf zwischen den Supermächten, der besonders in der Sowjetunion Ressourcen band und produktive Beziehungen zu den ostmitteleuropäischen Ländern verhinderte. Weder konnten die RGW-Länder schließlich die Grundbedürfnisse ihrer Bevölkerungen sichern, noch waren sie in der Lage, die sich verschärfenden Umweltprobleme in den Griff zu bekommen. Die finale Krise der staatssozialistischen Länder bestand im politischen Versagen der Führungseliten und der Inflexibilität des Systems bei veränderten weltwirtschaftlichen Bedingungen. Der Wirtschaftshistoriker Charles S. Maier (1997) vertritt die Auffassung, dass die Sowjetunion und die mit ihr verbundenen Länder nicht in der Lage gewesen seien, auf die neuen Herausforderungen, die durch die Weltmarktentwicklungen entstanden waren, politisch angemessen zu reagieren, da die politischen Systeme rigide und unflexibel waren. Eine wirtschaftliche Modernisierung war unter diesen Umständen nicht möglich.

Als weiterer Erklärungsfaktor für den raschen Zusammenbruch der staatssozialistischen Regime in Mittel- und Osteuropa gilt das *Legitimationsdefizit* der politischen Systeme. Die Anpassung der wirtschaftlichen und politischen Strukturen an das sowjetische Modell, die in der Nachkriegszeit teilweise mittels Repression und Gewalt erfolgte, ließ den jeweiligen Gesellschaften wenig Raum für eigenständige Entwicklungen und verhinderte trotz gravierender Probleme notwendige Reformen. Die periodisch auftretenden Krisen in den Ländern Ost- und Ostmitteleuropas, wie der Volksaufstand am 17. Juni 1953 in der DDR, der Aufstand in Ungarn im Jahr 1956, der „Prager Frühling" 1968 in der Tschechoslowakei sowie die Streikwellen in Polen in den Jahren 1970, 1976 und 1980 waren weithin sichtbare Zeichen eines chronischen Legitimationsdefizits. Obwohl keine dieser Krisen einen unmittelbaren Systemwechsel herbeiführte, zeigten sie „Risse im Monolith" an, die die sowjetische Hegemonie in der Region in Frage stellten. Ausdruck eines generationsbedingten Mentalitätswandels waren auch verschiedene Formen von Protest durch Streiks, Demonstrationen und passive Verweigerung, die vor allem in den 1980er Jahren den Boden für den Systemwechsel bereiteten. Der fiktive *Gesellschaftsvertrag*, auf dem die Legitimation der staatssozialistischen Systeme aufgebaut hatte und der der Bevölkerung soziale Sicherheit im Austausch gegen politische Freiheiten bot, erwies sich vor allem in der Endphase des Regimes als brüchig.

Schließlich ist ein vierter, zentraler Erklärungsfaktor zu benennen, der den Zusammenbruch der staatssozialistischen Regime befördert hat: der Konflikt zwischen der *Entstehung von basisdemokratischen Massenbewegung und der Reformunfähigkeit der Eliten*. Spätestens mit der Bildung der unabhängigen Gewerkschaft „Solidarnosc" in Polen wurde deutlich, dass sich eine neue, politisch selbstbewusstere Generation herausgebildet hatte, die die herkömmlichen Machtstrukturen in Frage stellte. Selbst in der relativ geschlossenen Gesellschaft der DDR trat in den 1980er Jahren ein Wandel ein, der schließlich zur Aufkündigung des Generationenvertrags führte. Die offizielle politische Kultur wurde durch eine sich immer offener artikulierende, inoffizielle politische Kultur herausgefordert. Bereits die Bildung einer unabhängigen Friedensbewegung zu Beginn der 1980er Jahre im Rahmen von Kirchenbasisgruppen, dann die Entstehung kleinerer Frauen-, Menschenrechts- und Umweltgruppen, die nach Alternativen zum erstarrten staatssozialistischen Modell suchten und zur politischen „Doppelkultur" der DDR führten, deuteten Konturen eines Umbruchs an (Lemke 1991). Allerdings kam es erst in der zweiten Hälfte der 1980er Jahre zu einem raschen Bedeutungszuwachs dieser Initiativen, vor allem durch die im September 1989 erfolgte Bildung des „Neuen Forums" und anderer Gruppen. Aufwind erhielten die Oppositionsbewegungen in der DDR durch den „Demonstrationseffekt", der durch die gleichzeitig in den angrenzenden Ländern stattfindenden Proteste und Demonstrationen erzeugt wurde. Im Herbst 1989 verstärkten sich Massenausreise („*exit*") und Massenproteste („*voice*") in der DDR wechselseitig, so dass sich die Protestbewegung trotz der organisatorischen Schwäche der innergesellschaftlichen Opposition in den Jahrzehnten vorher rasch ausbreitete.

Dabei bleibt festzuhalten, dass die friedliche Revolution in der DDR in mehrfacher Hinsicht einen Sonderfall darstellt. Im Unterschied zu den Umwälzungen in den anderen Ländern führte die friedliche Revolution nicht nur zu einem politischen Systemwechsel, sondern auch zur Selbstauflösung des Staates. Der Historiker Konrad Jarausch (1995) bezeichnet die „unverhoffte Einheit" (im englischen Buchtitel zutreffender als „rush to German unity") als Spezifikum der ostdeutschen Entwicklung. Der unmittelbare Auslöser für die Krise des Regimes war die Massenausreise aus der DDR im Sommer 1989. Mit der Öffnung der Mauer im November 1989 setzte die „Revolution in der Revolution" (Jarausch) ein und die Forderung nach der Wiedervereinigung gewann gegenüber der Vorstellung innerer Reformen in der DDR die Überhand.

Allgemein betrachtet können zwei Modi der Ablösung kommunistischer Regime unterschieden werden: der graduelle und der abrupte Regimewechsel. In die erste Gruppe des *graduellen Regimewechsels* gehören die Länder, in denen die Ablösung der alten Machtstrukturen entweder durch eine vorhandene Oppositionsbewegung „von unten" vorbereitet und dann durchgeführt wurde, oder in denen der Wandel durch einen Positionswechsel innerhalb des kommunistischen Parteiapparats und die Bildung eines innerparteilichen Reformflügels möglich wurde. Polen gilt als Beispiel für den ersten Fall, während Ungarn den anderen Fall repräsentiert. Ein *abrupter Wechsel* fand dagegen in der DDR und in der Tschechoslowakei statt. Beide Länder gelten als „latecomer" im Umbruch, in denen der Druck einer Massenmobilisierung, befördert durch den so genannten „Demonstrationseffekt", zu einem raschen Fall des alten Regimes führten. Beobachter wie der britische Historiker Timothy G. Ash (1990) merkten an, dass sich der Wandel in immer kürzeren Zeitintervallen vollzog: 10 Jahre in Polen, von der Gründung der ersten unabhängigen Gewerkschaft „Solidarnosc" im Sommer 1980 bis zur ersten nicht-kommunistischen Regierung 1989/90; zehn Monate in Ungarn, wo im Herbst 1988 eine Verfassungsreform mit dem Ziel der Liberalisierung durchgeführt wurde, bis zur Einführung des Runden Tisches und der Grenzöffnung zwischen Ungarn und Österreich im Sommer 1989; zehn Wochen in der DDR vom Rücktritt Erich Honeckers im Oktober zur Einrichtung des Runden Tisches im Dezember 1989; zehn Tage in der Tschechoslowakei von den Massendemonstrationen und Streiks Ende November zu den freien Wahlen im Dezember 1990. Die Beschleunigung des Wandels gehörte zum Muster der ostmitteleuropäischen Transformation.

Eine weitere Frage, die in der Literatur thematisiert wird, betrifft den *politischen Charakter* des Wandels. Handelt es sich um eine *Revolution*, eine *Reform* oder schlicht eine „*Wende*"? Eine Schwierigkeit der Klassifizierung liegt darin, dass die friedlichen Revolutionen in Mittel- und Osteuropa anders verliefen als die bisher aus der Geschichte bekannten Revolutionen; sie lassen sich daher eher als ein eigenständiger Typus beschreiben. Ausgangspunkt bildeten nicht primär soziale Fragen, wie in der klassischen Revolutionstheorie angenommen. Der Klassenkonflikt mit der dominanten Konfliktlinie um eine gerechtere Verteilung von ökonomischen Ressourcen innerhalb der Gesellschaft bildete nur eine Hintergrundebene des Wechsels. Vielmehr wurden vor allem politische Probleme Motor der revolutionären Umbrüche, wie die lähmende Reformunfähigkeit der staatssozialistischen Systeme, die unerträglich gewordene Verkrustung der Gesellschaft mit fehlenden Aufstiegs- und Entwicklungschancen sowie fehlende Freiheiten. Hilfreich für die Analyse der revolutionären Umbrüche in Ost- und Ostmitteleuropa sind daher solche Theorien, die die politische Verarbeitung dieser sozialen und politischen Probleme fokussieren. Wie schon Hannah Arendt hervorhob, sind Revolutionen politische und nicht nur soziale Phänomene. Nach ihrer Auffassung ist „die verbreitete Vorstellung von der Revolution als Folge des bewaffneten Aufstands ein Märchen." Zur Revolution gehöre nicht nur eine zur Machtübernahme bereite Gruppe, sondern auch die „innere Zersetzung der Staatsmacht" (Arendt 1994: 50). Der grundlegende politische Systemwechsel rechtfertigt dabei die Bezeichnung des revolutionären Umbruchs. Allerdings verlief er in einigen Ländern eher graduell und teilweise unter Beteiligung der alten, gewendeten Machteliten. Mit der Bezeichnung „Refolution" hatte der britische Historiker Timothy Garton Ash den Doppelcharakter von Reform und Revolution in Mitteleuropa zum Ausdruck bringen wollen, während der Begriff der „Wende" vor allem im Kontext der deutschen Entwicklung verwendet wurde, um die Abkehr vom SED-Regime zu charakterisieren. Als abkürzender Ausdruck steht die „Wende" für die friedliche Revolution in der DDR, ohne jedoch analytische Tiefe beanspruchen zu können.

4.1.2 Besonderheiten der mittel- und osteuropäischen Demokratisierung: Transformation, nicht Transition

Der politische Umbruch in Mittel- und Osteuropa wird auch als „dritte Welle" der Demokratisierung bezeichnet. Nach dem Übergang zur Demokratie in Südeuropa in den 1970er Jahren mit dem Ende der Militärdiktaturen in Portugal und Griechenland und der Liberalisierung Spaniens nach dem Tode Francos 1975 vollzog sich in den 1980er Jahren in Lateinamerika ein Übergang („transicion") von autoritären zu demokratischen Regierungen, wie in Argentinien, Brasilien, Chile (vgl. O'Donnell/Schmitter/Whitehead 1986). Die Systemwechsel in Ost- und Ostmitteleuropa reihen sich daher in eine Gruppe von anderen Systemtransformationen ein.

Während man beim Systemwechsel in Lateinamerika von einer Transition ausgeht, handelt es sich bei den Umbrüchen in Mittel- und Osteuropa um eine Transformation. Im Unterschied zur Transition in Südeuropa und Lateinamerika zeichnet sich die *Transformation* in Ostmitteleuropa durch mehrere Besonderheiten aus. Hierzu werden folgende Aspekte gezählt: *Zunächst* ist die Dauer der kommunistischen Partei-Herrschaft in Ost- und Ostmitteleuropa länger gewesen als die Vorherrschaft autoritärer Regime in den meisten lateinamerikanischen Ländern; auch war die Natur der Herrschaft in mehrerer Hinsicht „totalitärer", als in anderen Regionen, so dass diese Länder nach 1989/90 ein schwieriges Erbe zu bewältigen haben. Eine „Gegenelite" mit alternativen politischen Konzepten konnte sich in diesen Ländern darum erst sehr spät herausbilden. *Zweitens* ist der Charakter des Übergangs weitestgehend friedlich gewesen; die Rolle des Militärs blieb neutral. Ein besonders wichtiger Unterschied besteht *drittens* in dem „Dilemma der Gleichzeitigkeit" (Claus Offe; vgl. von Beyme/Offe

1995). Dies beinhaltet die zeitgleich zu bewältigenden Aufgaben der territorialen Reorganisation und Nationalstaatsbildung, der Umstellung des Wirtschaftssystems von der staatlich gelenkten „Planwirtschaft" zur Marktwirtschaft sowie der Umstrukturierung des politischen Systems, einschließlich der Bildung zivilgesellschaftlicher Strukturen.

Der Zerfall und die *Neubildung von Staaten* als Folge der Umbrüche werden in der Literatur als zentrales Problem thematisiert. Von den 27 Staaten in der Region sind 22 neu konstituiert worden. Historisch betrachtet, entstand die Staatenwelt in Ost- und Ostmitteleuropa erst nach 1945; keiner der Staaten hatte vorher in denselben Grenzen existiert. Die eher willkürlichen Grenzziehungen in den typischerweise multiethnischen Regionen und die Situation ethnischer Minderheiten wurde unter dem Einfluss der sowjetischen Hegemonie nicht thematisiert. Die relativ schwach ausgebildete Identität als Staat erwies sich mit den Umbrüchen als Problem. Anders als beispielsweise während der Transition in Lateinamerika wurden ethnische Konflikte bei der Staatsbildung verschärft. Eine besonders gewaltsame Form nahm die Staatsauflösung und –Neubildung im Fall des ehemaligen Jugoslawien an, während die Auftrennung der Tschechoslowakei in zwei Staaten – Tschechien und die Slowakei – als Beispiel für eine friedliche Staatsauflösung gilt.

Tiefgreifende Reformen wurden auch in den *Wirtschaftssystemen* vorgenommen. Erste Maßnahmen bestanden zumeist in der Preisliberalisierung, der Reduktion von staatlichen Subventionen und in der Privatisierung von Staatsbetrieben. Darüber hinaus bemühten sich die mittelosteuropäischen Länder mit Blick auf den erhofften Beitritt zur Europäischen Union die von dieser vorgegebenen Richtlinien zu erfüllen („Kopenhagener Kriterien") und sich dem EU-Gemeinschaftsrecht anzupassen, ein Prozess der sich teilweise über zehn Jahre hinzog. Nach einer anfänglichen Transformationsrezession entwickelten sich die wirtschaftlichen Rahmendaten in den meisten Ländern in Mitteleuropa vergleichsweise gut, obwohl die Wirtschaftsreformen unterschiedlichen Konzepten, beispielsweise bezüglich des Tempos und des Umfangs der Privatisierung, folgten. Aus heutiger Sicht scheint nicht so sehr die Wahl des graduellen oder des „schocktherapeutischen" Weges den Erfolg der Wirtschaftsreformen zu bestimmen, sondern die Konsequenz bei der Umsetzung der Marktmechanismen und die Möglichkeit, einen Zugang zum Weltmarkt zu erschließen. Am vorteilhaftesten entwickelten sich die Länder im Zentrum Europas, wie Ungarn, Polen, Slowenien, Tschechien und die baltischen Länder. Allerdings stellt der Umbau der Sozialsysteme auch diese Ländern vor große Schwierigkeiten. Stagnation und krisenhafte Entwicklungen waren zunächst in Rumänien und Bulgarien zu verzeichnen, jedoch erfüllten auch diese Länder schließlich die Beitrittskriterien für die EU. Schlechter entwickeln sich dagegen die Länder Osteuropas, insbesondere Weißrussland und die Ukraine; auch in Russland geht die Wirtschaftsreform trotz der enormen Ressourcen des Landes nicht recht voran. Korruption und Schattenwirtschaft sind hier, ebenso wie in den Ländern Südosteuropas, ein Entwicklungshemmnis für die Gesellschaft; die informelle Ökonomie macht hier teilweise bis zu einem Drittel des Wirtschaftsprozesses aus. Nach Untersuchungen von „Transparency International" sind die Länder Ost- und Ostmitteleuropas von einem hohen Grad an Korruption gekennzeichnet.[36]

Die Hauptschwierigkeit in der Anfangsphase der jungen Demokratien besteht darin, *neue politische Institutionen* zeitgleich mit dem wirtschaftlichen Reformprozess aufzubauen. Mit der Metapher „rebuilding the ship at sea" (Umbau des Schiffes auf hoher See) sind die

---

[36] http://www.transparency.de/uploads/media/05-10-05_CPI_2005_PressKITFinal.pdf (aufgerufen am 6. September 2007).

Schwierigkeiten treffend umrissen (vgl. Elster/Offe/Preuß 1998). Das neue politische System muss die Erwartungen an Legitimität und Effizienz relativ rasch erfüllen, um die Stabilität demokratischer Verhältnisse zu gewährleisten. Ob dies gelingt, ist zunächst mit einem hohen Grad an Unsicherheiten verbunden. Im Kern geht es in der Transformation zu demokratischen Gesellschaften um die Frage, wie die Teilhabe am politischen Willensbildungsprozess im Rahmen der sich etablierenden Institutionen einer rechtsstaatlichen Ordnung so gestaltet werden kann, dass Konflikte im politischen Prozess artikuliert, gebündelt und politisch gelöst werden können. In diesem Prozess sind eine Vielzahl von Nicht-Regierungsorganisationen, Assoziationen, intermediären Organisationen, wie z. B. Bürger- und Selbsthilfegruppen, Gewerkschaften und Parteien bzw. parteiähnliche Zusammenschlüsse beteiligt. Im Prozess der Demokratisierung werden die Konturen der Zivilgesellschaft durch Interessenartikulation, kollektives Handeln, Selbstorganisation und politische Übereinkunft ausgehandelt.

Im Bereich des Aufbaus neuer politischer Institutionen standen die Transformationsgesellschaften daher vor großen Herausforderungen. Studien zeigen, wie wichtig neue *Verfassungen* als Rahmen für die politische Ordnung sind. Verfassungsrechtlich ist zwischen parlamentarischen und präsidentiellen politischen Systemen zu unterscheiden; Untertypen bilden semi-präsidentielle und premier-präsidentielle Regierungssysteme. Obwohl parlamentarischen Systemen konzeptionell der Vorzug zu geben ist, da sie eine solide Machtverteilung zwischen Regierung und Parlament bei gleichzeitiger breiter Beteiligung verschiedener Parteien ermöglichen, sind heute viele Transformationsländer aufgrund der spezifischen Transformationsbedingungen nicht parlamentarisch aufgebaut, sondern folgen Mischformen mit oft starker Exekutive (vgl. Rüb 2001). Das Problem der defekten Demokratien ist dabei die starke Konzentration von Macht im Präsidentenamt und die schwache Kontrollfähigkeit anderer politischer Institutionen, ein Aufbau, der Autokratien befördert. Auch die *Parteienbildung* ist intensiv untersucht worden, wobei Parteiengründungen nach 1989/90 entlang dreier Grundtypen erfolgten: post-kommunistische Parteien, Parteien die in der Zwischenkriegszeit bereits bestanden und wieder gegründet wurden, sowie Parteien, die aus den Oppositions- und Bürgerbewegungen hervorgegangen sind (Segert/Stöss/Niedermayer 1997; sowie Kitschelt 1995). Nach einem anfänglichen Parteien-Boom hat sich in den meisten Ländern ein relativ stabiles Mehrparteiensystem herausgebildet, wobei die Parteienbindung der Bevölkerung schwächer ausgeprägt ist als in Westeuropa.

Unter dem Aspekt der Demokratisierung nimmt die *zivilgesellschaftliche Entwicklung* darüber hinaus eine Schlüsselstellung ein. Ohne den Aufbau einer vitalen Zivilgesellschaft können Demokratien auf Dauer nicht stabil gehalten werden. In der politischen Ideengeschichte spielt der Aufbau von Zivilgesellschaften für die Vitalität der Demokratie daher eine große Rolle. Schon die schottische Aufklärung kannte dieses Konzept, welches dann vor allem mit John Locke (Vertragsmodell) sowie Montesquieu (Assoziationsmodell) Eingang in die moderne Demokratietheorie fand. Eine dritte, neo-marxistische Konzeption der Zivilgesellschaft wurde in den 1920er Jahren von Antonio Gramsci in der „società civile" entwickelt. Von diesen drei Theorietraditionen – Vertragstheorie, Assoziationsansatz und Kulturanalyse – ist die Verwendung des Begriffs der Zivilgesellschaft im Kontext der anti-totalitären, osteuropäischen Opposition zu unterscheiden (vgl. Arato/Cohen 1994; Honneth 1993; Kocka 2000). Hier erfuhr der Begriff der Zivilgesellschaft zunächst in Polen, später in Ungarn und ansatzweise in der DDR eine Renaissance. Im Kern bündelte das Konzept der Zivilgesellschaft alle nichtstaatlichen Sphären sozialen Handelns, die als Stützpunkte des Aufbaus einer demokratischen Opposition gegen die übermächtige Partei- und Staatsbürokratie Osteuropas in Frage kamen. Mit dem Ende der staatssozialistischen Systeme haben sich die politischen Rahmenbedingungen der zivilgesellschaftlichen Entwicklung grundlegend gewandelt und die Bildung verschiedener zivilgesellschaftlicher Organisationen ist in den allgemeinen Demokratisierungsprozess eingebettet. Auch die Gleichstellung der Geschlechter gehört zu den neuen zivilgesellschaftlichen Entwicklungen, denn trotz der formal-rechtlichen Gleichstellung in den kommunistisch regierten Ländern bestanden vielfältige Probleme, die öffentlich nicht thematisiert werden konnten, wie beispielsweise Gewalt in der Familie. Auch waren Frauen von den Machteliten weitgehend ausgeschlossen, so dass sich nach dem Umbruch 1989/90 ein neues Feld der öffentlichen politischen Partizipation in zivilgesellschaftlichen Gruppen eröffnete. Als Folge der zivilgesellschaftlichen Entwicklung wurden darüber hinaus wirtschaftlicher Wohlstand und soziale Integration der Bevölkerung erwartet. Diese Auffassung wurde bereits mehrfach in der Demokratisierungsliteratur thematisiert. So hatte der Harvard-Professor Robert Putnam (1993), in einem historischen Vergleich verschiedener Regionen in Italien gezeigt, dass die Stärke von zivilgesellschaftlichen Strukturen nicht nur die politische Demokratisierung, sondern auch die wirtschaftliche Leistungsfähigkeit von Gemeinden und Regionen befördert. Der Norden Italiens habe sich, so Putnam, aufgrund einer starken zivilen Gemeinschaft („civic community"), die soziales Vertrauen fördere, historisch rascher entwickelt, als der südliche Teil des Landes, in dem die zivilgesellschaftliche Entwicklung schwacher ausgeprägt war. Kennzeichen einer entwickelten Demokratie ist nach Putnam eine starke zivile Gemeinschaft im lokalen Bereich.

Aus der Literatur über die Demokratisierung ehemals kommunistisch regierter Länder ergibt sich als Zwischenfazit, dass eine nachhaltige *Konsolidierung von Demokratie* nur über die Entwicklung einer vitalen Zivilgesellschaft erfolgen kann. Konzeptionell können drei Bereiche des politischen bzw. öffentlichen Handelns in den jungen Demokratien unterschieden werden: Staat, politische Gesellschaft („political society") und Zivilgesellschaft („civil society"). Der Staat umfasst alle autoritativen und bürokratischen Einrichtungen. In diesem Bereich ist die Partizipation bzw. öffentliche Artikulation von Bürgerinteressen durch Verrechtlichung und formale Prozeduren beschränkt. In der politischen Gesellschaft findet über Parteien eine öffentliche Partizipation und Artikulation politischer Anliegen statt. Der Zugang basiert auf formalen Regeln und steht grundsätzlich den jeweiligen Bürgern über Parteimitgliedschaft, Wahlen und Parlamentsarbeit offen. Parteien verfügen über ein breiteres Spektrum der Interessenartikulation, darunter konfrontative und unkonventionelle Mittel. Als Zivilgesellschaft können dann Berufsvereinigungen, Gewerkschaften, Verbände, kirchliche Gruppen, Nachbarschafts- und Selbsthilfeorganisationen sowie soziale Bewegungsgruppen gelten, die ein öffentliches, gesellschaftliches Anliegen vertreten. Zivilgesellschaft beruht also auf nicht-staatlichen, intermediären Organisationen. Sie konstituiert einen von den politischen Eliten und vom Staatsapparat unabhängigen Bereich der Öffentlichkeit, und hierin besteht ihre korrigierende, kontrollierende und konstruktive Funktion für die Demokratisierung. Häufig ist Protest als Artikulationsform typisch für die Gruppen und Vereinigungen der Zivilgesellschaft.

Um die *spezifische Konfiguration zivilgesellschaftlicher Entwicklung* in der Demokratisierung zu untersuchen, wurden in einem internationalen Forschungsprojekt auf Basis einer Vier-Länder-Studie – Polen, Ungarn, Slowakei, DDR/Ostdeutschland – Formen des Protestes empirisch untersucht, die in der Transformation zwischen 1989 und 1994 aufgetreten waren (vgl. Ekiert/Kubik 1998; Lemke 1997). Dabei ging es darum, über diese unkonventionellen Formen politischer Partizipation (Protest) zu untersuchen, wie stark zivilgesellschaftliche

4.1 Die Transformation Mittel- und Osteuropas

Organisationen unmittelbar nach dem Systemwechsel waren. Dazu wurden die Akteure politischen Protestes, ihre Strategien und Forderungen sowie ihre Bereitschaft zu handeln, dokumentiert und analysiert. Dabei wurde davon ausgegangen, dass vor allem diejenigen Gruppen der Gesellschaft zum Protest bereit sind, die ihre Anliegen nicht oder nur ungenügend im politischen System repräsentiert sehen. Insofern Protestgruppen und soziale Bewegungen zu unkonventionellen Mitteln greifen, öffentliche oder politische Anliegen zu artikulieren, können sie Rückschlüsse auf die Vitalität von Zivilgesellschaften zulassen. So kann beispielsweise das Mobilisierungspotential der Zivilgesellschaft anhand einer Häufung von Protestereignissen ermittelt werden. Protestformen wiederum können Aussagen darüber zulassen, inwiefern „zivile" Formen des politischen Widerstandes angewandt werden, oder ob Gewalt als nicht-zivile Form des Protestes und damit dissoziative Mobilisierungsprozesse überwiegen. Die Untersuchungsergebnisse zeigten, dass in allen vier Ländern auch nach dem Umbruch 1989/90 eine Protestmobilisierung auf beachtlichem Niveau stattfand. Kollektive Aktionen in Form von Protesten spielten nicht nur in der Phase des Regimewechsels, d. h. während des Zusammenbruchs der kommunistischen Regime eine entscheidende Rolle. Vielmehr zeigte sich, dass die Entscheidungsprozesse in der Demokratisierungsphase nach 1990 von vielfältigen Protestaktionen begleitet waren. Dabei weisen Polen und Ungarn eine recht häufige, kontinuierliche Protesthäufigkeit auf. In diesen Ländern hat der graduelle Wechsel günstige Voraussetzungen für die Öffnung des politischen Raums und die Entwicklung einer relativ profilierten Protestbewegung ermöglicht. Im Fall Polens hatte die Oppositionsbewegung mit „Solidarnosc" eine erfahrene, seit 1980 organisatorisch vernetzte politische Vertretung, die auch nach dem Systemwechsel weiter bei Protesten aktiv blieb. Durch die relative politische Offenheit im Fall von Ungarn, das schon seit den 1960er Jahren mit verschiedenen Formen der Liberalisierung des Wirtschaftssystems experimentiert hatte und in den vergangenen zwei Dekaden geringere politische Repressionen gegen reformorientierte Kräfte eingesetzt hatte, als beispielsweise die DDR, haben sich ebenfalls günstige Bedingungen für einer stärkere Protestmobilisierung herausgebildet. In beiden Fällen scheint sich zunächst zu bestätigen, dass sich der Handlungsraum für kollektive Aktionen aufgrund der relativ frühen Öffnung des politischen Systems gegenüber Veränderungen erweitert, bzw. Protestverhalten im Repertoire politischen Handelns sich bereits befestigt hat. Bemerkenswert ist, dass die Anzahl der Proteste in Ostdeutschland nach 1990 ebenfalls überraschend hoch ist. Trotz der repressiven politischen Strukturen vor dem Regimewechsel und der nur marginalen Existenz von Protest- und Oppositionsgruppen in den 1970er und 1980er Jahren ist also schon in relativ kurzer Zeit eine „nachholende Mobilisierung" im Bereich unkonventioneller politischer Partizipation zu beobachten, die sich durch alle Länder zieht.

Wie sich in der Untersuchung weiterhin zeigte, fanden die Proteste überwiegend nicht „spontan" statt, sondern sie wurden von bereits bestehenden Organisationen vorbereitet und initiiert. Die Protestaktivität geht also auf eine schon vorhandene, mehr oder weniger formalisierte Organisationsstruktur zurück, ist in der Regel zielgerichtet und mit klaren Forderungen verbunden, wobei durchaus auch diffuse Proteste ermittelt wurden. Diese organisatorische Dichte der Proteste ist angesichts der kurzen Zeit, in der sich Protestträger nach dem Systemwechsel herausbilden konnten, sehr erstaunlich, insbesondere da in der Literatur immer noch ein Bild vorherrschend ist, nach dem die Bevölkerung in den post-kommunistischen Ländern politisch ungeübt, apathisch und orientierungslos sei. Im Licht der Befunde über die organisatorische Struktur und die zielgerichtete Protestbereitschaft ist zu fragen, ob herkömmliche Beschreibungen eines dichotomischen Sozialverhaltens in „totalitären" Gesellschaften nicht neu überdacht werden müssen. Jedenfalls haben sich in kürzester Zeit nach dem Umbruch Formen einer Protestkultur herausgebildet, die auf eine zivilgesellschaftliche Struktur der Gesellschaften verweisen.

4.2 Demokratisierung als Prozess

Die Frage, wann eine Demokratie konsolidiert und die Transformation abgeschlossen ist, ist nicht einfach zu beantworten. Um die Konsolidierung demokratischer Strukturen differenziert zu beurteilen, kann zwischen *formalen*, d. h. institutionell verankerten, und *informellen*, d. h. habituell-gesellschaftlich begründeten Strukturen unterschieden werden. Auf der formalen Ebene kann das institutionelle Design der neuen Demokratien zugrunde gelegt werden, während die informelle Ebene habituelle und zivilgesellschaftliche Strukturen beinhaltet. Der Demokratieforscher Robert Dahl benennt ein „prozedurales Minimum", das Demokratien erfüllen sollen. Dazu gehören freie und faire Wahlen, aktives und passives Wahlrecht, Meinungsfreiheit, Assoziationsfreiheit, Zugang zu alternativen Informationsquellen, Konkurrenz der politischen Eliten um Wählerstimmen und die Unterwerfung der Regierungspolitik unter den Willen der Wähler. Nach heutigem Verständnis zählen zu den institutionellen Bedingungen von Demokratien daher Rechtsstaatlichkeit, politische Gleichheit bzw. gleiche Staatsbürgerrechte, sowie individuelle und kollektive Freiheiten. Regelmäßige Machtwechsel und friedliche Konfliktaustragung zeigen an, inwieweit die Demokratien stabilisiert sind. In den meisten post-kommunistischen Ländern sind diese prozeduralen Strukturen und ihre institutionelle Verankerung inzwischen selbstverständlich. Die informelle Demokratisierung, die nicht nur Institutionen beinhaltet, sondern auch Verhaltensweisen und Einstellungen sowie ein zivilgesellschaftliches Engagement, ist wesentlich schwieriger zu erfassen, aber es ist davon auszugehen, dass sie sich nur in einem länger andauernden Prozess durchsetzen kann. Eine geringe Bindekraft politischer Parteien, politisch-apathisches Verhalten, labile Regierungskonstellationen mit häufigem Regierungswechsel, verschiedentlich auch Korruption oder Vetternwirtschaft sind einige Probleme, mit denen die Demokratien Ostmitteleuropas noch zu kämpfen haben. Die Konsolidierung der jungen Demokratien sollte daher als Prozess verstanden werden.

Über fast ein Jahrzehnt wurde der Demokratisierungsprozess darüber hinaus durch ein engmaschiges „monitoring" durch internationale Organisationen, vor allem die OSZE und die *Europäische Union* begleitet (vgl. Sturm/Pehle 2006). Diese Konstellation ist eine Besonderheit der post-kommunistischen Transformation und hebt sie von der Erfahrung Lateinamerikas und Südeuropas ab. Aufgrund internationaler Interdependenzen ist die innerstaatliche Politik in den Reformländern vor allem von der Europäischen Union beeinflusst worden. Die Mehrheit der Reformländer strebte bereits unmittelbar nach dem Systemwechsel die Mitgliedschaft in der EU an; weitere Länder der Region folgten nach und heute sind über die 27 Mitgliedsländer hinaus weitere Länder in Südosteuropa (Albanien, Bosnien-Herzegowina, Kroatien, Serbien sowie Mazedonien und Kosovo) sowie in Osteuropa (Ukraine, Weißrussland, Moldawien und Georgien) mit der EU vertraglich verbunden, assoziiert oder befinden sich in Beitrittsverhandlungen. Die „externe" Moderation in Ostmitteleuropa bis zum Beitritt in die EU 2004 bzw. 2007 bezeichnet die amerikanische Politikwissenschaftlerin Milada Vachudova auch als passive und aktive Hebel („active and passive leverage") der Demokratisierung und beschreibt deren Zusammenwirken mit den internen politischen Konstellationen

4.2 Demokratisierung als Prozess

vor dem EU-Beitritt (Vachudova 2005). Politische Eliten hätten sich dann für eine Öffnung und Liberalisierung entschieden, wenn die Kosten einer weiteren nationalistischen Abschottung – wie im Beispiel der Slowakei – zu hoch, und der Nutzen eines Beitritts größer als der eines Alleingangs wurden.

Nach den epochalen Umbrüchen in Ost- und Ostmitteleuropa 1989/90 stand die Europäische Union vor erheblichem Handlungsdruck und die Frage der „Erweiterung" der EU beherrschte die Europapolitik der 1990er Jahre. Zunächst wurden mit den Reformstaaten „Europa-Abkommen" geschlossen, durch die diese Länder mit der EU assoziiert wurden, sowie konkrete Unterstützungs- und Hilfsprogramme (PHARE) eingeleitet. Grundlage für die Aufnahme in die EU sollten die 1993 vom Rat verabschiedeten „Kopenhagener Kriterien" werden, die eine stabile Demokratie, Marktwirtschaft und die Einhaltung von Minderheitenrechten vorsahen, sowie die Übernahme des Gemeinschaftsrechts, *acquis communautaire*. Im März 1998 begannen schließlich mit sechs Ländern offizielle Beitrittsverhandlungen (Polen, Ungarn, Tschechien, Estland, Slowenien sowie dem seit längerem assoziierten Zypern und mit Malta). Im Jahr 1999 wurde diese Gruppe um weitere Länder ausgedehnt, darunter auch die Türkei. Bereits während der Nizza-Konferenz (2000) thematisierten Kommission und Rat die notwendigen inneren Reformen, und der Rat beschloss ein neues Besetzungsverfahren für die EU-Kommissare sowie ein verändertes Abstimmungsverfahren im Rat, die mit der Aufnahme der zwölf Staaten („big bang"), darunter zehn ehemals kommunistisch regierte Länder, unumgänglich wurden, um die Handlungsfähigkeit der EU zu erhalten. Eine Rückkehr in autoritäre oder diktatorische Systeme in diesen Ländern erscheint heute äußerst unwahrscheinlich.

Die Frage, ob es auch zu einer Demokratisierung anderer Länder bzw. Regionen kommen würde, ist angesichts des Legitimationsverlustes autoritärer und gerontokratischer Regierungen, wie sie im südlichen Mittelmeerraum – Tunesien, Ägypten, Libyen – Anfang 2011 aufgetreten sind, von großem Interesse. Neben Parallelen zur Öffnung Mittelosteuropas sind im „arabischen Frühling" auch große Unterschiede festzustellen. Ähnlich wie in Osteuropa setzte der Legitimationsverlust der Regime in diesen Ländern vor dem Hintergrund wachsender wirtschaftlicher Schwierigkeiten mit blockierten Aufstiegserwartungen der jungen Generation sowie einer ausgeprägten Klientelwirtschaft ein. Zumindest in Tunesien, wo eine seit 25 Jahren währende Herrschaft des autoritär regierenden Präsidenten Ben Ali durch eine Revolution abgelöst wurde, verhielt sich das Militär neutral bzw. unterstützte den Machtwechsel. Die Massenbewegung in Ägypten, die den Sturz des seit 30 Jahren regierenden Präsidenten Hosni Mubarak durchsetzte, wurde, wie in Tunesien, vor allem von jüngeren und gebildeten Ägyptern getragen. Moderne Medien spielen in beiden Regionen eine herausragende Rolle, ebenso der „Demonstrationseffekt", d. h. die rasche geografische Ausdehnung über die Region. Besonders aufschlussreich ist das „framing" des Protests bzw. die Verwendung von Protestslogans und Deutungsmustern der revolutionären Gruppen, die mit Forderung nach einer Liberalisierung – „Brot und Freiheit" und „Wir sind das Volk" – an die Massendemonstrationen in Mittelosteuropa erinnern. Anders als diese Länder verfügen die Länder im südlichen Mittelmeerraum jedoch über keine nennenswerten Erfahrungen mit demokratischen Strukturen, die in Mittelosteuropa zumindest zeitweilig in der Zwischenkriegszeit bestanden, und ihre Bevölkerung ist vergleichsweise ärmer. Ähnlich wie in Osteuropa sind jedoch auch in Nordafrika unterschiedliche Wege aus der autoritären Herrschaft vorstellbar, von repräsentativen über defekte Demokratien bis hin zu neuen Autokratien.

Selbst im kommunistisch regierten China werden heute Übergänge zur Demokratie thematisiert. Der chinesische Wissenschaftler Yu Keping, Leiter des Center for Chinese Government Innovation, entwickelte beispielsweise die Vorstellung eines autonomen Weges zu Demokratie und Erneuerung in China. In einem vielbeachteten Essay „Democracy is a Good Thing" erläutert er Vorteile, aber auch Schwierigkeiten einer demokratischen Staatsform und betont zugleich, dass die Umsetzung von demokratischen Idealen von einer landesspezifischen Autonomie ausgehen und die politischen und kulturellen Voraussetzungen des Landes berücksichtigen müsse. Auch die Demokratie benötige Autorität, dürfe sie aber nicht mit Zwang durchsetzen. „Demokratie ist eine gute Sache. Das heißt nicht, dass sie an keine Bedingungen geknüpft ist. Die Demokratie zu realisieren setzt notwendige wirtschaftliche, kulturelle und politische Bedingungen voraus. Demokratie voranzutreiben, ohne die vorhandenen Bedingungen zu berücksichtigen, kann für den Staat und das Volk zu Katastrophen führen. Politische Demokratisierung entspricht der Entwicklungstendenz der Geschichte. Es ist eine Notwendigkeit, dass alle Länder in der Welt fortwährend auf dem Weg der Demokratisierung voranschreiten. Allerdings hängen die Wahl der Zeit, das Tempo, die Art und Weise und das gewählte System von den gegebenen Bedingungen ab. Eine ideale demokratische Politik ist mit dem Wirtschaftssystem und -niveau der Gesellschaft sowie mit der Geopolitik und dem internationalen Umfeld verbunden. Sie hat auch etwas mit der politischen und kulturellen Tradition des Landes, mit den politischen Akteuren, der Bildungsqualität und Lebensgewohnheit der Bevölkerung zu tun. Die Frage, wie mit den geringsten politischen und gesellschaftlichen Kosten die größte Effizienz der Demokratie gewonnen werden kann, fordert die Intelligenz der Politiker und des Volkes heraus. In diesem Sinne gleicht die demokratische Politik der politischen Kunst. Demokratische Politik voranzutreiben, bedarf der aufwändigen Systemkonstruktion und großer politischer Fähigkeiten."[37] Der chinesische Weg zur Demokratie ist für die Politikwissenschaft dabei nicht nur aufgrund der besonderen kulturellen und historischen Bedingungen des Landes von Bedeutung, sondern auch mit Blick auf die rasch wachsende Bedeutung Chinas als führender Wirtschaftsmacht.

Übungsfragen zu Kapitel 4: Europa nach dem Ende des Ost-West-Konflikts

1. Was versteht man unter der Legitimationskrise in Ost- und Ostmitteleuropa? Welche Bedeutung hatte sie für das Ende der kommunistischen Herrschaftssysteme in der Region?

2. Welche internationalen Aspekte begünstigten das Ende der DDR und die deutsche Einheit?

3. Erörtern Sie das Konzept der Zivilgesellschaft (civil society) und seine Bedeutung in der Transformation Ost- und Ostmitteleuropas. Ist Demokratisierung ohne Zivilgesellschaft möglich?

4. Wodurch unterscheidet sich die Transformation in Ostmitteleuropa von anderen Systemwechseln, z. B. in Lateinamerika?

---

[37] http://www.zeit.de/kultur/literatur/2009-10/demokratie-yu-keping/seite-1(aufgerufen am 17. Juli 2011).

Literatur

Arato, Andrew/Jean Cohen: Civil Society and Political Theory, Cambridge 1994.

Arendt, Hannah: Macht und Gewalt, dt. München 1994

Ash, Timothy Garton: Ein Jahrhundert wird abgewählt. Aus den Zentren Mitteleuropas, München 1990

von Beyme, Klaus/Claus Offe (Hg.): Politische Theorien in der Ära der Transformation, PVS-Sonderheft 26, Opladen 1995

Ekiert, Grzegorz/Jan Kubik: „Contentious Politics in New Democracies. East Germany, Hungary, Poland, and Slovakia 1989–93", in: World Politics, Vol. 50, No. 4 (1998), S. 547–581

Elster, Jon/Claus Offe/Ulrich K. Preuß (Hg.): Institutional Design in Post-Communist Societies. Rebuilding the Ship at Sea, Cambridge 1998

Fuchs, Gesine: Die Zivilgesellschaft mitgestalten: Polnische Frauenorganisationen im Demokratisierungsprozess, Frankfurt a. M. 2003

Glaessner, Gert-Joachim: Systemwechsel und Demokratisierung. Russland und Mittel-Osteuropa nach dem Zerfall der Sowjetunion, Opladen 1997

Honneth, Axel: „Das Konzept der ‚civil society'", in: Merkur, 46. Jg. 1993, H. 514. Jarausch, Konrad H.: Die unverhoffte Einheit: 1989–1990, Frankfurt a. M. 1995

Jarausch, Konrad: Die unverhoffte Einheit 1989–90, Frankfurt a. M. 1995

Kitschelt, Herbert: „Parteien in Osteuropa", in: Helmut Wollmann/Helmut Wiesenthal/Frank Bönker (Hg.): Transformationen sozialistischer Gesellschaften. Am Ende des Anfangs, Opladen 1995

Kocka, Jürgen: „Zivilgesellschaft als historisches Problem und Versprechen", in: Hildermeier, Manfred (Hg.): Europäische Zivilgesellschaft in Ost und West, Frankfurt a. M.: Campus, 2000, S.13–40

Lemke, Christiane: Die Ursachen des Umbruchs. Politische Sozialisation in der ehemaligen DDR, Opladen 1991

Lemke, Christiane: „Nachholende Mobilisierung: Demokratisierung und politischer Protest in postkommunistischen Gesellschaften", in: Aus Politik und Zeitgeschichte, B 5/97, 24. Jan. 1997, S. 29–37

Maier, Charles S.: Dissolution. The Crisis of Communism and the End of East Germany, Princeton 1997

Merkel, Wolfgang (Hg.): Systemwechsel I. Theorien, Ansätze, Konzeptionen, Opladen 1994

Merkel, Wolfgang: „Theorien der Transformation", in: von Beyme/Offe (Hg.) Politische Theorien, München 2007, S. 30–58

Merkel, Wolfgang/Eberhard Sandschneider/Dieter Segert (Hg.): Systemwechsel 2. Die Institutionalisierung der Demokratie, Opladen 1996

Merkel, Wolfgang/Hans-Jürgen Puhle: Von der Diktatur zur Demokratie. Transformationen, Erfolgsbedingungen und Entwicklungspfade, Opladen 1999

Merkel, Wolfgang/Jürgen Puhle/Aurel Croissant/Claudia Eicher/Peter Thiery (Hg.): Defekte Demokratien: Theorien und Probleme, Band 1, Opladen 2003

Merkel Wolfgang/Jürgen Puhle/Aurel Croissant/Peter Thiery (Hg.): Defekte Demokratien, Band 2: Regionalanalysen, Opladen 2006

O'Donnell, Guillermo/Schmitter, Philippe C./Whitehead, Lawrence (Hg.): Transitions from Authoritarian Rule, Baltimore 1986

Offe, Claus: Der Tunnel am Ende des Lichts. Erkundungen der politischen Transformation im Neuen Osten, Frankfurt a. M. 1994

Putnam, Robert: Making Democracy Work. Civic Traditions in Modern Italy, Princeton 1993

Rüb, Friedbert: Schach dem Parlament! Die Rolle der Staatspräsidenten in den Demokratisierungsprozessen in Mittel- und Osteuropa, Opladen 2001

Segert, Dieter/Richard Stöss/Oskar Niedermayer (Hg.): Parteiensysteme in postkommunistischen Gesellschaften Osteuropas, Wiesbaden 1997

Sturm, Roland/Heinrich Pehle (Hg.): Die neue Europäische Union, die Osterweiterung und ihre Folgen, Opladen 2006

Tilly, Charles: From Mobilization to Revolution, Reading 1978

Vachudova, Milada Anna: Europe Undivided. Democracy, Leverage, and Integration after Communism, Oxford 2005

5 Europäische Integration: Entwicklung, Leitbilder und Theorien der Integration

Die Europäische Union (EU) beruht auf einer regionalen Integration von Wirtschaft und Politik. Dabei versteht man unter *Integration* einen Prozess, in dem politische Kompetenzen von der nationalstaatlichen auf die supranationale europäische Ebene übertragen werden. Im Rahmen dieser Integration sind neue supranationale Organisationen sowie verbindliche Regeln und Normen geschaffen worden, welche die Zusammenarbeit regulieren und gestalten. Die EU-Integration ist heute durch horizontale Verflechtungen zwischen den Mitgliedstaaten, eine vertikale Verflechtung zwischen der EU und jeden Mitgliedstaat, sowie sektoral, d. h. nach Wirtschaftssektoren, strukturiert. Die Europäische Union stellt nach der Erweiterung auf 27 Mitgliedsländer im Januar 2007 einen regionalen Zusammenschluss mit großer wirtschaftlicher, sozialer und kultureller Vielfalt dar. Mit rund 490 Millionen Einwohnern ist sie die global größte regionale Wirtschaftszone. Darüber hinaus sind viele Bereiche des politischen Lebens heute von der EU beeinflusst und von ihr reguliert.

Nach dem Ende des Ost-West-Konflikts hat die EU eine bedeutende Rolle beim Aufbau der jungen Demokratien in Ostmitteleuropa und bei der ordnungspolitischen Umstrukturierung ihrer Wirtschaft gespielt. Allein zehn Mitgliedsländer gehören zu den Transformationsländern Ostmitteleuropas. So umfasst die EU heute nicht mehr nur Westeuropa wie zu ihrer Gründungszeit, sondern auch die ehemaligen Länder des kommunistisch regierten „Ostblocks". Die Bedeutung des Begriffs Europa hat sich damit verändert. Anstelle der Unterscheidung von West- und Osteuropa steht die EU heute für „Gesamteuropa", wobei nicht alle europäischen Länder Mitglied in der EU sind, darunter z. B. die Schweiz und Norwegen. Dennoch wird heute „Europa" oft mit der EU gleichgesetzt, obwohl dies historisch und kulturell nicht zutreffend ist.

Im Rahmen der Europäischen Nachbarschaftspolitik (ENP) hat die EU darüber hinaus vertragliche Vereinbarungen mit Ländern im südlichen Mittelmeerraum über die Euro-Mediterrane Partnerschaft (EUROMED) sowie mit verschiedenen osteuropäischen Ländern abgeschlossen. Die Europäische Nachbarschaftspolitik ENP umfasst die Ukraine, Weißrussland und Moldawien, im südlichen Kaukasus Armenien, Aserbaidschan und Georgien und in der Mittelmeerregion Marokko, Algerien, Tunesien, Libyen, Ägypten, Israel, die Palästinensischen Autonomiegebiete, Jordanien, Libanon und Syrien (Stand: 2011). Obwohl Russland ebenfalls ein Nachbar der EU ist, werden die EU-Russland-Beziehungen separat unter dem Titel „EU-Russia Common Spaces" („Gemeinsame Räume der EU und Russlands") behandelt. Vielfach wird die europäische Integration auch als Vorbild für andere regionale Zusammenschlüsse, wie die Andengemeinschaft CAN in Südamerika, die westafrikanische ECOWAS, Mercosur oder ASEAN, angesehen.

Damit haben sich auch die politischen Aufgaben erweitert. Heute wird von der EU nicht nur erwartet, dass sie Frieden und Wohlstand in Europa fördert; vielmehr ist sie auch beim internationalen Klimaschutz, in der Flüchtlings- und Migrationspolitik, sowie bei Krisen und Konflikten außerhalb Europas als internationaler Akteur gefordert. So ergeben sich beispielsweise mit den Umwälzungen durch den „arabischen Frühling" neue Aufgaben, da die EU ihre Rolle in dem veränderten Umfeld neu definieren muss. Auch im Nahen Osten wird von der EU eine konfliktvermittelnde Rolle erwartet.

In der *politikwissenschaftlichen Europaforschung,* ein Forschungsfeld, das seit Beginn der 1990er Jahre theoretisch und empirisch an Profil gewonnen und die traditionellen Länderstudien der Europaforschung abgelöst hat, werden die supranationalen Institutionen und transnationalen Entscheidungen und Politikprozesse in der EU ausführlicher untersucht. Die europäische Integrationsforschung ist heute mit eigenen Theorieansätzen und Modellen im Schnittfeld von internationaler und vergleichender Politikwissenschaft angesiedelt (vgl. z. B. Dinan 2010; Wiener/Diez 2009). Analytisch werden dabei auch Kategorien zur Analyse der politischen Prozesse herangezogen, die zunächst für Internationale Organisationen, etwa die Vereinten Nationen, verwendet wurden; ein Beispiel ist der Begriff *Governance* (vgl. Kap. 5.3.1). Dabei ist die Europäische Union eine politische Gemeinschaft eigener Prägung: Sie ist weder ein internationaler Staatenbund noch eine staatliche Föderation bzw. ein Bundesstaat, sondern weist Elemente von beiden politischen Konzepten auf. Aus der Spannung zwischen nationalstaatlichen Interessen und gemeinschaftlicher Politik ergeben sich dementsprechend eine Vielzahl von Konflikten in der EU.

Im Zusammenhang mit der Integration der europäischen Länder sind zwei *weitere europäische Zusammenschlüsse* zu erwähnen, die nicht direkt mit der Europäischen Union verbunden, aber für die Europapolitik relevant sind. Der 1949 gegründete *Europarat* mit Sitz in Straßburg war die erste politische Organisation nach dem Zweiten Weltkrieg, die sich die Zusammenarbeit und Einheit Europas zum Ziel gesetzt hatte. Der Europarat, dem bald nach dem Systemwechsel auch die Reformstaaten Ost- und Ostmitteleuropas angehörten, hat sich besonders auf dem Gebiet der Menschenrechte engagiert (Europäische Konvention zum Schutz der Menschenrechte von 1950). Andere Arbeitsgebiete dieses zwischenstaatlichen Zusammenschlusses sind die Bildungs-, Jugend- und Kulturpolitik. Die *Organisation für Sicherheit und Zusammenarbeit* (OSZE) ist aus der in den 1970er Jahren gebildeten Konferenz für Sicherheit und Zusammenarbeit in Europa (KSZE) hervorgegangen und stellt eine gesamteuropäische, zwischenstaatliche Institution dar. Während sie zu Zeiten des Ost-West-Konflikts darauf ausgerichtet war, durch einen Prozess politischer Konsultationen zwischen West- und Osteuropa einen „Großkonflikt kleinzuarbeiten" und hier teilweise beachtliche Schritte vollzogen wurden (Helsinki-Konferenz 1975), so liegen ihre Aufgaben heute vor allem im Bereich der Unterstützung beim Aufbau von Demokratien sowie in der Konfliktverhütung. Die OSZE engagiert sich beispielsweise in den Nachfolgeländern des ehemaligen Jugoslawiens und in der Provinz Kosovo vor ihrer Unabhängigkeit. Ob es in Zukunft gelingen wird, die OSZE auch jenseits von Abrüstungs- und Rüstungskonversionsfragen in der Konfliktprophylaxe, im Bereich der Migrations- und Minderheitenschutzpolitik und in anderen, die Sicherheit gefährdenden Feldern politisch wirksam einzusetzen, hängt vor allem davon ab, ob die Mitgliedsländer bereit sind, die Organisation besser auszustatten und zu unterstützen. Eine zivil orientierte gemeinsame europäische Außen- und Sicherheitspolitik könnte ihre Bedeutung stärken.

5.1 Entwicklung der europäischen Integration

Die *Idee einer „europäischen Gemeinschaft"* entstand bereits während des Zweiten Weltkriegs. Eine Gruppe europäischer Föderalisten vertrat die Auffassung, dass das nationalstaatliche Machtstreben in Europa, welches immer wieder zu Konflikten und Kriegen geführt hatte, durch eine politische Ordnung jenseits nationalstaatlicher Interessen und übertriebener Formen von Nationalismus überwunden werden könne. Gemeinsame Ziele einer friedlichen und wohlstandsfördernden Ordnung in Europa sollten über nationalstaatliche Grenzen hinaus verfolgt werden. Für einige Vertreter dieser alternativen politischen Ordnung galten föderale Länder, wie die Schweiz oder die USA als Vorbild; andere wiederum beriefen sich auf republikanische Ideen, teils auch auf anarchistische Denktraditionen. Allerdings konnten sich diese normativ angelegten Konzepte in der Nachkriegszeit nicht durchsetzen. Zur Koordination von Wiederaufbauhilfen nach dem Krieg durch den Marshallplan erfolgte eine überstaatliche Zusammenarbeit vielmehr auf wirtschaftlichem Gebiet. Als erste supranationale europäische Institution wurde dementsprechend 1951 die Europäische Gemeinschaft für Kohle und Stahl (EGKS, auch Montanunion genannt) gegründet. Als Geburtsurkunde der Europäischen Gemeinschaft gelten die *Römischen Verträge* von 1957, die den Wirtschaftsraum der sechs Gründungsstaaten Frankreich, Be-Ne-Lux-Länder, Italien und Bundesrepublik Deutschland in der „Europäischen Wirtschaftsgemeinschaft" (EWG) zusammenfassten. Kurz zuvor war der Versuch, parallel zur Wirtschaftsgemeinschaft eine Europäische Verteidigungsgemeinschaft aufzubauen, am Veto der Französischen Nationalversammlung gescheitert, so dass von der weiter gefassten europäischen „Sicherheitsgemeinschaft" (Karl Deutsch) lediglich das Konzept der Wirtschaftsgemeinschaft realisiert werden konnte. Eckpfeiler der Gemeinschaft bildeten die Montanunion, eine gemeinsame Agrarpolitik, sowie die neu entstehende Atomforschung (EURATOM).

Während der folgenden Jahrzehnte erweiterte sich die Europäische Gemeinschaft von sechs auf heute 27 Staaten (2011): Im Jahr 1972 traten Großbritannien, Irland und Dänemark der EG bei, 1985 folgten die Länder Spanien, Portugal und Griechenland, sowie 1995 Österreich, Finnland und Schweden. Die größte Erweiterungswelle erfolgte nach dem Ende des Ost-West-Konflikts, indem die EU 2004 zehn und 2007 zwei neue Länder aufnahm, darunter zehn ehemals kommunistisch regierte Staaten. Jede Erweiterungswelle war mit institutionellen Anpassungsprozessen verbunden; zu nennen sind hier etwa die Einführung des Europäischen Rates als wichtigem Konsultationsorgan nach der Erweiterung um die EFTA-Staaten, die Einführung der Strukturpolitik nach dem Beitritt der wirtschaftlich schwächer entwickelten Länder Südeuropas, und die Reform der EU-Institutionen mit dem Vertrag von Lissabon (2009) nach der jüngsten und größten Erweiterung 2004 bzw. 2007.

Von besonderer Bedeutung für die europäische Integration war die Entwicklung von der Wirtschaftsgemeinschaft *zur politischen Union* mit dem *Vertrag von Maastricht* (1993). Während in den 1970er Jahren, vor allem aufgrund der Regulierungsprobleme in der Agrarpolitik („Butterberge" und „Milchseen"), der Energiekrise („Ölschock") und anhaltender Wirtschaftsprobleme ein „Europessimismus" in den europäischen Ländern um sich griff, zeichnete sich Mitte der 1980er Jahre angesichts veränderter Weltmarktbedingungen ein neuer Integrationsschub ab. Unter dem Eindruck globaler Herausforderungen beschlossen die Länder der Europäische Gemeinschaft, eine weitere Liberalisierung des Binnenmarktes vorzunehmen und eine einheitliche Währung einzuführen; begleitet werden sollte diese Entwicklung von einer „politischen Union". Mit der Verabschiedung der Einheitlichen Europäischen

Akte (1986) legten sich die damals 12 Mitgliedsländer auf die Schaffung des Europäischen Binnenmarktes bis zum Jahr 1992 fest. Dieses Großprojekt der Handels- und Kapitalliberalisierung war eine Reaktion auf die verschärfte Konkurrenz durch die aufstrebenden asiatischen Länder und den Zusammenschluss nordamerikanischer Länder unter der Hegemonie der USA (NAFTA-Abkommen) und sollte die Position der westeuropäischen Länder auf dem Weltmarkt stärken. Mit den vier Freiheiten – freier Waren- und Personenverkehr sowie freier Austausch von Dienstleistungen und Finanzen – strebte die Europäische Gemeinschaft eine größere Wettbewerbsfähigkeit an.

Warum waren die europäischen Länder zu diesem weitgehenden Integrationsschritt bereit? Eine recht überzeugende Erklärung für diese Entwicklung geben die amerikanischen Europaforscher Stanley Hoffmann und Robert Keohane mit ihrem Konzept der *„pooled sovereignty".* Sie gehen davon aus, dass der Integrationsschub in der Europäischen Gemeinschaft in der zweiten Hälfte der 1980er Jahre als Ergebnis strategischer Entscheidungen zentraler europäischer Akteure zu verstehen sei, die ihre nationalen wirtschaftlichen Interessen vorteilhafter im institutionellen Kontext der Gemeinschaft verwirklicht sahen, als im Rahmen der nationalen Volkswirtschaften, und daher zum Souveränitätstransfer bereit waren (vgl. Keohane/Hoffmann 1991). Anders als von dieser Denkschule angenommen, gewannen damit aber auch die europäischen Institutionen gegenüber den Staaten an Gewicht, ein Prozess, durch den die heutige supranationale politische Gemeinschaft der Europäischen Union entstand. Angesichts dieser Entwicklung legte daher Andrew Moravscik (1998), ein Schüler Hoffmanns, eine Neuformulierung dieses Ansatzes vor, indem er ein Zwei-Ebenen-Modell der zwischenstaatlichen Verhandlungen einführte, in dem nicht nur die Mitgliedstaaten, sondern auch die Institutionen der EU sowie verschiedene Lobby- und Interessengruppen eine Rolle spielen.

Nach dem in Maastricht im Januar 1992 beschlossenen *Vertrag über die Europäische Union (EU-Vertrag),* der nach der Ratifizierung durch alle Mitgliedstaaten am 1. Januar 1993 in Kraft trat, beruhte die EU auf drei Grundpfeilern: der supranationalen Europäischen Gemeinschaft mit dem Binnenmarkt, der gemeinsamen Außen- und Sicherheitspolitik (GASP) und der Zusammenarbeit in den Bereichen Polizei und Justiz. Die erste Säule mit dem Binnenmarkt wurde am stärksten integriert; die zweite Säule mit der Gemeinsamen Außen- und Sicherheitspolitik zeichnete sich durch zwischenstaatliche Koordination aus; in der dritten Säule existierte eine Zusammenarbeit in Teilbereichen von Polizei und Justiz. Außen- und Sicherheitspolitik sowie Polizei und Justiz sind Kernbereiche staatlicher Souveränität; eine gemeinsame europäische Politik gestaltete sich in diesem Bereich daher schwieriger als im Binnenmarkt. Für die erste Säule wurde also ein *vergemeinschafteter Politikmodus* durch Integration charakteristisch, während in den beiden anderen Bereichen der Modus *zwischenstaatlicher Zusammenarbeit* vorherrschte und die Mitgliedstaaten ihre Souveränität und Unabhängigkeit weitgehend beibehielten.

Der *Vertrag von Amsterdam* (1997) legte darüber hinaus einige wichtige institutionelle Reformen fest. Die Zusammenarbeit in den Bereichen Asyl, Einwanderung und Zivilrecht wurde in die Gemeinschaftsmethode überführt. Weitere Reformen betrafen die Ausweitung von Mehrheitsentscheidungen im Europäischen Rat und die erweiterten Mitwirkungsrechte des Europäischen Parlaments. Parallel zu diesen Entwicklungen begann die EU ab Mitte der 1990er Jahre Beitrittsverhandlungen mit den Reformländern Ost- und Ostmitteleuropas zu führen, die mit dem *big bang*, der Aufnahme von zwölf neuen Mitgliedsländern 2004 bzw.

5.1 Entwicklung der europäischen Integration

Die Europäische Union

1. Säule
Europäische Gemeinschaften
- Agrarpolitik
- Zollunion und Binnenmarkt
- Strukturpolitik
- Handelspolitik
- Wirtschafts- und Währungsunion
- Bildung und Kultur
- Forschung und Umwelt
- Gesundheitswesen
- Verbraucherschutz
- Sozialpolitik

EG

2. Säule
Gemeinsame Außen- und Sicherheitspolitik

Außenpolitik:
- Gemeinsame Positionen
- Friedenerhaltung
- Menschenrechte
- Demokratie
- Hilfe für Nicht-EU-Staaten

Sicherheitspolitik:
- Gemeinsames Vorgehen
- Kampf gegen den Terrorismus
- Gemeinsame Truppen

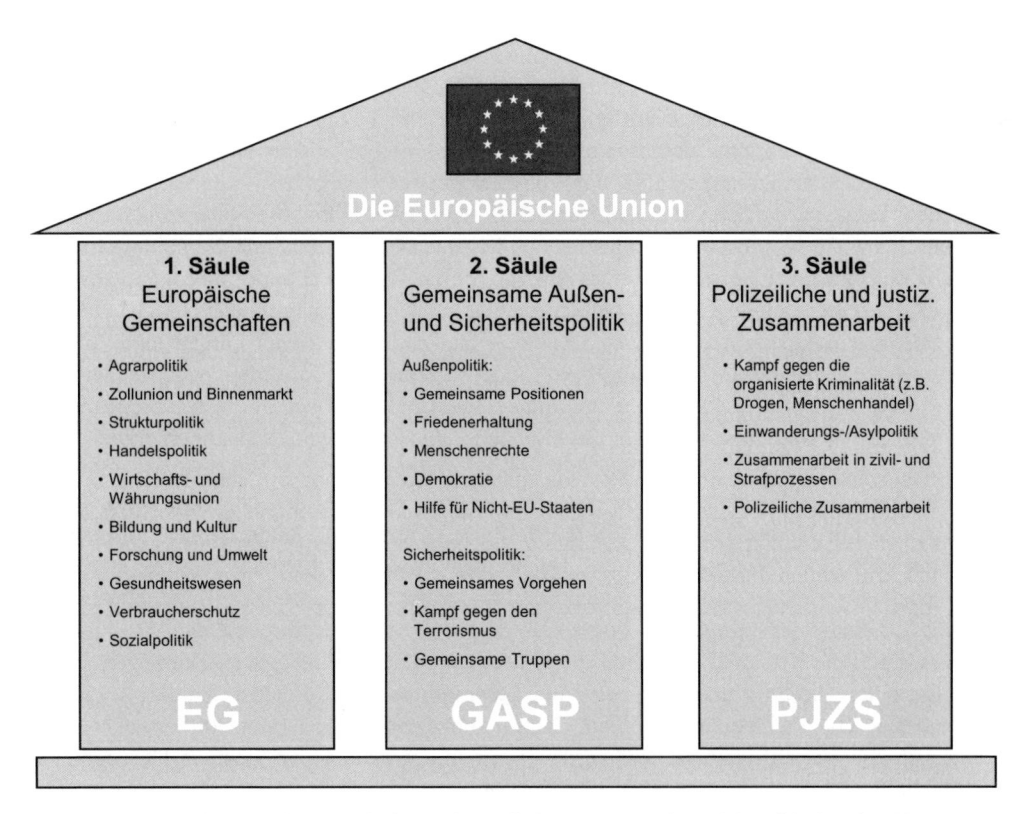

GASP

3. Säule
Polizeiliche und justiz. Zusammenarbeit
- Kampf gegen die organisierte Kriminalität (z.B. Drogen, Menschenhandel)
- Einwanderungs-/Asylpolitik
- Zusammenarbeit in zivil- und Strafprozessen
- Polizeiliche Zusammenarbeit

PJZS

Abb. 5.1: Die drei Säulen der Europäischen Union nach dem Vertragswerk von Maastricht (vor dem Vertrag von Lissabon)
Quelle: http://de.wikipedia.org/wiki/Bild:Saeulenmodell_EU.png (aufgerufen am 28. Juni 2011)

2007 zunächst abgeschlossen wurden. Mit diesen Erweiterungen wurden institutionelle Reformen der EU notwendig, die zunächst auf der Nizza-Konferenz (2000) und dann im Zusammenhang mit einem neuen Verfassungs- bzw. Reformvertrag der EU bearbeitet wurden. Hierbei ging es vor allem darum, ein verändertes Abstimmungsverfahren im Europäischen Rat (Ministerrat) festzulegen sowie die Anzahl der EU-Kommissare der größeren Mitgliederzahl der EU anzupassen. Darüber hinaus sollte das kritisierte Demokratiedefizit der Union abgebaut und die Legitimität politischer Entscheidungen der EU erhöht werden.

Mit der Ratifizierung des *Vertrages von Lissabon* (2009) wurde die Säulenstruktur der EU aufgehoben und in einem Vertrag zusammengeführt. Dieser Vertrag schließt die früheren zwischenstaatlichen Verträge ein und begründet die Europäische Union als Rechtspersönlichkeit, d. h. sie wurde Rechtsnachfolgerin der vorangegangenen Verträge. Mit dem Lissabon-Vertrag wurden notwendige institutionelle Reformen zunächst zum Abschluss gebracht.

Über einen Zeitraum von nahezu zwanzig Jahren befand sich die EU daher in einem Reformprozess mit einer doppelten Aufgabe: Zeitgleich zur Erweiterung der Gemeinschaft stellte die erforderliche Vertiefung der EU eine besondere Herausforderung dar. Die *EU-Erweiterung* erfolgte in mehreren Schritten. Die post-kommunistischen Länder, die unmittelbar nach dem Systemwechsel 1989/90 eine Mitgliedschaft in der Europäischen Union anstrebten, betrachteten die Aufnahme in die EU auf der *ideellen* Ebene als „Rückkehr nach

Europa", wie der tschechische Staatspräsident und ehemalige „Dissident", Vaclav Havel in einer Vielzahl von Reden und Aufsätzen betonte. Zugleich erhofften sie sich *wirtschaftliche* Unterstützung bei der Modernisierung ihrer Infrastruktur, Zugang zum europäischen Markt für ihre Produkte sowie eine Verbesserung des Lebensstandards für die Bevölkerung. Die EU reagiert zunächst zurückhaltend und war, vor allem aus der Sicht der meisten Reformländer, zögerlich. Dies war darauf zurückzuführen, dass eine Erweiterung auf Widerstand wichtiger EU-Mitgliedsländer, insbesondere Spaniens und Frankreichs, stieß. Zunächst schloss die EU mit den Reformstaaten „Europa-Abkommen" ab, durch die diese Länder mit der EU assoziiert wurden und sie leitete konkrete Unterstützungs- und Hilfsprogramme (PHARE) ein. Mit den 1993 beschlossenen *Kopenhagener Kriterien* zur Aufnahme neuer Länder legte die EU dann strenge Maßstäbe an beitrittswillige Länder. Neben der Einführung von Rechtsstaatlichkeit und Demokratie sowie einer funktionsfähigen Marktwirtschaft müssen Beitrittskandidaten auch das Gemeinschaftsrecht der EU, den *acquis communautaire*, übernehmen. Erst im März 1998 begannen schließlich mit sechs Ländern offizielle Beitrittsverhandlungen (Polen, Ungarn, Tschechien, Estland, Slowenien sowie mit dem seit längerem assoziierten Zypern, und mit Malta). Im Jahr 1999 wurde diese Gruppe um weitere Länder ausgedehnt (darunter auch die Türkei und Kroatien). Der Reformprozess der EU beschleunigte sich nach 1998, nachdem mehrere post-kommunistische Länder ihr Beitrittsgesuch offiziell eingereicht und die EU-Kommission den Beitrittsprozess eingeleitet hatte. In einem engen Monitoring-Prozess durch die Kommission wurde die Umsetzung der Kopenhagener Kriterien in jährlichen Berichten überprüft und die Übernahme („compliance") des Rechtsbestandes der EU in nationales Recht dokumentiert. Im Jahr 2004 nahm die EU zehn, und 2007 zwei weitere Länder in die EU auf. Inzwischen werden auch mit Albanien und Bosnien-Herzegowina Verhandlungen geführt und zu den Ländern Mazedonien, Kosovo und Serbien bestehen besondere Beziehungen, die sich beispielsweise wie im Fall Mazedonien auf Vereinbarungen eines visafreien Verkehrs beziehen. Erst 2013 soll mit Kroatien ein weiteres Land aufgenommen werden; mit einigen anderen Ländern der Region, einschließlich der Türkei, werden derzeit noch Beitrittsverhandlungen geführt, ohne dass ein konkreter Termin für den offiziellen Beitritt feststeht.

Wie es trotz der Widerstände in vielen EU-Ländern zu einer so großen Erweiterung der Union kommen konnte, wird in der wissenschaftlichen Literatur kontrovers diskutiert. Während rationale Theorieansätze die Präferenzen der Reformländer für eine Mitgliedschaft erklären können, bleibt das *„puzzle" der Erweiterung*, warum die alten EU-Mitgliedsländer trotz der hohen Kosten und neuen Umverteilungsprozesse über den Strukturfond sowie stärkerer Konkurrenz auf dem Agrarmarkt dieser Erweiterung zugestimmt haben. Autoren, wie der Politikwissenschaftler Frank Schimmelfennig, sprechen von einem letztlich erfolgreichen rhetorischen Handeln („rhetorical action") der Beitrittsländer (vgl. Schimmelfennig 2001). Zur Erklärung greift Schimmelfennig in seiner Analyse auf einen sozialkonstruktivistischen Ansatz zurück, indem er die Handlungspräferenzen der EU-Staaten nicht nur durch ökonomisches Kalkül, sondern auch durch die gemeinsamen Werte und Normen, wie Demokratie, Freiheit und Rechtsstaatlichkeit, begründet sieht, die die EU wiederholt in ihren Äußerungen und in Dokumenten als Selbstverständnis festgelegt hatte. Der von den Reformländern vorgetragenen Argumentation, der Beitritt könne angesichts der friedlichen Revolutionen und der Einführung von Demokratie und Rechtsstaatlichkeit nicht verwehrt werden, konnte sich schließlich um glaubwürdig zu bleiben kein Land der „alten" EU verschließen.

5.1 Entwicklung der europäischen Integration

Parallel zur EU-Erweiterung erfolgte die als *Vertiefung* bezeichnete Reform der EU-Institutionen. Sie war zum einen durch die Erweiterung angetrieben, zum anderen aber auch durch das Bestreben, das Demokratiedefizit der EU abzubauen. Ein im Jahr 2003 von einem eigens eingesetzten Konvent unter Leitung des französischen Politikers Valery Giscard d'Estaing vorgelegter Entwurf für eine *EU-Verfassung („Verfassungsvertragsentwurf")*, der mit institutionellen Reformen zu mehr Transparenz der Union führen sollte, wurde 2004 in Rom unterzeichnet. In einem aufwendigen Ratifizierungsprozess wurde er von 18 Mitgliedsländern ratifiziert, darunter auch Deutschland, scheiterte jedoch an negativen Referenden in Frankreich (Mai 2005) und den Niederlanden (Juni 2005). Ein neuer *EU-Reformvertrag*, auf den sich die Staats- und Regierungschefs bei ihrem Gipfeltreffen im Juni 2007 in Brüssel einigten, wurde schließlich im Oktober 2009 von allen Mitgliedsländern ratifiziert und bildet seit dem 1. Dezember 2009 als *Lissabon-Vertrag* die rechtliche Grundlage für die politische Struktur der EU. Der Lissabon-Vertrag behält wesentliche Elemente des Verfassungsvertrages bei, enthält aber auch eine Vielzahl von Kompromissregelungen. Im Gegensatz zum Verfassungsvertrag ersetzte er die bestehenden EU- und EG-Verträge aber nicht, sondern änderte sie rechtlich ab bzw. fasst die EU als eine Rechtspersönlichkeit.

In Deutschland durchlief die *Ratifizierung des Lissabon-Vertrags* mehrere Stufen. Die Bundesregierung mit Kanzlerin Angela Merkel befürwortete den Reformvertrag und die damit verbundene weitere Integration der EU. Am 24. April 2008 stimmte der Bundestag mit 515 zu 58 Stimmen für den Vertrag. Auch im Bundesrat wurde er kurz darauf mit breiter Mehrheit verabschiedet. Lediglich das Land Berlin enthielt sich aufgrund der Opposition der „Linken" der Stimme. Die Partei Die Linke kritisierte, dass der Vertrag die sozialen Probleme der Integration ungenügend berücksichtige und dass es im Bereich der Außen- und Sicherheitspolitik aufgrund der erweiterten Verpflichtungen zur Modernisierung von Verteidigungssystemen zu einer Militarisierung Deutschlands kommen würde. Im konservativen Lager, insbesondere in der CSU, wurden die Übertragung weiterer Souveränität auf die EU und der Machtzuwachs europäischer Institutionen scharf zurückgewiesen. Sowohl Die Linke als auch nationalistisch-souveränistische Flügel der CSU, vertreten durch Peter Gauweiler, reichten Klagen beim Bundesverfassungsgericht ein. Im Juni 2009 entschied das Bundesverfassungsgericht in einer differenzierten Begründung, dass der Lissabon-Vertrag im Einklang mit dem Grundgesetz stehe, jedoch mehr Zeit für die Deliberation über EU-Gesetzesvorhaben eingeräumt werden müsse. Dies gelte insbesondere dann, wenn die Rechte der Länder berührt würden. Eine rasch einberufene Arbeitsgruppe entwarf dementsprechend eine weitere Gesetzesvorlage für das deutsche Parlament, in der die von BVG bemängelten Lücken behoben werden sollten. Nachdem dieses Gesetz sowohl im Bundestag als auch im Bundesrat verabschiedet worden war, wiederum mit überwältigender Mehrheit, und der Bundespräsident es im September unterzeichnet hatte, konnte der Lissabon-Vertrag schließlich am 1. Dezember 2009 in Kraft treten.

Mit dem Vertrag von Lissabon wurde ein neuer einheitlicher Rechtsrahmen geschaffen, durch den das Bild der „drei Säulen" nach dem Maastrichter Vertrag seine Grundlage verlor: Die Europäische Union war nun keine Dachorganisation mehr, sondern erhielt selbst Rechtspersönlichkeit. Die Zuständigkeiten der EG wurden auf die EU übertragen. Zugleich wurden auch für die Zusammenarbeit im polizeilichen und justiziellen Bereich dieselben supranationalen Entscheidungsverfahren eingeführt, die zuvor nur für die EG gegolten hatten. Lediglich die Gemeinsame Außen- und Sicherheitspolitik behielt auch nach dem Vertrag von Lissabon ihre gesonderten Entscheidungsverfahren bei und bildet damit einen speziellen

Bereich innerhalb der EU, in dem die Mitgliedstaaten einen vergleichsweise großen Einfluss auf Entscheidungen ausüben. Die Euratom, bis zum Vertrag von Lissabon als eine der Europäischen Gemeinschaften Teil der „ersten Säule", wurde im EU-Vertrag nun nicht mehr eigens erwähnt, sondern lediglich durch ein Protokoll zum Vertrag an das politische System der EU angebunden.

Die Veränderungen durch den Vertrag von Lissabon (2009) bestehen im Wesentlichen in folgenden Reformen: Hinsichtlich von *Transparenz und Demokratie* in der EU wird die Rolle des Europäischen Parlaments durch die Erweiterung des Mitentscheidungsverfahrens (co-decision procedure) weiter aufgewertet. Das Mitentscheidungsverfahren bezieht sich beispielsweise jetzt auch auf polizeiliche und justizielle Zusammenarbeit in Strafsachen. Gleichzeitig erhalten die nationalen Parlamente durch eine verlängerte Beratungszeit mehr Einfluss auf die EU-Rechtssetzung, eine Reform, die auch in der Entscheidung des Bundesverfassungsgerichts in Deutschland eingefordert wurde. Eine neu eingeführte Europäische Bürgerinitiative bietet darüber hinaus mehr Einfluss für Bürger in den Mitgliedsländern. Erstmals enthält ein europäischer Vertrag zudem die Option des Austritts aus der EU. In Bezug auf die *Effizienz* von Entscheidungen auf der EU-Ebene wird von der Einführung eines für zweieinhalb Jahre eingesetzten Präsidenten des Europäischen Rates mehr Kontinuität und eine effizientere Geschäftsführung der Union erwartet. Dieses Amt wird derzeit von Herman van Rompuy ausgeübt, dem ehemaligen belgischen Ministerpräsident und Mitglied der Christlichen Partei der Flamen. Im Rat wurde das Qualifizierte Mehrheitsverfahren (QMV) ausgeweitet. Bei Abstimmungen gilt eine doppelte Mehrheit, die aus 55 Prozent der Mitgliedstaaten und 65 Prozent der Bevölkerung der EU besteht. Damit sollte verhindert werden, dass die großen Mitgliedsländer die kleineren Länder einfach überstimmen können. Im Vorfeld des Lissabon-Vertrags hatte es gerade in dieser Frage unterschiedliche Positionen zwischen den großen und kleineren Ländern der EU gegeben. Nationale Interesse waren in dieser Diskussion ausgeprägt und die gefundene Kompromisslösung kommt den kleineren Ländern entgegen. Eine bedeutende Reform wurde im Bereich des Rechtes umgesetzt indem die *Grundrechte-Charta,* die bereits bei der Regierungskonferenz in Nizza (2001) angenommen worden war, nun als rechtsverbindlich in den Lissabon-Vertrag aufgenommen wird. Zwar erhielt die Grundrechte-Charta nicht die herausragende Stellung, die ihr im Verfassungsvertrag als einleitende Sektion vorgesehen war; jedoch ist sie durch einen Verweis im Lissabon-Vertrag nun allgemeines europäisches Recht. Als bedeutende Neuerung gilt darüber hinaus die Profilierung der *globalen Rolle* der EU durch die Einführung des neuen Amtes der Hohen Vertreterin für die Außen- und Sicherheitspolitik. Hierfür wurde Catherine Ashton ernannt, die der britischen Labour Party angehört. Außerdem erhält die EU völkerrechtlich den Status einer Rechtspersönlichkeit, was der Union ermöglicht, internationale Verträge abzuschließen. Für das Amt der Hohen Vertreterin ist die Einrichtung eines europäischen diplomatischen Dienstes, European External Action Service (EEAS), mit rund 1.500 Mitarbeitern vorgesehen, der sich aus Vertretern nationaler Diplomaten, der EU-Kommission und des Rates zusammensetzt. Die Europäische Sicherheits- und Verteidigungspolitik (englisch: ESDP) soll zudem kohärenter ausgestaltet werden, um globale Aufgaben zu erfüllen.

5.2 Die Institutionen der EU

Die europäische Integration ist auf wirtschaftlichem Gebiet am weitesten fortgeschritten. Hier hat sie ihre längste Geschichte und die Bildung von supranationalen Institutionen ist dementsprechend fortgeschritten. Erst in jüngerer Zeit sind Bereiche, die Kerngebiete staatlicher Souveränität betreffen und daher besonders lange als staatliche Hoheitsgebiete betrachtet wurden, hinzugekommen, wie die Entwicklung einer gemeinsamen Außen- und Sicherheitspolitik mit entsprechenden neuen Institutionen. Charakteristisch ist für die EU der institutionelle Mix von staatlichen und supranationalen Kompetenzen.

Im Bereich des *Binnenmarktes* hat die Europäische Union weitgehende gemeinschaftliche Regelungen entwickelt. Wichtigste Schritte nach dem Vertrag von Maastricht waren zunächst a) der weitere Abbau von Handelshemmnissen bzw. die Liberalisierung des Marktes mit der Durchsetzung der „vier Freiheiten" in den Bereichen Arbeit, Kapital, Handel und Dienstleistungen, und b) die Wirtschafts- und Währungsunion mit der Einführung der gemeinsamen Währung. In anderen Politikfeldern, wie in der Umwelt-, Sozial-, Bildungs- und Kulturpolitik erfolgte die *Europäisierung* über Steuerungselemente, wie gemeinsame Erklärungen (z. B. Bologna-Prozess zur Studienreform), Aktionspläne (z. B. Gender Mainstreaming; Biodiversitätsstrategie) und Richtlinien (z. B. Elternzeitrichtlinie; Verbraucherschutz). *Europäisierung* meint dabei den wachsenden Einfluss der EU auf nationale Politikfelder, aber auch die supranationale Abstimmung in verschiedenen politischen Bereichen, in denen nationale Regierungen ihren Einfluss geltend machen. Staaten können in der Europäisierung entweder als *Beschleuniger* („driver") oder *Bremser* („breakmen") fungieren. Die Europäisierung kann am besten als zweigleisiger Prozess der Politikgestaltung betrachtet werden, *bottom-up*, mit der Initiative von Mitgliedsstaaten auf der EU-Ebene, oder *top-down*, in der Beeinflussung nationaler Gesetzgebungen durch EU-Regelungen.

Nach dem Vertrag von Lissabon (2009) besteht die EU aus folgenden Hauptorganen:

- *EU-Kommission*: Sie gilt als „Motor der Integration" und besitzt auch nach dem Lissabon-Vertrag als einzige Institution das Initiativrecht, d. h. sie kann Gesetzesvorschläge unterbreiten. Sie ist mit 27 Kommissionsmitgliedern, die für fachlich aufgeteilte Generaldirektionen zuständig sind, gleichzeitig als ständige Behörde das Exekutivorgan der EU, das die Einhaltung von Richtlinien und Verordnungen überwacht. Der Präsident der EU-Kommission ist derzeit José Manuel Barroso.
- *Europäischer Rat*: Er besteht aus den Vertretern der Staats- und Regierungschefs, die sich regelmäßig zu Konsultationen treffen und in der Regel zwei Mal im Jahr über zentrale Themen beraten und entscheiden. Der Rat ist nicht an der alltäglichen Rechtsetzung der EU beteiligt, sondern übernimmt die Aufgabe, bei strittigen Themen Kompromisse zwischen den Mitgliedsländern zu finden. Er setzt bei zentralen Themen, etwa in der Außenpolitik, wichtige Schwerpunkte und gibt Impulse für die weitere Arbeit. Der Rat ist, im Unterschied zur Kommission, eine intergouvernementale Institution der EU. Entsprechend dem Vertrag von Lissabon wählt der Rat alle zweieinhalb Jahre einen Vorsitzenden bzw. Präsidenten, der die Kontinuität der Arbeit gewährleisten soll. Dieses Amt hat seit 1. Dezember 2009 der Belgier Hermann van Rompuy inne.
- *Ministerrat* oder *Rat der EU*: Hier sind je nach Politikfeld die Fachministerien der Mitgliedsländer vertreten. Der Ministerrat entscheidet in gemeinschaftlichen Belangen und hat legislative Funktionen. Er gewährleistet die Kontinuität der EU-Politik und verbindet

intergouvernementale und supranationale Aufgaben. Die meisten Entscheidungen im Rat werden mit qualifizierter Mehrheit („qualified majority voting", QMV) entschieden. Mit dem Vertrag von Lissabon ist die herausgehobene Position der EU-Außenministerin geschaffen worden, die die britische Politikerin Catherine Ashton übernommen hat.

- *Europäisches Parlament*: Das Europäische Parlament (EP) ist eine supranationale Institution. Es wird seit 1979 alle fünf Jahre direkt von den Bürgern in den Mitgliedsländern gewählt und hat 785 Abgeordnete. Im EP sind verschiedene Parteien vertreten, die nach Parteienfamilien, nicht nach Ländergruppen organisiert sind. Das Europäische Parlament hat seit dem Vertrag von Amsterdam (1997) stetig mehr Rechte über das Mitentscheidungsverfahren erhalten. Es erlässt eine Vielzahl von Gesetzen (Richtlinien; Verordnungen etc.). Seine Gesetzgebungsfunktion teilt sich das Europäische Parlament mit dem Ministerrat der EU. Aufgrund der sinkenden Wahlbeteiligung bei den Wahlen zum EP wird seit einigen Jahren über ein Demokratiedefizit diskutiert. Im EP sind auch Europaskeptische Parteien bzw. Parteien, die die europäische Integration ablehnen, vertreten. Präsident des Europäischen Parlaments ist seit 2009 der Pole Jerzy Buzek.
- *Europäischer Gerichtshof*: Der Europäische Gerichtshof (EuGH) entscheidet Streitfragen im Gemeinschaftsrecht bzw. in vertraglich geregelten Bereichen der EU. Er hat im Zuge der Verrechtlichung und Verregelung europäischer Politik ebenfalls ein stärkeres Gewicht bekommen, was nicht zuletzt anhand der steigenden Zahl von Verfahren deutlich wird. Der EuGH ist eine supranationale Institution. Er wird häufig als Beschleuniger der EU-Integration bezeichnet, da seine Entscheidungen zur Europäisierung von Recht und Politik in den Mitgliedstaaten beitragen und europäisches Recht dem nationalen Recht übergeordnet ist.
- *Europäische Zentralbank*: Die Europäische Zentralbank (EZB) ist zuständig für die gemeinsame europäische Währung, den Euro. Sie ist politisch unabhängig und setzt sich aus den 17 Ländern der EU zusammen, die seit 1999 den Euro eingeführt haben. Ihre Aufgabe ist es, die Kaufkraft des Euro und somit Preisstabilität im Euroraum zu gewährleisten. Seit der Finanzkrise in Irland und Portugal sowie der Krise im Staatshaushalt Griechenlands hat die EZB, zusammen mit dem Internationalen Währungsfond, die Regulierung der Milliardenhilfen an die betroffenen Länder übernommen. Als Präsident der EZB wurde im Juni 2011 der Italiener Mario Draghi ernannt, der das Amt für acht Jahre im November 2011 übernehmen soll.
- *Weitere Institutionen*: Neben diesen Organen bestehen auf der EU-Ebene in Brüssel Vertretungen der (Bundes-)Länder und Regionen, zusammengeführt im Ausschuss der Regionen, eine Vielzahl von Lobby- und Interessengruppen sowie Nichtregierungsorganisationen mit Vertretungen in Brüssel. Letztere werden teilweise bei Beratungen über neue Richtlinien und Verordnungen von der EU-Kommission als Experten gehört.

Aufbau und Funktionsweise der EU-Institutionen unterscheiden sich von politischen Institutionen, die aus den Mitgliedstaaten – selbst den föderal verfassten Staaten – bekannt sind. Das wohl auffälligste Kennzeichen der Kompetenzverteilung auf der supranationalen europäischen Ebene ist, dass allgemeinverbindliche Entscheidungen nicht durch das Parlament, sondern von einem aus Regierungsvertretern der Mitgliedstaaten zusammengesetzten Gremium, dem Rat, getroffen werden. Zugleich kann der Rat nicht autonom handeln, sondern er ist auf vielfältige Weise mit den anderen Institutionen verknüpft. Vor allem ist hier die Europäische Kommission zu nennen, die als ständige Bürokratie nicht nur das Initiativrecht für europäische Gesetzgebungen besitzt, sondern auch für die Umsetzung der Gemeinschafts-

5.2 Die Institutionen der EU

politik zuständig ist. Die legislative Funktion teilt sich der Rat außerdem mit dem Europäischen Parlament, das über das Mitentscheidungsverfahren immer mehr an Bedeutung gewonnen hat; seine Rechte wurden in den letzten Jahren ständig erweitert. Obwohl häufig als „schwaches" Parlament kritisiert, hat das EP dadurch an Selbstbewusstsein gewonnen. Ein Beispiel für die erstarkte Rolle war der vom EP erfolgreich geforderte Rücktritt der Kommission unter Jacques Santer im Jahr 1999. Unter dem Kommissionspräsidenten Romano Prodi mussten sich die Brüsseler Kommissare dann erstmals einem ausführlicheren Anhörungsverfahren im Parlament stellen. Nach dem Beitritt der neuen Mitgliedsländer ist das Parlament größer und heterogener geworden; über das Mitentscheidungsverfahren hat es seine Rolle zugleich weiter ausbauen können.

Anders als in den meisten europäischen Ländern üblich hat die EU auch keine Verfassung; sie beruht nach wie vor auf zwischenstaatlichen Verträgen. Europapolitiker und Kritiker des *Demokratiedefizits* der EU vertraten daher die Auffassung, dass die Verabschiedung einer EU-Verfassung die Legitimität der Union erhöhen und das Demokratiedefizit abbauen könnte. Jürgen Habermas, ein kritischer Europa-Befürworter, fasst das Problem mit folgenden Worten: „Für die Bürger öffnet sich damit die Schere zwischen Betroffensein und Teilnahme immer weiter. Eine zunehmende Zahl von supranational beschlossenen Maßnahmen betrifft immer mehr Bürger in immer weiteren Lebensbereichen." (Habermas 1992: 646f.) Nach seiner Auffassung verursacht diese Disparität ein Legitimationsdefizit. Habermas stellt die Frage, ob sich „in diesen nach wirtschaftlichen Rationalitätskriterien arbeitenden Bürokratien nur deutlicher eine Entwicklung ab(zeichnet), die auch innerhalb der Nationalstaaten seit langem und unaufhaltsam fortschreitet – die Verselbständigung ökonomischer Imperative und eine Verstaatlichung der Politik, die den Staatsbürgerstatus aushöhlen und dessen republikanischen Anspruch dementieren?" (Habermas 1992: 646) Um den europäischen Prozess politisch zu legitimieren, so Habermas, sei eine Öffnung der Entscheidungsprozesse und eine größere Bürgerpartizipation sowie eine Parlamentarisierung des europäischen Prozesses notwendig. Habermas war ein vehementer Fürsprecher der Idee einer „europäischen Verfassung" und beteiligte sich am öffentlichen Diskurs über die EU-Reform (vgl. Habermas 2001). Eine *europäische* Öffentlichkeit, die die Demokratisierung vertiefen könnte, sei allerdings, wie Habermas beklagt, bis heute nicht entstanden. Außerdem könnte eine gemeinsame Verfassung – angesichts der kulturellen, religiösen und regionalen Unterschiede in Europa – die gemeinsam geteilten Grundwerte und -rechte kodifizieren und den Gedanken einer europäischen Wertegemeinschaft stärken. Der Historiker Jürgen Kocka (2002) unterstreicht beispielsweise die identitätsbildende und zivilgesellschaftliche Funktion, die der Diskussion über die gemeinsamen Grund- und Freiheitsrechte nach der Öffnung Europas 1989/90 zukam. Konsequent fortgesetzt könnte die Verfassung mit der Charta der Grundrechte die Grund- und Freiheitsrechte deutlicher in der europäischen politischen Tradition verankern und nicht zuletzt die zivilgesellschaftlichen Elemente demokratischer Repräsentation stärken.

In Deutschland wurde die *Diskussion um eine „europäische Verfassung"* emphatisch als „Auszug der Handwerker" (in der pragmatischen Tradition Monnets) und als „Einzug der Architekten" begrüßt – so der damalige Außenminister Joschka Fischer (2000) in seiner „Berliner Rede" 2000. Eine europäische Verfassung sollte der Vision eines neuen Europas entsprechen, welches nicht nur wirtschaftliche Ziele und die Politik der „kleinen Schritte" verfolgte, sondern die politische Vision eines nach der Spaltung wieder geeinten Europas verkörpert. Konzeptionell verfolgte die Debatte um den EU-Verfassungsvertrag dabei die drei Kernziele, Demokratie, Transparenz und Handlungsfähigkeit der EU zu stärken. Trotz hoher Erwartungen an die „Architekten" des europäischen Verfassungsvertrages, wurde der am 16. Juni 2003 vom Verfassungskonvent vorgelegte Gesamtentwurf ein Kompromiss aus sehr unterschiedlichen politischen Vorstellungen der Mitgliedsparteien und Akteure im Konvent. Der Verfassungsvertragsentwurf repräsentierte daher nicht einen „europäischen Gesamtwillen", sondern wurde Spiegel unterschiedlichster historisch-kulturell geprägter Vorstellungen vom Regieren in Europa, praktischer Erwägungen und taktischer Kompromisse. Zudem enthielt der Text etliche verfassungsfremde institutionelle und technische Regelungen. Hauptkritikpunkte waren neben der Schwerfälligkeit des Textes auch die angestrebte Föderalisierung und die verbindliche Festschreibung gemeinsamer Rechtsnormen in der Charta der Grundrechte.

In der Vermittlung des EU-Verfassungsvertrags an die Bevölkerung der Mitgliedsländer hatten Europapolitiker verschiedene Maßnahmen entlang der Dimensionen Öffentlichkeitsarbeit, Bürgerbeteiligung auf lokaler und regionaler Ebene, Einbeziehung von Netzwerken und zivilgesellschaftlichen Gruppen vorgeschlagen und eigens eine Website als Debatten-Forum eingerichtet. Nicht alle Länder teilten die in Bundesrepublik vorgebrachten Argumente für eine EU-Verfassung. In vielen Ländern wurde die Frage, in welchem Umfang eigenstaatliche Souveränität zukünftig auf die EU übertragen werden soll, sehr kontrovers diskutiert. Angesichts der Bedeutung von europäischen Richtlinien und Verordnungen für nationale Politikfelder erschien vielen Kritikern der demokratische Einfluss auf EU-Entscheidungen zu gering. Wichtige Fragen für die Zukunft der Union waren etwa: Welche Mitwirkungsmöglichkeiten haben Bürgerinnen und Bürger im erweiterten Europa? Wie können europäische Entscheidungen demokratischer und bürgernäher gestaltet werden? Was leistet das Regieren im Mehrebenensystem und welche Aufgaben sollen nationale (und regionale) Parlamente zukünftig erfüllen?

Als Problem stellte sich bald in den Länderdiskussionen heraus, dass der von den Staats- und Regierungschefs unterzeichnete Verfassungsvertrag (2004) zu komplex, ambitioniert und umfangreich war. Auch zeigte sich, dass die Debatte nicht von einer europäischen Öffentlichkeit getragen wurde, sondern aus einer Vielzahl nationaler Debatten über Europa bestand. In der Folgezeit ratifizierten zwar immerhin 18 Mitgliedsländer den Vertrag; das „Nein" in Frankreich und den Niederlanden 2005 löste jedoch eine Denkpause im Ratifikationsprozess aus. Das folgende Vertragsreformverfahren zeigte dann, wie weit die EU auf Kompromissen und Konsensfindung zwischen den Mitgliedstaaten beruht. Nach einem 36-stündigen Verhandlungsmarathon einigten sich die Staats- und Regierungschefs bei ihrer Sitzung am 24. Juni 2007 in Brüssel schließlich auf einen neuen Entwurf für einen EU-Reformvertrag, dessen Details im zweiten Halbjahr 2007 ausgearbeitet wurden, damit er noch vor der nächsten EU-Parlamentswahl im Juni 2009 in Kraft treten konnte. Dieser Zeitplan konnte jedoch nicht eingehalten werden. Ein ablehnendes Referendum in Irland im Sommer 2008 – das einzige EU-Mitgliedsland in dem Referenden bei Europafragen verfassungsmäßig vorgeschrieben ist – machte weitere Kompromisse erforderlich. Erst nach einem erneuten Referendum in Irland im Herbst 2009 konnte der Vertrag zum 1. Dezember 2009 schließlich in Kraft treten.

Der Kompromiss behielt die Substanz der institutionellen Reformen bei, nahm aber deutlich Abstand von der Idee eines großen „Verfassungswerkes". Von „Verfassung" war in dem neuen Vertragsentwurf keine Rede; auch eine Hymne und eine Fahne wurden vertraglich nicht festgeschrieben, da insbesondere die Niederlande, Frankreich und Großbritannien sich gegen einen „europäischen Superstaat" aussprachen. Unterschiedliche Auffassungen bestanden auch bezüglich der 54 Artikel umfassenden *Charta der Grundrechte* der EU, die bereits in Nizza (2000) verabschiedet worden war. Aufgrund eines Einspruchs Großbritanniens wurde sie formal nicht in den neuen Vertrag aufgenommen. Die Charta, welche sich an der 50 Jahre zuvor verabschiedeten Europäischen Menschenrechtskonvention (1953) orientiert und darüber hinaus einige neue Rechte enthält, etwa beim Datenschutz und beim Verbot des Klonens zu Fortpflanzungszwecken, sollte ursprünglich als Teil II in den Verfassungsvertrag aufgenommen werden. Im neuen Reformvertrag wurde jedoch ausdrücklich festgehalten, dass britische Gerichte nicht unter Berufung auf die Grundrechte-Charta gegen britische Gesetze und Bestimmungen vorgehen können, und auch Polen ließ eine Erklärung einfügen, wonach die Grundrechte-Charta nicht das Recht von Mitgliedstaaten beeinträchtigt, im Bereich der öffentlichen Moral, des Familienrechts und der „menschlichen, physischen und moralischen Integrität" Gesetze zu verabschieden. Konkret heißt dies, dass etwa Liberalisierungen zum Schwangerschaftsabbruch, zur Gleichstellung homosexueller Paare oder zur Forschung mit menschlichen Embryonen weder unter Berufung auf die Charta eingeklagt noch rechtlich verändert werden können. Ein Querverweis im Vertrag macht aber deutlich, dass die Charta heute rechtsverbindlich ist und, beispielsweise bei Verfahren vor dem Europäischen Gerichtshof, zur Anwendung kommen kann.

Die Arbeit der EU-Institutionen beruht also wie bisher auf zwischenstaatlichen Verträgen. Zugleich bezieht sich die EU auf die Idee gemeinschaftlicher Werte und Normen, deren vertragliche Verankerung in einer gemeinsamen Verfassung zwar gescheitert, in der Praxis jedoch in vielfältiger Form in der Europäisierung von Politikfeldern wirksam ist.

5.3 Die Europäische Union als politischer Raum

5.3.1 Regieren in der EU

Wie kann ein hoch komplexes, verflochtenes politisches System wie die EU regiert werden? In der Europaforschung wurde hierzu aus der angelsächsischen Politikwissenschaft der Begriff *Governance* übernommen, der Prozesse und Strukturen politischer Entscheidungsbildung bezeichnet. Der Begriff *Governance* meint im Allgemeinen politische Prozesse, die an verrechtliche Normen und eingeübte Regeln im Rahmen politischer Institutionen geknüpft sind, aber nicht unbedingt einer Regierung im herkömmlichen, nationalstaatlich verfassten Sinn bedürfen. Die Staaten bzw. ihre Regierungen können an den Entscheidungen maßgeblich beteiligt sein, müssen es aber nicht. Wie Markus Jachtenfuchs und Beate Kohler-Koch schreiben: „Thus, we define governance as the continuous political process of setting explicit goals for society and intervening in it in order to achieve these goals." (Jachtenfuchs/Kohler-Koch 2005: 99) Wie alle politischen Prozesse in demokratisch verfassten politischen Systemen müssen die Verfahren und Entscheidungen jedoch legitimiert werden, d. h. sie müssen von den Beteiligten als rechtmäßig anerkannt und in der Praxis etabliert sein. Inwieweit diese Legitimität in der EU gegeben ist, ist in der Europaforschung heute eine zentrale Frage.

Das *Governance-Konzept* beruht auf der Beobachtung, dass die herkömmliche Außenpolitik zwischen den europäischen Staaten immer stärkere Züge der Innenpolitik annimmt. So ist Europapolitik heute kein Teilbereich der auswärtigen Beziehungen mehr, vielmehr sind zentrale Politikfelder wie die Wirtschafts- und Umweltpolitik, Arbeitsmarktregelungen, Regional-, Sozial- und Gesundheitspolitik durch europäische Entscheidungen beeinflusst und reguliert. Durch diese Tendenz der „Entgrenzung" des Politischen komme es zu einer nachlassenden

Steuerungsfähigkeit von Staaten im Rahmen nationalstaatlicher Politik, so argumentieren beispielsweise Markus Jachtenfuchs und Beate Kohler-Koch (2003). Zugleich gewinnen Entscheidungen auf der europäischen Ebene zunehmend an Bedeutung für die Mitgliedsländer der EU, ein Prozess, der als „Europäisierung" bezeichnet wird. Dies führt unter anderem zur Aufwertung transnationaler Akteure. Aufgrund der Diffusion von Macht, die für die Europäische Union aufgrund der Kompetenzverflechtungen charakteristisch ist, entstehen so verschiedene Zentren der Entscheidungs-, Normen- und Kompetenzbildung (vgl. auch Risse 2007).

Regieren innerhalb der EU erfolgt auf mehreren Ebenen, die wiederum miteinander verflochten sind. Dabei existieren kein einheitliches Machtzentrum und kein europäisches Gewaltmonopol. Governance bezeichnet daher die Formen politischer Entscheidungsfindung, die in der Union als Mehrebenensystem vorherrschen, treffender als herkömmliche politisch-theoretische Begriffe, die auf der Analyse von Staaten beruhen.

Für die Analyse von Entscheidungsprozessen in der EU hat sich das Modell des *Regierens im Mehrebenensystem* (englisch: multi-level governance) bewährt: So sind heute in der Bundesrepublik mehr als zwei Drittel aller Gesetze von europäischen Richtlinien, Verordnungen und Entscheidungen beeinflusst. Zugleich hat die Bundesrepublik nicht nur über den Rat, die Kommission und das Europäische Parlament Einfluss auf europäische Entscheidungen, sondern auch über die Vertretungen der Bundesländer und eine Vielzahl von Interessen- und Lobbygruppen in Brüssel. Entscheidungsebenen im Multi-level Governance-Modell sind die regionale (Länderebene), die nationale (Regierungen; Parlamente) und die europäische Ebene. Macht ist in der EU verteilt und verschränkt; die Mitgliedstaaten sind wichtigste Akteure, aber die EU hat als Akteur inzwischen ein eigenes Gewicht erhalten.

Grundlage für politische Entscheidungen ist das *Subsidiaritätsprinzip*, d. h. die europäische Ebene soll nur das regeln, was die Mitgliedsländer nicht regeln können. Dieses Prinzip ist auch im EU-Reformvertrag (Lissabon-Vertrag) verankert. Mit der „Open Method of Coordination" (OMC) können sich Länder außerdem auf gemeinsame Vorgehensweisen verständigen, wie z. B. in der Forschungs-, Sozial-, und Gesundheitspolitik, ohne dass es einer gemeinschaftlichen EU-Richtlinie bedarf.

Das Kernstück europäischen Regierens betrifft die *Wirtschafts- und Währungsunion* mit der Einführung des Euro. Das Beispiel der gemeinsamen Währung zeigt zum einen die Vorteile von *economic governance* in der EU, aber auch ihre Grenzen auf. Die Währungsunion ist in erster Linie ein *geldpolitisches Steuerungsinstrument*. Sie bringt volkswirtschaftlich sehr unterschiedlich entwickelte Länder zusammen und verzichtet auf eine vergemeinschaftlichte Wirtschafts- und Finanzpolitik. Die gemeinsame Währung beruht auf dem Vertrag von Maastricht (1993), mit dem fünf so genannte Konvergenzkriterien vereinbart wurden, die der Entscheidung darüber, welche Mitgliedstaaten an der Währungsunion teilnehmen können, zugrunde gelegt wurden. Zugleich beschloss die EU die Einrichtung einer Europäischen Zentralbank (EZB) mit Sitz in Frankfurt a. M., die an die Stelle des Europäischen Währungsinstituts (EWI) trat. Wirtschaft und Industrie erwarteten vor allem bessere Wettbewerbsbedingungen auf dem Weltmarkt, eine Reduzierung der Kosten ökonomischer Transaktionen (Wechselkursgebühren etc.) sowie größere Kapital- und Handelsmobilität innerhalb des Binnenmarktes. Vor allem Deutschland und Frankreich setzten sich als zwei Kernländer des EU-Binnenmarktes nachdrücklich für die Währungsunion ein. Inwieweit die gemeinsame

5.3 Die Europäische Union als politischer Raum

Organe der Europäischen Union

- Europäische Kommission
- Rat der EU
- Europäischer Rat (Lenkung)
- Europäischer Gerichtshof
- Europäischer Rechnungshof
- Europäisches Parlament (Entscheidung)
- Wirtschafts- und Sozialausschuss
- Ausschuss der Regionen
- Beratung

Supranationale Ebene

25 Mitgliedstaaten. Besondere institutionelle Vorgaben.
Akteure: <u>Nationale Regierungen</u>, Parlamente, Parteien, Verbände, Bevölkerung

Nationale Ebene

Regionale Einheiten in einigen der 25 Mitgliedstaaten. Besondere institutionelle Vorgaben.
Akteure: <u>Subnationale Regierungen</u>, Verwaltungen, Parlamente, Parteien, Verbände etc.

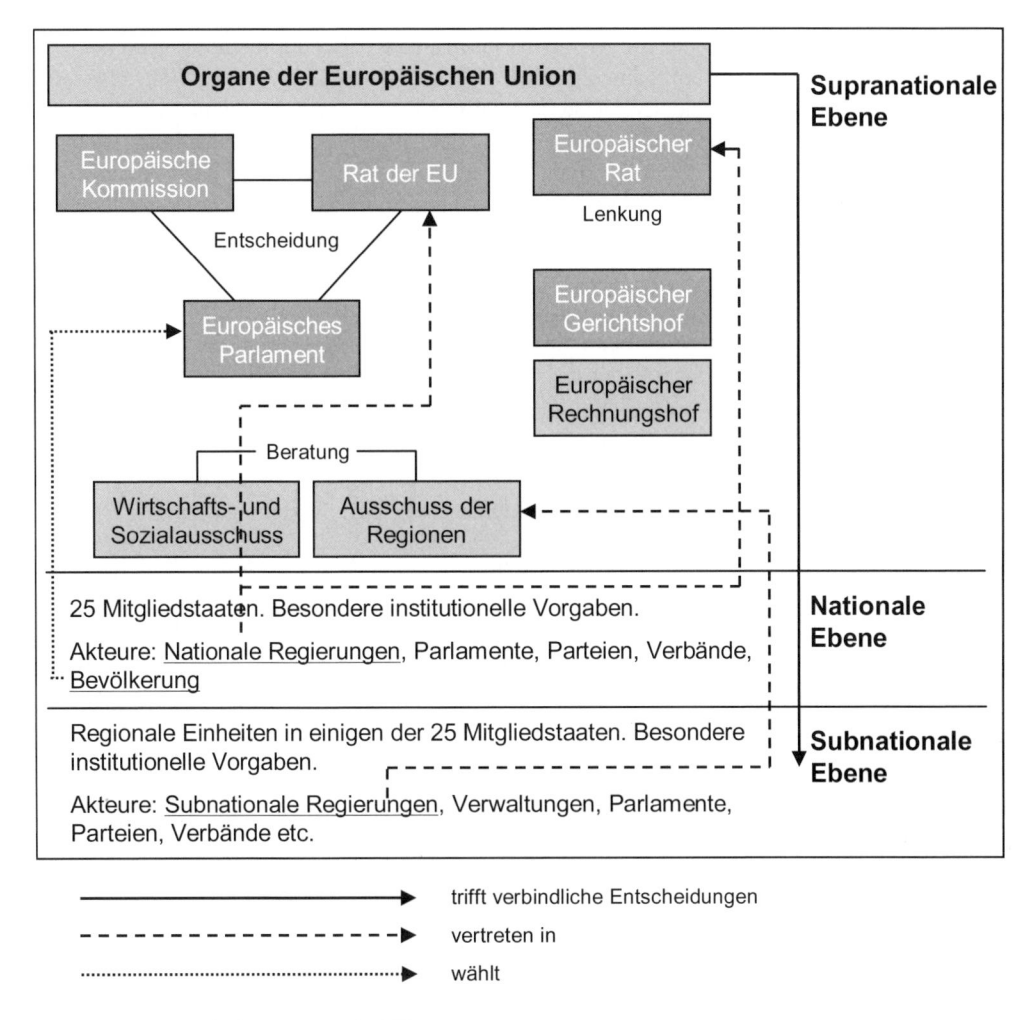

Subnationale Ebene

──────▶ trifft verbindliche Entscheidungen
- - - - -▶ vertreten in
·········▶ wählt

Abb. 5.2: Das Mehrebenensystem der EU
Quelle: http://www.dadalos-d.org/europa/grundkurs4/grundkurs_4.htm

Währung allerdings in den europäischen Gesellschaften wohlstandsfördernd wirken würde, blieb jedoch ebenso umstritten, wie die Frage, ob die Währungsunion zur Lösung des Beschäftigungsproblems beitragen könne. Als *Konvergenzkriterien* legten die Länder folgende wirtschaftliche Eckdaten fest: ein gleich niedriges Niveau der langfristigen Zinsraten der Länder, Inflationsraten unter 2,7 Prozent, eine Gesamtverschuldung von maximal 60 Prozent des Bruttoinlandsproduktes (BIP) und ein Staatsdefizit von maximal drei Prozent. Diese Kriterien, die als Richtgrößen konzipiert wurden, gelten auch nach der Einführung des Euro für die Länder der Euro-Zone als Zielwerte der Wirtschaftspolitik. Im Februar 1998 legten die potentiellen Teilnehmerländer der geplanten Währungsunion ihre Wirtschaftsdaten vor, aus denen ersichtlich wurde, dass eine große Gruppe von Staaten die Gemeinschaftswährung am 1. Januar 1999 einführen konnte. Von den fünf im Maastricht-Vertrag festgelegten Konvergenzkriterien über Inflationsraten, langfristige Zinssätze, Wechselkursstabilität,

Haushaltsdefizit und Staatsverschuldung galten im Frühjahr 1998 nur noch die beiden letzen als Eintrittshürden. Die von der Kommission der EU und dem Europäischen Währungsinstitut am 25. März 1998 vorgelegten Gutachten bescheinigten dann elf Ländern die „Euro-Fähigkeit" (Belgien, Deutschland, Spanien, Frankreich, Irland, Italien, Luxemburg, die Niederlande, Österreich, Portugal und Finnland). Die EU-Kommission kam nach Analyse der Wirtschaftsdaten zu dem Ergebnis, dass sie durch einen „hohen Grad an dauerhafter Konvergenz" für die Endstufe der Währungsunion qualifiziert seien. Der Euro wurde am 1. Januar 1999 zunächst als Buchgeld, dann am 1. Januar 2002 erstmals als Bargeld eingeführt. Die neuen EU-Mitgliedsländer, die 2004 und 2007 der EU beitraten, orientieren sich in der Transformationsphase an den Konvergenzkriterien, wobei neben Malta und Zypern inzwischen Slowenien, die Slowakei sowie Estland in die Euro-Zone aufgenommen wurden. Inzwischen gehören 17 Länder der Wirtschafts- und Währungsunion an (Stand: 2011).

Die Grenzen der geldpolitischen Steuerung durch den Euro zeigten sich bereits während der Einführungsphase. Zu nennen ist hier zunächst, dass einige wirtschaftlich starke Länder aus politischen Gründen nicht der Euro-Zone beitraten. So hatten die Länder Dänemark, Großbritannien und Schweden bereits während der Verhandlungen zur Euro-Einführung erklärt, der Währungsunion am 1. Januar 1999 nicht beitreten zu wollen. Griechenland, welches die Maastricht-Kriterien zunächst nicht erfüllte, wurde erst 2002 in die Währungsunion aufgenommen. Des Weiteren war die Euro-Einführung von einem Akzeptanzproblem begleitet. Während die Einführung des Euro von Wirtschaftsexperten in Kernländern der Europäischen Union begrüßt wurde, blieb die Einführung des Euro in vielen Ländern politisch umstritten. Auf der Rechten verurteilten konservative Parteien und nationalistische Gruppen die Gemeinschaftswährung als zu weitgehenden Eingriff in die nationale Souveränität, eine Position, die heute auch von populistischen und anti-europäischen Gruppen vertreten wird. Auf der anderen Seite standen auch Teile der europäischen Linken dem Projekt ablehnend gegenüber, weil sie eine Absenkung des Lohnniveaus und eine Verschlechterung der sozialen Lage der Arbeitnehmer fürchteten. Der damalige französische Innenminister Jean-Pierre Chévènement (Parti Socialiste) bezeichnete die gemeinsame Währung sogar als „Titanic"-Projekt, und in der deutschen Linken wurde der Euro als „Fetisch der Euro-kapitalistischen Warengesellschaft" abgelehnt. Während die einen die gemeinsame Wirtschafts- und Währungspolitik so als Chance für neue Gestaltungsräume innerhalb der EU begrüßten, sahen andere im Euro den Trend zur Durchsetzung einer neoliberalen Deregulierungspolitik bestätigt. Aber nicht nur in politischen Parteien, auch in der Bevölkerung hatte der Euro ein Akzeptanzproblem. Wie sich aus veröffentlichten Umfragen ergab, standen in Deutschland beispielsweise die meisten Bundesbürger der Währungsunion zunächst ablehnend gegenüber; mehr als die Hälfte der Deutschen sprachen sich noch im Frühjahr 1998 gegen die Einführung des Euro aus. Die folgenden mit Spannung erwarteten Abstimmungen in Bundesrat und Bundestag im April 1998 ergaben jedoch eine politische Mehrheit für die Einführung der gemeinsamen Währung.

Mit der Einführung des Euro wurde erwartet, dass die Mitgliedsländer auch zukünftig die Konvergenzkriterien einhalten. Jedoch zeigten sich bald Schwierigkeiten, da sich die Volkswirtschaften der Euro-Länder stark voneinander unterscheiden und die Konvergenzkriterien nicht von allen Ländern in gleichem Maß eingehalten wurden. Obwohl Deutschland als auch Frankreich aufgrund ihrer engen Wirtschaftsverflechtungen von der Einführung des Euro profitierten, konnten beide Länder in den Folgejahren die Maastrichter-Kriterien nicht durchgängig erfüllen. So wich Deutschland aufgrund der Kosten der deutschen Einheit mehrfach von den Vorgaben der Begrenzung des Haushaltsdefizits ab, was zu Abmahnungen aus Brüssel, nicht jedoch zu den angedrohten Sanktionen einer Strafzahlung führte. Diese erwiesen sich als politisch nicht durchsetzbar und konnten in Verhandlungen der deutschen Regierung mit Brüssel abgewendet werden. Aber auch kleinere Länder folgten den Vorgaben der Konvergenzkriterien nicht konsequent. Besonders hohe Haushaltsdefizite zeigten 2011 beispielsweise neben Griechenland auch Länder wie Italien, Spanien, Portugal.

Tab. 5.1: EU-Frühjahrsgutachten 2011

Konjunkturwert	2010	2011
WACHSTUM		
Euro-Zone	0,9	1,5
EU-27	1,0	1,7
Deutschland	1,2	1,6
INFLATION		
Euro-Zone	1,5	1,7
EU-27	1,8	1,7
Deutschland	1,3	1,5
ARBEITSLOSENQUOTE		
Euro-Zone	10,3	10,4
EU-27	9,8	9,7
Deutschland	7,8	7,8
HAUSHALTSDEFIZIT		
Euro-Zone	6,6	6,1
EU-27	7,2	6,5
Deutschland	5,0	4,7

Quelle: Frühjahrsgutachten der EU-Kommission; Angaben in Prozent
http://www.spiegel.de/wirtschaft/soziales/0,1518,693082,00.html (aufgerufen am 7. Juli 2011)

Die *Wirtschafts- und Finanzkrise 2008/09* erwies sich für den Euro als schwere Bewährungsprobe. Einerseits konnten die Länder des Euro-Raumes aufgrund der koordinierten Wirtschaftspolitik die Krise relativ gut abfedern. Andererseits vergrößerte die Krise einen tiefen Graben zwischen den relativ wohlhabenden Ländern im nördlichen Teil Europas und den schwächeren Ökonomien im südlichen Europa. Mit der Erweiterung des Euro-Raumes zeigte sich, dass die unterschiedlichen Wirtschaftssysteme der Mitgliedsländer dem Druck der Konvergenz nicht standhalten konnten. Nachdem der Staatshaushalt in Griechenland Anfang 2009 in eine schwere Krise geraten war, die nur durch ein Rettungspaket der EU und des IMF von 119 Milliarden aufgefangen werden konnte, und auch Spanien und Italien mit zunehmenden wirtschaftlichen Schwierigkeiten konfrontiert waren, musste die EU schließlich auch in Irland, das aufgrund von Spekulationen mit Finanzprodukten in einem deregulierten Finanzmarkt 2009 in eine Krise geraten war, Unterstützungsmaßnahmen einleiten, obwohl der Wachstums- und Stabilitätspakt nach dem Maastrichter Vertrag rechtlich keine Rettungshilfen („bail out") für die Mitgliedsländer des Euro vorsah. Obwohl sich der Euro so inzwischen als globale Währung etabliert hat, wurde seine Stärke immer wieder in Zweifel gezogen. Um eine unmittelbare Krise mit einem unkontrollierbaren Fall des Euro zu vermeiden, sahen sich die Staats- und Regierungschefs 2009 mit der Herausforderung eines unmittelbaren Rettungspakets für die schwächeren Ökonomien konfrontiert. Über diese unmittelbaren Hilfen hinaus zeigte die Krise jedoch auch, dass gemeinsame europäische Regeln in der Finanzwelt angesichts der globalen Märkte notwendiger denn je sind. Das Dogma der Liberalisierung und Deregulierung der Märkte hat mit der Wirtschafts- und Finanzkrise einen starken Dämpfer erhalten.

Aufgrund ihrer Exportorientierten Wirtschaft konnte demgegenüber die Bundesrepublik von der Euro-Einführung profitieren. Nach Angaben von Eurostat nahmen die deutschen Exporte innerhalb der Eurozone zwischen 2000 und 2009 deutlich zu; noch rascher gewachsen sind die Ausfuhren in den Wirtschaftsbereich außerhalb der Eurozone, wo sie mit rund 36 Prozent aller Ausfuhren aus der Eurozone den größten Anteil stellen. Eine Spitzenreiterposition deutscher Exporte nimmt dabei China als Zielland ein, gefolgt von deutschen Exporten nach Russland und in die USA.

Die Krise des Euro verweist auf das tiefer gehende Problem, inwieweit eine geldpolitische Steuerung bei gleichzeitig sehr unterschiedlichen Volkswirtschaften der Mitgliedsländer ausreicht. Selbst wenn die EU als „Solidargemeinschaft" definiert und der Ausgleich zwischen den Ländern in die Steuerung einbezogen wird, ergibt sich das Problem, dass die Entscheidungen der politischen Eliten legitimiert bzw. der Bevölkerung in den Mitgliedsländern *vermittelt* werden müssen. In den „Geberländern", darunter auch Deutschland, erhebt sich der Widerstand bei den Steuerzahlern, in den „Empfängerländern" formiert sich öffentlicher Protest gegen drastische Einsparungen und Umstrukturierungen.

Ein weiteres Kerngebiet des Regierens in Europa betrifft die Außenbeziehungen der EU. Die *Gemeinsame Außen- und Sicherheitspolitik* (GASP; englisch: Common Foreign and Security Policy, CFSP) wurde zunächst mit dem Vertrag von Maastricht (1993) als „zweite Säule" der Europäischen Union institutionalisiert. Durch den Lissabon-Vertrag wurde dieser Politikbereich mit der Einrichtung des Hohen Vertreters für die Außen- und Sicherheitspolitik und des ihm unterstellten Auswärtigen Dienst auf eine neue institutionelle Grundlage gestellt. Die GASP beruht auf zwischenstaatlicher bzw. intergouvernementaler Kooperation der Mitgliedstaaten. Sie baute auf der bereits Anfang der 1970er Jahre vereinbarten Europäischen Politischen Zusammenarbeit (EPZ) auf, mit der die Europäische Gemeinschaft bestrebt war, nach außen „mit einer Stimme" zu sprechen. Die Ziele der GASP bestehen nach dem Selbstverständnis der EU in der Wahrung der gemeinsamen Werte und der Unabhängigkeit der Union, der Wahrung des Friedens und der Stärkung der internationalen Sicherheit entsprechend einschlägiger völkerrechtlicher Verträge, in der Förderung der internationalen Zusammenarbeit, in der Entwicklung und Stärkung von Demokratie und Rechtsstaatlichkeit sowie in der Achtung der Menschenrechte und der Grundfreiheiten.[38] Ein Unterbereich der GASP ist die Gemeinsame Sicherheits- und Verteidigungspolitik (GSVP).

Da Außenpolitik traditionell als Kernstück staatlicher Souveränität begriffen wird, bestanden in den Mitgliedstaaten zunächst erhebliche Vorbehalte gegen eine gemeinschaftliche europäische Außen- und Sicherheitspolitik. Erst in den 1990er Jahren während der Transformation in den ehemals kommunistisch regierten Ländern und vor dem Hintergrund des Bürgerkriegs im zerfallenden Jugoslawien waren die Mitgliedsländer zu einer verstärkten Koordination ihrer Außenbeziehungen bereit. Jedoch zeigte sich selbst eine Dekade später im Vorfeld der Verabschiedungen des Lissabon-Vertrags, dass sich die Mitgliedsländer weitgehende Rechte im Bereich der Außenbeziehungen vorbehalten. Politisch hat die GASP zwar durch die Ent-

---

[38] Vgl. zu den Zielen und Arbeitsfeldern der GASP: http://ec.europa.eu/external_relations/cfsp/intro/index.htm (aufgerufen am 30. Juni 2011).

wicklung besserer Koordinations- und Konsultationsverfahren mehr Bedeutung erhalten. Aufgrund des Einstimmigkeitsprinzips bzw. des Vetovorbehalts für die mit qualifizierter Mehrheit zu fassenden Ratsbeschlüsse behält aber letztlich jeder Mitgliedstaat weitgehende Kontrolle über die Entwicklung der GASP. So ist nur der Europäische Rat mit den Staats- und Regierungschefs der Mitgliedsländer berechtigt, allgemeine Leitlinien für die Außenpolitik festzulegen und die Entscheidungen im Rat der EU (Außenministerrat) werden grundsätzlich einstimmig gefällt.

Die zwischenstaatliche Zusammenarbeit und Gestaltung der Außenbeziehungen wurde seit dem Ende des Ost-West-Konflikts vor allem durch Konflikt- und Krisensituationen vorangetrieben. Unter dem Eindruck des Bürgerkriegs in Bosnien und des Kosovo-Konflikts 1999 wurden auf dem EU-Gipfel in Köln (1999) unter deutscher Ratspräsidentschaft zunächst wichtige Richtungsentscheidungen getroffen, die auf eine stärkere *Europäisierung der Außenpolitik* abzielten und zu einer Konturierung einer gemeinsamen Außen- und Sicherheitspolitik beigetragen. Die EU-Regierungskonferenz schlug beispielsweise vor, das Verteidigungsbündnis Westeuropäische Union (WEU) bis zum Ende 2000 in die EU zu integrieren. Damit wurde eine Ergänzung zur NATO angestrebt, die sich mittelfristig wieder stärker auf ihre eigentlichen verteidigungspolitischen Aufgaben konzentrieren sollte. Nach einer längeren Planungsphase wurde schließlich auch ein „Hoher Vertreter der Außen- und Sicherheitspolitik" bestimmt, der die europäische Union nach außen vertritt („Außenminister"). Diese Aufgabe übernahm zuerst der mit internationalen Aufgaben vertraute ehemalige NATO-Generalsekretär, der Spanier Javier Solana. Der Schwerpunkt der GASP sollte in Europa liegen; die EU bezog in der Folge dieser Schwerpunktsetzung die südosteuropäischen Länder stärker in die europäischen Strukturen ein, um Gewalt und kriegerische Auseinandersetzungen zu verhindern. Mit einem Stabilitätspakt für Südosteuropa konnten die Nachbar- und Nachfolge-Staaten des ehemaligen Jugoslawiens unterstützt werden. In der Umwälzung in Nordafrika, welches über die Euro-Mediterrane Partnerschaft im direkten Interessenbereich der EU liegt, zeigten sich aber auch die Grenzen der gemeinsamen Außen- und Sicherheitspolitik. Der Koordinierungsbedarf in diesem Politikfeld ist nach wie vor hoch; nationale Präferenzen und europäische Interessen sind nicht kongruent. Auch muss die EU bei militärischen Aktionen auf die NATO zurückgreifen. Ihre eigentliche Rolle sieht die EU deshalb im Wiederaufbau von zivilen Strukturen in Nachkriegsgesellschaften.

Die EU verfügt über verschiedene Instrumente, gemeinsame Ziele in der Außenpolitik festzulegen und gemeinschaftliche Maßnahmen einzuleiten: *Gemeinsame Standpunkte* legen ein Konzept der Union für bestimmte, thematisch eingrenzbare politische Fragen dar. Sie gelten verbindlich für alle Mitgliedstaaten und sind als Richtschnur für die Gestaltung der Außenbeziehungen zu verstehen. *Gemeinsame Aktionen* veranlassen die EU, auf einem bestimmten Gebiet der Außenpolitik tätig zu werden, wie beispielsweise bei der Entsendung von Wahlbeobachtern in Problemgebiete oder Sanktionen gegen andere Staaten. *Erklärungen* dienen dazu, die Stellung der Europäischen Union zu aktuellen politischen Ereignissen darzulegen. Sie sind für die Mitgliedstaaten politisch bindend. Die Entwicklung dieser Instrumente, die darauf abzielen, die außen- und sicherheitspolitische Handlungsfähigkeit der EU zu stärken, bedeutet, dass die Außen- und Sicherheitspolitik heute nicht mehr nur von den Mitgliedstaaten durchgeführt wird, sondern sich zu einem *Governance*-System entwickelt hat, in dem Entscheidungen auf mehreren miteinander verzahnten Ebenen getroffen werden und zunehmend auch nicht-staatliche Akteure politische Entscheidungen mitgestalten.

Regieren im Bereich der Außen- und Sicherheitspolitik ist auch nach dem Vertrag von Lissabon komplex und mehrschichtig. Die GASP ist mit drei Schwierigkeiten konfrontiert. *Zum einen* hat die EU-Erweiterung auf nunmehr 27 Mitgliedsländer dazu geführt, dass die Bandbreite außen- und sicherheitspolitischer Präferenzen innerhalb der EU aufgrund historisch-kultureller Erfahrungen der Länder, unterschiedlicher Interessenlagen und geostrategischer Positionen zugenommen hat, so dass eine gemeinsame Entscheidungsfindung erheblichen Koordinierungs- und Abstimmungsbedarf erfordert. So bestehen beispielsweise im Bereich der Sicherheits- und Verteidigungspolitik in der Bundesrepublik aus historischen Gründen verfassungsrechtliche Beschränkungen bei militärischen Einsätzen außerhalb des NATO-Gebiets, die in Großbritannien, Frankreich und anderen EU-Ländern nicht existieren. Auch sind nicht alle EU-Staaten Mitglied in der NATO, wie etwa Schweden und Österreich, während die NATO für die ostmitteleuropäischen und baltischen Mitgliedsländer eine wichtige Sicherheitsgarantie darstellt.

Zum zweiten besteht im Bereich der GASP auch nach Ratifizierung des Lissabon-Vertrags eine *institutionelle Fragmentierung*. Die im Europäischen Rat versammelten Regierungsvertreter haben, dem intergouvernementalen Politikmuster entsprechend, als Akteure ein ausschlaggebendes Gewicht, und der Vorsitzende des Rates vertritt die EU gegenüber Drittstaaten und Internationalen Organisationen. Aber auch andere Institutionen sind am Prozess außen- und sicherheitspolitischer Entscheidungen maßgeblich beteiligt. Hier ist insbesondere das neu geschaffene Amt des Hohen Vertreters in der Außen- und Sicherheitspolitik, bzw. die bereits erwähnte Außenministerin, zu nennen, die die EU nach außen vertritt. Unklar ist aber noch die Kompetenzaufteilung zwischen der Hohen Vertreterin und dem Präsidenten des Europäischen Rates, der ebenfalls die Außenvertretung der EU wahrnimmt. Die EU-Kommission wiederum ist mit ihrem Präsidenten und dem EU-Außenkommissariat ebenfalls an der Entwicklung der gemeinsamen Außen- und Sicherheitspolitik beteiligt, und sie hat durch das Initiativrecht die Möglichkeit, den Rat mit bestimmten Themen zu befassen. Versuche, alle Aufgaben der GASP durch ein EU-Außenministerium in einem Amt zu bündeln sind bislang an den Vorbehalten der Mitgliedstaaten gescheitert.

Drittens ist schließlich zu bedenken, dass die EU heute mit einem erheblichen *Erwartungsdruck* konfrontiert ist, bei globalen Sicherheitsproblemen einen Beitrag zu leisten. Im Jahr 2007 war die EU beispielsweise bereits an 15 Einsätzen in Krisenoperationen und Hilfsaktionen für die Vereinten Nationen und die Afrikanische Union beteiligt. Beobachter sehen die besondere Note der EU dabei in der zivilen Ausrichtung ihrer Aktionen und der Betonung der Menschenrechte. Allerdings sind zivile und militärische Aspekte bei diesen Einsätzen nicht immer zu trennen und die EU muss hier ihre finanziellen und organisatorischen Kapazitäten prüfen.

Zusammengefasst lässt sich also feststellen, dass Regieren im Politikfeld der Außen- und Sicherheitspolitik einem intergouvernementalen Politikmuster folgt. Auch nach Verabschiedung des Vertrags von Lissabon und einer stärkeren Europäisierung der Außenbeziehungen behalten sich die Mitgliedstaaten weitgehende Kompetenzen in der Außen- und Sicherheitspolitik vor.

Die *Zusammenarbeit in den Bereichen Justiz und Polizei* wurde durch den Lissabon-Vertrag vergemeinschaftet, und polizeiliche und justizielle Angelegenheiten können nun auch beispielsweise im Europäischen Parlament erörtert und abgestimmt werden. Sie ist daher von einem Mix aus zwischenstaatlicher, intergouvernementaler Zusammenarbeit zwischen den

Mitgliedstaaten und gemeinschaftlicher Politikgestaltung geprägt. Nach Verabschiedung des Maastrichter-Vertrags konzentrierte sich die Zusammenarbeit zwischen den Mitgliedsländern zunächst auf die Bekämpfung von Korruption und Kriminalität, unter anderem im Bereich des illegalen Drogen- und Waffenhandels und bei Aktionen gegen Frauen- und Menschenhandel, die nach dem Ende des Ost-West-Konflikts drastisch zugenommen hatten. Weitere Aufgaben kamen nach den Terroranschlägen in Madrid und London sowie in Hinblick auf die Verhütung weiterer Straftaten mit terroristischem Hintergrund hinzu. Neben der Einrichtung eines Europäischen Polizeiamtes (Europol) zur Koordination und Informationssammlung bestehen weitere Koordinationsstellen für Justizielle Zusammenarbeit. Im Austausch mit den beitrittswilligen Ländern in Südosteuropa und Osteuropa unterstützt die EU-Kommission die Bekämpfung von Korruption und organisiertem Verbrechen bereits vor der Mitgliedschaft als *„pre-accession"*-Strategie.

5.3.2 Problembeispiel European Citizenship und europäische Identität

Im Folgenden soll am Beispiel der Einführung einer europäischen Unionsbürgerschaft erörtert werden, inwiefern sich durch transnationale rechtliche Regelungen, die die Grenzen eines Staates überschreiten, neue Loyalitätsbindungen an die EU ergeben. Die *europäische Unionsbürgerschaft* („European citizenship")wird Staatsangehörigen der europäischen Mitgliedsländern nach dem Vertrag von Maastricht (Art. 8b) neben ihrer nationalen Staatsangehörigkeit zugeschrieben. Bürgerinnen und Bürger der 27 Mitgliedsländer besitzen nicht nur ihre nationale Staatsangehörigkeit, sondern sie sind zugleich Bürger der Europäischen Union. Diese Regelung war zunächst als Ergänzung zur Liberalisierung des Binnenmarktes konzipiert, um die Freizügigkeit innerhalb der EU zu unterstützen. Seit Beginn der 1990er Jahre wird jedoch kritisch rückgefragt, welchen Beitrag eine europäische (Staats)Bürgerschaft zur Demokratisierung des Europa-Projekts leisten kann. In der Literatur wird dabei verschiedentlich der Erwartung Ausdruck gegeben, dass eine aktive Bürgerschaft auf europäischer Ebene zum Abbau des Demokratiedefizits beitragen kann. Dabei handelt es sich um eine normative Frage mit politisch-theoretischen Implikationen.

Im Kontext von Nationalstaaten haben sich historisch betrachtet zwei Grundkonzeptionen von Staatsbürgerschaft herausgebildet. Eine zentrale Traditionslinie der neuzeitlichen Staatsbürgerdiskussion geht auf die von John Locke begründete liberale Tradition des Naturrechts zurück (*Vertragsmodell*). Eine zweite Traditionslinie bilden das republikanische Modell sowie der bei Jean Jacques Rousseau entwickelte Gedanke der Selbstbestimmung und der Volkssouveränität (*Gemeinschaftsmodell*). Konzeptionell lassen sich in der Folgezeit unterschiedliche Deutungen der modernen Staatsbürgerschaft unterscheiden. In der liberalen Tradition hat sich ein individualistisches, in der auf Aristoteles zurückgreifenden republikanischen Tradition der Staatslehre ein kommunitaristisch-ethisches Verständnis der Staatsbürgerrolle herauskristallisiert. Staatsbürgerschaft garantierte Rechte und beinhaltete Pflichten im Rahmen des jeweiligen Staates. Aufgrund von geschichtlichen, institutionellen und politischen Entwicklungen legten Staaten dabei unterschiedliche Kriterien für den Erwerb der Staatsangehörigkeit zugrunde. Grundsätzlich werden dabei zwei Konzeptionen unterschieden, das *jus soli (*Territorialprinzip) und das *jus sanguinis* (Abstammungsprinzip). Inzwischen wird in mehreren Ländern, wie in der Bundesrepublik, mit Mischformen dieser beiden Grundmuster gearbeitet (z. B. doppelte Staatsbürgerschaft; erleichterte Einbürgerung von Personen, die im Land geboren sind etc.). Während die Zuschreibung von Staatsbürgerschaft, „citizenship" oder „citoyenneté", im 19. und frühen 20. Jahrhundert primär den Sinn von Staatsangehörigkeit oder Nationalität hatte, wurde der Begriff im 20. Jahrhundert immer mehr im Sinne eines durch Bürgerrechte umschriebenen Bürgerstatus mit aktiven Rechten erweitert. Damit wandelte sich die Bedeutung von einer primär staatszentrierten und administrativen zu einer aktiven Staatsbürgerschaft, im modernen staatsrechtlichen und politischen Verständnis (Habermas 1992). Mit den sozialen und politischen Veränderungen moderner Gesellschaften findet also eine Veränderung des Rechtsverständnisses im Rahmen des liberalen Verfassungsstaates statt, indem Staatsbürgerschaft heute in einem erweiterten Sinn als aktives Bezugsverhältnis zum Staat gefasst wird. Parallel hierzu sind verschiedene Formen der Ausgrenzung oder Diskriminierung im Verlauf des 20. Jahrhunderts abgebaut und in inklusive Formen der Repräsentation umgewandelt worden, wie z. B. durch die Einführung des Frauenwahlrechts, oder die Abschaffung von konditionalen Beschränkungen von Staatsbürgerrechten etwa beim Wahlrecht. Anknüpfend an dieses evolutionäre Verständnis von Bürgerrechten lässt sich die Frage stellen, ob die Entwicklung der europäischen Integration nicht auf eine ähnliche Evolution des Rechtsverständnisses über das Bürgerschaftsmodell hinauslaufen und zu einer neuen, dem europäischen politischen Raum entsprechenden Konzeption einer multiplen Unionsbürgerschaft weiterentwickelt werden kann.

Eine erste theoretisch angelegte Studie über die Bedeutung der europäischen Bürgerschaft wurde von Elizabeth Meehan (1993) vorgelegt, die die Entwicklung rechtlicher Regelungen der Staatsbürgerschaft in Europa als Übergang zu einer neuen Form von europäischer Bürgerschaft betrachtet. Nach Meehan entsteht, „eine neue Form von Bürgerschaft, die weder national noch kosmopolitisch ist, sondern mehrfach (multiple) bestimmt ist, insofern Identitäten, Rechte und Verpflichtungen ... durch eine zunehmend komplexe Konfiguration von Gemeinschaftsinstitutionen, Staaten, Nationen und transnationalen Assoziationen, Regionen und Regionalzusammenschlüssen ausgedrückt werden." (Meehan 1993: 1) Das entstehende mehrstufige System von Rechten, Pflichten und Loyalitäten ist eine Entwicklung, die Meehan als eine wichtige Voraussetzung für die Demokratisierung Europas betrachtet. Nach ihrer Auffassung müsse die EU vor allem die sozialen Rechte der Bürger weiterentwickeln um Loyalität zu fördern und das Demokratiedefizit der EU abzubauen.

Stellt die mit dem Maastrichter Vertrag festgeschriebene „europäische Unionsbürgerschaft" bereits das Bindeglied zwischen den Bürgern und Bürgerinnen der Mitgliedsländer und der EU dar, bzw. führt sie zu mehr Loyalität und Unterstützung der EU? Wie Arbeiten zeigen, beruht die Aufnahme der Unionsbürgerschaft im Maastrichter Vertrag auf einem längeren diskursiven Vorlauf in der Europäischen Gemeinschaft; die Einführung der „europäischen Staatsbürgerschaft" bildete, wie beispielsweise Antje Wiener (1998) gezeigt hat, den Endpunkt einer sich über zwei Jahrzehnte hinziehenden politischen Auseinandersetzung in den Brüsseler Europa-Gremien. Neben der europäischen Unionsbürgerschaft blieben die nationalen Regelungen zur Staatsangehörigkeit bestehen. Die EU-Bürgerschaft wurde lediglich komplementär zur nationalen Staatsangehörigkeit konzipiert. Der amerikanische Politikwissenschaftler Joseph Weiler verweist in diesem Zusammenhang auf die geringe Ausgestaltung der Rechte und die Konventionalität des Verständnisses vom „europäischen Staatsbürger". „But the citizenship chapter itself seemed to bestow precious few rights, hardly any that were new, and some explicitly directed at all residents and not confined to citizens." (Weiler 1997: 496) Ob es sich um eine neue Qualität von Bürgerschaft auf der transnationalen Ebene handelt, ist nach Weiler daher höchst fraglich. Der Weg, über neue rechtliche Konzeptionen wie die europäische Bürgerschaft mehr Loyalität zu fördern, kann als nur eingeschränkt erfolgreich angesehen werden. Sie erleichtert die Mobilität durch die Ausstellung eines gemeinsamen Passes und die Erweiterung des diplomatischen Schutzes im Ausland, aber sie hat wenig konkret greifbare Anreize für eine aktive, europäische Bürgerschaft geschaffen; auch in der Verfassungsreformdebatte und im Lissabon-Vertrag wurden keine neuen Konzepte entwickelt.

Eine weitere zentrale Frage ist, ob sich im Zuge der europäischen Integration neben der nationalen auch eine *europäische Identität* herausgebildet hat (vgl. Marks/Hooghe 2001; Risse 2009). Inwiefern wird die EU von den Bürgern der Mitgliedsländer überhaupt als identitätsstiftend wahrgenommen? Welche Werte und Vorstellungen verbindet die Bevölkerung mit der Europäischen Union, welche mit Europa? Diese Diskussion ist im Schnittfeld zwischen theoretisch-konzeptionellen Fragen und empirischer Untersuchung angelegt. Zunächst ging die Europaforschung davon aus, dass sich der europäische Integrationsprozess auf eine „diffuse Loyalität" der Bevölkerung stützen könne. Da sich die EU heute nicht nur als Wirtschaftsgemeinschaft versteht, sondern darüber hinaus den Anspruch erhebt, ein politisches Gemeinwesen zu sein, greift sie in weite Bereiche der Gesellschaften ein, etwa auf kulturellem, politischem, umweltpolitischem und selbst militärischem Gebiet. Daher ist die Frage der Loyalität für den politischen Prozess ebenso bedeutend wie die Problematik des Einflusses von Staaten und ihrer Bürger auf politische Entscheidungen. Die Europaforscher Gary Marks und Liesbet Hooghe argumentieren, dass europäische Identität als dynamische, historisch kontingente Erscheinung zu verstehen ist, die sich als ein Netz unterschiedlicher Loyalitätsbindungen denken lässt, das durch soziale Erfahrungen und Sozialisation entsteht. Für diese Identitätskonzeption hat Gary Marks den Begriff von „nested identity" geprägt. *Nested identity* bezeichnet eine miteinander verknüpfte, vielschichtige Identität, die auf einem dynamischen Modell beruht. Die Forscher zeigen empirisch auf Basis von Eurobarometer-Daten, dass Bürger in europäischen Ländern neben ihrer nationalen Identität auch über starke Loyalitäten zu ihrem regionalen und lokalen Umfeld verfügen; letztere sind allerdings in den Mitgliedstaaten sehr unterschiedlich stark ausgeprägt. Neben der nationalen Identität und einer – mehr oder weniger ausgeprägten – regionalen Identität zeigten die Umfragen, dass sich zunehmend Bindungen an die europäische Gemeinschaft herausgebildeten haben (vgl. Hooghe/Marks 2001). Sie bezeichnen diese Identitätsstruktur als „multiple Identität" („multiple identities"). Diese enthalten europäische Schichten bzw. Loyalitäten, die mehr oder weniger deutlich ausgeprägt sein können. Andere Untersuchungen zeigen, dass die Bindung an Europa positiv mit dem Bildungsstand, dem Einkommensniveau und politischen Gesamtauffassungen korreliert (Risse 2009). Das würde dafür sprechen, dass die zukünftige Entwicklung der europäischen Identität vor allem von einer höheren Mobilität, den Inhalten von Bildung und Erziehung sowie der Entstehung einer europäischen Öffentlichkeit abhängen.

Die Bildung einer europäischen Identität wird daher einerseits als Ergebnis einer längeren Entwicklung verstanden, andererseits aber auch als Voraussetzung für die Konstruktion einer supranationalen Gemeinschaft. In der Europaforschung ist richtig darauf hingewiesen geworden, dass es in diesem Zusammenhang wichtig ist, zwischen einer „europäischen Identität" und einer „EU-Identität" zu differenzieren. „People might feel a sense of belonging to Europe in general while feeling no attachment to the EU at all – and vice versa." (Risse 2009: 169) Mit der EU-Erweiterung bestimmt die Union jedoch immer mehr das Bild Europas. Zu „Europa" zu gehören, wird immer mehr identifiziert mit der Zugehörigkeit zur EU.

5.4 Probleme und Perspektiven der EU

Auch nach Verabschiedung des Lissabon-Vertrags gehört das *Demokratiedefizit* zum wichtigsten *Binnenproblem* der EU. Bereits seit geraumer Zeit wird in nahezu allen Mitgliedsländern die Legitimität der EU-Gremien, die Transparenz von Entscheidungen und die demokratische Partizipation problematisiert. Dies gilt nicht nur für Länder mit einer stärkeren Tradition egalitärer und bürgerzentrierter Politik, wie etwa in Schweden und Dänemark. Auch in den europäischen Kernländern wie Frankreich, Großbritannien und Deutschland bildet die Kritik an der „Expertokratie" und Bürgerferne politischer Entscheidungen der EU ein Problem. Konzeptionell stellt der Abbau des Legitimations- und Demokratiedefizits daher eine wichtige Aufgabe der europäischen Politik dar, wobei ein dichter Problemsatz heute zum Demokratiedefizit der EU gerechnet wird, wie die im Vergleich zu den Mitgliedsländern schwächere Rolle des europäischen Parlaments, unklare Kompetenzabgrenzung zwischen den europäischen Institutionen (Kommission, Parlament, Europäischer Rat, Hohe Vertreterin für Außen- und Sicherheitspolitik), und mangelnde Transparenz von Entscheidungen. Sollte es gelingen, eine europäische Öffentlichkeit zu schaffen, dann könnten diese Probleme von einer breiteren Öffentlichkeit aufgegriffen und die Distanz zwischen Bürgern und EU-Institutionen verringert werden.

Eine wichtige Rolle spielt auch die Ausgestaltung des *Souveränitätstransfers*. Wie die Auseinandersetzungen in den Bereichen der Außen- und Sicherheitspolitik, in der Umwelt- und Sozialpolitik und anderen Bereichen zeigen, gibt es gravierende Einwände, politische Regelungskompetenzen vollständig auf die EU zu übertragen. Zur berechtigten Befürchtung der Aushöhlung egalitärer, umweltverträglicher Politiken – besonders in den nordeuropäischen Ländern – tritt die Abneigung gegen einen Brüsseler Zentralismus. Einige Vorschläge gehen dahin, dem Zentralismus durch eine Stärkung der Regionen entgegenzuwirken. Das Konzept des „Europa der Regionen", das die lokalen Politikzusammenhänge stärken will, wird von Föderalisten wie von bürger- und bewegungsnahen Gruppen favorisiert. Die Regionen spielen allerdings in neueren Überlegungen zur Zukunft der EU, etwa im EU-Reformvertrag, fast keine Rolle. Realistischer scheint daher, das Prinzip der *Subsidiarität* zu stärken, d. h. es sollten der EU nur diejenigen Aufgaben übertragen werden, die in den Mitgliedsländern nicht angemessen geregelt werden können. Während die EU-Integration dabei bislang vor allem auf zwischenstaatlichen Verhandlungen beruhte, sind Prozesse der Legitimationsbildung in der Bevölkerung heute vorrangig.

Für die Gestaltung der *Außenbeziehungen* der Europäischen Union stehen zwei große Problemkreise im Mittelpunkt. Zum einen hat die EU gegenüber den Ländern des Westbalkans Verpflichtungen beim Wiederaufbau und der Stabilisierung politischer Ordnungen übernommen, die auch in den kommenden Jahren weiteren Einsatz erfordern und die Frage der Aufnahme dieser Länder aufwerfen. Mit dem Beitritt Kroatiens 2013 wird dabei ein erstes ehemaliges Bürgerkriegsland im Balkan in die EU aufgenommen und weitere Länder werden folgen. Ungeklärt sind nach wie vor die Beziehungen zur Türkei, die seit 1963 mit der EU assoziiert ist und seit dem 4. Oktober 2005 offiziell mit der EU Beitrittsverhandlungen führt. Befürworter der Integration der Türkei verweisen auf die positiven Erfahrungen mit den ostmitteleuropäischen Reformländern bei der Demokratisierung und bei den Menschenrechten, das Wirtschaftspotential der Türkei, sowie die „Brückenfunktion" zu den islamischen Ländern. Gegen die Türkei-Mitgliedschaft sprechen nach Auffassung von Kritikern nicht nur die noch bestehenden Defizite im Menschenrechtsschutz, Modernisierungsrückstände etwa bei den Frauenrechten sowie große wirtschaftliche Unterschiede zwischen Stadt und Land; vielfach wird auch die Grenzlage des Landes zu „heißen" Konflikten im Nahen und Mittleren Osten als Problem thematisiert. Nur wenige Länder unterstützen inzwischen eine Aufnahme der Türkei, und selbst in Deutschland ist die Unterstützung nach Meinungsumfragen auf ein Drittel geschrumpft. Vor einer neuen Erweiterungsrunde wird die EU jedoch zunächst ihre inneren Probleme, vor allem bezüglich der Auswirkungen der Wirtschafts- und Finanzkrise, bewältigen müssen.

5.5 Theorien und Leitbilder der europäischen Integration

Warum sind Staaten bereit, Souveränität auf die supranationale Ebene der EU zu transferieren und neuen supranationalen Institutionen Kompetenzen zu übergeben? Was zeichnet die europäische Integration aus? Diese Fragen werden bei der *Theoriebildung* in der Europa-Forschung, einem Teilgebiet der Internationalen Beziehungen, auf recht unterschiedliche Weise beantwortet. Dabei lassen sich zunächst zwei Denkschulen unterscheiden. Die erste geht davon aus, dass sich mit der Europäischen Gemeinschaft/Union eine neue *supranationale* Form der politischen Integration entwickelt hat, deren Institutionen eine eigene Dynamik entwickeln, welche wiederum weitere Integration auf anderen Gebieten nach sich zieht. Während der europäische Föderalismus die Integration in der Tradition der Bildung föderaler Staaten als politisches Projekt sieht, ist das Modell der Funktionalisten für die regionale Integration eher ökonomisch fundiert. Beide Erklärungsmodelle verstehen den Integrationsprozess jedoch als supranational konstruierten politischen Prozess, der politisch gewollt ist und Vorteile für die Mitgliedstaaten mit sich bringt, seien diese ideelle oder materieller Art.

Eine zweite Denkschule geht davon aus, dass die Integration auf zwischenstaatlichen Verträgen beruht und, ähnlich wie andere Internationale Organisationen, vor allem *intergouvernementalen* Charakter hat. Politisch sind Staaten in diesem Erklärungsmodell die zentralen Akteure der europäischen Integration, die nur dann zu zwischenstaatlichen Übereinkünften im Sinne intergouvernementaler Kooperation kommen, wenn diese aufgrund eines rationalen Kalküls einen Nutzen verspricht und dem nationalen Interesse förderlich ist. Der Intergouvernementalismus nimmt an, dass die Langlebigkeit historisch geprägter nationaler Interessen und die Bedeutung der staatlichen Souveränität einen Transfer von Souveränität nur unter speziellen Bedingungen zulassen. Die intergouvernementale Zusammenarbeit von Staaten hat in der Europäischen Union inzwischen eine große Dichte erreicht; dennoch bleiben die Mitgliedstaaten die wichtigsten Akteure.

Neuere Theorieansätze versuchen beide Denkansätze miteinander zu verbinden, um den Charakter der Europäischen Union – weder „föderaler Staat" noch „internationale Organisation" – und die Auswirkungen auf Politik und Gesellschaft der Mitgliedsländer analytisch besser zu erfassen. Dabei werden sowohl staatliche Interessen, als auch transnationale Akteure sowie die Eigenlogik der europäischen Institutionen berücksichtigt. Konzeptionell sind diese neueren Ansätze darauf ausgelegt, den Integrationsprozess Problem- und Policy-orientiert zu analysieren, Formen von Governance herauszuarbeiten und die Dynamik des Integrationsprozesses, etwa durch die Konstruktion von Werten und Normen, zu erfassen.

5.5.1 Integrationstheorien: Europa als Supranationale Organisation

Innerhalb der supranationalen Denkschule lässt sich zunächst zwischen Föderalisten und Funktionalisten unterscheiden; beide gehen vom Paradigma *supranationaler Integration* aus. Analytisch unterscheiden sie sich jedoch in ihren Leitideen und Konzeptionen für ein integriertes Europa.

a) Föderalismus: Leitidee „Bundesstaat"

Bereits während des Zweiten Weltkriegs entstand eine europäische Bewegung, deren Ziel es war, den übertriebenen Nationalismus, der Europa wiederholt in Kriege und gewaltsame Konflikte gestürzt hatte, durch die Idee eines geeinten Europas zu überwinden. 1944 wurde der erste „Kongress der europäischen Föderalisten" in der Schweiz einberufen. Bedeutende Politiker, wie Altiero Spinelli und Jean Monnet, gehörten zum Kreis der Föderalisten. Ihr vordringliches Ziel war es, den Nationalismus in Europa zu überwinden und eine neue, wohlstandsfördernde Friedensordnung aufzubauen. Vertreter einer gradualistischen Strategie, wie Monnet, sahen in der Bildung der „Europäischen Gemeinschaft für Kohle und Stahl" (1951) einen ersten Ansatzpunkt zu kooperativen, föderalen Strukturen. Die Idee des Föderalismus, deren Leitbild ein europäischer Bundesstaat ist, bleibt bis heute lebendig; sie ist streng genommen keine Theorie, sondern ein a) Erklärungsmodell für die europäische Integration und b) Leitbild für eine politische Bewegung.

Die Föderalisten gingen davon aus, dass die europäische Integration am besten durch eine bewusste Entscheidung von Politikern gelingt, Europa durch eine integrierte politische Institution auf der Basis gemeinsamer Zielsetzungen und Werte zu vereinen. Um der Integration als politischem Willen Ausdruck zu verleihen, sollte eine gemeinsame Verfassung verabschiedet werden, die einen gemeinsamen Rechtsrahmen schafft, ein Gedanke, den auch zeitgenössische Föderalisten unterstützen. Argumentativ wurden in diese Leitidee politischnormative, friedenspolitische und ordnungspolitische Vorstellungen eingebracht. Zugleich wurde angenommen, dass die europäische Integration mit dem Prozess der Nationalstaatsbildung im 18. und 19. Jahrhundert vergleichbar sei und auf die Bildung eines supranationalen Staates zuläuft. Nach Auffassung der Föderalisten sollte politische Institutionenbildung daher dem Ziel dienen, einen Bundesstaat einzurichten, in dem die supranationale Willensbildung nationalstaatlichen Interessen übergeordnet wird („function follows form"). Häufig wurden als Modell für die föderale Verfassung eines integrierten Europas die Vereinigten Staaten oder die Schweiz herangezogen.

Konzeptionell weist das föderale Modell einige Erklärungsdefizite auf, denn wie sich gezeigt hat, führen supranationale Politik- und Entscheidungsprozesse auf der europäischen Ebene nicht zwangsläufig zum Bedeutungsverlust nationaler Interessen. Das Gegenteil könnte richtig sein: Je mehr die Integration voranschreitet, desto profilierter werden nationale Interessen eingebracht. Die Ideen der Föderalisten scheiterten letztlich, weil eine Unterstützung der Bevölkerung, aber auch der politischen Eliten ausblieb. Zudem unterschätzten die Föderalisten die Probleme sozialer und ökonomischer Unterschiede zwischen den europäischen Gesellschaften, die zu unterschiedlichen Präferenzen in den Mitgliedsländern führen. Obwohl sich die EU immer mehr einem föderalen System annähert, ist die Übertragung von Kompetenzen in den Politikbereichen sehr unterschiedlich ausgeprägt. So stellt sich heute die Frage, ob Integration in jedem Fall zu befürworten ist, bzw. in welchen Bereichen integrative Politik, d. h. ein Transfer von Kompetenzen auf die EU, bessere Problemlösungen anzubieten hat, und wann regionale oder nationale Lösungen zu präferieren sind. Eine föderale Konstitution Europas setzt außerdem neben einer verfassungsmäßig legitimierten Gewaltenteilung und Kompetenzregelung ein breiter verankertes, europäisches Bewusstsein sowie eine europäische Öffentlichkeit voraus.

b) Neo-Funktionalismus:

Als klassischer Integrationsansatz gilt das von Ernst Haas entwickelte Konzept des Neo-Funktionalismus. Wie Haas in seiner Arbeit „The Uniting of Europe" (1958) darlegte, haben supranationale Institutionen mit Staatsqualität eine Initiativfunktion für das Vorantreiben der Integration. Mit der Bildung der europäischen Wirtschaftsgemeinschaft 1957, so die Grundannahme, sei ein entscheidender Schritt der supranationalen Zusammenarbeit getan worden, der in weitere, funktional bestimmte politische Integrationsschritte übergehen werde („spill over"). Da hochkomplexe Industriegesellschaften vor allem durch miteinander verflochtene Funktionen verbunden sind, komme es aufgrund ähnlicher wirtschaftlicher und sozialer Interessen zu einer supranationalen Organisation („form follows function"). Dieser sektorale und graduelle Wandel müsste vor allem von politischen Eliten befördert werden.

Der Ansatz von Haas gilt als erster systematischer Theorieansatz in der Integrationsforschung. Haas war vor allem an der Frage interessiert, wie es zum Transfer von Kompetenzen und der Entstehung neuer Institutionen auf europäischer Ebene kam; dabei war sein funktionalistischer Ansatz beeinflusst von sozialwissenschaftlich-behavioristischen Theorien, d. h. politische Eliten und deren Verhalten spielten eine wichtige Rolle bei der Erklärung der sektoralen Integration. Das Problem dieses Modells bestand darin, dass es sektorale Erfahrungen in einigen Wirtschaftsbereichen (Kohle und Stahl) auf die politische Integration der Gemeinschaft überträgt und die integrierende Wirkung gemeinsamer Wirtschaftsinteressen auf die weitere politisch-institutionelle Entwicklung überschätzte. Ein weiteres Problem besteht darin, dass der Neo-Funktionalismus europäische Integration als kontinuierlichen Prozess ansieht, während Rückschläge und Blockaden nicht erklärt werden können. Dissonanzen zwischen nationalen Interessen und funktionalem, europäischem Prozess werden konzeptionell nicht aufgenommen. Unberücksichtigt bleiben in diesem Modell auch Fragen demokratischer Legitimation von politischen Entscheidungen sowie die Rolle der öffentlichen Meinung und die Partizipation der Bevölkerung. Der Neo-Funktionalismus beschreibt die Integration in erster Linie als Prozess, der von politischen oder wirtschaftlichen Eliten bestimmt wird und er bleibt letztlich in seiner Überzeugungskraft auf sektorale Entwicklungen beschränkt.

5.5.2 Intergouvernementalisten: Europa als „Staatenbund"

Die Kategorien und Grundannahmen der intergouvernementalen Denkschule werden von der Theoriebildung in der Disziplin der Internationalen Beziehungen beeinflusst. Der intergouvernementale Ansatz ist keine „Theorie" im strengen Sinne, sondern ein Erklärungsansatz zur Untersuchung zwischenstaatlicher Zusammenarbeit in der EU, die ähnlich auch in anderen Internationalen Organisationen stattfindet. Nach Auffassung der Intergouvernementalisten wird der Kern der Integration durch zwischenstaatliche Verträge und Übereinkünfte gebildet. Vertreter des Intergouvernementalismus (z. B. Stanley Hoffmann) verweisen auf die Langlebigkeit historisch geprägter nationaler Interessen und das Primärmotiv von Staaten, ihre Souveränität zu erhalten und zu behaupten. Integration komme nur dann zustande, wenn eine partielle Interessenübereinkunft zwischen Kernländern besteht und Staaten bereit sind,

Souveränität zu transferieren („*pooled souvereignty*", nach Keohane/Hoffmann 1991). Daher wird die Europäische Union als Ergebnis von Verhandlungen auf Basis von nationalen Interessen konzeptualisiert, die auf den Gipfeltreffen der Staats- und Regierungschefs eingebracht werden. Sie folgt nach diesem Ansatz dem Modell einer Internationalen Organisation, die von Staaten aufgrund vertraglicher Übereinkunft eingerichtet wurde und in der Staaten die zentralen, legitimen Akteure sind. Eine weitere Grundannahme ist, dass die Mitgliedstaaten auf Basis rationaler Interessen handeln. Sie bringen ihre Präferenzen, z. B. in der Wirtschaftspolitik oder bei Fragen der Migration, in die zwischenstaatlichen Verhandlungen ein und versuchen ein optimales Verhandlungsergebnis im Interesse ihres Staates zu erzielen. Ähnlich wie neo-realistische Theorien der Internationalen Beziehungen betont dieser Ansatz also die Priorität von Staaten bei der Kompetenzübertragung. Regulative Politik im Rahmen der EU erfolgt immer nur dann, wenn Staaten aufgrund partiell kongruenter Interessen zur Kooperation bereit sind und sich von der Zusammenarbeit einen Zugewinn versprechen. Nach Auffassung der Intergouvernementalisten fungiert die EU also primär als Zweckbündnis zur Förderung einer global konkurrenzfähigen Wirtschaft.

Kritische Einwände gegen das intergouvernementale Erklärungsmodell beziehen sich zum einen darauf, dass es die gestaltende Rolle von Ideen, wie z. B. der Idee der „Sicherheitsgemeinschaft" oder der post-nationalen Politikgestaltung für die EU-Integration unterschätzt. Zum zweiten werden die Bedeutung von EU-Institutionen wie der Kommission als treibender Kraft der Integration, sowie der Einfluss äußerer Anstöße, etwa durch die EU-Aufnahme neuer Mitgliedsländer, vom Intergouvernementalismus nicht genügend berücksichtigt. So unterschätzt dieses Modell nicht nur die Gemeinschaft mit ihren supranationalen Organisationen als Akteur, sondern in der Regel auch gesellschaftliche und transnationale Akteure. Neuere Ansätze, wie der Liberale Intergouvernmentalismus (Moravscik/Schimmelfennig 2009), modifizieren daher die Akteursstruktur, indem sie von einer Pluralität der Akteure, zu denen etwa auch wirtschaftliche Interessengruppen und policy-Netzwerke zählen, ausgehen. Allerdings bleibt die Logik der Integration durch die Politik der EU-Staaten bestimmt, denn nur sie können einem Kompetenztransfer auf die EU-Ebene zustimmen. Ihre Präferenzen bilden sich nach Auffassung der Intergouvernementalisten aufgrund von innenpolitischen Interessenkonstellationen. Prozesse des zwischenstaatlichen Aushandelns („bargaining") sind zentral, um zu erklären, wie es zu einem Transfer von Kompetenzen kommen kann. Die Idee der Weiterentwicklung der EU zu einem Bundesstaat mit gemeinschaftlichen Werten und Normen und einer Verfassung werden dagegen skeptisch beurteilt. So wurde die EU-Verfassungsdiskussion beispielsweise von den Intergouvernementalisten kritisiert, da sie eine politische Integration anstrebte, die für die EU als Wirtschaftsgemeinschaft unangemessen war.

5.5.3 Integration als dynamischer Mehrebenen-Prozess: Neuere Erklärungsansätze

Angesichts der Dynamik der europäischen Integration nach der Unterzeichnung des Maastrichter Vertrags 1992 bemühte sich die Europaforschung, Integration mit einigen neueren Ansätzen zu erklären. Dabei wird häufig versucht, supranationale und intergouvernementale Erklärungsansätze miteinander zu verbinden, Integration anhand von verschiedenen Politikfeldern zu untersuchen, Prozesse zu vergleichen sowie empirischen Entwicklungen und methodischen Problemen mehr Aufmerksamkeit zu widmen.

Die Eigendynamik der Europäischen Union und ihre Ausweitung der Kompetenzen auf neue Gebiete, wie die Währungs- und Finanzpolitik, Außen- und Sicherheitspolitik, sowie Umwelt und Soziales bildet den Ausgangspunkt einer neuen Integrationsliteratur seit Beginn der 1990er Jahre. In diesen Arbeiten wird versucht, europäische Integration als *komplexen Prozess* zu verstehen, der Aspekte des innenpolitischen Regierens beinhaltet („domestic regime"), sich aber grundlegend vom Prozess der Staatenbildung unterscheidet. So schlägt der amerikanische Europaforscher Gary Marks vor, die beiden in der Literatur erwähnten Vergleichsmodelle, nämlich zum einen Internationale Organisationen und zum anderen die Nationalstaatsbildung von föderal verfassten politischen Systemen durch ein drittes Modell zu ersetzen, das den integrativen Charakter des EU-Prozesses zum analytischen Ausgangspunkt nimmt, der durch die zunehmende Verknüpfung von innen- und europapolitischen Entscheidungsprozessen zustande kommt (Marks 1998: 23; Hooghe/Marks 2001). Gemeinsam mit Liesbet Hooghe entwickelte Marks das analytische Konzept des Regierens im Mehrebenensystem („multi-level governance") in der EU, das Liesbet Hooghe am Beispiel der europäischen Strukturpolitik und des Kohäsionsfonds überzeugend angewandt hat (Hooghe 1998). Eine Besonderheit der Entwicklung zur Union besteht dabei darin, dass sie durch einen politischen Prozess entstanden ist, an dessen Anfangspunkt vertragliche Regelungen standen, wie z. B. die Römischen Verträge, diese Entwicklung heute aber durch Rechtsetzung der EU auf verschiedenen Ebenen verändert worden ist, so dass die EU-Institutionen, bereits ausgestattet mit weitreichenden Kompetenzen, ein Eigengewicht bei Verhandlungen über einen weiteren Souveränitätstransfer haben. Marks bezeichnet die EU daher als eine „constitutionally constructed polity" (Marks 1998: 31), eine vertragsmäßig konstruierte Einrichtung politischer Institutionen und Entscheidungsprozesse, die jedoch, anders als von den Föderalisten angenommen, keinem wirklichen „master plan" folgt. Zugleich geht sie über ein reines Verhandlungssystem, wie es die Intergouvernementalisten zugrunde legen, hinaus. Die Übertragung von Kompetenzen erfolgt vielmehr in einem vielschichtigen und komplexen Zusammenspiel von regionalen, nationalen und europäischen Institutionen, die eine eigene *polity,* ein europäisches politisches System entstehen lassen.

Eine Reihe weiterer Arbeiten, die die beiden klassischen Denkschulen (supranationales und intergouvernementales Paradigma) zu verbinden versuchen, bzw. sich für *policy-outcomes* und Politikfelder interessieren, entstehen in den 1990er Jahren. Zu nennen sind dabei „new institutionalism" (Simon Bulmer; Paul Pierson), die „policy-network analysis" (John Peterson), Gender-Analyse (Catherine Hoskyns; Susanne Schunter-Kleemann) und vor allem die Weiterentwicklung von „multi-level governance" (Gary Marks; Liesbet Hooghe; Beate Kohler-Koch; Fritz Scharpf u. a.). Durch die Fokussierung auf „Regieren" (Governance) in der Europäischen Union entsteht eine Reihe von theoretischen Folgefragen. So thematisiert die neuere Forschungsdiskussion ausführlicher das Demokratieproblem, Fragen politischer Legitimation, Identitätsbildung und Repräsentation sowie die Konstitution einer Öffentlichkeit in der EU. Die Governance-Forschung bildet heute einen der wichtigsten Erklärungsansätze in der Europaforschung.

In der neueren Europaforschung werden darüber hinaus häufig auch *sozialkonstruktivistische* Ansätze verwandt. Auch diese Ansätze gehen von der Eigendynamik der EU aus. Europa wird in diesen Arbeiten als soziale Konstruktion aufgefasst, die historisch kontingent und aufgrund eines komplexen Prozesses entstanden ist. Die EU beruht danach auf diskursiver und kommunikativer Praxis sowie auf Ideen, die von politischen Eliten vertreten werden und die ihre politischen Handlungen strukturieren. Zentrale Themen in den konstruktivistischen

Arbeiten sind europäische Identitätsbildung, die Bedeutung von kollektiven Normen und Regeln, sowie die Sprache und „Sprachspiele" im europäischen Prozess. Neben einem soziologischen Konstruktivismus (Risse 2009; Ruggie 1998) kann auch ein radikaler, epistemologischer Konstruktivismus ausgemacht werden, dessen Ausgangspunkt in der kognitiven Unerschließbarkeit der ontologischen Realität besteht. Im Unterschied zur Debatte um *Governance* geht es dabei allerdings nicht primär um politische Entscheidungsprozesse oder die Organe der EU, sondern vielmehr um die soziale und ideelle Konstruktion dieser Institutionen, die Entstehung von Normen, Regeln und Vereinbarungen, und die Konstruktion der europäischen Idee. In der sozialkonstruktivistischen Forschung wird die EU in ihrer Eigenlogik und der Konstruktion spezifischer Politikkonstellationen und -entscheidungen untersucht. Als besonders fruchtbar hat sich der Sozialkonstruktivismus auch angesichts der Rekonstruktion eines neuen „Gesamteuropa" nach dem Ende des Ost-West-Konflikts erwiesen, der hier schärfer beleuchtet wird (vgl. Schimmelfennig 2003). Auch „Lernprozesse" in den EU-Institutionen bzw. kommunikatives, auf Argumenten und Überzeugungen beruhendes politisches Handeln sind Gegenstand der Forschung. Im Unterschied zum „bargaining" des rationalen und liberalen Intergouvernementalismus nimmt „arguing", d. h. Überzeugung durch Argumente, eine wichtige Funktion in der Integration ein.

Die **Theorien der europäischen Integration** lassen sich wie folgt in einem differenzierten Schema klassifizieren:

Tab. 5.2: Theorien und Modelle der Europäischen Integration

	Supranationales Paradigma	Staatszentriertes Paradigma/ Intergouvernementalismus	Integrative Erklärungsmodelle	Konstruktivistische Ansätze
Grund-Annahme	Überwindung von nationalem Egoismus durch Kooperation	Langlebigkeit von nationalen Interessen, Dominanz von Staaten	Eigendynamik der EU, Theorien „mittlerer Reichweite"	Ideen sind wichtig, Realität ist sozial konstruiert, historisch kontingent
Akteure	Politische Eliten, Europapolitiker, Bevölkerung („permissiv")	Nationalstaaten, Politische Eliten, Wirtschaftliche, Interessengruppen	EU-Institutionen und Nationalstaaten, nichtstaatliche Organis. (NGOs), Netzwerke, transnationale Akteure	Politische Eliten, Transnationale Akteure
Fokus	Politische und wirtschaftliche Integration („spill over"), Europ. Identität, Verfassung	Nationale Interessen und Präferenzen, Staatliche Souveränität, Wirtschaftliche Macht, „Bargaining"	Governance bzw. Regieren ohne Regierung, Institutionen, Entscheidungsprozesse	Kollektive Normen und Regeln, Diskurse („Sprachspiele"), Identität, „Arguing"
Europa-Konzept	Supranationale föderale Ordnung, Bundesstaat	Staatenbund	EU als Mehrebenensystem („multi-level governance")	Europa als „soziale Konstruktion"
Richtungen Vertreter	Föderalisten (Spinelli; Monnet), Neo-Funktionalisten (Haas; Mitrany)	Liberaler Intergouvernementalismus (Moravcsik)	Komplexe, Interdependenz (Keohane), Neo-Institutionalismus (Bulmer; Pierson), Policy-Network Analysis, Multi-level Governance (Marks; Hooghe; Kohler-Koch; Scharpf)	Sozialer Konstruktivismus (Katzenstein; Ruggie; Risse Christiansen/Joergensen/ Wiener), Radikaler Konstruktivismus

Quelle: Eigene Zusammenstellung

Übungsfragen zu Kapitel 5: Europäische Integration

1. Warum übertragen Staaten souveräne Rechte auf die europäische Ebene? Erörtern Sie die Frage und nehmen Sie Bezug auf die Theorien der Integration.

2. Die Europäische Union wird als Mehrebenensystem beschrieben. Was genau ist darunter zu verstehen? Wie fügt sich das Governance-Konzept in dieses Modell?

3. Kann der Vertrag von Lissabon (2009) das Demokratiedefizit der EU beheben?

4. Soll die Türkei Mitglied in der EU werden? Erörtern Sie diese Frage vor dem Hintergrund der Erfahrungen der EU-Erweiterung 2004 und 2007 und ziehen Sie Theorien der Integration heran.

Literatur

Bulmer, Simon: „New Institutionalism and the Governance of the Single European Market", in: Journal of European Public Policy, 5:3, Sept. 1998, S. 365–86

Christiansen, Thomas/Knud Erik Joergensen/Antje Wiener (Hg.): „The Social Construction of Europe", in: Journal of European Public Policy 6:4, Sonderheft 1999

Dinan, Desmond: Ever Closer Union. An Introduction to European Integration, 4. Aufl., Boulder/London 2010

Fischer, Joschka: Vom Staatenverbund zur Föderation: Gedanken über die Finalität der europäischen Integration, in: Blätter für deutsche und internationale Politik, H. 6/2000

Haas, Ernst: The Uniting of Europe, Stanford 1958

Habermas, Jürgen: „Staatsbürgerschaft und nationale Identität", in: ders., Faktizität und Geltung, Frankfurt a. M. 1992, S. 623–660

Habermas, Jürgen: „Die postnationale Konstellation und die Zukunft der Demokratie", in: Blätter für deutsche und internationale Politik 7/1998, S. 804–813

Habermas, Jürgen: „Warum braucht Europa eine Verfassung? In: Die Zeit, 29. Juni 2001.

Holzinger, Katharina et al. (Hg.): Die Europäische Union: Theorien und Analysekonzepte. Paderborn 2005

Hooghe, Liesbet: „EU-Cohesion Policy and Competing Models of European Capitalism", in: Journal of Common Market Studies, 4/1998

Hooghe, Liesbet/Gary Marks: Multi-level Governance and European Integration, Lanham 2001

Hoskyns, Catherine: „Gender Perspectives", in: Antje Wiener/Thomas Diez: European Integration Theory, Oxford 2005, S. 217–236

Jachtenfuchs, Markus/Beate Kohler-Koch (Hg.): Europäische Integration, 2. Auflage, Opladen 2003.

Jachtenfuchs, Markus/Beate Kohler-Koch: „Governance and Institutional Development", in: Antje Wiener/Thomas Diez: European Integration Theory, Oxford 2005, S. 97–115

Jorgensen, Knud Erik/Mark Pollak/Ben J. Rosamond (Hg.): Handbook of European Union Politics, London 2007

Keohane, Robert/Stanley Hoffmann (Hg.): The New European Community. Decisionmaking and Institutional Change, Boulder Col. 1991

Kocka, Jürgen:„Wo liegst Du Europa? Die Identität des Kontinents ist nicht eindeutig. Aber es gibt Kriterien, an denen man sie erkennt", in: Die Zeit, 28. Nov. 2002, S. 11

Lemke, Christiane/Jutta Joachim/Ines Katenhusen (Hg.): Konstitutionalisierung und Governance in der EU, Münster 2006

Liebert, Ulrike: „Das Demokratiedefizit der EU im Spiegel weiblicher Öffentlichkeit", in: Femina Politica, 1/1998, S. 19–34

Marks, Gary: „European Integration from the 1980's. State-Centric vs. Multi-level Governance", in: Journal of Common Market Studies 34/1996, S. 341–378

Meehan, Elizabeth: Citizenship and European Community, London 1993

Moravcsik, Andrew: „Preferences and Power in the European Community. A Liberal Intergouvernmentalist Approach", in: International Organization 51:4 (1997), S. 513–553

Moravcsik, Andrew: The Choice for Europe. Social Purpose and State Power from Messina to Maastricht, Ithaca N. Y. 1998

Moravscik, Andrew/Frank Schimmelfennig: „Liberal Intergouvernmentalism", in: Antje Wiener/Thomas Diez (Hg.): European Integration Theory, 2. Aufl. Oxford 2009, S. 67–87

Pierson, Paul: „The Path to European Integration. A Historical Institutional Analysis", in: Comparative Political Studies, 29/1996, S. 123–163

Risse, Thomas: „Global Governance und kommunikatives Handeln", in: Peter Niesen/Benjamin Herborth (Hg.): Anarchie der kommunikativen Freiheit. Jürgen Habermas und die Theorie der internationalen Politik, Frankfurt a. M. 2007, S. 57–86

Risse, Thomas: „Social Constructivism and European Integration", in: Antje Wiener/Thomas Diez: European Integration Theory, Oxford 2009, S. 144–163

Ruggie, John: Constructing the World Polity, London 1998

Schimmelfennig, Frank: The EU, NATO, and the Integration of Europe: Rules and Rhetoric, Cambridge 2003

Schmalz-Bruns, Rainer: Demokratisierung der Europäischen Union – oder: Europäisierung der Demokratie? Überlegungen zur Zukunft der Demokratie jenseits des Nationalstaates, in: Mathias Lutz-Bachmann/James Bohman (Hg.): Weltstaat oder Staatenwelt. Für und wider die Idee einer Weltrepublik, Frankfurt a. M. 2002, S. 260–307

Weiler, J. H. H.: „To be a European citizen: Eros and civilization", in: Journal of European Public Policy, 4: 4 December 1997, S. 495–519

Wiener, Antje: European Citizenship Practice. Building Institutions of a non-State, Boulder 1998

Wiener, Antje/Thomas Diez (Hg.): European Integration Theory, 2. Aufl. Oxford 2009

Zellentin, Gerda, 1992: „Der Funktionalismus – eine Strategie gesamteuropäischer Integration?", in: Politische Vierteljahresschrift, Sonderheft 23/1992, S. 62–77

Zürn, Michael: Regieren jenseits des Nationalstaates, 2. Auflage, Frankfurt a. M. 2005

6 *Global Governance*: Die Vereinten Nationen und die nicht-staatlichen Organisationen

Internationale Organisationen sind wichtige Akteure in der internationalen Politik. Das seit 1910 veröffentlichte Jahrbuch Internationaler Organisationen wies im Jahr 2011 allein 64.523 Profile von internationalen Organisationen in 300 Ländern und Territorien aus (Yearbook of International Organizations 2011). Im Allgemeinen bezeichnet der Begriff *Internationale Organisation* (IO) einen Zusammenschluss von mindestens zwei Staaten oder anderen Völkerrechtssubjekten, der auf Dauer angelegt ist, sich in der Regel über nationale Grenzen hinweg betätigt und überstaatliche Aufgaben erfüllt. Die wichtigste internationale Organisation sind die Vereinten Nationen mit 193 Mitgliedsländern und zahlreichen Sonder- und Unterorganisationen. Die Aufgaben der Internationalen Organisationen lassen sich in drei große Bereich bündeln: „Sicherheit" umfasst die Friedenssicherung und damit verbundene Probleme von Kriegspräventionen, Abrüstung und Rüstungskontrolle, etwa mit der Überwachung der nuklearen Proliferation durch eine eigene Behörde (IAEA), sowie die Bekämpfung des internationalen Terrorismus; „Wohlfahrt" beinhaltet die internationalen Handels- und Finanzbeziehungen und die Aufgabe der Herstellung und Verteilung von Gütern und Befriedigung von Grundbedürfnissen mit einer Reihe Internationaler Organisationen (z. B. Weltbank, WTO, IWF, UNEP); „Herrschaft" bezieht sich auf die Gewährleistung von Freiheit und Gleichheit und die Gewährleistung von Menschenrechten (Rittberger/Zangl 2003).

Neben den auf zwischenstaatlichen Vereinbarungen und Verträgen beruhenden Internationalen Organisationen gibt es eine Vielzahl von *nicht-staatlichen internationalen Organisationen* (Non-Governmental Organizations; NGO), die in verschiedenen Bereichen der internationalen Politik, als Aktivisten, Beobachter und Lobbygruppen aktiv sind. Die Zunahme von NGOs in der internationalen Politik zeigt zum einen die Verdichtung von Kommunikationsprozessen und die höhere Mobilität von Akteuren im Zuge der Globalisierung, und zum anderen den enormen Bedarf an konkreter Hilfe und Veränderung, die durch dezentrale, nichthierarchische Politikprozesse gestaltet wird. Häufig wird an die Tätigkeit der NGOs die Erwartung einer „Zivilisierung" der Welt gerichtet, wobei diese Annahme eher normativ und nicht empirisch ausgerichtet ist. Nicht zuletzt aufgrund der Heterogenität der nicht-staatlichen Gruppen und der Vielzahl an Funktionen ist die Erwartung der Zivilisierung auf die Zukunft gerichtet.

An die Tätigkeit der Internationalen Organisationen werden je nach politisch-theoretischer Ausrichtung unterschiedliche *Erwartungen* geknüpft. *Neo-Realisten* verstehen Internationale Organisationen als „Inseln" in einer Welt der Anarchie. Sie sind vor allem Zweckbündnisse zur Absicherung nationaler Interessen und gegenseitiger Kontrolle von Staaten, während der *Institutionalismus* von den Internationalen Organisationen eine Bearbeitung und Regulierung von Problemen erwartet. Über die Bildung von „Regimen", etwa im Menschenrechtsbereich können Internationale Organisationen durchaus effektiv sein. Der Politikwissenschaftler Volker Rittberger beschreibt diese politikwissenschaftliche Herangehensweise an die Vereinten Nationen folgendermaßen: „Im Rahmen des ‚traditionellen' Ansatzes der politikwissenschaftlichen Analyse internationaler Organisationen werden die internationalen Beziehungen als dezentral verfasstes anarchisches Selbsthilfesystem begriffen. Innerhalb dieser anarchischen Staatenwelt spielen internationale Organisationen zwar eine gewisse Rolle, sie weisen aber nicht über sie hinaus. ... Für den ‚progressiven' Ansatz hingegen stellen internationale Organisationen einen potentiellen Mechanismus zur Transformation der internationalen Beziehungen dar. Die Anarchie der Staatenwelt wird diesem Ansatz zufolge durch *international governance,* d. h. durch die Institutionalisierung einer kollektiven, norm- und regelgeleiteten Problem- und Konfliktbehandlung durch die Staaten selbst gezähmt." (Rittberger 1994: 562) *Sozialkonstruktivisten* wiederum betonen die Konstruktion und Diffusion von Normen, die das internationale System transformieren können, so dass den Internationalen Organisationen in einem dynamischen System globaler Interaktionen eine wichtige Funktion der Verbreitung allgemein gültiger Normen, wie z. B. der Menschenrechtsnorm, zukommt.

6.1 Die Vereinten Nationen

Die Vereinten Nationen (United Nations Organisation; UNO) stellen die wichtigste globale Organisation dar. Mit ihren 193 Mitgliedsländern (2011) repräsentieren die Vereinten Nationen nahezu alle Staaten der Welt.[39] An die Vereinten Nationen werden daher hohe Erwartungen an die Bearbeitung und Bewältigung globaler Probleme gerichtet. Vor allem nach Beendigung des Ost-West-Konflikts stellte sich die Frage einer Neudefinition ihrer Rolle. Anlässlich des 50. Jahrestages der Gründung der Vereinten Nationen heißt es beispielsweise in einem Sammelband kritisch, die Vereinten Nationen stünden „am Scheideweg": Sie könnten sich von einer *Staatenorganisation* zu einer Organisation der *internationalen Gemeinschaftswelt* entwickeln; hierzu sei ein Aufarbeiten der möglichen „alternativen Wege, auf denen sich die Organisation künftig entwickeln könnte" notwendig (Albrecht 1998). Die Bewertung der Leistungsfähigkeit der Vereinten Nationen hängt dabei zum einen vom Erwartungshorizont der Analyse ab, etwa ob die UN als Krisenmanager oder als umfassende Weltregierung betrachtet wird, und zum anderen auch vom jeweiligen Politikfeld. Dabei stellt die Friedenssicherung das zentrale Politikfeld der UN dar.

Heute steht das UN-System kollektiver Sicherheit durch neue Konflikttypen in „failed states" bzw. bei Staatszerfall, durch Probleme des internationalen Terrorismus und erweiterten Aufgaben bei Peacekeeping-Missionen vor neuen Herausforderungen. Auch im Bereich der Menschenrechte, in der Entwicklungszusammenarbeit und in der Umweltpolitik sind für die Vereinten Nationen umfassende Aufgaben zu bewältigen. In der wissenschaftlichen Analyse steht dabei die Frage im Mittelpunkt, wie die Vereinten Nationen als Internationale Organisation den Aufgaben von Global Governance gerecht werden können. Sowohl die Interessen von Mitgliedstaaten als auch globale Anforderungen, beispielsweise in der Erhaltung des Weltfriedens oder im Klima- und Umweltschutz, müssen dabei berücksichtigt und miteinander in Beziehung gesetzt werden.

---

[39] Vgl. Website der Vereinten Nationen: www.un.org/Depts/german

Der Begriff *Governance* bezeichnet allgemein betrachtet politische Prozesse, die an kodifizierte Normen und eingeübte Regeln im Rahmen von Institutionen geknüpft sind, aber nicht unbedingt einer Regierung im herkömmlichen, nationalstaatlich verfassten Sinn bedürfen. Im Kontext staatlicher Politik bezieht sich Governance auf den Aufgabenbereich staatlicher Steuerungs- und Gestaltungspolitik, in dem neben staatlichen Institutionen auch andere Einrichtungen an der Regulierung und Gestaltung gesellschaftlicher Aufgaben beteiligt sein können. In der internationalen Politik ist der Begriff Governance zuerst im Rahmen der Vereinten Nationen und ihrer Unterorganisationen in den 1990er Jahren geläufig geworden. Die *Commission on Global Governance* der UN definiert: „Governance ist die Gesamtheit der zahlreichen Wege, auf denen Individuen sowie öffentliche und private Institutionen ihre gemeinsamen Angelegenheiten regeln. Es handelt sich um einen kontinuierlichen Prozess, durch den kontroverse oder unterschiedliche Interessen ausgeglichen werden und kooperatives Handeln initiiert werden kann. Der Begriff umfasst sowohl formelle Institutionen und mit Durchsetzungsmacht versehene Herrschaftssysteme, als auch informelle Regelungen, die von Menschen und Institutionen vereinbart oder als im eigenen Interesse angesehen werden."[40] Globale politische Gestaltung bedeutet nach dieser Auffassung, dass die Internationalen Organisationen die internationalen Beziehungen transformieren und sich dauerhafte, durch die Internationalen Organisationen repräsentierte Legitimations- und Handlungsmuster herausbilden (vgl. z. B. Behrens 2005; Kratochwil/Mansfield 2005; Risse 2007). Über die Einführung von Regeln und Normen, die über die Sicherheitspolitik hinaus inzwischen weitere Politikfelder umfasst, entscheidet oft ein konfliktreicher Aushandlungsprozess. Dabei geht es nicht nur um die strukturellen und funktionalen Aspekte einer Regierungskapazität, sondern auch um die Kompetenz bei der Lösung politischer Probleme, um Normsetzung und Normeinhaltung (*compliance*), sowie um Kommunikations- und Sozialisationsprozesse im internationalen Kontext.

Die Frage, ob das internationale System dauerhaft in einen friedlichen, gerechten und ökologisch nachhaltigen Zustand überführt werden kann, wird in Hinblick auf die Rolle, die Internationale Organisationen einnehmen können, kontrovers diskutiert. Die Positionen reichen von einer strukturell begründeten, skeptischen Einschätzung Internationaler Organisationen über die partielle Anerkennung ihrer Leistungen bis hin zu der Erwartung, dass die Vereinten Nationen eine neue „Weltregierung" bilden könnten. Die *neorealistische Denkschule* Internationaler Beziehungen, die von einem Zustand der „Anarchie" in der Weltpolitik ausgeht, vertritt eine skeptische Position gegenüber den Vereinten Nationen. Gegen die potentielle Bedrohung der Sicherheit von Staaten, sei es durch neue Waffensysteme oder aufsteigende, expansive Mächte, könnten sich nach ihrer Auffassung nur die Staaten selbst schützen; dies gilt vor allem auch angesichts der weltweiten Bedrohung durch den internationalen Terrorismus. Da Internationale Organisationen auf dem Prinzip staatlich souveräner Mitgliedstaaten aufbauen, können sie schon aus völkerrechtlichen Gründen die Struktur des Weltsystems nicht transformieren. Die Interessen von Staaten haben daher stets Vorrang vor globalen und allgemeinen Aufgaben. Anders sehen *Institutionalisten* die Bedeutung Internationaler Organisationen. Letztere haben nach ihrer Auffassung die internationalen Beziehungen bereits soweit transformiert, dass diese Organisationen einen Handlungs- und Aktionsrahmen für die transnationalen Akteure bilden, den sie in ihre Handlungsoptionen und Entscheidungsmuster

---

[40] Vgl. Commission on Global Governance: Nachbarn in einer Welt. Der Bericht der Kommission für die Weltordnungspolitik (Stiftung Entwicklung und Frieden), Bonn 1995, S. 4.

einbeziehen. In einigen Politikfeldern, wie im Bereich der Menschenrechte sowie im internationalen Umweltschutz sind nach Auffassung der Institutionalisten bereits internationale Regime und Regelwerke entstanden, die normierte und allgemein verbindliche Verfahren zumindest in einigen Sachbereichen der internationalen Politik vorgeben. Normbildung wirkt einerseits als verbindlicher Rahmen für die internationale Staatengemeinschaft, auf die sich alle Staaten und internationalen Akteure beziehen, andererseits versuchen Staaten zugleich, auf diese Normbildung Einfluss zu nehmen oder sie zu verändern.

Ob und in welcher Weise dadurch eine „Weltordnung" entstehen kann, bleibt allerdings umstritten. Vom Standpunkt der Vertreter einer „Weltinnenpolitik" (Senghaas), die davon ausgehen, dass eine gemeinsame politische Gestaltung der Welt heute möglich und notwendig ist, da globale Probleme alle Staaten angehen und diese nur im internationalen Rahmen gelöst werden können, werden die am weitestgehenden Erwartungen an die Internationalen Organisationen gerichtet. Die Vereinten Nationen sollten zur Lösung der weltweiten Sicherheits-, Ökologie- und Bevölkerungsprobleme eine Form der „Weltregierung" bilden. Diese Vorstellung steht allerdings in einem Spannungsverhältnis zu den Macht- und Entscheidungsstrukturen im globalen System. Gegen die mit einer Weltregierung verbundene Zentralisierung politischer Entscheidungsmacht erheben nicht nur „Souveränisten" Einspruch, die auf der Unabhängigkeit und Souveränität von Staaten bestehen; auch progressive liberale Institutionalisten formulieren Einwände, da die Einhaltung von Regeln und Normen auf freiwilliger Basis beruhen und Überzeugungsprozesse beinhalten müsse. Sie kritisieren die im Weltregierungs-Entwurf enthaltene Zentralisierung von Macht, die angesichts der kulturellen und politischen Vielfalt der Völker der Welt zum „Despotismus" missbraucht werden könnte. Neo-realistische, institutionalistische und Weltgesellschaft-Positionen vertreten damit unterschiedliche Auffassungen über die Bedeutung und Ausgestaltung von Global Governance.

In der neueren, vom Sozialkonstruktivismus beeinflussten Forschung, steht dagegen die Wechselbeziehung zwischen institutionellem Kontext und ideellen Konzepten im Mittelpunkt. Ein wichtiges Kriterium, um die Entwicklung von Global Governance zu beurteilen, besteht dabei in dem internationalen Ausmaß von Normeinhaltung („*compliance*"), bzw. in dem Grad der Übereinstimmung zwischen internationalen Nomen und deren Umsetzung in den Mitgliedsländern. Dabei zeigt sich, dass „soft laws", d. h. Regeln, die Umsetzungsspielräume beinhalten und die Normveränderung durch Deliberation und Sozialisierungsprozesse herbeiführen, wirksamer als „harte" Regeln sein können, welche zwar Sanktionen oder andere Zwangsmaßnahmen vorsehen, oft jedoch nicht eingehalten werden, da sie aufgrund rechtlicher Begrenzungen von den Vereinten Nationen nicht eingefordert werden können. Dies gilt insbesondere dann, wenn Staaten und transnationale Akteure sich dagegen sperren. „Damit treten Argumentieren und Begründen in den Vordergrund der Diskussion über neue Formen des Regierens" (Risse 2007: 57). Wird von Prozessen der Deliberation ausgegangen, dann folgt der Entwicklung gemeinsamer, kollektiven Regeln ein Prozess des Lernens und der Policy-Diffusion.

6.1.1 Geschichte und Bedeutung der Vereinten Nationen

Der historische Vorläufer der Vereinten Nationen ist der Völkerbund. Bereits während der beiden Haager Friedenskonferenzen 1899 und 1907 wurde der Gedanke einer internationalen Friedensorganisation entworfen, der während des Ersten Weltkrigs vom amerikanischen

Präsidenten Woodrow Wilson in seinem 14-Punkte-Plan von 1918 wieder aufgegriffen und in der Gründung des Völkerbundes 1920 mit Sitz in Genf umgesetzt wurde. Die Konzeption des Völkerbundes, dem die USA jedoch aus innenpolitischen Gründen nicht beitraten, beruhte auf den Vorstellungen von Präsident Wilson, wonach die Staaten aufgerufen waren, eine Institution kollektiver Sicherheit zu schaffen. Wie Präsident Wilson in seiner Rede vor dem US-Senat am 22.01.1917 ausführte: „It will be absolutely necessary that a force be created as a guarantor of the permanency of the settlement so much greater than the force of any nation now engaged or any alliance hitherto formed or projected that no nation, no probable combination of nations could face or withstand it. If the peace presently to be made is to endure, it must be a peace made secure by the organized major force of mankind … . When all unite to act in the same sense and with the same purpose all act in the common interest and are free to live their lives under a common protection." (Wilson, zitiert nach Graebner 1964: 441f.) Die Idee eines Systems „kollektiver Sicherheit", in dem nicht die Staaten, sondern die internationale Gemeinschaft über den Weltfrieden wachen sollte, erhielt nach den traumatischen Erfahrungen des Zweiten Weltkriegs und des Holocausts wieder neue Aktualität und führte zur Gründung der Vereinten Nationen.

Die Vereinten Nationen wurden am 26. Juni 1945 auf Initiative der Vereinigten Staaten in San Franzisko gegründet. 50 Staaten zählten zu den Gründungsmitgliedern. Ursprünglich basierend auf dem Kriegsbündnis der Alliierten gegen die Achsenmächte Deutschland, Italien und Japan wurde die Organisation schrittweise erweitert, vor allem mit der Aufnahme der unabhängig gewordenen, ehemaligen Kolonien während der 1950er und 60er Jahre. Zugleich polarisierten sich die politischen Kräfteverhältnisse während der Zeit des Kalten Krieges, so dass die Auseinandersetzung zwischen den beiden Supermächten USA und Sowjetunion die Politik der Vereinten Nationen dominierte und die Organisation in entscheidenden Konfliktsituationen handlungsunfähig war. Daher wurde das Ende des Ost-West-Konflikts als Chance für die UN begrüßt. Heute sind die UN als Vereinigung von 193 Mitgliedstaaten (Stand: 2011) mit Sitz in New York die umfassendste globale Organisation, die auch zahlreiche Neben- und Spezialorganisationen umfasst. Allerdings ist die Diskussion um die Reform der UN nach Ende des Ost-West-Konflikts bis heute nicht abgeschlossen und stellt eine große Herausforderung dar.

Die wichtigste *Zielsetzung* der Vereinten Nationen besteht in der weltweiten Friedenssicherung. Gemäß Artikel 1 der UN-Charta setzen sich die Vereinten Nationen für das anspruchsvolle Ziel ein, „den Weltfrieden und die internationale Sicherheit zu wahren und zu diesem Zweck wirksame Kollektivmaßnahmen zu treffen, um Bedrohungen des Friedens zu verhüten und zu beseitigen, Angriffshandlungen und andere Friedensbrüche zu unterdrücken und internationale Streitigkeiten oder Situationen, die zu einem Friedensbruch führen könnten, durch friedliche Mittel nach den Grundsätzen der Gerechtigkeit und des Völkerrechts zu bereinigen oder beizulegen." (UN-Charta, Art. 1, Ziff. 1) Die Charta sieht zu diesem Zweck kollektive Sicherheitsmaßnahmen, ein allgemeines Verbot der Anwendung von Gewalt sowie die Achtung von Menschenrechten vor. Im Bereich der Achtung der Menschenrechte haben die Vereinten Nationen seit der Verabschiedung der Allgemeinen Erklärung der Menschenrechte (1948) der Beseitigung von Rassismus, religiöser und ethnischer Diskriminierung sowie den Frauenrechten große Aufmerksamkeit gewidmet und hierzu gesonderte Erklärungen verfasst.

Seit der Aufnahme der postkolonialen Länder Afrikas und Asiens ist der Aufgabenbereich der Vereinten Nationen ständig gewachsen und mit der Entwicklungs- und Bevölkerungspolitik sowie der Bekämpfung der weltweiten Armut haben die Vereinten Nationen einen großen Aufgabenbereich zu bewältigen. Mit ihren Sonder- und Unterorganisationen haben sich die Vereinten Nationen daher zu einem internationalen Forum mit einem weit verzweigten, komplexen System weltweiter Leistungsverwaltung entwickelt. Zu den Aufgabenbereichen der Vereinten Nationen gehören heute im Einzelnen: Sicherheitspolitik und „friedenserhaltende Operationen", Rüstungskontrolle, Schutz der Menschenrechte, Frauenrechte, Aktivitäten im wirtschaftlichen und sozialen Bereich vor allem in der Entwicklungspolitik, sowie neuerdings die Bereiche internationaler Umwelt- und Klimaschutz. Da die Vereinten Nationen der wirtschaftlichen und sozialen Entwicklung im Rahmen der Friedenssicherung eine erhebliche Bedeutung beimessen, widmen sich die Spezial- und Sonderorganisationen auch Handels-, Finanz- und Wirtschaftsfragen.

Mehr als sechzig Jahre nach ihrer Gründung stehen die Vereinten Nationen allerdings vor einem grundlegenden Dilemma. Auf der einen Seite hat der internationale *Erwartungsdruck* gegenüber der Organisation, bei der Sicherung des Friedens und anderen globalen Problemen aktiv zu werden, deutlich zugenommen. Als Stichworte seien genannt: die rasante Ausweitung ethnisch-religiöser und ethno-sozialer Konflikte, die weitgehend unkontrollierte Ausbreitung von Massenvernichtungswaffen (insbes. nukleare Proliferation), das Weltflüchtlingsproblem, der internationale Terrorismus, sowie Klimawandel und die Gefahren ökologischer Großkatastrophen. So ist im Bereich der Sicherheitspolitik das Problem der „neuen Kriege" schwer in den Griff zu bekommen, da diese in der Regel innerhalb von Staaten stattfinden und daher neue Politikinstrumente erfordern, wie z. B. die humanitäre Intervention, die ursprünglich nicht in der UN-Charta vorgesehen war. Auch die Tatsache, dass es neben den knapp 200 Nationalstaaten auf der Welt etwa 170 ethnische Gruppen ohne „eigenen" Staat, aber mit Forderungen nach Autonomie und Selbstbestimmung der Minderheiten gibt, führt immer wieder zu Konflikten, denn einerseits sind die Vereinten Nationen dem Prinzip der staatlichen Einheit und Nichteinmischung verpflichtet und andererseits erkennen sie das Recht auf Selbstbestimmung von Minderheiten an.

Auf Grund der hohen Erwartungen wird die *Leistungsfähigkeit* der Vereinten Nationen in ihren gegenwärtigen Strukturen zunehmend überfordert. Dies lässt sich beispielsweise im Bereich der Friedenssicherung aufzeigen. So gab es zwischen 1945 und 1988 13 Blauhelmeinsätze; allein in den drei darauf folgenden Jahren wurden 14 weitere Einsätze beschlossen. 1992 betrugen die Gesamtkosten der Friedenseinsätze rund 700 Millionen US $, 1994 waren es bereits ca. 3,5 Milliarden, und im Jahr 2006 rund 5 Milliarden US $.[41] Im Jahr 1994/95 wurden bereits 69,6 Prozent des Gesamtetats der Vereinten Nationen für Blauhelmeinsätze ausgegeben. Bislang gibt es jedoch keine gleichwertige Alternative zu den Aktivitäten der Vereinten Nationen. Die gegenwärtige Diskussion konzentriert sich daher vor allem darauf, Konzepte einer Reform der Organisation zu entwickeln.

In der Außenpolitik der *Bundesrepublik* haben die Vereinten Nationen bis zum Ende des Ost-West-Konflikts nur eine untergeordnete Rolle gespielt. Erst 1974 wurde die Bundesrepublik, ebenso wie die DDR, in die Vereinten Nationen aufgenommen. Nach der deutschen Einheit 1990 mit der Wiederherstellung vollständiger Souveränität ist die Mitarbeit Deutschlands in den Vereinten Nationen kontinuierlich aufgewertet worden. Innenpolitisch umstritten war dabei zunächst die Beteiligung Deutschlands bei friedenssichernden bzw. friedenserzwingenden Maßnahmen aufgrund der historisch bedingten Selbstbeschränkung der Bundesrepu-

---

[41] http://www.un.org/Depts/dpko/dpko/pub/year_review06/PKmissions.pdf (aufgerufen am 6. September 2007).

blik bei militärischen Auslandseinsätzen. Nach der deutschen Vereinigung beteiligte sich die Bundesrepublik zunächst nur in begrenztem Umfang an UN- bzw. NATO-Einsätzen. Diese wurden dann ausgedehnt, zuerst im Somalia-Einsatz (1992) und im Bosnien-Krieg (1992–95). Mit dem Urteil des Bundesverfassungsgerichts zu den Auslandseinsätzen der Bundeswehr am 12. Juli 1994 wurde dann eine rechtliche Klärung über die verfassungsrechtlichen Grundlagen dieser umstrittenen Einsätze herbeigeführt, in der sicher gestellt wird, dass die militärischen Auslandseinsätze nur in einem internationalen Verbund erfolgen dürfen und in der Regel eines UN-Mandats bedürfen. Ein hiervon abweichender Fall ist die Entscheidung der Bundesregierung im März 2011, nicht am NATO-Einsatz zum Schutz von Zivilsten gegen das Regime in Libyen teilzunehmen, obwohl hier beide Bedingungen, das UN-Mandat und die NATO-Rolle, gewährleistet waren. Bei den UN-mandatierten Einsätzen in Afghanistan, Mazedonien und im Kosovo hat sich die Bundesrepublik im Rahmen des Wiederaufbaus nicht nur mit Bundeswehr- und Polizeieinheiten beteiligt, sondern ist inzwischen auch mit leitenden bzw. koordinierenden Funktionen betraut. Während der zweiten Amtszeit von Kanzlerin Angela Merkel (CDU) waren zu Beginn des Jahres 2010 rund 6.900 Bundeswehrsoldaten und -soldatinnen bei internationalen Friedensmissionen im Einsatz.

Aufgrund ihres Engagements bei UN-Einsätzen bemüht sich die Bundesrepublik seit einiger Zeit darum, einen *ständigen Sitz im UN-Sicherheitsrat* zu erhalten. Ein Sitz im Sicherheitsrat würde für die Bundesrepublik, die bereits 2004 das zweitgrößte Truppenkontingent für UN-Missionen stellte, nicht nur mehr Einfluss auf die Entscheidungen im Sicherheitsrat, sondern auch die Übernahme einer größeren globalen Verantwortung bedeuten. Während der Amtszeit von Generalsekretär Kofi Annan konnte jedoch mit dem Scheitern einer „großen" UN-Reform auch das Anliegen Deutschlands, einen Sitz im Sicherheitsrat zu erhalten, nicht realisiert werden. Als nicht-ständiges Mitglied im Sicherheitsrat (2011–2012) kann die Bundesrepublik jedoch einen gewissen Einfluss in der UN ausüben, zumal sie im Juli 2011 den Vorsitz im Sicherheitsrat übernommen hat. Die Reformdebatte mit einer Erweiterung des Sicherheitsrates ist bis heute nicht abgeschlossen.

Merkel fordert Reform des UN-Sicherheitsrates

„Bundeskanzlerin Angela Merkel (CDU) mahnte unter anderem eine Reform des UN-Sicherheitsrates an. ‚Der UN-Sicherheitsrat reflektiert die Ordnung nach dem Zweiten Weltkrieg, aber nicht mehr die heutige Ordnung nach dem Ende des Kalten Krieges', sagte Merkel am Samstag auf dem Evangelischen Kirchentag in Dresden. Es sei freilich unrealistisch, die Veto-Rechte der ständigen Mitglieder USA, China, Russland, Frankreich und Großbritannien zu beschneiden. ‚Aber wir sollten zumindest dafür kämpfen, dass wir neue Mitglieder in den Sicherheitsrat bekommen.' Denn so werde deutlich, dass es heute mehr Länder mit Gewicht gebe als bei der Gründung der UN vor mehr als sechs Jahrzehnten. …

Merkel ging nicht auf den deutschen Wunsch ein, ständiges Mitglied in dem bedeutenden UN-Gremium zu werden. Momentan ist die Bundesrepublik im Sicherheitsrat als nichtständiges Mitglied vertreten."

Quelle: http://www.focus.de/politik/deutschland/kirchentag-merkel-fordert-reform-des-un-sicherheitsrates_aid_633964.html (4. Juni 2011)

Die Vereinten Nationen haben mit der Zunahme ihrer Aufgaben ihren institutionellen Apparat immer weiter ausgebaut. *Hauptorgane* der UN sind:[42]

- der Sicherheitsrat (*Security Council*) mit insgesamt 15 Mitgliedern, darunter die ständigen Mitglieder USA, Großbritannien, Frankreich, Russland und China sowie zehn nichtständige Mitglieder, die jeweils auf zwei Jahre von der Generalversammlung gewählt werden (Deutschland 2011 bis 2012). Beschlüsse bedürfen der Zustimmung von mindestens neun Mitgliedern, darunter alle Stimmen der fünf ständigen Mitglieder, die jeweils ein Vetorecht haben. Das völkerrechtlich begründete Vetorecht ist politisch gesehen ein starkes Instrument der Mitgliedstaaten, das die einmal gefällten Entscheidungen auf eine breite Legitimationsbasis stellen soll. Das Prinzip der Einstimmigkeit hat in der Vergangenheit jedoch häufig Kritik ausgelöst, da es die UN zur Handlungsunfähigkeit verdammen kann, wenn bereits eines der ständigen Mitglieder einer Maßnahme nicht zustimmt.
- der Generalsekretär, der dem Sekretariat (*United Nations Secretariat*) als höchster Beamter vorsteht. Er wird für fünf Jahre gewählt und erfüllt neben seinen administrativen Aufgaben auch eine politische Funktion, die die Generalsekretäre unterschiedlich aktiv ausgefüllt haben. Derzeitiger Generalsekretär ist der Koreaner Ban Ki-moon (seit Januar 2007).
- die Generalversammlung (*General Assembly*): Alle 193 Mitgliedsländer der Vereinten Nationen haben einen Sitz in der Generalversammlung. Die Generalversammlung kann Empfehlungen abgeben, und wird daher häufig als Forum für die Darstellung nationaler Positionen genutzt. Die Empfehlungen der Generalversammlung sind nicht bindend für die Mitglieder. Weiterhin entscheidet sie über die Aufnahme neuer Mitglieder, verabschiedet den Etat, und wählt u. a. die nichtständigen Mitglieder des Sicherheitsrates, sowie auf Vorschlag des Sicherheitsrates den Generalsekretär. Die Länder der Europäischen Union sind als Länder einzeln vertreten, stimmen sich in ihren Positionen aber zunehmend ab und sprechen verstärkt „mit einer Stimme".

Als weitere Organe sind der Internationale Gerichtshof IGH (*International Court of Justice*) mit Sitz in Den Haag zu erwähnen, der Rechtsstreitigkeiten zwischen Staaten regelt. Er ist nicht zu verwechseln mit dem im Juli 2002 eingerichteten Internationalen Strafgerichtshof (*International Criminal Court*, ICC) zur Verfolgung von Kriegsverbrechen und Verbrechen gegen die Menschlichkeit. Ein weiteres Organ ist der Wirtschafts- und Sozialrat (*Economic and Social Council*, ECOSOC), dem mehrere Spezialorganisationen unterstellt sind, wie z. B. der Internationale Währungsfonds (IWF), die Weltbank und die Welthandelsorganisation (WTO). Zur Wahrnehmung besonderer Aufgaben haben die Vereinten Nationen darüber hinaus Neben- und Sonderorganisationen gebildet, wie das Umweltprogramm UNEP, das Flüchtlingskommissariat UNHCR, und das Entwicklungsprogramm UNDP, sowie Sonderorganisationen mit rechtlich selbständigem Status, wie z. B. im Bereich Bildung die UNESCO oder für globale Aufgaben in der Gesundheitspolitik die WHO.

6.1.2 Reformbedarf der Vereinten Nationen

Die Vereinten Nationen haben ihre Instrumente und Strategien ständig an die veränderte Weltlage angepasst. Aber noch immer beherrschen Krieg und Gewalt, Flüchtlingsnot, Men-

---

[42] Vgl. www.un.org/aboutun/chart

schenrechtsverletzungen und Armut die internationale Politik. Für das Auseinanderklaffen zwischen Anspruch und Realität gibt es mehrere Gründe. Zum einen war die politische Handlungsfähigkeit im Sicherheitsrat durch die Blockaden im Ost-West-Konflikt stark eingeschränkt. Viele Konflikte globaler und regionaler Art wurden im Spannungsfeld des politischen und militärischen Handelns der Großmächte ausgetragen, ohne dass die Vereinten Nationen eine Mittlerrolle übernehmen konnten. Aber auch strukturelle, und administrative Probleme der Organisation, die Mittelausstattung sowie völkerrechtliche Probleme sind als Gründe für die teils schwache Rolle bei der Friedenserhaltung anzusehen. Daher findet seit einiger Zeit eine intensive Debatte über eine Reform der Vereinten Nationen statt.

Als Reaktion auf den erbitterten Streit im Sicherheitsrat über den Irak-Krieg und den Alleingang der USA und Großbritanniens 2003 forderte der UN-Generalsekretär Kofi Annan beispielsweise eine durchgreifende Reform der wichtigsten Organe der Vereinten Nationen, darunter eine Erweiterung des Sicherheitsrates. Auch die Idee, das Vetorecht durch ein Mehrheitswahlsystem abzulösen und damit die Handlungsfähigkeit der Vereinten Nationen zu erhöhen, ist Teil der Reformdiskussion. Diese Reformvorschläge sollten der langjährigen Kritik an den Vereinten Nationen begegnen. Allerdings musste der Generalsekretär zum Ende seiner Amtszeit ein Scheitern der Reformvorschläge eingestehen und sein Nachfolger, Ban Ki-moon, hat diese ambitionierten Pläne nicht fortgeführt. Die Aufgabe, die Vereinten Nationen handlungsfähiger zu gestalten, bleibt daher bestehen.

Seit dem Ende des Ost-West-Konflikts sind mehrere Vorschläge unterbreitet worden, um die Vereinten Nationen zu reformieren, damit sie ihre Aufgaben im Sinne von Global Governance besser erfüllen kann, darunter Konzepte von Generalsekretär Butros-Butros Ghali (1992–1996), Kofi Annan (1997–2006) und Ban Ki-moon (seit 2007). Zu den wichtigsten Initiativen gehören:

- Die *„Agenda für den Frieden"*, vorgelegt vom damaligen UN-Generalsekretär Boutros Boutros-Ghali im Juni 1992 (Boutros-Ghali 1992). Kernpunkte bildeten der Ausbau vorbeugender Diplomatie, der Aufbau einer ständig abrufbereiten, bewaffneten UN-Truppe für friedensschaffende Maßnahmen sowie ein umfassendes Konfliktmanagement zur Friedenssicherung. Weitere Vorschläge bezogen sich auf die Abschaffung des Vetos im Weltsicherheitsrat sowie die Erhebung von Sondersteuern für die Vereinten Nationen weltweit. Nur wenige dieser Vorschläge konnten umgesetzt werden. So müssen die Vereinten Nationen bei Peacekeeping-Operationen jeweils regionale Organisationen, wie die Afrikanische Union oder die NATO, mit konkreten Einsätzen beauftragen, da ein Aufbau einer ständigen UN-Truppe politisch und kapazitätsmäßig nicht durchsetzbar ist. Allerdings ist das präventive Konfliktmanagement deutlich ausgebaut worden.
- Ein weiterer Reformvorschlag bezieht sich auf das Konzept Global Governance. Eine eigens eingerichtete, unabhängige Arbeitsgruppe, die *„Commission on Global Governance"* legte 1995 einen Bericht mit ausgearbeiteten Reformvorschlägen vor („Our Global Neighbourhood", Leitung Ingvar Carlsson und Shridath Ramphal). Darin wurden folgende Kernpunkte benannt: eine Erhöhung der ständigen Mitglieder im Sicherheitsrat von fünf auf zehn Länder, darunter Vertreter aus den drei Entwicklungsregionen Afrika, Asien und Lateinamerika; die Beschränkung des Vetorechts auf diejenigen Fälle, die sich auf militärische Einsätze beziehen; die Einrichtung eines zusätzlichen Sicherheitsrates für Wirtschaftsfragen im Sinne eines „Ökonomischen Sicherheitsrats" bzw. UN-Sozialrates; die Auflösung des wenig wirkungsvollen Wirtschafts- und Sozialrates und die Prüfung anderer, seit längerem kritisierter nicht funktionsfähiger UN-Organe. Aus dem Kreis der

Vorschläge ist vor allem das Prinzip des Global Governance aufgegriffen und die Effizienz einiger Organe überprüft worden, während andere konkrete Vorschläge, wie die Erweiterung des Sicherheitsrates, bislang nicht durchgesetzt werden konnten.
- Das *Reformprogramm von Generalsekretär Kofi Annan* von 1997: Gegenüber den weit gesteckten institutionellen Reformvorschlägen seines Vorgängers legte Generalsekretär Kofi Annan nach seiner Amtsübernahme 1997 zunächst ein eher bescheidenes Reformpaket vor. Es beinhaltete eine Verschlankung der Bürokratie und die Reduzierung von Kosten in der Verwaltung der Organisation. Angemahnt wurde auch die Zahlungsmoral des größten Schuldners USA, deren säumige Zahlungen den finanziellen Handlungsspielraum der Organisation deutlich eingeengt hatten. Nach den Vorschlägen von Generalsekretär Kofi Annan sollte auch der Sicherheitsrat erweitert werden, um die veränderten weltpolitischen Machtverhältnisse institutionell abzubilden. In einer Ende November 2004 von einer Reformkommission vorgelegten Expertise wurden zwei Modelle vorgeschlagen, nach denen der Sicherheitsrat mit derzeit fünf ständigen Mitgliedern um sechs Mitglieder erweitert wird, um der globalen Verantwortung der Vereinten Nationen besser zu entsprechen; dabei waren die Länder Brasilien, Indien, Deutschland, Japan, Ägypten und Nigeria bzw. Südafrika im Gespräch. Alternativ hierzu schlägt der Bericht ein kompliziertes Rotationsmodell von acht weiteren halb-ständigen Mitgliedern vor. Kofi Annan setzte sich mehrfach, allerdings vergeblich, für diese institutionelle Reform ein.
- Der Kampf gegen den *Terrorismus* nach dem 11. September 2001 und die Frage, wie mit der Gefahr einer weiteren Ausbreitung des internationalen Terrorismus umzugehen sei, hat die Vereinten Nationen in den letzten Jahren vor neue Herausforderungen gestellt. Terrorismusbekämpfung in Form einer „*Counter-Terrorism Strategy*" wird heute als eine zentrale Aufgabe der Vereinten Nationen definiert. Im September 2003 mahnte der Generalsekretär als Reaktion auf die Kontroversen im Sicherheitsrat um den Irak-Krieg allerdings auch die Reform der zentralen Organe der UN an, wobei wiederum die Aufgaben und Strukturen des Sicherheitsrates auf dem Prüfstand standen, da sich die großen Regionen der Welt im Sicherheitsrat nicht mehr angemessen vertreten fühlten. Zugleich wird die Effizienz der administrativen Abläufe evaluiert.
- Mit der Reform der Vereinten Nationen entschloss sich die UN-Generalversammlung im März 2006 mit großer Mehrheit auch für die Gründung eines neuen *UN-Menschenrechtsrates* als Nachfolge der im Jahr 1946 gegründeten UN-Menschenrechtskommission. Die Kommission war in die Kritik geraten, nicht effektiv für den Schutz der Menschenrechte einzustehen, da es den Menschenrechtsverletzungen beschuldigten Staaten möglich war, sich innerhalb der Kommission gegenseitig vor Kritik zu schützen. Aber auch der neu formierte Menschenrechtsrat geriet bald in die Kritik, da unter den 47 Mitgliedern, die von der Generalversammlung gewählt wurden, Staaten mit einer schlechten Menschenrechtsbilanz die Mehrheit haben. Immer wieder kam es daher zu Konflikten über die Arbeitsweise und die Kompetenzen innerhalb des Menschenrechtsrates, wie z. B. bei der Frage, ob unabhängige Expertisen von NGOs bei der Beurteilung von Menschenrechtsverletzungen berücksichtigt werden sollten.

Das Scheitern bisheriger Reforminitiativen hat mehrere Ursachen. *Strukturell* besteht das Problem darin, dass die im Sicherheitsrat vertretenen Staaten selbst über eine Reform ihrer Institutionen entscheiden müssten. Da die Abkehr vom Veto-Prinzip sowie die Aufnahme neuer Mitglieder die derzeitige Machtposition einzelner Staaten einschränken würde, kann es als höchst unwahrscheinlich gelten, dass die Mitglieder einer Abkehr vom Veto-Prinzip oder einer Erweiterung des Sicherheitsrates zustimmen. Daher sind die institutionellen und politischen Voraussetzungen für ein umfassendes kollektives Sicherheitssystem auch nach dem Ende des Ost-West-Konflikts eher schwach, nicht zuletzt weil das Vetorecht der fünf ständigen Mitglieder im Sicherheitsrat andere Staaten diskriminiert und sich die vertretenen Großmächte möglichen Sanktionen entziehen können. Ein weiteres strukturelles Problem besteht in dem ungleichen Gewicht der Länder; so haben die Vereinigten Staaten aufgrund ihrer militärischen und strategischen Ressourcen einen wesentlich größeren Einfluss als andere Länder und auch China gewinnt aufgrund seiner starken wirtschaftlichen Ressourcen mehr Einfluss. Die Präferenzen und Interessen der größeren Länder können von denen der kleineren Länder erheblich abweichen. Des Weiteren haben die Vereinten Nationen ein *Kompetenz- und Ressourcenproblem*. Nicht immer gelingt es, wie im Fall der Menschenrechtsverletzungen in Libyen im Februar 2011 mit einem blutigen Bürgerkrieg gegen die eigene Bevölkerung, innerhalb weniger Wochen ein Mandat des Sicherheitsrates zu erteilen und militärische Maßnahme zum Schutz der Zivilbevölkerung durchzusetzen. Die oft monate- und jahrelang dauernden Verhandlungen über die Bereitstellung von Friedenstruppen, wie im Fall des Darfur-Konflikt im Sudan, zeigen, wie sehr die UN selbst bei schweren Verstößen gegen das Friedensgebot und die Menschenrechte auf die Ressourcen der Mitgliedsländer angewiesen ist. Ein weiteres Problem betrifft die Organisation selbst. Das *Organisationsproblem* der Vereinten Nationen bezieht sich auf die Komplexität und Kompetenzverschachtelung der Organisation. Hier haben Generalsekretäre, wie z. B. Kofi Annan, versucht, durch administrative Reformen Verbesserungen zu erzielen. Auch Generalsekretär Ban Ki-moon hat angekündigt, in dieser Hinsicht eine eigene Reformagenda zu setzen.

Die zukünftige Bedeutung der Vereinten Nationen wird davon abhängen, inwieweit sie in der Lage ist, Reformen ihrer inneren Organisation umzusetzen und so ihrem selbst gesteckten Ziel gerecht werden zu können, die globale Sicherheit und den Weltfrieden zu wahren. Die Vereinten Nationen üben eine wichtige Funktion in der Normbildung und -diffusion der globalen Politik aus. Nach dem Ende von Bürgerkriegen haben die Vereinten Nationen darüber hinaus in vielen Regionen friedenskonsolidierend gewirkt. Positiv kann auch angeführt werden, dass die Vereinten Nationen bereits im Vorfeld von offenen Konflikten durch vorbeugende Diplomatie gewaltsame Konflikte verhindern helfen. Diese Prävention sollte nach Ansicht der Befürworter bei einer stärkeren Rolle der Vereinten Nationen noch ausgebaut werden. Durch ihre Sonderorganisationen erbringen die Vereinten Nationen darüber hinaus internationale Leistungen, die vor allem die postkolonialen Länder unterstützen. Schließlich bilden sie ein unverzichtbares Forum für die Behandlung globaler Probleme, etwa bei den Frauenrechten, beim Flüchtlingsschutz oder in der Klimapolitik, wo es zur Verabschiedung wichtiger internationaler Abkommen gekommen ist. Da andere internationale Organisationen entweder in ihren Zielsetzungen begrenzte Aufgaben erfüllen oder regional ausgerichtet sind, stellen die Vereinten Nationen das wichtigste Forum für internationale politische Probleme dar.

6.1.3 Mittel der regionalen Friedenssicherung durch die UN

Ein wichtiges Instrument zur Sicherung des Weltfriedens, über das die Vereinten Nationen verfügen, sind militärisch abgesicherte Friedensmissionen, das *Peacekeeping* mit Hilfe von „Blauhelmen". Es setzt ein Mandat des Sicherheitsrates voraus und soll Ländern in schweren Konfliktsituationen oder nach Abschluss von Friedensabkommen helfen, einen dauerhaften Frieden zu sichern. *Peacekeeping* kann vertrauensbildende Maßnahmen, die Unterstützung beim Aufbau funktionierender Polizei- und Rechtssysteme, bei Wahlen oder in der sozialen und wirtschaftlichen Entwicklung beinhalten. Daneben können die Vereinten Nationen im Rahmen von Konfliktprävention nicht-militärische Maßnahmen ergreifen, wie z. B. Sanktionen oder Handelsembargos. Zu den Maßnahmen, die in jüngerer Zeit erheblich an Bedeutung gewonnen haben, zählen darüber hinaus humanitäre Interventionen, der Ausbau der präventiven Diplomatie und die Stärkung von Einrichtungen des internationalen Rechts.

Peacekeeping hat seit dem Ende des Ost-West-Konflikts erheblich an Bedeutung gewonnen. Im Jahr 2009 führten die Vereinten Nationen insgesamt 17 Missionen durch mit mehr als 90.000 Soldaten und Polizisten. Allein der im August 2007 vom Sicherheitsrat beschlossene Einsatz in der Region Darfur im Sudan umfasst 18.775 uniformierte Personen, darunter rund 14.000 Soldaten.[43] Dementsprechend gestiegen sind auch die Ausgaben für diese Einsätze; allein im Jahr 2007 sind sieben Milliarden Dollar veranschlagt. Die Einsätze werden von Truppeneinheiten aus verschiedenen Ländern durchgeführt, nachdem sich die ambitionierten Pläne von eigenen UN-Brigaden bislang nicht realisieren ließen. Bangladesch, Pakistan, Indien, Jordanien und Nepal stellen dabei die meisten Blauhelme, die in eigenen UN-Ausbildungszentren trainiert werden. Im Fall des Darfur-Einsatzes auf Basis der im August 2007 beschlossenen UN-Resolution 1769 arbeiten die Vereinten Nationen mit der Afrikanischen Union zusammen („Hybridstruktur"), die die meisten Truppen stellt. Die Rekrutierung erfolgt durch die Vereinten Nationen und unmittelbar nach dem Sicherheitsratsbeschluss hatten zunächst Burkina Faso, Kamerun und Nigeria Soldaten zugesagt, wobei der Aufbau der militärischen Sicherheit zwangsläufig auch die Beteiligung von hochspezialisierten Soldaten erfordert. Die im Sicherheitsrat gefällte Entscheidung, im Darfur-Konflikt in Sudan einzugreifen, kam erst vier Jahre nach dem Beginn des Mordens mit schätzungsweise 400.000 Toten und mehr als zwei Millionen Flüchtlingen, die aus der Region vertrieben wurden, und letztlich nur unter massivem, internationalem Druck zustande. Die Resolution zur Schaffung der Unamid wird als bedeutender diplomatischer Erfolg für die westlichen Vetomächte im UN-Sicherheitsrat gewertet, die sich seit Jahren für eine Friedenstruppe in Darfur eingesetzt hatten. Erst als China, ein Land, das enge wirtschaftliche Beziehungen im Sudan vor allem in der Erdölförderung unterhält, seine Zustimmung für den mit einem robusten Mandat ausgestatteten „Blauhelm-Einsatz" gab, war der Weg für die Schaffung einer Blauhelm-Mission frei.

Wie die folgende Übersicht zeigt, finden derzeit die meisten *Peacekeeping*-Operationen in Afrika statt, die rund 80 Prozent der Mittel erfordern, unter anderem in Einsätzen im Kongo, in Liberia, Süd-Sudan, Elfenbeinküste, Burundi, Äthiopien und Eritrea. Die Dauer der Einsätze ist höchst unterschiedlich, wobei einige Missionen bereits seit 1948 (Naher Osten), 1949 (Indien und Pakistan) und 1964 (Zypern) bestehen. Die Mehrzahl der Operationen begann allerdings erst nach 1990.

Neben dem *Peacekeeping* bzw. den Friedensmissionen, die ein Einverständnis der betroffenen Länder bzw. der kriegsführenden Parteien voraussetzen, haben die Vereinten Nationen in den vergangenen Jahren in mehreren Fällen in eine Krisensituation durch *humanitäre Intervention* eingegriffen. Der Begriff der humanitären Intervention bezieht sich allgemein formuliert auf einen internationalen Eingriff in das Hoheitsgebiet eines Staates zum Schutz von

---

[43] http://www.un.org/en/peacekeeping/(aufgerufen am 10. Juli 2011).

UN Friedenseinsätze

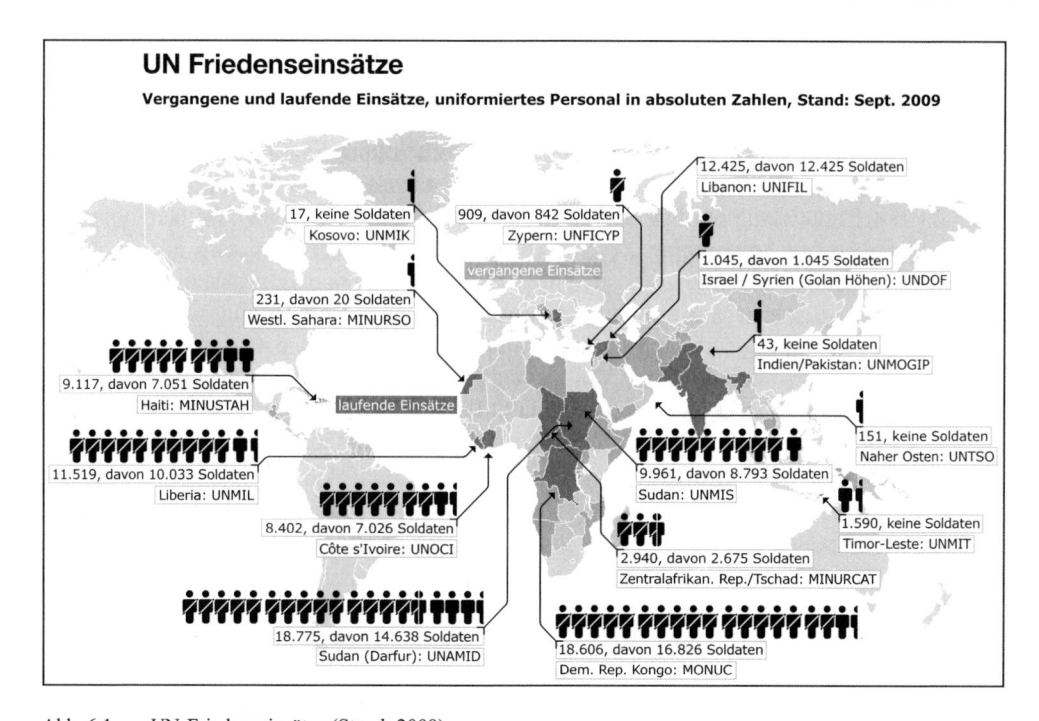

Vergangene und laufende Einsätze, uniformiertes Personal in absoluten Zahlen, Stand: Sept. 2009

- 17, keine Soldaten — Kosovo: UNMIK
- 909, davon 842 Soldaten — Zypern: UNFICYP
- 12.425, davon 12.425 Soldaten — Libanon: UNIFIL
- 231, davon 20 Soldaten — Westl. Sahara: MINURSO
- 1.045, davon 1.045 Soldaten — Israel / Syrien (Golan Höhen): UNDOF
- 9.117, davon 7.051 Soldaten — Haiti: MINUSTAH
- 43, keine Soldaten — Indien/Pakistan: UNMOGIP
- 11.519, davon 10.033 Soldaten — Liberia: UNMIL
- 151, keine Soldaten — Naher Osten: UNTSO
- 9.961, davon 8.793 Soldaten — Sudan: UNMIS
- 8.402, davon 7.026 Soldaten — Côte s'Ivoire: UNOCI
- 1.590, keine Soldaten — Timor-Leste: UNMIT
- 2.940, davon 2.675 Soldaten — Zentralafrikan. Rep./Tschad: MINURCAT
- 18.775, davon 14.638 Soldaten — Sudan (Darfur): UNAMID
- 18.606, davon 16.826 Soldaten — Dem. Rep. Kongo: MONUC

Abb. 6.1: UN-Friedenseinsätze (Stand: 2009)
Quelle: UN peacekeeping: www.un.org/Depts/dpko/dpko/index.asp
Bundeszentrale für politische Bildung, 2009, www.bpb.de

Menschen in einer humanitären Notlage, beispielsweise bei Genozid oder massiven Menschenrechtsverletzungen, und kann auch gegen den Willen von Staaten stattfinden, oder dann, wenn Staaten entweder versagen die Sicherheit ihrer Bürger zu schützen („failing states"), selbst grobe Menschenrechtsverletzungen begehen, oder die Staatsfunktionen vollständig versagen („failed states"). Die humanitäre Intervention ist eine Weiterentwicklung des Völkergewohnheitsrechts. Vor allem im Umgang mit ethnischen, religiösen und ethnosozialen Konflikten und innerstaatlichen Machtkämpfen stehen die Vereinten Nationen vor neuen Herausforderungen, wie die Beispiele des Völkermords in Ruanda und die massiven Kriegsverbrechen in Bosnien und im Kosovo gegen die eigene Bevölkerung Ende der 1990er Jahre gezeigt haben. Dabei wird von den Befürwortern einer aktiveren Rolle der Vereinten Nationen gefordert, dass die UN verstärkt bei innerstaatlichen gewaltsamen Konflikten, wie im Fall von Völkermord und Vertreibungen („ethnische Säuberungen") eingreift. Seit Beginn der 1990er Jahre haben die Vereinten Nationen mehrere solcher humanitären Interventionen unternommen: Somalia, Haiti, Ruanda, Bosnien, Kosovo, Kurdengebiet, Darfur-Region im Sudan, Libyen. In keinem Fall sind die Entscheidungen für eine humanitäre Intervention in der Vergangenheit jedoch ohne Konflikte gefällt worden.

Da humanitäre Interventionen nicht als Instrument in der Charta der Vereinten Nationen verankert sind, bleibt ihre *rechtliche Zulässigkeit* aufgrund des Souveränitätsprinzips, dem die UN verpflichtet ist, umstritten. Jede humanitäre Intervention erfordert eine militärische Absicherung, die eine Reihe von völkerrechtlichen und politischen Fragen aufwirft. Völkerrechtlich gilt für die Vereinten Nationen einerseits als Leitprinzip die Beachtung der *Souve-*

ränität von Staaten. Hieraus folgt ein Einmischungsverbot in die inneren Angelegenheiten eines Landes (UN-Charta, Art. 2. 2). Andererseits erfordern sicherheitsbedrohende Situationen, insbesondere solche, die den Weltfrieden bedrohen, *Interventionen* der Vereinten Nationen (UN-Charta, Art. 1). Allerdings gilt dies völkerrechtlich bislang nur für den Selbstverteidigungsfall. Umstritten ist daher, ob und wann auch bei innerstaatlichen Konflikten eingegriffen und humanitäre Interventionen durchgeführt werden können. Die Positionen reichen von genereller Ablehnung humanitärer Interventionen durch die Vereinten Nationen bis zur nachdrücklichen Befürwortung, wobei die Konfliktlinien sowohl entlang moralisch-ethischer, als auch sicherheitspolitischer Argumentationen verlaufen. Das Prinzip der Verhältnismäßigkeit der Mittel sowie die Frage, ob eine humanitäre Intervention Konflikte abschwächt oder vielmehr eskaliert, sind weitere Probleme, die sich bei einem Beschluss zur humanitären Intervention stellen. Allerdings stellt sich bei Untätigkeit die Frage, wie elementare Menschenrechte überhaupt gewahrt werden können, wenn die Vereinten Nationen stets dem Souveränitätsprinzip Vorrang geben?

Die rechtliche Debatte kreist dabei um zulässige Ausnahmen vom allgemeinen Gewaltverbot der UN-Charta, das sich rechtlich bislang nur auf den Selbstverteidigungsfall bezieht. Bereits unmittelbar nach Ende des Ost-West-Konflikts hatte der Friedensforscher Dieter Senghaas eine „Interventionskasuistik" gefordert, die eine Liste von Ausnahmefällen, in denen die Vereinten Nationen intervenieren dürfen, enthalten solle. Senghaas schlägt folgende Fallgruppen vor: Genozid, Politik der Vertreibung, Hilfsaktionen in Bürgerkriegen und Kriegen, interne Drangsalierungen, Verletzung von Minderheitenrechten, ökologische Kriegsführung, Streben nach Massenvernichtungswaffen und ihre Proliferation (Senghaas 1992). Aber wo liegen die Grenzen zur Machtpolitik? Und wer entscheidet über die Ausnahmen? Bis heute ist die Debatte über eine solche Interventionskasuistik nicht abgeschlossen. In einer Weiterentwicklung des Völkergewohnheitsrechts setzt sich die renommierte Rechtsexpertin Anne-Marie Slaughter (2007) beispielsweise für eine Verpflichtung zur Verhinderung von Menschenrechtsverletzungen („duty to prevent") ein, um in einigen klar definierten Fällen international eingreifen zu können. Die Mitgliedsländer der Vereinten Nationen haben sich unter dem Eindruck des Völkermords in Ruanda, ein Fall, in dem keine UN-Friedenstruppe zustande kam, sowie mit Blick auf den Kosovo-Konflikt und andere massive Menschenrechtsverletzungen innerhalb von Staaten unterdessen auf eine *Schutzverantwortung (responsibility to protect)* geeinigt, um Menschen vor Genozid und Kriegsverbrechen zu schützen, und in diesen Fällen auch eine Intervention zu befürworten. Wie weit die Schutzverantwortung definiert wird und wann sie einzusetzen hat, ist jedoch rechtlich sowie politisch umstritten. So wurde der Einsatz gegen den Machthaber Muammar Gaddafi mit einer Schutzverantwortung der Vereinten Nationen für die zivile Bevölkerung des Landes begründet (vgl. Slaughter 2011). Diese Position wurde jedoch selbst von den westlichen Ländern nicht allgemein geteilt, wie die Enthaltung Deutschlands in der UN-Abstimmung zeigte. Angesichts rechtlicher Unklarheiten und politischer Meinungsverschiedenheiten ist es daher nicht klar, ob sich diese Doktrin von Schutzverantwortung (responsibility to protect) als neue Richtschnur innerhalb der Vereinten Nationen durchsetzen wird, oder nicht vielmehr auf Einzelfälle beschränkt bleibt.

Präventive Diplomatie und vorbeugende Konfliktbearbeitung: Unter präventiver Diplomatie werden Praktiken verstanden, die bereits vor dem Entstehen gravierender Konflikte auf eine politische Konfliktlösung hinarbeiten. Dabei kommt es darauf an, „zivile", d. h. gewaltfreie Lösungen für ein Problem bereits im Vorfeld gewaltsamer militärischer Auseinandersetzungen zu entwickeln. Ein relativ breites Spektrum an vorbeugenden Maßnahmen sollte präventiv in der internationalen Politik praktiziert werden: von der militärischen Abrüstung und Konversion, über den Schutz von Minderheitenrechten und die Demokratisierung politischer Strukturen mit einer Einführung von Gewaltenteilung und föderalen Strukturen bei ethnischen Konflikten, bis zu wirtschaftlichen Hilfen in Krisenregionen sowie generell in Entwicklungsländern. Auch die klassische Diplomatie wird stärker als bisher in der Konfliktprävention eingesetzt; Konfliktbearbeitung kann darüber hinaus etwa auch durch „multi-track diplomacy" vorangetrieben werden.

Internationales Recht: Das internationale Recht ist ein zentrales Instrument der Friedenssicherung. Seine besondere Bedeutung liegt darin, dass es zur Zivilisierung der internationalen Beziehungen beiträgt, indem es Verbrechen gegen die Menschlichkeit, Genozid und andere schwere Verbrechen ahndet und damit Regeln für menschliches und politisches Verhalten setzt. Dabei gilt nach heutigem Rechtsverständnis die Verantwortlichkeit von handelnden Individuen, die, unabhängig von ihrem Status, für diejenigen Verbrechen haftbar gemacht werden können, für die eine Verantwortlichkeit nachgewiesen werden kann. Für die Verfolgung von schweren Kriegsverbrechen können die Vereinten Nationen internationale Gerichte einsetzen und mit der Aufklärung von Verbrechen und der Bestrafung der Täter beauftragen. So hat der UN-Sicherheitsrat mit einer Resolution am 25. Mai 1993 ein *Internationales Kriegsverbrecher-Tribunal* in Den Haag ins Leben gerufen, das Verbrechen ahnden soll, die im früheren Jugoslawien begangen wurden. Gegenstand waren schwere Verstöße gegen die Genfer Konvention und das Kriegsrecht, Völkermord und Verbrechen gegen die Menschlichkeit. Einen Höhepunkt der Arbeit des Tribunals stellte die Anklage gegen den jugoslawischen Staatschef Slobodan Milosevic dar, der später in der Haft verstarb, sowie vier weitere hochrangige jugoslawische Persönlichkeiten am 27. Mai 1999. Jedem der Beschuldigten wurden drei Fälle von Verbrechen gegen die Menschlichkeit und ein Verstoß gegen das Kriegsvölkerrecht zur Last gelegt (Vertreibung von 740 000 Menschen aus Kosovo seit Beginn 1999, Ermordung von 340 namentlich genannten Kosovo-Albanern). Die Anklage, die auf Ermittlungen beruht, die bereits vor Beginn der NATO-Luftschläge gegen Jugoslawien eingeleitet worden waren, basiert auf dem Prinzip der individuellen Verantwortung für die zur Last gelegten Taten. Völkerrechtlich war dieses Verfahren insofern ein Novum, als damit zum ersten Mal ein amtierender Präsident eines Landes von einem unabhängigen internationalen Gericht angeklagt worden ist. Im Juni 2011 konnte schließlich auch der bosnisch-serbische Armeeführer Ratko Mladic in Serbien festgenommen und nach Den Haag überführt werden, was als bedeutender Wendepunkt in der Arbeit des UN-Tribunals für Kriegsverbrechen im einstigen Jugoslawien gewertet wurde. Kurz darauf, im Juli 2011, konnte der letzte der insgesamt 161 vom Jugoslawien-Tribunal Beschuldigten, der mutmaßliche Kriegsverbrecher Goran Hadzic, festgenommen und dem Tribunal überstellt werden. Auch in anderen Fällen haben die Vereinten Nationen UN-Tribunale eingerichtet, so zur Verfolgung von Verbrechen in Ruanda, manchmal auch zu länger zurückliegenden Verbrechen, wie im Fall von Kambodscha. Im Jahr 2011 waren insgesamt fünf UN-Tribunale eingesetzt. Daneben haben sich Wahrheitskommissionen in Post-Konflikt-Gesellschaften um die Aufklärung von Verbrechen bemüht.

> **Endlich die großen Fische.**
> In Kambodscha beginnt der Prozess gegen Führer der Roten Khmer
>
> „32 Jahre nach dem Ende der Terror-Herrschaft der Roten Khmer in Kambodscha beginnt an diesem Montag der Prozess gegen vier der Führer des damaligen Regimes.

> Vor dem internationalen Tribunal in Phnom Penh müssen sich Nun Crea, Kies Samphan, Ieng Sary und Ieng Thirit wegen Völkermords, Verbrechen gegen die Menschlichkeit, Folter und Verfolgung religiöser Minderheiten verantworten. Opfer der Roten Khmer-Herrschaft erhoffen sich eine Aufarbeitung der grausamen Vergangenheit. ... Unter der Herrschaft der Roten Khmer sind fast ein Viertel der damals acht Millionen Kambodschaner umgekommen, durch Tötung oder Zwangsarbeit und Hunger."
>
> Quelle: Frankfurter Allgemeine, 27. Juni 2011, S. 10

Die Idee der Stärkung des internationalen Rechts wird vor allem in dem auf Beschluss der UN-Staatenkonferenz in Rom (1998) eingerichteten *Ständigen Internationalen Strafgerichtshof* (International Criminal Court, ICC) deutlich. Während die Kriegsverbrecher-Tribunale jeweils eine *ad-hoc*-Gerichtsbarkeit schaffen, ermöglicht der Internationale Strafgerichtshof eine kontinuierliche Verfolgung von Verbrechen, die gegen internationales Recht und völkerrechtliche Grundsätze verstoßen. Auch die Tatsache, dass der Internationale Strafgerichtshof durch einen internationalen Vertrag, und nicht durch Beschluss des Sicherheitsrates ins Leben gerufen wurde, gibt ihm besonders hohe Legitimität. Das Internationale Strafgericht mit Sitz in Den Haag konnte seine Arbeit im Juli 2002 aufnehmen, nachdem 60 Staaten den Vertrag ratifiziert hatten; inzwischen haben 114 Staaten das Rom-Statut unterzeichnet (Stand: 2011). Chefankläger des ICC ist Luis Moreno Ocampo. Der Internationale Strafgerichtshof unterscheidet sich von bisherigen Völkerrechtstribunalen dadurch, dass er das Anliegen der internationalen Gemeinschaft, rechtlichen Maßnahmen in einer permanenten Organisation Nachdruck zu verleihen verstetigt. Er stützt seine Arbeit auf eine systematische Datensammlung im „Legal Tools Project", dem u. a. das Norwegian Center for Human Rights sowie Einrichtungen deutscher Universitäten zuarbeiten. Rechtlicher Zugriff auf Angeklagte und faktische Verurteilung sind allerdings daran geknüpft, dass die Staaten das Statut des ICC unterzeichnet haben und den Regeln des Gerichts folgen. Eine gewisse Einschränkung seiner Wirksamkeit ergibt sich daraus, dass einige Länder dem Statut nicht beigetreten sind, wie die USA, Russland, China, Indien, Pakistan und Israel, da sie den Strafgerichtshof aus verschiedenen Gründen ablehnen.

Im Fall des Genozids in Darfur hat der ICC im März 2009 zuerst einen Haftbefehl gegen ein amtierendes Staatsoberhaupt, den Präsidenten des Sudan, Omar al-Baschir, ausgestellt; die Anklage lautet auf Völkermord, Verbrechen gegen die Menschlichkeit und Kriegsverbrechen. Da der Sudan das Rom-Statut nicht unterzeichnet hat, ist seine Überstellung nach Den Haag bisher gescheitert und Bashir übt sein Amt im Sudan weiter aus. Auch im Fall des Haftbefehls gegen den libyschen Führer Muammar Gaddafi, der im Mai 2011 ausgestellt wurde, ist offen, ob er dem ICC in Den Haag überstellt werden wird, wenn er in ein Land flüchten sollte, das das Statut von Rom nicht unterzeichnet hat. Ermittelt wird außerdem wegen Verbrechen in der Zentralafrikanischen Republik, in Kongo, Uganda und Kenia, sowie Fällen in Georgien, Kolumbien, Palästina und Südkorea.

> **Strafgericht erlässt Haftbefehl gegen Gaddafi**
>
> „Der Internationale Strafgerichtshof (IStGH) in Den Haag hat Haftbefehle gegen Muammar al-Gaddafi und zwei seiner engsten Verbündeten erlassen. Dem libyschen Staatschef sowie seinem Sohn Saif al-Islam und seinem Schwager, Geheimdienstchef Abdullah Senussi, werden Verbrechen gegen die Menschlichkeit vorgeworfen – darunter Morde an Hunderten von Zivilisten, Folter, die Verfolgung unschuldiger Menschen und

die Organisation von Massenvergewaltigungen zur Einschüchterung der Bevölkerung. Außerdem wird ihnen der Versuch zur Last gelegt, die mutmaßlichen Verbrechen zu vertuschen. Gaddafi, sein Sohn und sein Schwager seien im strafrechtlichen Sinne persönlich für die Verbrechen verantwortlich, die zur Niederschlagung des Volksaufstandes in Libyen begangen worden seien, sagte Chefankläger Luis Moreno Ocampo. Er legte dem Gericht eine mehr als 70 Seiten umfassende Anklageschrift mit mehr als 1200 einzelnen Dokumenten vor. Durch die Haftbefehle sind nun alle 116 Mitgliedstaaten des IStGH verpflichtet, den 69-jährigen Gaddafi und die Mitangeklagten als mutmaßliche Kriegsverbrecher festzunehmen, sobald sie die Möglichkeit dazu bekommen. Gaddafi hat allerdings trotz andauernder Nato-Luftangriffe erklärt, er werde kämpfen bis zum Tod."

Quelle: http://www.sueddeutsche.de/politik/krieg-in-libyen-straftgerichtshof-stellt-haftbefehl-fuer-gaddafi-aus-1.1112837 (27. Juni 2011)

6.2 Nicht-Regierungsorganisationen (NGOs)

Nicht-Regierungsorganisationen (englisch: *non-governmental organizations*, NGOs) sind Organisationen, die sich unabhängig von Regierungen in der Zivilgesellschaft gebildet haben, allgemeinpolitische oder spezifische Anliegen vertreten und gesellschaftliche oder politische Veränderungen, in der Regel gewaltfrei, herbeiführen wollen. In der englischsprachigen Literatur werden NGOs auch als „voluntary associations", „non-profit organizations" oder „civil society organizations" beschrieben. In der internationalen Politik haben NGOs als „dritte Kraft" zwischen Staat und Markt in den letzten Jahren rapide an Bedeutung gewonnen. Es gibt keine rechtlich verbindliche Definition der NGOs und sie können in der Praxis eine Vielzahl von gesellschaftlichen Gruppen und Interessen repräsentieren.

Als internationale NGO bezeichnen die Vereinten Nationen weit gefasst jede internationale Organisation, die nicht durch zwischenstaatliche Übereinkunft errichtet wurde. So legte der Wirtschafts- und Sozialrat ECOSOC der Vereinten Nationen in einer Resolution vom Juni 1968 fest, dass jede internationale Organisation „which is not established by intergouvernmental agreement shall be considered as a non-governmental organization ... . including organizations which accept members designated by government authorities, provided that such membership does not interfere with the free expression of view of the organization." (zitiert nach Meyers 1994: 546)

Internationale NGOs sind beim ECOSOC akkreditiert und können Konsultationsstatus erhalten. Das ECOSOC legt bei der Vergabe des Konsultationsstatus an NGOs sechs Prinzipien zugrunde: Unterstützung der Ziele der Vereinten Nationen, demokratische Organisationsform, non-profit Konzept, Gewaltfreiheit, Prinzip der Nichteinmischung in staatliche Angelegenheiten, Unabhängigkeit von zwischenstaatlichen Vereinbarungen. Dabei vertreten NGOs, die bei den Vereinten Nationen akkreditiert sind, nicht ausschließlich Ziele sozialer Bewegungen, sondern es kann sich auch um Interessenverbände von Unternehmensgruppen handeln, und selbst die amerikanische Waffenlobby („National Riffle Association") wurde 1996 auf die Liste der NGOs bei den Vereinten Nationen gesetzt (vgl. auch Willetts 2001: 375). Von den NGOs mit Konsultativstatus beim Wirtschafts- und Sozialrat ECOSOC sind die meisten Gruppen bereits über einen längeren Zeitraum akkreditiert. In bestimmten Problembereichen sind NGOs überdies besonders aktiv. So nahmen bei den Jahrestagungen der UN-Menschenrechtskommission nicht nur die Mitgliedstaaten der Vereinten Nationen teil, sondern es waren auch etwa 200 nichtstaatliche Organisationen als Beobachter vertreten. Auch im Bereich des Umweltschutzes sind NGOs besonders aktiv. Einer Unterscheidung der Weltbank folgend können „operational" und „advocacy" NGOs unterschieden werden. Erstere konzentrieren sich auf Wandel im kleinen Maßstab, etwa bei konkreten humanitären Projekten, während letztere größere Veränderungen anstreben und direkt auf politische Institutionen einwirken.

Die Zahl der NGOs mit Konsultativstatus bei der UN erreichte Ende 1997 mit fast 1.400 einen neuen Höchststand. Heute sind rund 1.500 internationale nichtstaatliche Organisationen bei den Vereinten Nationen ständig akkreditiert; nach Schätzungen der Organisation agieren weltweit etwa 50.000 NGOs; etwa ein Drittel der NGOs kommt aus Europa, ein weiteres Drittel aus Nordamerika, während in Afrika und Asien nur etwa 10 bzw. 16 Prozent der NGOs angesiedelt sind. Eine Kurzbeschreibung von NGOs gibt das „Yearbook of International Organizations".

Im Unterschied zu dieser breiten Definition der Vereinten Nationen wird in der wissenschaftlichen Literatur als Minimalkriterium einer internationalen oder transnationalen Organisation gefordert, dass in ihr mindestens drei verschiedene Länder vertreten sein müssen und mindestens einer der Vertreter kein Beauftragter der Regierung sein dürfe (Meyers 1994: 546). Nach Problemfeldern können Nicht-Regierungsorganisationen mit allgemein-politischen, humanitären und single-issue Anliegen unterschieden werden. Beispiele für eine internationale NGO mit allgemein-politischen Anliegen sind das Frauennetzwerk der Europäischen Union sowie internationale Gewerkschaftsverbände; eine humanitäre NGO ist die Gefangenenhilfsorganisation „Amnesty International" und als Beispiel für eine ausschließlich im Umweltschutz tätige NGO („single issue") gilt „Greenpeace".

Die Bedeutungszunahme von Nicht-Regierungsorganisationen wird als Indikator für eine weltweite Vernetzung von gesellschaftlichen Gruppen, die Vorboten einer transnationalen Politik sind, interpretiert. So schreibt der Politikwissenschaftler Reinhard Meyers: „Das Substrat und Milieu der transnationalen Politik ist nicht in erster Linie die Staatengesellschaft, sondern die transnationale Gesellschaft: ein netz- oder spinnwebartig verflochtenes, grenzüberschreitendes wie grenzunterlaufendes Konglomerat gesellschaftlicher Einzel- und Gruppenakteure, die in unterschiedlichster Form und Dichte organisiert sind, verschiedenste Kompetenzen in fast allen denkbaren Bereichen gesellschaftlichen Handelns beanspruchen und über eine Vielfalt von Mitteln zur Durchsetzung ihrer Ziele ebenso verfügen, wie sie sich höchst disparater Chancen und Aussichten auf den Erfolg ihres Tuns erfreuen." (Meyers 1994: 544f.)

Das an der London School of Economics ansässige *Global Civil Society*-Projekt veröffentlicht in seinen Jahrbüchern seit 2001 regelmäßig Berichte über zivilgesellschaftliche Entwicklungen und eine Vielzahl von NGOs, wobei die Autoren von einem breiten Begriff von NGOs ausgehen. Das Center schätzt, dass von den rund 13.000 internationalen NGOs rund ein Viertel nach 1990 gegründet wurde. Die Mitarbeiter unterscheiden in der „internationalen Zivilgesellschaft" die NGOs nach vier Gruppen: Neues Management (*new public management*), betriebliche Partnerschaftsbildung (*corporatisation*), Soziales Kapital und Selbsthilfe (*social-capital and self-organization*), sowie Aktivismus (*activism*).

Tab. 6.1: Manifestation of global civil society

Forms	Main actor	Of primary Interest to	Example
New public management: Civil society organisation as Sub-contractors to robust National and IGO policy-making	NGOs and developed government	Supporters and Reformers	Oxfam, World Vision, Save the Children
Corporatisation: Civil Society Organisations partnering with Companies	NGOs and TNCs	Supporters and Reformers	Nike, Greenpeace, Starbucks and World Wildlife Fund
Social capital of self-organisation: Civil society building trust through networking	NGOs and associations; alternatives	Reformers; Rejectionists; Regressives	Community building organisations, faith-based communities
Activism: civil society Monitoring and challenging power-holders	Movements, transnational civil networks	Reformers and Rejectionists	Global Witness; Corporate Watch; Social Forums

Quelle: Global Civil Society Yearbook 2003, hrsg. Von M. Kaldor, H. Anheier, M. Glasius, Kap. 1 (Concepts of Global Civil Society), London 2003, S. 8

Die Aufwertung der internationalen NGOs erfolgte zunächst durch ihre Beteiligung an den globalen Fach- und Gipfelkonferenzen der Vereinten Nationen. Durch eine Änderung des UN-Statuts erhielten die NGOs auf Antrag einen Konsultationsstatus, der die organisatorische Struktur festigte. Internationale Beachtung fanden die NGOs bei den UN-Weltklimakonferenzen in Rio de Janeiro 1992 und Kyoto 1997, sowie beim UN-Weltsozialgipfel 1995 in Kopenhagen („Global Village"). Als besonders aktiv gelten auch die Frauennetzwerke unter den NGOs („Women's Caucus"). Sie traten zuerst im Rahmen der UN-Weltfrauenkonferenz in Nairobi 1985 auf und beteiligten sich später nicht nur an allen folgenden UN-Weltfrauenkonferenzen, wie in Peking 1995, sondern sie waren auch bei anderen UN-Konferenzen mit ihren Forderungen präsent, wie bei der Weltbevölkerungskonferenz in Kairo 1995 sowie den Umweltkonferenzen. Während dieser internationalen Konferenzen machten die NGOs auf die Probleme der Menschenrechtsverletzungen gegen Frauen aufmerksam und forderten internationale Maßnahmen für Frauenrechte („Frauenrechte sind Menschenrechte"). Praktiken der Zwangssterilisation und Zwangsabtreibungen (China) bzw. die „pränatale Selektion" (praktiziert z. B. in Indien), das Problem der genitalen Verstümmelung junger Mädchen und Frauen (Afrika), Mädchenhandel und Prostitution sowie Gewalt gegen Frauen sind unter anderem Themen, mit denen sich die NGOs auseinandergesetzt haben und die sie auf die Agenda der Vereinten Nationen brachten.

Verschiedentlich wird die These vertreten, dass die dezentrale, nichthierarchische Struktur der NGOs eine neue Form der *Weltzivilgesellschaft* begründen könne (Brand/Demirovic/Görg/ Hirsch 2001). Diese Auffassung gründet sich auf die These von der Denationalisierung, nach der NGOs mit dem Bedeutungsverlust von Staaten die entscheidende Rolle als Akteure in der internationalen Politik übernehmen könnten. Ob diese These allerdings einer empirischen Überprüfung standhält, ist fraglich, denn die globale Vernetzung von NGOs kann unterschiedliche Ursachen haben und muss nicht notwendigerweise in eine „Weltzivilgesellschaft" münden. Vielfach hat ihre politische Betätigung erst durch die Einbindung in die Vereinten Nationen einen Stellenwert erhalten. Außerdem hat die Vernetzung durch neue Technologien ihre Arbeit aufgewertet, wobei nicht immer klar ist, wie stark die Gruppen sind und wie sie legitimiert werden. Auch hat sich gezeigt, dass die Bedeutung von Staaten für die Zivilisierung nach innen und nach außen immer noch entscheidend ist; zerfällt ein Staat geht dies in der Regel mit gravierenden Sicherheits- und Menschenrechtsverletzungen einher. Der Politikwissenschaftler Thomas Risse betrachtet die Beteiligung der NGOs in Internationalen Organisationen daher als Form von „new governance", nicht aber als Ersatz für die Steuer- und Regelungsfunktion der Staaten innerhalb der Internationalen Organisationen (Risse 2007).

Welchen Einfluss üben Nichtregierungsorganisationen auf die Politik der Internationalen Organisationen aus? Anhand von internationalen Umweltverhandlungen untersucht die Politikwissenschaftlerin Tanja Brühl beispielsweise die Partizipationsmöglichkeiten von NGOs in internationalen Verhandlungen und kommt zu dem Ergebnis, dass sich Verhandlungssysteme generell immer stärker für die Beteiligung von NGOs öffnen, ihre Partizipationsmöglichkeiten jedoch sehr unterschiedlich sind (Brühl 2003). Je stärker der Bedarf an Ressourcen, wie Wissen, Macht, Werte, Legitimität, in einer Verhandlungssituation ist und je weniger konfrontativ sich diese Situation gestaltet, desto mehr Teilnahmerechte bekommen NGOs.

Eine Studie der Politikwissenschaftlerin Jutta Joachim zeigt, dass NGOs besonders dann erfolgreich sein können, wenn es ihnen gelingt, ihre Themen in einen breiteren Diskurs einzubetten, etwa indem Frauenrechte als Menschenrechte bezeichnet werden und nicht als separate Anliegen einer speziellen Gruppe. Dieser Prozess des *„framing"* (Einrahmen) ist mitentscheidend für die Durchsetzungschancen politischer Handlungsstrategien (Joachim 2007). Da Frauen weltweit politisch unterrepräsentiert sind, können sie in den Organisationen der Vereinten Nationen „Bündnispartner" finden und Koalitionen bilden, um sich bei wichtigen globalen Themen, wie etwa der Gewalt gegen Frauen, politisch Gehör zu verschaffen. Die „political opportunity structure" (Chancenstruktur) variiert in den Internationalen Organisationen, und der Erfolg des *framing* setzt ein günstiges Zeitfenster sowie rezeptive Rahmenbedingungen voraus.

Bei der Bereitstellung von Informationen, die die NGOs vor Ort sammeln, und dadurch *Öffentlichkeit* für ein Problem herstellen, können die Nicht-Regierungsorganisationen eine wichtige Funktion übernehmen. Der Forscher Matthias Ecker-Ehrhardt hat am Beispiel der humanitären Krise in Darfur gezeigt, dass die Vereinten Nationen und die NGOs die Meinungsbildung in der Bereitstellung humanitärer Hilfe durch westliche Länder entscheidend beeinflusst haben. Die Expertise, die die Vereinten Nationen bereitstellen, wird von Regierungsvertretern anerkannt, und auch NGOs üben Einfluss aus, allerdings in geringerem Ausmaß als die UN, obwohl sie sich teils vehement für humanitäre Fragen engagieren. In seiner empirisch fundierten Untersuchung konnte Ecker-Ehrhardt darüber hinaus zeigen, dass Länder sehr unterschiedlichen Gebrauch von Informationen der internationalen Organisationen machen. In den untersuchten Fällen bezogen sich Parlamentarier des britischen Unterhauses in erheblichem Umfang auf UN-Agenturen (etwa 25 Prozent der Stellungnahmen); diese Verschiebung des Gewichts auf „neue internationale Autoritäten" gilt dagegen in geringerem Ausmaß für das US-Repräsentantenhaus, in dem sich die Abgeordneten vor allem auf eigene Ausschüsse, Kammern oder andere Abgeordnete beziehen. Allerdings setzt sich Ecker-Ehrhardt auch kritisch mit der Weltzivilgesellschafts-These auseinander. „Die Analyse belegt also in beiden Häusern eine geteilte Autorität der UN. Demgegenüber fällt die Bedeutung der in diesem Feld tätigen NGO deutlich schwächer aus und entspricht kaum dem Bild einer zivilgesellschaftlich dominierten Weltgesellschaft." (Ecker-Ehrhardt 2007: 24)

6.3 Problembeispiel: Menschenrechte

Die Verwirklichung von Menschenrechten (*human rights*) wird heute als eines der vordringlichsten Probleme in der internationalen Politik angesehen. Die Vereinten Nationen sowie eine Reihe von Nicht-Regierungsorganisationen verstehen die Durchsetzung universaler Menschenrechte als Kernaufgabe ihrer Politik. Im Bereich der Menschenrechte greifen Staaten, Internationale Organisationen und transnationale NGOs ineinander. Staaten verankern allgemeine Bürger- und Menschenrechte beispielsweise in der Verfassung, während Internationale Organisationen durch völkerrechtliche Verträge und Erklärungen, Institutionen wie internationale Gerichte und Monitoring die Einhaltung von universalen Menschenrechten fördern. Nichtstaatliche Organisationen wiederum treten als Fürsprecher (*advocacy*) und Lobbygruppen für die Einhaltung der Menschenrechte ein. Zu diesen Gruppen, die ein internationales Netzwerk bilden, zählen z. B. „Amnesty International", „Terre des Femmes", „Gesellschaft für bedrohte Völker" oder „Ärzte ohne Grenzen". Die zahlenmäßige Zunahme dieser Gruppen und ihr Bedeutungszuwachs zeigen eine deutliche Stärkung des Menschenrechtsdiskurses an.

Rechtlich besteht in der internationalen Politik ein *Spannungsverhältnis* zwischen der Durchsetzung universaler Menschenrechte einerseits, und andererseits der Anerkennung des Prinzips staatlicher Souveränität. Die amerikanische Philosophin Seyla Benhabib stellt einen Zusammenhang zwischen diesem Konflikt und der Globalisierung her und spitzt das Problem folgendermaßen zu: „Im Prozess der Globalisierung und gleichzeitigen Fragmentierung geraten Menschenrechte und Souveränitätsansprüche zunehmend miteinander in Konflikt. Einerseits wächst weltweit das Bewusstsein für die universalen Prinzipien der Menschenrechte; andererseits werden partikularistische Identitäten im Sinne von Nationalität, Ethnizität, Religion, Rasse und Sprache, auf Grund deren man einem souveränen Volk angehören soll, mit zunehmender Schärfe behauptet ... die Globalisierung (hat) den Konflikt zwischen den Menschenrechten und den souveränen Selbstbestimmungswünschen von Kollektiven eher verschärft." (Benhabib 1999:22)

Die *Lage der Menschenrechte* ist weltweit prekär. Nach Angaben des UN-Menschenrechtszentrums in Genf leidet zumindest die Hälfte der Weltbevölkerung an ernstlichen Verletzungen oder dem Entzug ihrer grundlegenden Rechte. Allein 1993 erreichten das Zentrum z. B. rund 300.000 Beschwerden über Folter, Hinrichtungen, Vergewaltigungen, willkürliche Festnahmen und das Verschwinden lassen von Menschen – ein dramatischer Anstieg gegenüber 1992 mit 43.000 Fällen. Weltweit ist auch die Zahl der Flüchtlinge angestiegen. Bis zu 1,4 Milliarden Menschen leben in absoluter Armut, eine weitere Milliarde am Rande der Armut. Die Verletzung elementarer Menschenrechte in allzu vielen Staaten der Welt wird von den Vereinten Nationen als einer der Hauptgründe für weltweite Fluchtbewegungen angeführt.

Die Wurzeln des Menschenrechtsverständnisses liegen im Gedankengut der Antike (Stoa), im jüdisch-christlichen Denken, in Teilen des Islam und in Aspekten afrikanischer Überlieferungen. Theoriegeschichtlich betrachtet ist die Konzeption allgemeiner unveräußerlicher Menschenrechte als Grundlage für politisches Handeln vor allem ein Produkt. Zu den ältesten Freiheitsdokumenten, in denen Menschenrechte festgehalten worden sind, gehört die Magna Charta Libertatum (1215), mit der sich der britische Adel vor monarchischer Willkür absicherte. Ihre positiv-rechtliche Ausprägung als Individualrechte haben die Menschenrechte dann unter dem Einfluss der Naturrechtslehre (John Locke) und vor allem durch die Philosophie der Aufklärung erhalten. Der Menschenrechtsgedanke findet in grundlegenden Dokumenten politischer Gemeinschaften seinen Ausdruck, wie in der „Bill of Rights" (1689) in England, in den USA in der Unabhängigkeitserklärung von 1776 und in der amerikanischen „Bill of Rights" (1791) sowie in Frankreich während der Revolution von 1789. In der Bundesrepublik Deutschland sind im Grundgesetz von 1949 in den Artikeln 1 bis 19 die grundlegenden Menschen- und Freiheitsrechte aufgenommen.

Unter *Menschenrechten* versteht man allgemein diejenigen individuellen und kollektiven Rechte und Ansprüche, die unmittelbar dem Schutz der jedem Menschen innewohnenden Würde dienen. Sie sind den Menschen unabhängig von ihrer Staatsangehörigkeit, ihrem Glauben oder ihrem Geschlecht „von Natur aus" gegeben.

Während Menschenrechte mit dem Beginn der Aufklärung zunächst individuelle Freiheit, körperliche Unversehrtheit und Eigentumsrechte sichern sollten, führte die rasche Industrialisierung und die damit verbundene Verelendung der Arbeiter im ausgehenden 19. Jahrhundert dazu, dass dem Menschenrechtsgedanken sozialschützende Dimensionen hinzugefügt wurden, wie das Recht auf Arbeit und Bildung, und, in neuerer Zeit, das Recht auf eine minimale Absicherung in Notlagen, z. B. durch staatliche Sozialhilfe. Im 20. Jahrhundert kam als kollektives bzw. Gruppenrecht das Recht auf kulturelle und politische Selbstbestimmung zum Kreis der Menschenrechte hinzu. Als Menschenrechte der „dritten Generation" sind heute kollektive Menschenrechte auf Frieden, Entwicklung, Frauengleichstellung, gesunde Umwelt in der Diskussion und teilweise im Stadium der Kodifikation. Den Kern der Menschenrechte bilden also die persönlichen Freiheitsrechte, wie das Recht auf körperliche Unversehrtheit und die Integrität der Person. Zu den Menschenrechten gehören nach heutigem Verständnis auch das Recht auf Meinungs- und Glaubensfreiheit, Besitz- und Eigentumsrechte, das Widerstandsrecht gegen Unterdrückung und die kulturelle und politische Selbstbestimmung.

Als *internationale Aufgabe* wird der Menschenrechtsschutz erst im 20. Jahrhundert begriffen. Eine wichtige Rolle spielten dabei die Erfahrung des Holocaust sowie die Kriegsgräuel der Japaner in Asien während des Zweiten Weltkriegs. Zu einer internationalen Kodifizierung von Menschenrechten kam es erstmals im Rahmen der UN-Charta von 1945. Artikel 55 und 56 verpflichten alle UN-Mitglieder zur Achtung und Zusammenarbeit bei der Verwirklichung der Menschenrechte. Die „Allgemeine Erklärung der Menschenrechte" der Vereinten Nationen von 1948 (Menschenrechtsdeklaration) spricht allen Menschen die gleichen Rechte zu „ohne irgendeine Unterscheidung, wie etwa Rasse, Farbe, Geschlecht, Sprache, Religion, politischer und sonstiger Überzeugung, nationaler oder sozialer Herkunft, nach Eigentum, Geburt oder sonstigen Umständen" (Art. 24). Nach dem völkerrechtlich seit 1969 gültigen „Internationalen Übereinkommen gegen jede Form der Rassendiskriminierung" haben die UN inzwischen 25 weitere Einzelvereinbarungen verabschiedet, z. B. gegen Völkermord, Menschenhandel und Prostitution, Apartheid und Folter.

Die politische Philosophin Hannah Arendt, deren Arbeiten durch die Erfahrungen mit Nationalsozialismus und Holocaust in Deutschland geprägt sind, reflektiert diese gestiegene Achtung der Menschenrechte und die Rolle der internationalen Organisationen. Während sie in frühen Schriften noch davon ausging, dass Menschenrechte nur im Rahmen des Staates gewahrt werden können, rückte sie später angesichts des massiven staatlichen Terrors im nationalsozialistischen Deutschland und der Versäumnisse des NS-Staates, elementare Menschenrechte zu garantieren ab und kritisierte das Konzept staatlicher Souveränität als unzulänglich. Wie Arendt argumentierte, wurde der klassische Souveränitätsbegriff faktisch zum Deckmantel nationalen Faustrechts und Völkermords. In ihren späteren Arbeiten trat sie für die Idee einer Weltgesellschaft ein, in der internationales Recht und globale Formen der Menschenrechtspolitik einen zentralen Platz einnehmen, um „das Recht, Rechte zu haben" zu verwirklichen. Die Verrechtlichung des internationalen Menschenrechtsschutzes stellte daher einen gewichtigen Fortschritt dar, der die Rolle des nationalstaatlichen Gewaltmonopols als „Unterwerfungsvertrag" zum Schutz von Leib und Leben des Bürgers gegen Gewalt und Willkür (Hobbes) einer übergeordneten Instanz überträgt und damit internationaler Deliberation und Normbildung öffnet.

Vergleichsweise am weitesten entwickelt wurde der internationale Menschenrechtsschutz regional und zuerst in (West) Europa (1950) und in Amerika (1969), ansatzweise in Afrika (1981) und neuerdings in Asien. Andrew Moravcsik (2000) vertritt in diesem Zusammenhang die These, dass die Präferenz für die rechtliche Verankerung universeller Menschenrechte durch Internationale Organisationen, zumindest in der historischen Entwicklung der europäischen Länder, von der gesellschaftlichen und politischen Konstellation der Länder abhängt und vor allem diejenigen Länder mit einer historisch schwächerer Menschenrechtstradition, wie etwa Deutschland oder Italien nach dem Zweiten Weltkrieg, dem internationalen, institutionalisierten Menschenrechtsschutz eine hohe Priorität beigemessen haben, weil sich binnenpolitische Akteure für internationale Regeln und deren Absicherung durch internationale Organisationen einsetzen, um Erfahrungen wie zur Zeit des Nationalsozialismus und des Faschismus zukünftig auszuschließen. So zeigt sich auch in der Menschenrechtsanalyse, dass der liberale Institutionalismus gesellschaftliche Präferenzbildungsprozesse als Voraussetzung internationalen Handelns begreift. Demgegenüber hebt der Konstruktivismus hervor, dass die Verankerung von Menschenrechten auf Normdiffusion und den Sozialisationseffekt von Internationalen Organisationen zurückzuführen ist (z. B. Risse 2007; Sikkink 2011).

Grundlage für die europäische Menschenrechtspolitik ist die im Jahr 1950 verabschiedete „Europäische Menschenrechtskonvention" (EMRK). Noch im selben Jahr richtete der Europarat den Europäischen Gerichtshof mit Sitz in Straßburg ein, der Beschwerden über Menschenrechtsverletzungen verfolgt. Durch die Öffnung Osteuropas hat der Gerichtshof an Bedeutung gewonnen, denn nun werden auch die neuen Europaratsmitglieder, wie etwa Russland, einer internationalen Verfassungsgerichtsbarkeit unterworfen. Eine steigende Zahl von Eingaben spricht für eine gewachsene Bedeutung des Europäischen Gerichtshofs. Im Jahr 1985 erreichten 2830 Beschwerden das Gericht; 1998 waren es bereits 11000. Besonders wichtig war eine Reform des Gerichtshofs im Jahr 1998, nach der sich Bürgerinnen und Bürger aus den 47 Mitgliedsländern des Europarates mit Beschwerden direkt an das Gericht wenden können, wobei zunächst die nationale Gerichtsbarkeit durchlaufen werden muss. Im Einzelfall kann das Gericht jedoch, etwa bei Abschiebung oder Folter, Aufschub oder sofortige Unterlassung erwirken. Damit ist der Europäische Gerichtshof der einzige internationale Gerichtshof der Welt, bei dem Bürger sich direkt mit ihrer Beschwerde gegen den Staat wenden können.

Das Konzept von *Global Governance* weist *elementaren Menschenrechten* eine Priorität gegenüber jeglicher Form der territorialen Souveränität zu. Der Schutz des menschlichen Lebens gegen Vernichtung, Hunger und Vertreibung sowie die Achtung der menschlichen Würde unabhängig von Fragen politischer Rahmenbedingungen steht im Zentrum der notwendigen Befugnisse, die ein globales Machtzentrum – wie die Vereinten Nationen – durchsetzen muss, um von einer neuen Qualität der Weltordnung ausgehen zu können. Allerdings besteht zwischen Anspruch und Realität eine Umsetzungslücke. Die Vereinten Nationen haben in der Weiterentwicklung des Völkergewohnheitsrechtes und der Übernahme des Prinzips einer „Schutzverantwortung" bei besonders gravierenden Fällen von Verbrechen gegen die Menschlichkeit und Genozid den Menschenrechten politisch und rechtlich eine größere Bedeutung gegeben, und damit auf Probleme in der Vergangenheit reagiert. Die Vereinten Nationen sind jedoch keine „Weltpolizei", so dass die auf Menschenrechten basierte internationale *Governance* bislang nur in einigen Fällen eingelöst werden konnte und humanitäre Interventionen nur in wenigen Fällen erfolgt sind; trotzdem ist die Tendenz, dem internationalen Menschenrechtsschutz größere Bedeutung beizumessen, unverkennbar.

Die Umsetzung der internationalen Erklärungen in geltendes Vertragsrecht trifft auf vielfältige Widerstände und Schwierigkeiten. Zwar besteht bei groben, gewaltsamen Konflikten inzwischen eine größere Bereitschaft einzugreifen; schwieriger ist es jedoch, die internationale Gemeinschaft zur Einhaltung von Menschenrechten in den Mitgliedsländern zu bewegen. Die Verwirklichung der Menschenrechte in der politischen und gesellschaftlichen Praxis zu realisieren, weist immer noch Defizite auf, obwohl die Vereinten Nationen mit Deklarationen und Abkommen diese Rechte zu schützen suchen. Exemplarisch kann dies am *Beispiel der Frauenrechte* verdeutlicht werden. Internationale Organisationen und Frauengruppen treten seit vielen Jahren dafür ein, die Rechtsstellung von Frauen und Mädchen durch international gültige, universale Rechte für Frauen zu stärken. So verabschiedeten die Vereinten Nationen 1993 die „Declaration on the Elimination of All Forms of Violence Against Women", die das Recht auf körperliche Unversehrtheit von Frauen vorsieht. Dabei werden Frauenrechte als Menschenrechte verstanden. Die Praxis in vielen Ländern der Welt sieht jedoch anders aus: Zur Missachtung von Menschenrechten gehören insbesondere Praktiken, die die körperliche Integrität von Frauen verletzen, wie die genitale Verstümmelung durch Klitorisbeschneidung, Zwangssterilisationen und Zwangsabtreibungen als „Bevölkerungspolitik". Auch die in vielen Ländern verbreitete Kinderehe sowie die Zwangsheirat werden als Verletzung der Menschenrechte begriffen.

Bislang hat es sich als ausgesprochen schwierig erwiesen, globale Menschenrechte durchzusetzen. Nicht nur „offizielle" Positionen von Staaten, die ihre bestehenden Herrschaftsverhältnisse aufrechterhalten wollen, sondern auch unterschiedliche kulturelle Traditionen in den Ländern setzen dem Gedanken einer universalen Frauen- und Menschenrechtspolitik Grenzen. Von den größeren Ländern hat sich besonders China in der Vergangenheit vehement gegen die internationalen Forderungen nach Einhaltung der individuellen Menschenrechte gewandt, die das Land als „Einmischung in innere Angelegenheiten" zurückweist. Auch in den südostasiatischen Ländern („kleine Tiger") wird die Frage von Menschenrechten und Demokratie kontrovers beantwortet. Während einige Staatsführer auf eigene „kulturelle Traditionen" der Region verweisen und den „autoritären Weg" als notwendig für den wirtschaftlichen Aufschwung bezeichnen, vertreten andere die Auffassung, dass das kulturelle Erbe bestimmter Regionen kein Hindernis für ein an Individualrechten orientiertes Menschenrechtsverständnis sei. Länder, wie China, verweisen darauf, dass die Umsetzung von Menschenrechten ein „langer Weg" sei, welcher aufgrund von sozialen Entwicklungsproblemen mehr Zeit beanspruche. Immerhin hat China, welches in der Vergangenheit häufig für grobe Menschenrechtsverletzungen kritisiert wurde, im Jahr 2004 einen Zusatz in die Verfassung aufgenommen (Art. 33.3), welcher festhält, dass das Land die Menschenrechte respektiert und gewährleistet.

6.3 Problembeispiel: Menschenrechte

Wie schwierig es ist, Menschrechte in der Weltpolitik durchzusetzen, lässt sich beispielhaft an Konflikten innerhalb der Vereinten Nationen um ein funktionsfähiges Organ zur *globalen Überwachung der Menschenrechte* zeigen. Zwar ist es inzwischen gelungen, einen neuen UN-Menschenrechtsrat mit Sitz in Genf einzurichten, aber das Mandat, die Verfahrensweisen und Kompetenzen bei Menschenrechtsfragen waren lange Zeit unter den Mitgliedsländern höchst umstritten. Wie soll der Rat Grausamkeiten, etwa in Sudans Krisenprovinz Darfur, wirksam entgegentreten? Welche Rolle sollen NGOs und unabhängige Experten im Ringen um einen besseren Schutz von Minderheiten spielen? Während die westlichen Länder auf einen starken Rat drängten, wollten autoritär regierte Staaten ein eher schwaches Gremium. So verlangten die EU-Staaten, die unter den 47 Mitgliedern über acht Stimmen verfügen und von Kanada und der Schweiz unterstützt werden, eine periodische Überprüfung der Menschenrechte in allen Ländern bei der auch Expertisen von Menschenrechtsorganisationen und unabhängige Quellen berücksichtigt werden sollen. Andere Länder, vor allem China und seine Verbündeten im Rat wie Pakistan, drängten dagegen darauf, dass bei dieser Überprüfung nur Informationen der Regierungen berücksichtigt werden sollen. Ob der im Jahr 2006 erstmalig einberufene Menschenrechtsrat effektiv arbeiten kann und nicht wie seine Vorgängerin, die UN-Menschrechtskommission, blockiert und möglicherweise aufgelöst wird, ist daher offen. Immerhin wurde Libyen, welches eine Zeit lang sogar den Vorsitz des Menschenrechtsrates innehatte, von der Arbeit des Rates ausgeschlossen, nachdem der Machthaber Libyens, Muammar Gaddafi, im Februar 2011 Militär und Söldner zum blutigen Kampf gegen sein eigenes Volk aufrief.

Das Beispiel der Menschenrechte zeigt, dass die Idee allgemeiner, unveräußerlicher Menschenrechte inzwischen nicht nur Eingang in internationale Dokumente gefunden hat, sondern auch zur Gründung neuer Institutionen, wie dem Europäischen Gerichtshof, geführt hat. Darüber hinaus zeigt das Beispiel, wie transnationale Netzwerke von NGOs die internationale Politik beeinflussen und selbst in Ländern, in denen der Menschenrechtsgedanke schwach verankert ist, Öffentlichkeit für Menschenrechtsverletzungen herstellen können. Die Normdiffusion hat transnationalen Charakter. Sie hat außerdem dazu geführt, dass politische Entscheidungsträger, wie Staatspräsidenten, Generäle oder Geheimdienstchefs, bei Menschenrechtsverletzungen immer häufiger direkt zur Verantwortung gezogen werden. Die amerikanische Politikwissenschaftlerin Kathryn Sikkink nennt dies die Gerechtigkeits-Kaskade (Sikkink 2011).

Übungsfragen zu Kapitel 6: Global Governance

1. Was bedeutet Global Governance? Erläutern Sie das Konzept und nehmen Sie Bezug auf die Vereinten Nationen als wichtigste Internationale Organisation.

2. Menschenrechte nehmen eine bedeutende Rolle in der Arbeit Internationaler Organisationen. Wie erklären Sie die Ausbreitung des Menschenrechtsgedankens? Nehmen Sie Bezug auf die Theorie des liberalen Institutionalismus und den Konstruktivismus und stellen Sie die Erklärungsmuster einander gegenüber.

3. Welche Bedeutung hat der Internationale Strafgerichtshof? Vergleichen Sie ihn mit den UN-Kriegsverbrecher-Tribunalen. Welche Faktoren stärken den IStGH und welche schwächen ihn?

4. Nicht-Regierungsorganisationen (NGOs) spielen eine immer wichtigere Rolle in den internationalen Beziehungen. Welche Vorteile haben NGOs? Wie sind NGOs legitimiert? Welche Nachteile können mit dem wachsenden Einfluss von NGOs verbunden sein?

Literatur

Albrecht, Ulrich (Hg.): Die Vereinten Nationen am Scheideweg. Von der Staatenorganisation zur internationalen Gemeinschaftswelt? Studien zu den Vereinten Nationen, Bd. 1, Hamburg 1998

Behrens, Maria (Hg.): Globalisierung als politische Herausforderung: Global Governance zwischen Utopie und Realität, Wiesbaden 2005

Benhabib, Seyla: „Eine spannungsgeladene Formel: ‚Wir sind das Volk'. Hannah Arendt und ‚das Recht, Rechte zu haben'", in: Frankfurter Rundschau, 29. Oktober 1999, S. 22.

Boutros-Ghali, Butros: „Agenda für den Frieden", hrsg. von der Deutschen Gesellschaft für die Vereinten Nationen, Bonn 1992

Brand, Ulrich/Alex Demirovic/Christoph Görg/Joachim Hirsch (Hg.): Nichtregierungsorganisationen in der Transformation des Staates, Münster 2001

Brühl, Tanja: Nichtregierungsorganisationen als Akteure internationaler Umweltverhandlungen, Frankfurt a. M. 2003

Ecker-Ehrhardt, Matthias: „Neue Autoritäten. UNO und Nichtregierungsorganisationen: Mächtige Experten in der Darfur-Debatte", in: WZB-Mitteilungen, H. 116, Juni 2007, S. 22–25

Global Civil Society Yearbook 2003, hrsg. Von M. Kaldor, H. Anheier, M. Glasius, Kap. 1 (Concepts of Global Civil Society), London 2003

Graebner, Norman A. (Hg.): Ideas and Diplomacy. Readings in the Intellectual Tradition of American Foreign Policy, New York: Oxford University Press 1964

Heinz, Wolfgang S.: „Schutz der Menschenrechte durch humanitäre Intervention", in: Aus Politik und Zeitgeschichte, B 12–13/93, 19. März 1993, S. 3–11

Hoffmann, Stanley (Hg.): The Ethics and Politics of Humanitarian Intervention, Indiana 1996

Joachim, Jutta: „Wie NROs die UNO beeinflussen: Die internationale Chancenstruktur beim Thema Gewalt gegen Frauen in der UNO", in: Hanne-Margret Birckenbach/Uli Jäger/Christian Wellmann (Hg.): Jahrbuch Frieden 1997, München 1997, S. 98–111

Joachim, Jutta M.: Agenda Setting, The UN, and NGOs. Gender, Violence and Reproductive Rights, Georgetown Press, Washington DC 2007

Karns, Margaret P./Karen A. Mingst: International Organizations. The Politics and Processes of Global Governance, Boulder 2004

Knapp, Manfred: „Die Rolle der Vereinten Nationen in den internationalen Beziehungen" in: M. Knapp/G. Krell: Einführung in die internationale Politik, München 1996, S. 476–504

Kratochwil, Friedrich/Ed Mansfield (Hg.): International Organizations and Global Governance, New York 2005

Meyers, Reinhard: „Transnationale Politik" in: Andreas Boeckh (Hg.): Internationale Beziehungen, Lexikon der Politik, Bd. 6, 1994, S. 543–547

Moravcsik, Andrew: „The Origins of Human Rights Regimes. Democratic Delegation in Postwar Europe", in: International Organzation 54 (2), 2000, S. 217–252

„Our Global Neighbourhood. The Report of the Commission on Global Governance", Oxford University Press 1995

Risse, Thomas: „Global Governance und kommunikatives Handeln", in: Peter Niesen/Benjamin Herborth (Hg.): Anarchie der kommunikativen Freiheit, Frankfurt a. M. 2007, S. 57–86

Rittberger, Volker/Bernhard Zangl (Hg.): Internationale Organisationen – Geschichte und Politik. Europäische und weltweite internationale Zusammenschlüsse, 3. Aufl., Opladen 2003

Rittberger, Volker: „Vereinte Nationen", in: Andreas Boeckh (Hg.): Internationale Beziehungen, Lexikon der Politik, hrsg. von Dieter Nohlen, Bd. 6, München 1994, S. 561–582

Ropers, Norbert: „Präventive Diplomatie", in: Ulrich Albrecht (Hg.): Die Vereinten Nationen am Scheideweg, Opladen 1998., S. 172–190

Senghaas, Dieter: „Weltinnenpolitik. Ansätze für ein Konzept", in: Europa-Archiv, 47 (1992), S. 643–652

Sikkink, Kathryn: The Justice Cascade. How Human Rights Prosecutions are Changing World Politics, New York 2011

Slaughter, Anne-Marie: „A Duty to Prevent: The Future of International Security. Interview mit", in: Schlossplatz 3, hrsg. v. d. Hertie School of Governance, Frühjahr 2007, Nr. 2, S.15–17

Slaughter, Anne-Marie: „Fiddling While Libya Burns", in: The New York Times, 14. März 2011, Op-Ed, S. A 21

Union of International Associations (Hg.): Yearbook of International Organizations, fünf Bände, 43. Aufl., München 2006

Willetts, Peter: „Transnational Actors and International Organizations in Global Politics", in: J. B. Baylis/S. Smith (Hg.): The Globalisation of World Politics, Oxford and New York, 2. Aufl. 2001, S. 356–383

Wolfrum, R. von (Hg.): Handbuch Vereinte Nationen, 2. Aufl. München 1991

Yearbook of International Organizations
Online http://www.uia.be/ybonline (aufgerufen am 10.07. 2011)

Zangl, Bernhard: „Humanitäre Intervention", in: Ferdowski, Mir A. (Hg.): Internationale Politik im 21. Jahrhundert, München 2002, S. 105–122

Zürn, Michael/Andreas Hasenclever/Klaus Dieter Wolf (Hg.): Macht und Ohnmacht Internationaler Organisationen, Frankfurt/New York 2007

Anhang: Studienpraktische Hinweise und Hilfen zu Recherchen

1. Printmedien

a) Zeitschriften

Allgemein:
Aus Politik und Zeitgeschichte, Bonn 1950 ff., wöchentl.
(www.bpb.de/publikationen/BKRM30,0,0,Aus_Politik_und_Zeitgeschichte.html)
Blätter für deutsche und internationale Politik, Köln 1955 ff., monatl.
(www.blatter-online.de)
Bulletin der Europäischen Union, 1968 ff. (http://europa.eu/bulletin/de/welcome.htm)
Democratization, London 1994 ff., viertelj.
(http://www.tandf.co.uk/journals/titles/13510347.asp)
Foreign Affairs, New York und London 1922 ff., viertelj. (www.foreignaffairs.org)
Foreign Policy, Washington D.C., 1977 ff., viertelj. (www.foreignpolicy.com)
International Affairs, London 1922 ff., viertelj.
(www.blackwellpublishing.com/journal.asp?ref=0020-5850)
International Organization, Cambridge/Mass. 1974 ff., viertelj.
(http://journals.cambridge.org/action/displayJournal?jid=INO)
International Security, Cambridge/Mass. 1976 ff., viertelj.
(http://bcsia.ksg.harvard.edu/publications.cfm?program=ISP&project=IS&pb_id=14&gma=14&gmi=37)
International Social Sciences Journal, Oxford 1959 ff. (www.unesco.org/shs/issj)
International Studies Quarterly, Oxford 1957 ff., viertelj. (www.isq.unt.edu/)
International Studies Review (http://www.blackwellpublishing.com/journal.asp?ref=1521-9488)
Internationale Politik, Bonn 1946 ff., zweimal monatl. (www.internationalepolitik.de)
Internationale Politik und Gesellschaft. International Politics and Society, Bonn 1994 ff., viertelj. (www.fes.de/ipg)
Journal of Conflict Resolution, Beverly Hills/California 1957 ff. (http://jcr.sagepub.com/)
Journal of Democracy, Washington, 1990 ff., viertelj. (www.journalofdemocracy.org)

Journal of Peace Research, Oslo 1964 ff., viertelj. (http.jpr.sagepub.com/)

Millenium. Journal of International Studies. London 1971 ff., drittelj. (http://www.lse.ac.uk/Depts/intrel/millenn/FrameSet.html)

Orbis, Philadelphia/Penns., 1956 ff., viertelj.

Politique Etrangére, Paris 1935 ff., viertelj. (www.ifri.org/frontDispatcher/ifri/publications/politique_etrangere)

Review of International Studies, Cambridge 1970 ff., viertelj. (http://journals.cambridge.org/action/displayJournal?jid=RIS)

S+F, Vierteljahresschrift für Sicherheit und Frieden, Baden-Baden 1981 ff., viertelj.

Vereinte Nationen, Bonn 1952 ff., sechsmal jährl.

WeltTrends. Zeitschrift für internationale Politik und vergleichende Studien, Berlin 1993 ff. (http://www.welttrends.de)

World Politics. A Quarterly Journal of International Relations, Princeton/New York, 1948 ff. viertelj. (http://muse.jhu.edu/journals/world_politics/)

Zeitschrift für Internationale Beziehungen, Baden-Baden, 1994 ff., halbj. (www.fes.de/IPG/)

Europäische Union:
European Journal of International Relations, London 1995 ff., vj. (http://ejt.sagepub.com/)

European Journal of Women's Studies, London 1994 ff., vj. (http://ejw.sagepub.com/)

Journal of European Integration History. Zeitschrift für Geschichte der Europäischen Integration,

London 1999 ff. (http://www.restena.lu/lcd/cere/uk/revue/revinfouk.html)

Journal of European Public Policy, Oxford 1994 ff. (http://www.tandf.co.uk/journals/titles/13501763.asp)

Osteuropa. Zeitschrift für Gegenwartsfragen des Ostens, Aachen 1950 ff. (www.osteuropa.dgo-online.org/)

b) Jahrbücher

Amnesty International: Jahresbericht, Frankfurt a. M. (http://www2.amnesty.de/internet/deall.nsf/WJahresberichtAkt?OpenView&Start=1&Count=200)

Eurobarometer. Die öffentliche Meinung in der Europäischen Gemeinschaft, 1973 ff. (http://ec.europa.eu/public_opinion/index_en.htm)

Eurostat. Statistische Grundzahlen der Gemeinschaft, 1963 ff.

Fischer-Weltalmanach. Zahlen, Daten, Fakten. Hintergründe, Frankfurt, a. M. 1959 ff.

Friedensgutachten, Münster 1987 ff.

Global Civil Society Yearbook. (Hg.; Anheier, Helmut/Glasius, Marlies/Kaldor, Mary), London 2001 ff. (www.lse.ac.uk/Depts/global/Yearbook/yearbook.htm)

Die Internationale Politik. Jahrbuch der Deutschen Gesellschaft für Auswärtige Politik, München 1955 ff.

Jahrbuch Dritte Welt, Daten, Übersichten, Analysen, Hrsg: Deutsches Übersee-Institut, Hamburg/München 1983 Jahrbuch Frieden. Konflikte, Abrüstung, Friedensarbeit, Bonn.

Jahrbuch der Europäischen Integration, Hrsg. Institut für Europäische Politik, Bonn 1981 ff.

Jahrbuch Ökologie, München.

Jahrbuch zur Friedens- und Konfliktforschung, 1971 ff.

OSZE Jahrbuch, Hrsg. vom ISFH, Opladen

SIPRI. Yearbook of World Armaments and Disarmament, Stockholm/London 1969 ff.

Strategic Survey. Hg. International Institute for Strategic Studies, London 1967 ff.

UNHCR: Die Lage der Flüchtlinge in der Welt, UNHCR Report, Bonn 1994 ff.

United Nations: Yearbook, New York 1946/47 ff.

United Nations: Demographic Yearbook, New York 1949 ff.

United Nations: World Economic Survey, New York 1951 ff.

World Bank: World Development Report, Washington D.C., 1973 ff.
(deutsch: Weltbank: Weltentwicklungsbericht, Washington, D.C. 1978 ff.)

Worldwatch Institute: The State of the World, Washington D. C. 1973 ff.
(deutsch: Worldwatch Institute: Zur Lage der Welt, Frankfurt a. M.)

Yearbook of International Organizations, Brüssel 1948 ff.

Yearbook of World Affairs, London 1947 ff.

c) Handbücher und Lexika

Albrecht, Ulrich/Helmut Vogler (Hg.): Lexikon der Internationalen Politik, München/Wien 1997

Boeckh, Andreas (Hg.): Internationale Beziehungen. Theorien – Organisationen – Konflikte. Pipers Wörterbuch zur Politik, Band 6, München/Zürich 1994

Gruner, Wolf D./Woyke, Wichard: Europa-Lexikon, München 2004

Jorgensen, Knud Erik/Mark Pollak/Ben J. Rosamond (Hg.): Handbook of European Union Politics, London 2007

Krieger, Joel (Hg.): The Oxford Companion to Politics of the World, New York/Oxford 2001

Nelson, Barbara/Najma Chowdhury (Hg.): Women and Politics World Wide, New Haven 1994

Nohlen, Dieter: Lexikon Dritte Welt, vollständig überarbeitete Neuauflage, Hamburg 2002

Nuscheler, Franz: Lern- und Arbeitsbuch Entwicklungspolitik, 5. neu bearbeitete Auflage, Bonn 2004

Weidenfeld, Werner/Wessels, Wolfgang (Hg.): Europa von A-Z. Taschenbuch der europäischen Integration, 12. Auflage, Bonn 2011

Volger, Helmut (Hg.): Lexikon der Vereinten Nationen, Vorwort von Kofi Annan, München, Wien 2000

Woyke, Wichard (Hg.): Handwörterbuch Internationale Politik, 12. Auflage, Bonn 2010

2. Internet

Das Internet bietet für das Studium der Internationalen Beziehungen ein reichhaltiges Informationsangebot. Eine gute Startseite für Informationen über und Links zu IGOs und NGOs findet sich auf der *International Organizations Website* unter www.uia.org/members/ Diese Website bietet Informationen über mehr als 40 000 internationale Organisationen.

Einen Überblick über aktuelle Ereignisse in der Welt bietet das Internetportal *Weltchronik Online – Politik und Wirtschaft international* (http://www.weltchronik-online.de/). Neben Entwicklungen in den einzelnen Staaten und auf den Kontinenten wird auch über internationale Organisationen berichtet.

Die folgenden Adressen bieten einen ersten Zugang zu wichtigen internationalen IGOs und NGOs. Die Liste erhebt keinen Anspruch auf Vollständigkeit.

a) International Governmental Organizations (INGOs)

United Nations:
Die reguläre Website der UN ist www.un.org. Unter www.unsystem.org finden sich alphabetisch geordnet alle Websites des UN-Systems. Auf unterschiedliche Dokumente der UN (Generalversammlung, Sicherheitsrat, ECOSOC etc.) lässt sich über www.un.org/documents/ zugreifen. Aktuelle Informationen aus dem Bereich der UN, Presseerklärungen, Pressekonferenzen, Reden des Generalsekretärs und anderer UN-Organe finden sich unter: www.un.org/News.

Das „Yearbook of International Organizations" bietet eine umfassende Übersicht über alle Internationale Organisationen. Seit 2000 ist das Jahrbuch online zugänglich unter: www.uia.be/node/52

Weitere INGOs:
ASEAN, Association of South East Asian Nations: www.aseansec.org

Court of Justice of the European Communities: www.curia.europa.eu/

European Union: www.europa.eu.int

ILO: www.ilo.org

IWF: www.imf.org

NAFTA-Sekretariat: www.nafta-sec-alena.org

NATO: www.nato.int

OECD: www.oecd.org

OSZE bzw. OSCE: www.osce.org

Weltbank: www.worldbank.org

WHO, World Health Organization: www.who.int

WTO, World Trade Organization: www.wto.org

Deutschland (Auswahl)
Auswärtiges Amt: www.auswaertiges-amt.de

Gesellschaft für Internationale Zusammenarbeit (GIZ): www.giz.de

Weitere Informationen sind über die Ministerien, Parteien und Stiftungen in der Bundesrepublik zugänglich.

b) Non-Governmental Organizations (NGOs)

Networks
GreenNet – Networking for the Environment, Peace, Human Rights, and Development: www.gn.apc.org

The NGOs Network. Non-Governmental Organizations at the United Nations and Worldwide. (www.ngos.net/)

OneWorld: www.oneworld.net

Institute for Global Communication: www.igc.org

Menschenrechte
Amnesty International: www.amnesty.org (Deutschland: www.amnesty.de)

Association for the Prevention of Torture: www.apt.ch

Human Rights Watch: www.hrw.org

Terre Des Hommes: www.tdh.ca (Deutschland: www.tdh.de)

Umwelt/Ökologie
Environmental Organization Web Directory: www.webdirectory.com

Forschungsstelle für Umweltpolitik (FFU): www.fu-berlin.de/ffu

Greenpeace: www.greenpeace.org (Deutschland: www.greenpeace.de)

Women's Environmental Development Organization: www.wedo.org

Frauen/Frauenrechte
Center for Women's Global Leadership: www.cwgl.rutgers.edu

International Women's Health Organizations: www.iwhc.org

International Women's Rights Action Watch: www.iwraw.igc.org

Sicherheitspolitik, Krieg und Frieden
Center for War, Peace and the News Media: www.nyu.edu/globalbeat

Institute for War and Peace Reporting: www.iwpr.net

United States Institute of Peace: www.usip.org

Stockholm International Peace Research Institute (SIPRI): www.sipri.org

Hilfsorganisationen
ICRC Internationales Rotes Kreuz: www.icrc.org

Medecins Sans Frontières (Ärzte ohne Grenzen) : www.msf.org

Entwicklungspolitik
Brot für die Welt: www.brot-fuer-die-welt.de
CARE Deutschland: www.care.de
Deutsche Stiftung Weltbevölkerung: www.weltbevoelkerung.de
Deutsche Welthungerhilfe: www.welthungerhilfe.de
Germanwatch: www.germanwatch.org
Misereor: www.misereor.de

Internationales Recht
Coalition for International Justice: www.cij.org
Internationaler Strafgerichtshof: http://www.icc-cpi.int/home.html

Abkürzungsverzeichnis

APEC	Asiatic-Pacific Economic Cooperation/Asiatisch-Pazifische Wirtschaftskooperation
ASEAN	Association of South East Asian Nations/Zusammenschluss südostasiatischer Staaten
ATTAC	Association pour une Taxation des Transactions financières pour l'Aide aux citoyens
BRD	Bundesrepublik Deutschland
BSP	Bruttosozialprodukt
CIA	Central Intelligence Agency
DDR	Deutsche Demokratische Republik
EFTA	European Free Trade Association/Europäische Freihandelszone
EG	Europäische Gemeinschaften
EGKS	Europäische Gemeinschaft für Kohle und Stahl
EURATOM	Europäische Atombehörde
EU	European Union/Europäische Union
EZB	Europäische Zentralbank
FAO	Food and Agriculture Organization of the United Nations/Ernährungs- und Landwirtschaftsorganisation der Vereinten Nationen
GASP	Gemeinsame Außen- und Sicherheitspolitik (der EU)
GATT	General Agreement on Tariffs and Trade/Allgemeines Zoll- und Handelsabkommen
GDI	Gender Development Index
GTZ	Gesellschaft für Technische Zusammenarbeit
HDI	Human Development Index
IFOR/SFOR	Implementation Force/Stabilization Force (der UN)
IGH	Internationaler Gerichtshof
ICC	International Criminal Court/Internationaler Strafgerichtshof
INGO	International Governmental Organization/Internationale (Regierungs-)Organisation
IMF	International Monetary Fund/Internationaler Währungsfond (IWF)
KSZE	Konferenz für Sicherheit und Zusammenarbeit in Europa

NAFTA	North American Free Trade Agreement/Nordamerikanisches Freihandelsabkommen
NATO	North Atlantic Treaty Organization/Nordatlantische Verteidigungsorganisation
NGO	Non-Governmental Organization/Nicht-Regierungsorganisation
NPT	Non-Proliferation Treaty/Nichtverbreitungsvertrag (Atomwaffen)
OECD	Organization for Economic Cooperation and Development/Organisation für wirtschaftliche Zusammenarbeit und Entwicklung
OSZE	Organisation für Sicherheit und Zusammenarbeit in Europa
PfP	Partnership for Peace/Partnerschaft für den Frieden
RGW	Rat für gegenseitige Wirtschaftshilfe
UN	United Nations/Vereinte Nationen
UNDP	United Nations Development Programme/Entwicklungsprogramm der Vereinten Nationen
UNEP	United Nations Environmental Programme/Umweltprogramm der Vereinten Nationen
UNESCO	United Nations Educational, Scientific and Cultural Organization/Organisation der Vereinten Nationen für Erziehung, Wissenschaft und Kultur
UNHCR	United Nations High Commissioner for Refugees/Hochkommissariat für Flüchtlingswesen der Vereinten Nationen
WEU	Western European Union/Westeuropäische Union
WID	Women in Development/Frauen in der Entwicklungspolitik
WHO	World Health Organization/Weltgesundheitsorganisation
WTO	World Trade Organization/Welthandelsorganisation
WWU	Wirtschafts- und Währungsunion

Personen- und Sachregister

Abrüstung 43, 89, 90, 135
Adenauer, Konrad 115
Afrika 60–62, 67, 85, 101, 216, 227
Afrikanische Union 192, 213, 216
AIDS 59, 67
Akteure 3–4, 5–9
Albrecht, Ulrich 106, 206
Albright, Madeleine 137, 142
Altvater, Elmar 32, 51
Amnesty International 222, 225
Anarchie 41
Anarchie d. int. Systems 15
Anderson, Benedict 96
Annan, Kofi 213
Anti-Personen-Minen 91
Arendt, Hannah VI, 10, 82, 163, 226
Ash, Timothy Garton 163
Ashton, Catherine 180, 182
Asyl, Asylrecht 95, 101, 102
Außenpolitik 105–9
   Bundesrepublik Deutschland 110
   Entscheidungsprozess 112
   EU 190
   USA 122
Australien 77

Bahr, Egon 115
Ban Ki-moon 74, 212, 213, 215
Barroso, José Manuel 181
Benhabib, Seyla 225
Billardkugel-Modell 17
Binnenmarkt 181
Bosnien-Herzegowina 98, 137, 168
Bourdieu, Pierre VI, 35
Boutros-Ghali, Boutrus 213
Brandt, Willy 114, 115
Bretton Woods 53
BRICS-Staaten 50
Bull, Hedley 19
Bundesrepublik Deutschland 110
   Auslandseinsätze d. Bundeswehr 118
   Bundesverfassungsgericht 113

DDR-Vergangenheit 111, 118
deutsche Einheit 111, 114, 162
deutsche Frage 111
europäische Integration 120
friedliche Revolution i. d. DDR 163
historisch-kulturelle Besonderheiten 110, 111
Neue deutsche Außenpolitik 117
Ostpolitik 114–17
Prioritäten i. d. Außenpolitik 114
tamed power 112
UNO 118–19, 210
Wirtschaftsbeziehungen 114
Bush, George (sen.) 131, 160
Bush, George W. 131, 138, 139–40
Buzek, Jerzy 182

Checks and Balances 129
China 212, 220, 223, 228, 229
   Demokratie 33
   Umweltpolitik 77
   Umweltprobleme 76–77
Chomsky, Noam 128
Clinton, Bill 126, 136
Clinton, Hillary 145
Club of Rome 70
Collective Memories 111
Containment 17, 135
Czempiel, Ernst-Otto 82, 108

Dahl, Robert 168
Darfur-Konflikt 76, 96, 216
DDR 111, 112, 114, 162, 165, 166
Dekonstruktion 34
Deliberation 208
Demokratisierung 139, 141, 157, 159
   „arabischer Frühling" 144, 169
   Zivilgesellschaft 165–68
Dependenztheorien 8, 28, 29, 63
Der Derian, James 34
détente 114
Deutsch, Karl W. 175
Deutsche Gesellschaft für Auswärtige Politik 2

Deutsche Hochschule für Politik (DHfP) 2
Deutsche Vereinigung für Politische
    Wissenschaft 2
Diplomatie 11, 14, 39, 134
    Diplomatiegeschichte 1
    internationale 88
    präventive 213, 215, 218
Diskursanalyse 35
Dominotheorie 135

Ecker-Ehrhardt, Matthias 224
Elias, Norbert 87
Empowerment 43, 45, 66
Englische Schule 19
Enloe, Cynthia 41
Entwicklungsländer 57, 61, 66, 75
    Begriff 61
    Handel 50
    ökologisches Denken 76
    Umweltprobleme 70, 75
Entwicklungspolitik 58–67
    Gender Development Index 61
    Good Governance 58
    Human Development Index 61
    nachhaltige Entwicklung 64
    Neokolonialismus 63
    Strategien 63–67
    Vereinte Nationen 59
Ethik i. inter. Beziehungen 18
Ethnische Konflikte 96–99, 164
Ethnizität 97–98
Etzioni, Amitai 141
Europa
    defekte Demokratien 157
    Neubildung von Staaten 164
    Reform, Revolution 162–63
    sozialistische Gesellschaften 161–62
    Transformation Ost- Mitteleuropas 169
    Umbruch 1989/90 163
Europa-Forschung
    dynamischer Mehrebenenprozess 201
    Intergouvernementalismus 199
    Neo-Funktionalismus 199
    politikwissenschaftliche 197
    Sozialkonstruktivismus 201
Europäische Integration
    acquis communautaire 169
    Amsterdam-Vertrag 176
    demokratische Legitimation 182, 193, 196
    Erweiterung 177, 196
    Euro 186
    Euro, Euro-Krise 189

europäische Identität 195
Europäische Nachbarschaftspolitik 173
European Citizenship 193
EU-Verfassung 179, 184
Gemeinsame Außen- und Sicherheitspolitik
    (GASP) 190
Geschichte 175
Governance 185–86
Grundrechte-Charta 180, 184, 185
Institutionen der EU 181
Justiz und Polizei 192
Konvergenzkriterien 187
Lissabon-Vertrag 177, 179
Maastricht-Vertrag 175, 186, 194
Mehrebenensystem 186
regionale Integration 173
Römische Verträge 175, 201
Souveränitätstransfer 176, 196
Europäische Menschenrechtskonvention 185
Europarat 157, 174

Feminismus 13
Feministische Theorie 41
Finanzmärkte, Internationale 149
Fischer, Joschka 183
Flüchtlingsproblem 100, 101
    Internationale Vereinbarungen 101
    UNHCR 101, 212
Föderalismus 130, 197
    europäische Integration 198
Foucault, Michel 35
Frankreich 73, 90, 101, 179, 188, 212
Frauen
    Diskriminierung 66
    Frauenrechte 223, 228
    Krieg und Gewalt 44
    NGOs 39
    politische Repräsentanz 45
Frieden 14
    „System des Unfriedens" 43
    demokratischer Frieden 87
    Friedenssicherung 23
    Westfälischer Frieden 89
    zivilisatorisches Hexagon 87
Friedens- und Konfliktforschung 3, 30, 44, 82, 97

Gaddafi, Muammar al 218
Galtung, Johan 29, 63
GATT 52
Gender 38–45
    Begriff 38
    Forschungsansätze 38, 201

Gender Development Index 45
Gender Mainstreaming 39, 181
Internationale Organisationen 44
Genfer Flüchtlingskonvention 102
Genozid 218, 228
  humanitäre Intervention 217
  internationales Recht 219
  Staatszerfall 96
Gespaltene Gesellschaften 99
Gewalt 10, 43, 44
  gegen Frauen 84
  legitime 8
  Postmoderne 35
  sexuelle Gewalt 42, 44
  strukturelle Gewalt 29–31
Gewaltenteilung 88, 141
  ethnische Konflikte 219
  europäische Ebene 199
  in der Außenpolitik 129
Ghemawat, Pankaj 51
Global Civil Society-Projekt 222
Global Governance 23, 32, 207
  Commission on Global Governance 213
  europäische Integration 201
Globalisierung 32–33, 50–57
  Begriff 50
  Gerechtigkeit 57
  Internat. d. Finanzmärkte 53
  Liberalisierung des Welthandels 52
  Menschenrechte 225
  Migrationsbewegungen 55
  Neue Kriege 84
  Protestbewegungen 56
Gorbatschow, Michail 135, 160
Gore, Al 69, 136
Governance
  Begriff 185
  Europäische Union 185–86
  Mehrebenensystem 186
  UN 207–8
Grameen-Bank 66
Greenpeace 80, 222
Griechenland 149, 188, 189
Großbritannien 1, 19, 138, 175, 185, 212

Haas, Ernst 199
Habermas, Jürgen 35, 37, 183
Hacke, Christian 110, 119, 123
Haftendorn, Helga 13, 112, 114
Hamilton, Alexander 127
Handelssystem
  Entwicklungsländer 50, 57

Havel, Vaclav 178
Held, David 57
Hessische Stiftung für Friedens- und
  Konfliktforschung 2, 83
Hobbes, Thomas 13
Hoffmann, Stanley 2, 18, 126, 176, 199
Hooghe, Liesbet 195, 201
Human Security 87, 92, 100
Huntington, Samuel 31, 136

Idealismus 14
Immanuel Kant 82
Indien 91, 214, 216
Interdependenz 8
Interdependenztheorie 21–22
Internationale Beziehungen, passim, v.a.
  Begriffe 3–4
  sozialwissenschaftliche Methoden 5
  Machtbegriff 9–12
  Theorien 13–47
Internationale Organisationen 205–6
  Afrikanische Union 213
  Konstruktivismus 37
  NATO 118, 191, 211
  Nichtregierungsorganisationen 205, 221–24
Internationale Umweltpolitik 68–81
  Copenhagen Accord 74
  Entwicklungs- und Schwellenländer 76
  internationale Umweltregime 69, 71
  Klimakonferenz in Kopenhagen 78
  Kyoto-Protokoll 72, 73, 77, 137
  ökologische Probleme 69, 70
  Rolle der Vereinten Nationen 70–72
  Umwelt- und Klimaflüchtlinge 78
Internationaler Strafgerichtshof (ICC) 212, 220
Internationaler Terrorismus 93
  9/11 138
  Konflikt m. Freiheitsrechten 95
  UN 214
Internationaler Währungsfond (IWF) 49, 63, 205
Internationales Recht 219–20, 227
Irland
  Referendum 184
Isolationismus/Internationalismus 134–35
Israel 91, 111, 220

Jänicke, Martin 75–76
Jarausch, Konrad 124, 162
Jefferson, Thomas 125–26
Joachim, Jutta 224
Jugoslawien 84, 98, 164, 190, 191, 219

Kaldor, Mary 85
Kambodscha 219
Kampf der Kulturen 31–32
Kanada 87, 93, 97, 100, 229
Kant, Immanuel 14, 82
Katzenstein, Peter 36, 109, 112
Kegley, Charles W. 134
Kennan, George 17, 128, 135
Kennedy, Paul 108, 136
Keohane, Robert O. 21, 136, 141
Kissinger, Henry 17, 128
Kocka, Jürgen 183
Kohl, Helmut 116
Kohler-Koch, Beate 22, 185, 186, 201
Konferenz für Sicherheit und Zusammenarbeit (KSZE) 174
Kongo 84, 85
Konstruktivismus 3, 19, 36–37
Kopenhagener Kriterien 178
Kosovo-Konflikt 99, 119, 191, 218
Krasner, Stephen 22
Kratochwil, Friedrich v. 36
Krieg 82–86
    Abnahme der Häufigkeit 87
    Begriff 82
    Bürgerkriege und Vertreibung 101–2
    Demokratie-Hypothese 87
    ethnonationale Kriege 96–99
    Konfliktforschung 83
    Krieg und Frieden 82
    Kriege zwischen Staaten 84
    Krisenforschung 83
    Neue Kriege 84–85, 210
    Prävention 92–93
Kroatien 196

Lateinamerika 29, 31, 88, 134, 158, 163
Liberaler Institutionalismus 24–26
Libyen 229
Lissabon-Vertrag 179
Locke, John 14, 165, 193, 226
Lösche, Peter 129

Macht 9–10
    Feminismus 42–43
    Interdependenztheorie 21–22
    realistische Schule 16–17
Machtbegriffe
    empirischer 10–11
    feministischer 12, 42
    interaktiver 10

    klassischer 10
    poststrukturalistischer 12
Mahnkopf, Birgit 51
Maier, Charles S. 114, 143, 161
Manifest Destiny 134
Markovits, Andrei S. 111
Marks, Gary 195, 201
Marxismus 28, 165
Mearsheimer, John 107, 111
Meehan, Elizabeth 194
Menschenrechte 225–30
    Frauenrechte als M. 228
    Global Governance 227
    Individualitätsprinzip 228
    Menschenrechtsregime 208
    Menschenrechtsschutz der UNO 206, 209, 226
    Türkei 196
Merkel, Angela 179, 211
Merkel, Wolfgang 160
Meyers, Reinhard 3, 222
Migration 100–101
Milosevic, Slobodan 99, 219
Minderheiten 97–98, 101, 164, 174, 229
    Minderheitenrechte 169, 219, 229
    Minderheitenschutz 174
Monnet, Jean 183, 198
Monroe-Doctrine 134
Montesquieu, Charles de Secondat, Baron de la Brède et de 165
Moravscik, Andrew 200
Morgenthau, Hans J. 15–17, 107
Multilateralismus 118, 123, 136
Multi-level Governance 186
Münkler, Herfried 85, 93, 143

NAFTA 49, 136, 176
Nahost-Konflikt 111, 148
Narr, Wolf-Dieter 33
National Security Council 130
Nationalismus 198
Nationalismus und Ethnizität 96–97
Nationalsozialismus 2, 111
Nationenbegriff 97
NATO 117, 211
    Bosnien-Konflikt 98
    deutsche Außenpolitik 110, 114, 118
    NATO-Osterweiterung 90
    Neue Sicherheitsstrategie 90
Neo-Realismus 13, 17–18, 19, 37, 41
Nested Identity 195
Neuseeland 78

Newland, Kathleen 42
Nicht-Regierungsorganisationen (NGOs) 64, 221–24
Normen
 compliance 71
 i.d. Außenpolitik 112
 i.d. Europäischen Union 178
 Konstruktivismus 36–37
 pluralistische 88
 soziale und ökologische Normen 57
Nye, Joseph 21, 136

Obama, Barack 143
 Friedensnobelpreis 145
 Rede in Kairo 148
Ocampo, Luis Moreno 220
Offe, Claus 164
Ökologie
 Begriff 68
 ökologische Probleme 68–81
Organisation für Sicherheit und Zusammenarbeit OSZE 174
Osteuropa 76, 115, 227
 kommunistische Herrschaft 163
 Mitgliedschaft i.d. EU 168
 Neubildung von Staaten 164
 neue Verfassungen 165
 Opposition 165
 Ostpolitik 115
 Parteienbildung 165
 Transformation und Demokratisierung 163–68
 Umbrüche 157–62
 Wirtschaftssysteme 164
 Zivilgesellschaft 165–68
Ostpolitik 114–17, 114–17
Ost-West-Konflikt 31, 135–36, 157

Pakistan 216, 220, 229
Pfadabhängigkeit, Paradigma der 158
Pierson, Paul 201
Pinker, Steven 88
Polen 90, 115, 161, 165, 178, 185
Politische Ökonomie, komparative 26–27
Preuß, Ulrich K. 165
Priv. Sicherheits- u. Militärfirmen 92
Prodi, Romano 183
Putnam, Robert 166

Rational Choice 6, 108
Reagan, Ronald 133, 135, 143
Realismus 15–20, 127–28
Regieren, grenzüberschreitendes 8

Regime, Regimeforschung 22–24
Reich, Simon 111
Rice, Condoleezza 116, 133
Risse, Thomas 186, 195, 202
Rompuy, Herman van 180
Rousseau, Jean Jacques 14, 193
Russland 28, 141, 157, 164, 212, 220
Rüstungsindustrie 86
Rüstungskontrolle 89, 90, 205

Santer, Jacques 183
Sassen, Saskia 56
Schimmelfennig, Frank 202
Schweden 175, 188, 196
Schweigler, Gebhard 125, 128
Seidelmann, Raimund 7
Sen, Amartya 66
Senghaas, Dieter 87, 208, 218
Sicherheitspolitik 39, 41, 89–95
 Institutionen 89, *Siehe* NATO
 Konfliktprävention 92
 Sicherheitsbegriffe 89
 Sicherheitsdilemma 89
Slaughter, Anne-Marie 145, 150, 218
Solana, Javier 191
Solidarnosc 161, 167
Somalia 211
Somavia, Juan 92
Souveränität 13, 35, 106
 Bundesrepublik 2, 118
 EU und Souveränitätstransfer 18, 176
 feministische Kritik 42
 poststrukturalistische Kritik 12
Sowjetunion 160–61
Spieltheorie 108
Staatsangehörigkeit 100, 193, 226
Stanley, Ruth 44
Stiftung Wissenschaft und Politik 2
Strange, Susan 53
strukturelle Gewalt 29–31
Sudan 220
Sustainable Development 64, 70
System, internationales 8

Tickner, J. Ann 12, 41, 42–43, 109
Tigerstaaten 63
Transformation 90
 Lateinamerika 163
 Osteuropa 157–59
 Südeuropa 158, 168, 175
 Transformationsländer 90
 Zivilgesellschaft 166

Transformationsforschung 157
Transnationale Politik 27
Triadisierung 50
True, Jacqui 41
Truman, Harry S. 135
Tschechien 164, 169, 178
Türkei 169, 178, 196
Tuvalu 77

Ungarn 90, 161, 164, 166
Unterentwicklung
    Ansätze und Strategien 63
USA, Außenpolitik 122–43
    Bedeutung d. Terrorismus 138–39
    Bürger- und Freiheitsrechte 141
    checks and balances 114
    Containment 135
    Entscheidungsprozess 129–32
    Europa 136, 139–40
    Hegemonie 123
    Idealismus 126
    imperiale Macht 128
    Internationalismus 144
    Irak-Krieg 138, 139, 142
    Isolationismus/Internat. 134
    Leitbilder 125–28
    Medien 132, 133
    Multilateralismus 136
    National Security Strategy 138
    nationales Interesse 128
    polit.-kulturelle Besonderheiten 124–25
    Realismus 127
    smart power 145
    transatl. Beziehungen 151
    Transatlantische Beziehungen 124
    Umweltpolitik 73, 137
    Vereinte Nationen 137
    Vietnamkrieg 132

Vereinte Nationen 206–24
    Aufbau u. Organisation 212
    Blauhelmeinsätze 210
    Darfur-Konflikt 216, 224
    Deutschland 211
    Entwicklungspolitik 59–60
    Frauenrechte 228
    Friedenssicherung/Peacekeeping 215–18
    Geschichte 208

    Global Governance 207
    humanitäre Intervention 217–18
    Kriegsverbrecher-Tribunal 219
    Menschenrechte 210
    Milleniumsziele 59
    Souveränitätsprinzip 217
    UN-Flüchtlingskommissariat 79
    UN-Menschenrechtsrat 214
    Veto-Prinzip 214
    Zielsetzung 209
Vietnamkrieg 131, 135
Völkerbund 14, 126, 134, 209
Völkerrecht 1, 7, 20, 44, 57

Waffenhandel, Internationaler 90–91
Wallerstein, Immanuel 28–29
Waltz, Kenneth 17
War Powers Resolution 131
Washington, George 125
Weber, Cynthia 12
Weber, Max 8, 10, 97
Weiler, Joseph 194
Weltbürgerrecht (Kant) 14
Weltfrauenkonferenz 45, 223
Welthandelsorganisation (WTO) 52, 212
Welthandelssystem 51
    Fair Trade 52
Weltmarkt 21, 28, 32
Weltsystemtheorie 28–29
Weltzivilgesellschaft 223
Westeuropäische Union (WEU) 90, 191
Wilson, Woodrow 126, 134, 209
Wittgenstein, Ludwig 36
Wittkopf, Eugene W. 134

Yu Keping 33

Yunus, Mohammad 66

Zentrum/Peripherie 63
Zivilgesellschaft
    europäische Integration 183
    globale Zivilgesellschaft 88, 221–23, 222
    osteur. Transformation 158
    osteurop. Transformation 165
Zolberg, Aristide 100
Zürn, Michael 2, 23
Zypern 169, 178